U1008216

2024

宁夏经济蓝皮书

《宁夏经济蓝皮书：宁夏经济发展报告（2024）》

主　　编　王林伶

宁夏蓝皮书系列丛书

宁夏经济蓝皮书

宁夏经济发展报告

（2024）

宁夏社会科学院 编
王林伶 / 主编

黄河出版传媒集团
宁夏人民出版社

图书在版编目(CIP)数据

宁夏经济蓝皮书：宁夏经济发展报告. 2024 / 王林伶主编. -- 银川：宁夏人民出版社，2023.12
（宁夏蓝皮书系列丛书）
ISBN 978-7-227-07943-9

Ⅰ. ①宁… Ⅱ. ①王… Ⅲ. ①区域经济发展－研究报告－宁夏－2024 Ⅳ. ①F127.43

中国国家版本馆 CIP 数据核字(2023)第 255513 号

宁夏蓝皮书系列丛书
宁夏经济蓝皮书：宁夏经济发展报告（2024）
宁夏社会科学院 编
王林伶 主编

责任编辑 周淑芸
责任校对 陈 浪
封面设计 张 宁
责任印制 侯 俊

黄河出版传媒集团
宁夏人民出版社 出版发行

出 版 人 薛文斌
地 址 宁夏银川市北京东路 139 号出版大厦(750001)
网 址 http://www.yrpubm.com
网上书店 http://www.hh-book.com
电子信箱 nxrmcbs@126.com
邮购电话 0951-5052104 5052106
经 销 全国新华书店
印刷装订 宁夏银报智能印刷科技有限公司
印刷委托书号 （宁）0028487

开本 720 mm × 1000 mm 1/16
印张 22.5
字数 340 千字
版次 2023 年 12 月第 1 版
印次 2023 年 12 月第 1 次印刷
书号 ISBN 978-7-227-07943-9
定价 68.00 元

目　录

总　报　告

分析预测篇

现代产业篇

改革开放篇

扩大需求篇

专题研究篇

区域发展篇

总报告

ZONGBAOGAO

中国式现代化与宁夏先行区建设

——2023—2024 年宁夏经济形势分析与预测总报告

王林伶

2023 年，宁夏积极践行习近平新时代中国特色社会主义思想，坚持新发展理念，坚持稳中求进、以进促稳的总基调，全区经济高开稳走，社会民生持续改善，生态质量稳中有升，结构调整持续优化，转型升级步伐加快，数量质量并进，要素改革不断深化，绿色低碳实现突破，黄河流域生态保护和高质量发展先行区建设取得了显著成效，中国式现代化宁夏实践迈上新台阶。

一、中国式现代化宁夏实践与黄河流域先行区建设

（一）中国式现代化的特征：人类文明新形态

现代化是人类社会发展到一定阶段的产物，是 18 世纪以来人类探索、发展、形成、选择、转型和国际互动的复合过程[①]；现代化是在技术革命、信息革命的影响下不断创新、传播和扩散，改变着人类生活方式、生产方式、社会结构、社会形态、价值观念和文明素养，由农业社会走向工业社会乃至信息社会，由传统社会向现代社会发展的过程。工业化是现代化的核心，现代化实质上是现代工业生产方式和工业化生活方式的普遍扩散化的过程。

作者简介：王林伶，宁夏社会科学院综合经济研究所所长，研究员，主要研究方向为“一带一路”与内陆开放型经济、区域经济与产业经济、资源规划与可持续发展。

①何传启.国家现代化的原理与方法——中国现代化报告概要（2001~2021）.北京大学出版社，2022：13

党的二十大报告指出：中国式现代化既有各国现代化的共同特征，更有基于自己国情的中国特色。中国式现代化是中国共产党领导的社会主义现代化，是同中国具体实际相结合、同中华优秀传统文化相结合，符合本国国情的现代化道路，我国在探索现代化路径中走过了极不寻常、极不平凡、艰难困苦的历程，在探索中前行、在探索中创新，不照抄照搬、不封闭僵化、自力更生、自信自立，不断推动理论创新指导新的实践，是马克思主义中国化时代化的灵活运用，形成了中国式现代化的理论与实践、价值取向、中国特色、本质特征，成功推进和拓展了中国式现代化，创造了人类文明新形态。

新中国成立特别是改革开放以来，宁夏取得了现代化建设的辉煌成就。宁夏现代化进程大致经历了探索、发展、不断创新的过程，1949—1977 年为现代化的探索初创时期，1978—2011 年为现代化的发展时期，2012 年至今为现代化高质量发展时期，并在各个时期都取得积极进展，综合实力大幅提升，民生福祉明显改善，全面建成小康社会，民族团结、宗教和顺，美丽新宁夏建设取得显著成就。

（二）黄河流域生态保护和高质量发展先行区建设

黄河流域生态保护和高质量发展先行区建设 3 年多来，自治区党委和政府持续用力大抓发展、抓大发展、抓高质量发展，坚定不移举全区之力推动先行区建设，实现了从前期夯基垒台、立柱架梁，进入全面推进、积厚成势的新阶段，有力推动生态环境持续提升、“四水四定”全面落实、要素改革不断深化、绿色低碳实现突破，形成了推动高质量发展的倍增效应，先行区建设成效显著。

1. 服务国家战略，优化顶层设计

自治区深入落实国家战略部署，不断优化顶层设计，积极站位服务国家战略，着眼流域全局，践行宁夏责任担当，成立由党委书记、政府主席任“双组长”的先行区建设领导小组，研究制订宁夏黄河流域生态保护和高质量发展规划等 18 个规划方案，争取 11 个部委出台 7 个支持性政策文件，在沿黄九省区率先颁布实施先行区建设促进条例，高规格召开 8 次先行区建设推进会。以“四水四定”、“六权”改革为突破口，先行先试，对基础设施、生态环保、产业发展、改革创新、重大项目等领域进行全方位部署，搭建起先行区建设的“四梁八柱”框架。

2.“四水四定”节水控水，“六权”改革先行先试

以“四水四定”，推进节水控水。宁夏立足水资源节约集约利用、经济社会可持续发展，在黄河流域率先开展“四水四定”专题研究，率先制订印发“四水四定”实施方案，推动农业节水增效、工业节水减排、城镇节水降损，不断压实“四水四定”属地责任，建立总量管控、指标到县、分区管理、空间均衡的配水体系，同时建立刚需用水保障、市场交易调控、丰枯风险应对机制。

在农业节水增效方面，实施了深度节水、高效节水、高效补灌“三个百万亩”工程，全区高效节水灌溉面积达到558万亩，农业用水占比由2017年的85.3%降至2022年的80.9%，降幅为黄河流域最大。在工业节水减排方面，积极推广工业水循环再利用行动和节水技术，全面开展节水型企业达标建设，矿井水处理装置投入运营，宁东基地成为全国首个废水接近零排放大型综合工业园区，全区规上企业水循环利用率达到96.7%，近3年万元GDP用水量累计下降15%以上。在城镇节水降损方面，在全区推进城镇节水普及，地级市全部达到国家节水型城市标准，59%的县区通过节水型社会达标验收，建成银川都市圈城乡供水等重点项目，宁夏成为全国率先建设“互联网+城乡供水”示范区。

以“六权”改革先行先试，释放先行区活力。宁夏在黄河流域生态保护和高质量发展先行区建设中坚持以改革破题、试点先行，向改革创新求突破、要动能，率先提出并推动用水权、土地权、排污权、山林权、用能权、碳排放权“六权”改革，以确权、赋能、定价、入市等关键环节，建立起资源有价、使用有偿、交易有市、节约有效的制度体系，为先行区建设注入强大动力。通过投石问路，先后确定15个重点市县进行先行先试，创新推出72个引领作用大、示范效果好的试点模式，带动资源要素市场化配置，激发生态建设和环境保护内生动力，取得显著成效。用水权聚焦“节水增效”，全面完成49亿立方米工农业用水确权；土地权聚焦“盘活增值”，盘活利用闲置和批而未供土地21.08万亩；山林权聚焦“植绿增绿”，

培育经营主体利用林地面积168万亩；排污权聚焦“降污增益”，开展排污权交易312笔2560万元；用能权聚焦“节能增效”，构建“1+5”用能权政策制度体系；碳排放权聚焦“减碳增汇”，积极参与全国交易，碳排放配额交易940.58万吨，成交额3.89亿元。

3. 以建设美丽新宁夏为目标，持续提升生态环境质量

宁夏坚决贯彻落实习近平生态文明思想，扎实推动山水林田湖草沙综合治理、系统治理、源头治理，努力构筑西部重要生态安全屏障。实施水源涵养、国土绿化、黄河宁夏段河道治理、贺兰山东麓防洪治理、防沙治沙等重大生态工程，在保障黄河安澜、守护黄河健康中展现了宁夏担当。持续推进黄河、贺兰山、六盘山、罗山“一河三山”生态保护修复治理，水土保持率达到76.9%，年入黄泥沙由1亿吨减少到2000万吨。协同推进大气“四尘”（煤尘、烟尘、汽尘、扬尘）同治，统筹推进“五水”（饮用水源、黑臭水体、工业废水、城乡污水、农业退水）共治，持续推进“六废”（建筑垃圾、生活垃圾、危险废物、畜禽粪便、工业固废、电子废弃物）联治，区域环境质量持续改善，全区地级以上城市空气优良天数比例连续7年保持在83%以上，森林覆盖率提高到10.95%，黄河宁夏段干流水质连续6年保持Ⅱ类进出。持续推进黄河流域生态环境共保共治，联合开展黄河流域入河排污口排查整治专项行动，有序推动溯源整治；与甘肃省签订1亿元黄河流域生态补偿协议，依据跨界监测断面水质变化情况支付补偿资金，形成推动黄河干流水质稳中向好的合力。

4. 以实现绿色低碳为抓手，加快推动产业转型升级

深入实施新型工业强区计划，推动产业结构改造、技术改造、智能改造、绿色改造，激活企业转型升级活力，绿氢、芳纶、氰胺产能等跃居全国第一位，宁东成为全国最大的煤制油、煤基烯烃生产基地。积极培育发展战略性新兴产业，全国一体化算力网络宁夏枢纽节点建设取得突破，算力质效指数位居全国第4位、西部第1位，2023年1—11月高技术产业投资增长超过50%。高水平建设国家新能源综合示范区迈上新台阶，新能源装机达到3450万千瓦，占全区统调电力总装机比重达到53%；“宁电入湘”13GW新能源基地项目稳步有序推进，为做好碳达峰碳中和奠定了坚实基础。

二、2023 年度宁夏经济形势分析

面对复杂严峻的外部环境，宁夏锚定高质量发展目标不动摇，以平稳为基、产业为要，持续用力大抓发展、抓大发展、抓高质量发展，高效统筹发展经济与改善民生、发展与安全、发展与环保的关系，经济规模持续扩大，保持较快增长态势，各项事业取得了新的进展。

（一）主要经济指标保持增长，高于全国居西北前列

2023 年前三季度，宁夏实现生产总值 3749.74 亿元，同比增长 6.4%，比上年同期加快 1.5 个百分点，比全国高 1.2 个百分点，居西北第 2 位、全国第 6 位；三次产业增加值分别为 270.26 亿元、1737.63 亿元、1741.85 亿元，宁夏扩大粮食播种面积，粮食总产量 378.8 万吨，实现“二十连丰”。

工业经济持续领跑，各经济类型企业同步增长。2023 年 1—11 月，宁夏规模以上工业增加值同比增长 11.5%，比全国高 7.2 个百分点，连续 6 个月加快增长，经济增速位居全国“第一方阵”，发挥了稳定经济增长“压舱石”和带动经济增长的“火车头”作用，其中制造业产能进一步释放，同比增长 14.3%，化学农药原药、单晶硅、多晶硅、化学纤维产量增速达到 50%以上。宁夏深入推进要素保障，投资规模持续扩大，固定资产投资同比增长 4.3%，而工业投资贡献突出，占投资比重 51.5%，宁夏民间投资同比增长 3.0%，民间投资占全区投资比重为58.2%。（见表 1、图 1）

表 1　2023 年 1—9 月全国及西北各省区主要经济指标情况

地　区	地区生产总值		第一产业增加值		第二产业增加值		第三产业增加值	
	绝对量（亿元）	增速（%）	绝对量（亿元）	增速（%）	绝对量（亿元）	增速（%）	绝对量（亿元）	增速（%）
全　国	913027	5.2	56374	4.0	353659	4.4	502993	6.0
陕　西	23681	2.4	1360	36.0	11169	–1.1	11152	5.4
甘　肃	8635	6.6	1256	5.8	2895	6.3	4484	6.9
宁　夏	3750	6.4	270	7.3	1738	8.0	1742	4.9
青　海	2696	5.6	207	4.2	1128	5.2	1361	6.2
新　疆	13552	6.1	1715	6.2	5379	6.0	6458	6.1
宁夏在全国位次		6		3		4		19
宁夏在西北位次		2		1		1		5

数据来源：国家统计局官网公布数据整理。

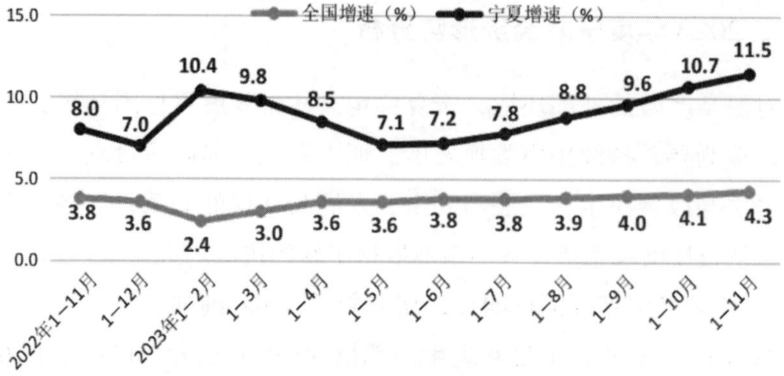

图 1　2023 年 1—11 月全国及宁夏规模以上工业增加值增速

（二）新动能加快培育，市场主体增长显著

在创新驱动发展战略的推动下，宁夏积极布局战略性新兴产业，新能源、新材料等重大项目建设支撑有力，有效带动了产业升级，产业加速向数字化、网络化、智能化、绿色化转型，使经济发展的新动能、新优势、新增长点不断涌现。

一是科技创新引领高质量发展。2023 年 1—11 月，高技术产业投资同比增长 43.7%，高技术制造业投资同比增长 53.9%，高技术服务业投资同比增长 15.5%，信息传输和信息技术服务业投资增长 19.0%，新动能持续壮大，创新发展的技术含量进一步增强。2022 年，全区研究与试验发展（R&D）经费支出 79.38 亿元，比上年增长 12.7%，研究与试验发展（R&D）经费投入强度（与地区生产总值之比）为 1.57%，研发经费投入强度稳步提高，科技成果转化应用能力不断提升。

二是新兴产品（主要工业产品）快速增长。2023 年 1—11 月，精甲醇产量 1095.90 万吨，同比增长 19.9%；化学农药原药产量 9 万吨，同比增长 55.2%；太阳能发电量 258.95 亿千瓦时，同比增长 26.9%；滚动轴承生产 5362.70 万套，同比增长 23.8%；橡胶轮胎外胎 76.70 万条，同比增长35.3%；单晶硅 18387.20 万吨，同比增长 124.9%。这些主要工业产品已成为宁夏制造业高质量发展的强力引擎。

三是市场活力不断增强。宁夏持续优化良好的营商环境，有效激发市场活力，市场主体稳步增加，新增市场主体 11.95 万户，同比增长 11.2%；

截至 11 月末，宁夏市场主体总量 81.01 万户，同比增长 7.4%，其中，企业 22.22 万户，企业数量明显增加。

四是骨干企业贡献突出。全区重点骨干企业工业生产保持较快增长，其规模大、占比高，对全区规模以上工业增长贡献突出，有效发挥了“挑大梁”的作用。

五是民营经济快速壮大。民营工业企业推动工业经济持续较快增长。2023 年 1—11 月，全区民营经济增加值占全区生产总值的比重为 49.1%，对经济增长贡献率为 54.0%，在经济增长和吸纳就业方面作出了积极贡献。

（三）区域经济竞相发展，城乡居民收入进一步增加

自治区深入贯彻落实中央的决策部署，不折不扣推动各项工作落地落实，各市县积极执行并根据自身情况精准落实惠企政策，出台推动民营经济高质量发展、市场主体梯度培育提质升级、服务业扩容提速等政策措施，如出台《关于加快副中心城市固原市高质量发展的若干意见》《关于自治区支持石嘴山产业转型示范市高质量发展的实施方案》等意见措施，有力地推动了五市竞相发展。2023 年前三季度，银川市实现生产总值 1897.76 亿元，同比增长 7.3%，占全区经济总量的 50.6%，增速位居全区第 1。吴忠市实现生产总值 624.25 亿元，同比增长 6.3%，经济总量位居全区第 2。石嘴山市实现生产总值 500.33 亿元，同比增长 3.0%，经济总量位居全区第 3。固原市、中卫市实现生产总值分别为 308.42 亿元、418.99 亿元，两市的经济增长速度均为 6.9%，高于全区平均水平。（见表 2）

表 2　2023 年 1—9 月宁夏五市主要经济指标情况

地　区	地区生产总值		规模以上工业增加值增速（%）	固定资产投资增速（%）	社会消费品零售总额		城乡居民人均可支配收入	
	绝对量（亿元）	增速（%）			绝对量（元）	增速（%）	绝对量（元）	增速（%）
全　区	3749.74	6.4	9.6	7.2	995.33	–2.3	22181	7.3
银川市	1897.76	7.3	14.8	10.0	587.68	–2.2	27661	7.1
石嘴山市	500.33	3.0	–0.3	10.3	78.10	–6.6	25309	6.9
吴忠市	624.25	6.3	7.1	8.3	134.76	–2.2	18436	7.2
固原市	308.42	6.9	4.3	4.6	92.83	0.0	18574	7.3
中卫市	418.99	6.9	10.4	–3.0	101.96	–1.6	16709	7.6

数据来源：宁夏回族自治区统计局官网公布数据整理。

宁夏积极落实促消费政策举措，服务供给不断改善，需求不断扩大，2023 年 1—11 月，社会消费品零售总额达到 1242.27 亿元，同比增长1.4%。居民收入也得到了进一步的增加。2023 年 1—9 月，宁夏城乡居民人均可支配收入为 22181 元，同比增长 7.3%，银川市、石嘴山市、吴忠市、固原市、中卫市五市城乡居民收入分别保持了 7.1%、6.9%、7.2%、7.3%和 7.6%的较快增长，为五市实现协同发展奠定了基础。

三、需要关注发展与安全的问题

目前，国内外经济形势异常复杂多变，国际上俄乌战争、巴以冲突、地区冲突、极端气候等不稳定性不确定性上升，导致粮食短缺、能源短缺、人道危机频发；国内大循环存在堵点、有效需求不足等，经济回升向好面临一些困难和挑战，使得统筹发展与安全任务艰巨。

（一）农业资源要素制约突出，产值效益持续下滑

在大力实施产业振兴战略的推动下，宁夏“六特”产业加快发展，连续多年保持旺盛的增长态势，产值占全区特色农业的 75%以上，但产业加快发展既要考虑市场因素，还要考虑区域布局因素，更要考虑要素支撑。

1. 农业资源要素制约突出

耕地资源总量少、质量低，水资源短缺、发展受限，粮饲、粮菜争地、争水矛盾持续加大。一是用水供给方面。自治区“四水四定”实施方案中明确，到 2025 年全区农业耗水总量须控制在 28.18 亿立方米以内，2022 年全区农业实际耗水量 30.15 亿立方米，已经超出预期控制目标。未来农业用水总的趋势是压减，会产生“六特”产业与其他农业用水“争水”的矛盾，一方用水若得到保障，势必出现另外一方缺口扩大的情况。

二是土地资源方面。第三次全国国土调查数据显示，宁夏具备开发种植条件的土地只有 55 万亩，且分布相对分散。2022 年，“六特”产业总用地面积（含饲草种植面积）为 1016.17 万亩，2025 年预期新增用地面积 152.83 万亩，如不考虑永久基本农田需退出种植面积、重大项目建设新增用地面积，即使现有具备开发条件的 55 万亩土地全部调剂使用，仍有 97.83 万亩的供给缺口。

三是饲草方面。2022 年，全区饲草供给量（1794.9 万吨）占需求总量（2102.9 万吨）的 85.4%。按照“六特”产业发展规划，2025 年全区饲草需求总量预计将达到 4174.9 万吨，考虑到未来全区新增饲草种植面积极为有限，按自给率比例不变核算，饲草实际供给缺口将达到 609.5 万吨。

2. 农业养殖成本上升，产值效益持续下滑

2023 年 1—9 月，全区奶牛存栏、肉牛和滩羊饲养量、蔬菜面积分别达到 90.9 万头、222 万头、1339.8 万只、312.9 万亩，分别增长 13.9%、9.8%、8.2%、17.8%。而主要畜产品受市场因素影响价格下降明显，奶牛、肉牛、滩羊养殖效益持续下滑；全区生鲜乳生产价格同比下降 16.5%，活牛下降 10.1%，绵羊下降 2.3%。

以肉牛为例，调研了解到，2015 年起活牛及牛肉价格持续上涨。2016—2022 年“牛市上升”，总体高位震荡，自 2023 年初起开始走弱，3 月中旬快速下跌。10 月，品质较好的西门塔尔肉牛毛重均价约 30 元/公斤，较年初下跌 20%；一般肉牛毛重均价 27 元/公斤，较年初下跌 22%。2022 年 10 月，犊牛每头 3000 多元，2023 年 10 月仅为 2000 多元；而繁殖母牛 2022 年同期每头 26000 元，2023 年同期仅为 15000 元；牛皮 2022 年同期每张 470 元，2023 年同期仅为 300 元。肉牛产品价格普跌，下跌主要原因：一是全区肉牛产业受益于政策赋能，养殖规模大幅增长，市场供应充足。2020 年以来，全区肉牛存栏增长 56%，年均增长 16%。2022 年底，全区肉牛饲养量达 224.5 万头，肉牛存栏 148.4 万头。二是饲草供给成本增加。2022 年，全区人工饲草种植面积 575 万亩，饲草产量 1794.9 万吨，青贮玉米、优质苜蓿、燕麦草等实际缺口在 308 万吨左右，需要通过国外进口或从周边省区及河南、安徽等粮食大省外购。近年来，我国饲草料价格一直处于上涨趋势，进口苜蓿价格也持续高位，预计这种趋势将继续保持，由于宁夏土地资源有限，未来 2—3 年内扩大优质饲草种植面积数十万亩的可能性不大。

宁夏肉牛产业，若按照相关规划，到 2025 年要达到 260 万头。目前面临市场牛价全面下跌的现实，若不顾市场因素，将会导致后续一系列问题，尤其是受饲草料价格高位运行影响，人工成本持续上升，在生产价格下降与

成本上升双重挤压下，养殖业效益下降明显，对畜牧业持续较快增长产生不利影响，要防止肉牛、奶牛过剩而出现的“肉贱伤农”“奶贱伤农”。

（二）工业生产面临困难，需求收缩价格下降

工业产品需求不足，产销衔接不畅，盈利水平下降，经济效益较低，减产停产企业增多，制约企业产能释放。

一是企业经营成本压力大。由于大宗商品价格高位运行，工业企业生产所需原材料、用工、物流等生产成本仍然出现不同程度增加。2023 年前三季度，宁夏工业生产者购进价格指数为 94.4%，而工业生产者出厂价格指数为 93%，生产购进价格比出厂价格指数高 1.4 个百分点，工业生产者价格“高进低出”剪刀差持续。

二是企业停产与亏损增多。2023 年 1—10 月，宁夏规模以上工业企业单位数量为 1501 家，而规模以上工业亏损和停产企业达到 590 家，亏损和停产面达 39.3%。一些主要产品产量出现减产，下降趋势明显。2023 年 11 月，钢材产量下降 0.4%，碳化钙产量下降 6.3%，化学药品原药下降 7.4%，金属切削机床下降 19.6%，铝材产量下降 25.8%。（见表 3）

表 3　2023 年 4—11 月宁夏部分工业产品产量增速

指　标	4 月	5 月	6 月	7 月	8 月	9 月	10 月	11 月
碳化钙(%)	-15.9	-18.4	-17.7	-15.5	-14.0	-11.9	-8.6	-6.3
初级形态塑料(%)	-17.4	-12.1	-10.5	-9.2	-7.6	-5.3	-2.3	0.7
化学药品原药(%)	10.5	8.3	6.7	2.9	-2.6	-4.7	-8.2	-7.4
水泥(%)	1.4	-1.0	1.8	1.3	-1.9	-2.6	0.7	0.0
钢材(%)	-21.5	-20.7	-15.5	-7.6	-6.0	-4.2	-1.7	-0.4
铁合金(%)	-8.9	-11.7	-12.4	-9.5	-4.6	-1.3	1.6	3.2
铝材(%)	-51.9	-44.9	-39.3	-36.1	-28.2	-26.9	-26.3	-25.8
金属切削机床(%)	-1.4	-4.0	-6.8	-8.9	-13.4	-16.0	-17.4	-19.6

数据来源：宁夏回族自治区统计局官网公布数据整理。

三是工业效益持续下降。2023 年 1—10 月，规模以上工业企业营业收入为 6458.05 亿元，营业成本为 5547.01 亿元，营业能力降低了 3.5%；企业利润总额为 342.70 亿元，利润总额下降了 21.6%，降幅比全国高 13.8 个百分点。

（三）社会消费不旺，总体需求不足

2023年，宁夏社会消费品零售总额整体呈下降趋势，是上半年全国唯一负增长的省区，社会消费品零售总额增速为-1.2%，在全国31个省区市中排名第31位；1—9月，宁夏社会消费品零售总额增速持续走低，为-2.3%，10月，社会消费品零售总额增速由负转正为0.6%，11月，社会消费品零售总额为1242.27亿元，增速逐步回暖为1.4%，但依然比全国低5.8个百分点，这也是近几年宁夏社会消费品零售总额下降幅度最大的年份。

同时，受城乡居民收入增长基础不稳、预防性储蓄增高等因素影响，居民消费意愿减弱，大宗商品消费拉动和支撑依然不足，2023年1—9月，汽车类零售额拉动不足，燃油类汽车零售额同比下降3.3%；日用品类零售额同比下降14.7%；化妆品类零售额同比下降15.3%；家具类零售额同比下降41.2%。1—11月，石油及制品类零售额同比下降15.9%，全区5个地级市社会消费品零售总额增速持续走低，服装鞋帽针纺织品类、金银珠宝类、五金电料类、家用电器和音响器材类等零售额出现了不同程度的下降。（见图2）

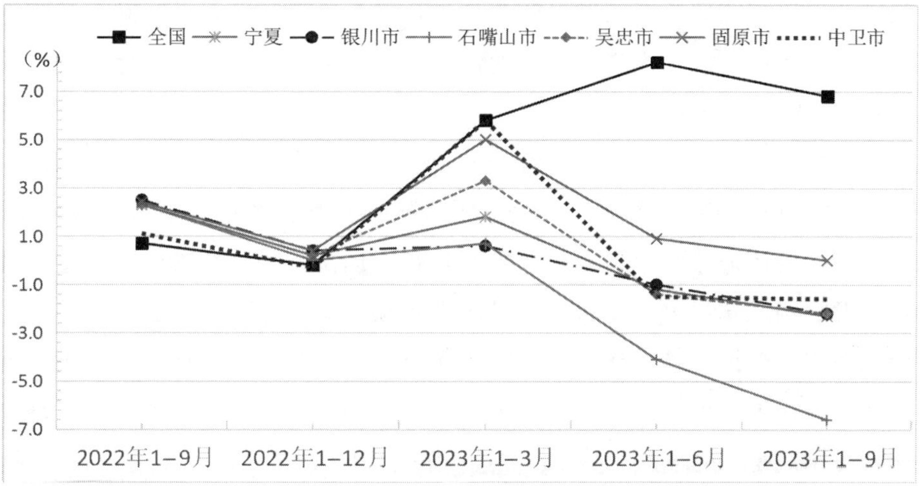

图2　2022—2023年宁夏部分月份社会消费品零售总额增速

四、宁夏推进中国式现代化与先行区建设的对策建议

2023年12月11日召开的中央经济工作会议指出，“把推进中国式现

代化作为最大的政治”，中国式现代化是一场攻坚战、持久战、创新战；强调要从战略全局出发，以经济建设为中心、以高质量发展为首要任务，从改善社会预期、提振发展信心入手，纲举目张地做好经济工作。

近日，自治区党委、政府召开会议，学习贯彻中央经济工作会议精神，要求把思想统一到党中央决策部署上来。宁夏要将先行区建设作为重大使命任务，突出重点，把握关键，将坚持稳中求进、以进促稳、先立后破总基调，统筹好五个方面的关系、着力抓好九个方面的重点工作，以落实“支持宁夏建设先行区实施方案”为指导，聚焦生态保护和高质量发展两个关键，推动先行区建设取得新成效。

（一）促进农业产业发展要素供需平衡

1. 产业发展与要素供给动态平衡

农业产业虽然为传统产业，但是属于稳根基的产业，也是稳经济的“奠基石”，要始终以“国之大者”来对待。经过多年的发展，宁夏所提的农业“六特”产业，具有相对强的竞争优势，需要不断的坚持，将优势发挥到最大，也要处理好供需衔接的问题、供需平衡的问题、当前与长远的问题，也要把握好速度与质量的关系、存量与增量的关系、时间与空间的关系，要秉持“以水定产”“以地定产”“以地定草”的务实理念，做到“有多少汤泡多少馍”。

一是在土地供给上。探索符合宁夏实际、具有宁夏特色的农业产业供地模式，加大土地盘活力度，通过增减挂钩，支持各地有序对农村闲置、空闲、低效用地进行整理复垦，推动各县区加快荒山、盐碱地、沙地合理化开发利用，建设城乡统一的建设用地市场，既要保障农业生产用地，也要保障工业建设用地，还要保障城市建设用地。要增强土地利用效度，尤其在农业用地方面要通过间作套种、种养结合、工厂化种植等方式，增加土地复种指数；引导养殖户入园集中养殖，同步建设粪污收用处理体系，最大限度实现土地开发集约利用。要加大用地统筹力度，对用地指标、土地储备、土地整合、拓展余地等实行闭环管理，有的放矢采取动态调整用地指标等方式，完善农业产业发展用地保障机制。

二是在用水供给上。坚持节水为要、量水而行，强化以水定产、以水定地，构建节水型产业体系。积极推进现代高效节水农业示范区建设，推广节水灌溉技术，加快实施现代化灌区升级改造。要挖掘取水渠道，统筹地表水与地下水、雨洪水与再生水、常规水与非常规水，逐年提高再生水、矿井疏干水等在各类产业中的利用比例，为综合用水挤出空间，使发展和安全要动态平衡、相得益彰。

2. 以高质量发展促进高水平安全

要把握好发展与安全的关系。可适度控制“六特”产业的发展规模和速度，要量力而行、尽力而为。不能为单纯追求达到某种目标，可能虽然保住了“量”，但却丢掉了“质”，如到2025年肉牛的养殖量要达到260万头，若不顾其他因素的影响，即使追求的数量达到了但可能会出现成本高过利润，虽然付出了很多、花费了不少，但收益甚微。因此，要从供需两端发力，确保高质量发展和高水平安全良性互动，实现产业发展与要素供给动态平衡。

要统筹好当前利益与长远利益。一方面要减少单纯追求目标需求，需留有一定余地，避免竭泽而渔，达到以高质量发展促进高水平安全。另一方面，要创新要素供给思维，挖掘以空间增动力潜力，深化“六权”改革、优化要素供给渠道，全面提高资源利用效率，使土地供需、用水供需、粮草供需总体在安全可控的范围，确保以高水平安全保障高质量发展，为全区农业产业高质量发展奠定坚实基础。

（二）坚持以经济建设为中心，以高质量发展为首要任务

认真落实党的二十大精神和自治区第十三次党代会精神，认真落实稳中求进工作总基调，坚持稳中求进、以进促稳、先立后破，统筹高质量发展和高水平安全。加快传统产业改造升级。要加快发展“六新六特六优”产业，加快传统产业改造升级，培育壮大战略性新兴产业，构建现代化经济体系，推动制造业高端化、智能化、绿色化发展。

1. 坚持整体谋划，同向发力稳中求进

新发展理念是一个整体，必须完整、准确、全面贯彻新发展理念，坚持以人民为中心的发展理念，并以新发展理念指导引领全面深化改革开放。发展是党执政兴国的第一要务，发展为了人民、发展依靠人民。必须以经济建设为中心，坚持社会主义市场经济改革方向，充分发挥市场在资源配置中的决定性作用，更好发挥政府作用。市场是资源配置最有效的手段，社会主义市场经济是一个伟大创造，要发挥我国超大规模市场优势，使国内大循环建立在内需主动力的基础上，提升国际循环质量和水平。高质量发展是全面建设社会主义现代化国家的首要任务，实现质的有效提升和量的合理增长，是高质量发展最基本的要求。无论是市场、双循环，还是高质量发展，都必须坚持系统观念，更加注重系统性、整体性、协同性，需要整体谋划、同向发力，形成合力。

中央经济工作会议提出要引导金融机构加大对“普惠小微”等方面的支持力度，就是要帮扶小微企业发展。针对当前经济形势，精准分析研判经济走势，及时掌握经济动态，妥善应对矛盾问题，防止出现大起大落、不可持续，及时释放政策信号，改善社会预期，增强市场信心，持续落实好中央和自治区及各市已出台的助企纾困政策，多措并举制定灵活实用的政策实施细则，针对小微企业轻资产、资金流较弱的特性，要加大支持力度。加强小微企业、个体工商户等市场主体和产业链供应链关键环节的精准支持，针对重点行业、重点企业，积极化解因原材料价格上涨导致的生产成本提高和预期不稳等问题，引导企业积极拓展市场，稳生产降成本增效益，推动经济发展实现量的合理增长和质的稳步提升。

2. 实施创新驱动战略，切实增强经济活力

营造“多元化”创新生态，大力发展新型研发机构。鼓励引导企业承担国家重大科技战略任务，建设国家级、自治区级创新中心、工程研究中心等创新平台。扩大科技创新要素供给，优化政府资金投放，改进经费预算管理和拨付方式，发挥好“指挥棒”作用，持续加大基础研究和应用研究的比重，进一步向经济社会发展最迫切的重大需求集中、向重点领域关键行业倾斜，促进创新要素向产业和企业聚集，不断提升创新成果及其产业转化能力。

发挥企业主体作用。健全全社会多元化投入机制，鼓励企业进一步加大对原始创新和自主攻关的投入，用好研发费用加计扣除和制造业企业研发加计扣除比例由75%提高到100%等优惠政策，加大装备制造业尤其是尖端装备制造业、高技术制造业的经费投入力度，提高企业技术能力和产业

链供应链水平。

3. 加快布局新质生产力，构建现代化产业体系

一是实施产业振兴战略，加快产业转型升级。要把发展经济的着力点放在实体经济上，传统产业占宁夏产业的80%以上，要加快传统产业转型升级，以新一代信息技术应用、“互联网+”等装备传统制造业。推动装备制造、纺织、生物制药等传统产业结构、绿色、技术、智能改造升级，尤其要支持石嘴山老工业基地转型升级，坚持工业强市不动摇。持续加快灵武、同心等地羊绒工业和生态纺织业的重组与振兴，以推进传统产业生产方式和企业形态根本性变革，为企业向高端发展赋能，再造宁夏工业新优势。深入实施数字赋能计划，加快推动工业数字化转型，大力发展数字经济，推动重点行业数字化改造，促进互联网软件技术和工业技术深度融合，开发系统的工业互联网 APP 和解决方案，完善工业数字化发展环境，引导工业企业向精细化、智能化、绿色化转变，不断利用更高端的工艺和工程技术提高产品的质量与价值，不断推进宁夏新型工业化壮大，推动工业经济高质量发展。

二是布局谋划未来产业，形成新质生产力基础。习近平总书记指出：“整合科技创新资源，引领发展战略性新兴产业和未来产业，加快形成新质生产力。”宁夏要加快布局战略性新兴产业和未来产业，以形成新质生产力发展的基础。在新一轮科技革命和产业变革中，宁夏要实现从“跟跑”向“并跑”甚至“领跑”跃升，关键在于整合科技创新资源，持续培育壮大新兴产业，尽快谋划布局战略性新兴产业和未来产业，加快建设以实体经济为支撑的现代化产业体系，构筑创新引领发展新优势。

要以新能源、新材料、新一代信息技术、高端装备等战略性新兴产业为重点方向；以氢能、新型储能、新一代人工智能、第三代半导体、算力、量子信息、光电子、未来显示技术等为重点方向，尽快制订促进宁夏战略性新兴产业和未来产业发展方案，绘制未来产业全景图谱。鼓励自治区各类高新区、经开区等科技创新领先、高科技产业发展基础好的园区制定未来产业细分领域的发展规划，积极打造未来产业创新发展示范基地。探索建立一套符合未来产业发展规律和实际的政策体系，在支持未来产业发展方面更加突出厚植发展土壤、鼓励多元试错、强化原始创新、早期市场支

持等，同时加强政策适配性，推动创新政策与产业政策协调配合，催生新产业、新模式、新动能，形成新质生产力。

4. 提高产业链协作水平，打造现代化产业集群

一是培育高端产业链提高上下游协作水平。重点聚焦“六特六新六优”产业，以提升本地产业互补性，提高产业链上下游协作水平。全面围绕宁夏优势特色产业打造具有区域影响力、竞争力的产业链和产业集群。围绕光伏制造、风能制造、锂电池材料、装备制造、稀有金属材料、电子材料及元器件等打造产业链条；围绕新材料、新能源、现代化工、高端装备制造、数字信息、轻工纺织等产业打造千亿级产业集群。积极锻造长板，不断补齐短板，加快产业链供应链优化升级，提升产业基础高级化和产业链现代化，大力实施制造业产业基础再造和产业链供应链现代化水平提升行动。打通产业链的堵点、断点，推动产业链与供应链、创新链、资金链、人才链深度融合、循环畅通，增强产业链韧性，促进产业集群化。进一步加快推进上下游衔接的开放信息平台建设，让更多的企业参与供应链协同制造，并加快解决与产业链上下游企业协同的产业技术、设备、资金、原辅料等实际困难，以增强和带动上下游各类企业平稳运行。

二是依托产业园区促进产业集群发展。引导各地建设中小微企业产业园、小型微型企业创业创新示范基地、标准化厂房及配套设施等，推进产业聚集发展。开展共建创新平台，加强创新平台功能发挥，在产业转型升级示范区和示范园区的相关项目安排方面，加大对产业链企业的支持力度。“一园一策”推动产业园和产业集聚区加快数字化转型，建设推广智慧园区管理平台，提升园区数字化管理水平，以综合数字化管理平台促进园区企业间开展多种形式的合作。促进企业业务增长、生态共生、资源互通，推进大中小型企业融通发展，增强综合实力，为培育一批专业化生产、特色化经营、主业突出、竞争力强的产业链企业提供良好发展空间，为建立产业集群发展奠定基础。

（三）坚持供需两端发力，推动消费回升向好

1. 坚持项目引领，增强投资带动能力

始终把投资拉动作为稳增长、调结构、增效益的最有力支撑和最坚实

基础，把投资项目建设作为推动高质量发展和先行区建设的“强引擎”和“硬支撑”，进一步强化大抓优质项目、扩大有效投资的意识，切实发挥投资在推动经济高质量发展中的关键作用。紧紧围绕国家产业政策，聚焦政策导向、资金投向，主动加强与国家部委、大型企业对接联系，强化金融、用地、人才等要素保障，争取实施一批强基础、增功能、利长远的重大项目，扩大有效精准投资，补齐基础设施短板。

进一步加大招商引资力度，积极引进外地投资，改善投资环境，储备更多优质项目。不断拓宽民间投资领域，鼓励民间资本进入新兴产业，发展高新技术产业，引导传统产业技术改造，推进技术进步和产业升级。在扶持骨干企业的基础上，要进一步加大对小微企业的扶持力度，积极落实相关政策，帮助发展前景较好的企业整合企业资源，同时引导鼓励企业“走出去”，积极争取获得更多对外合作的机会，不断释放企业活力。

2. 以高质量供给，提升传统消费

提升居民消费能力和消费意愿，推出更多专精特新产品，以高质量供给提升传统消费。推进商业主体转型，发挥“互联网+”优势，促进线上线下融合发展。完善城市商业综合体服务功能，发挥城市商业综合体的带动作用，以个性化、主题化、服务化为方向，开辟新型销售渠道，创新经营服务模式，拓展定制消费、信息消费、智能消费。搭建大型网络销售平台，优化用户消费体验，加快新型消费发展步伐，带动消费市场稳步发展。

一是持续释放消费潜力。积极推动首店经济、首发经济、夜经济、直播电商等新业态新经济发展，加大力度办好各类欢乐购物节、促销节、汽车展、家电以旧换新等大众消费促进活动，不断激发居民消费热情。

二是完善商业基础设施。城镇要扎实推进重要商品市场升级、“一刻钟”便民生活服务圈等国家级试点城市建设，支持传统商圈实施智慧化改造，完善“互联网+”消费生态体系，提高服务便利化、标准化、智慧化、品质化水平。农村要着力改造提升乡镇农贸市场和商贸中心，建设多业态、多功能乡镇商贸服务综合体，既要考虑停车场规划的便利度，也要考虑购物的方便性、舒适性和体验性。

三是激发农村消费活力。乡村消费品市场作为消费品市场的重要组成部分，潜力巨大，要着力打通堵点、补齐短板，健全农村流通体系，扩大电商进农村覆盖面，加强县级物流配送中心到乡村物流站点建设，加快贯通县、乡、村三级电子商务服务体系和快递物流配送体系，统筹解决农村居民出行、物流配送、邮递寄送“最后一公里”问题。推动骨干流通企业下沉至农村市场，完善农产品冷链物流基础设施，加快补齐冷链物流的短板，促进流通网点融合，改善农民生活品质，为推进乡村全面振兴提供有力支撑。

3. 提高居民收入，增强居民消费意愿

收入是消费的前提和基础，居民收入水平是影响居民消费最直接、最根本的因素，提高居民收入水平是促进消费可持续增长的根本动力。做好困难行业稳岗就业工作，完善支持就业创业政策措施，以创新引领创业、创业带动就业，做好高校毕业生、农民工、退役军人、城镇就业困难人员等重点群体就业和创业，促进居民收入稳定增加，增强居民消费能力，有效释放消费潜力。扎实推进城乡居民收入提升行动，加大各项支农惠农政策支持力度，着力促进农民工就业，全面拓宽增收渠道，为提高居民消费预期提供有力支撑，让消费持续为经济增长发力，促进全区经济健康发展。

分析预测篇

FENXI YUCE PIAN

2023—2024 年宁夏国民经济总体运行情况分析与对策建议

徐秀梅　马宏德　王军建

2023 年是全面贯彻落实党的二十大精神的开局之年，是三年新冠疫情防控转段后经济恢复发展的一年，在自治区党委和政府的正确领导下，宁夏上下全面贯彻习近平总书记视察宁夏重要讲话和重要指示批示精神及党的二十大精神，坚决落实党中央、国务院决策部署，完整、准确、全面贯彻新发展理念，坚持稳中求进工作总基调，着力扩大内需、优化结构、提振信心、防范化解风险，更好统筹发展和安全、发展与环保、发展与民生，全区生产供给持续加快、社会需求稳固向好、产业结构不断优化，转型升级步伐加快，质量效益稳步提升，民生福祉持续增进，经济运行呈现总体平稳、稳中有进、进中向好的发展态势，经济社会高质量发展取得新成效，社会主义现代化美丽新宁夏建设迈出坚实步伐。

一、经济运行持续向好，高质量发展成效显著

2023 年以来，全区各地各部门紧紧围绕自治区确定的目标任务，牢记发展第一要务，加快实施产业振兴战略，主动应变求变，聚焦“六新六特六优”产业发展，加大招商引资和产业投资力度，形成了新的发展优势和

作者简介：徐秀梅，自治区统计局党组书记、局长，高级统计师；马宏德，自治区统计局党组成员、副局长，高级统计师；王军建，自治区统计局国民经济综合统计处处长。

经济增长点，推动经济高质量发展取得了新成效、新进展。

（一）经济规模持续扩大，主要指标快于上年、好于预期、高于全国

2023 年前三季度，宁夏实现地区生产总值 3749.74 亿元，按不变价格计算，同比增长 6.4%，比上年同期加快 1.5 个百分点，比全国高 1.2 个百分点。分产业看，第一产业增加值 270.26 亿元，同比增长 7.3%，比上年同期加快 2.0 个百分点，比全国高 3.3 个百分点，占地区生产总值的 7.2%，对经济增长的贡献率为 8.6%，拉动经济增长 0.6 个百分点。第二产业增加值 1737.63 亿元，同比增长 8.0%，比上年同期加快 0.4 个百分点，比全国高 3.6 个百分点，占地区生产总值的 46.3%，对经济增长的贡献率为 53.5%，拉动经济增长 3.4 个百分点。第三产业增加值 1741.85 亿元，同比增长 4.9%，比上年同期加快 2.3 个百分点，占地区生产总值的 46.5%，对经济增长的贡献率为 37.9%，拉动经济增长 2.4 个百分点。全年，宁夏经济有望继续保持较快增长，实现 2023 年经济增长预期目标可期。

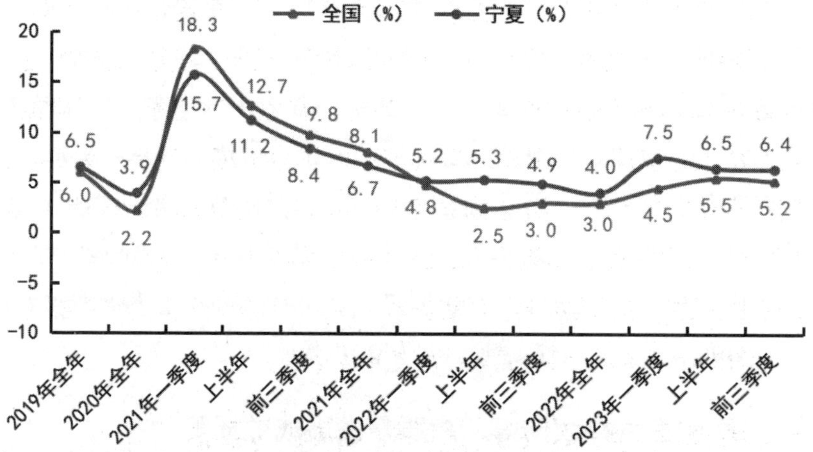

图 1　2023 年前三季度宁夏地区生产总值增长速度

（二）生产供给加快增长，工业农业量质齐升

一是农业生产再创佳绩。粮食持续增产丰收，牛奶、肉牛、滩羊、冷凉蔬菜等特色产业较快发展，农业经济呈现量增质提的良好发展态势。2023 年前三季度，宁夏实现农林牧渔业总产值 574.73 亿元，按不变价格计算，同比增长 7.5%，为 2011 年以来同期最高增速。其中，“六特”产业产值422.16亿元，同比增长11.1%。粮食生产“二十连丰”。2023年，宁夏粮食总产量378.8万吨，比上年增加2.97万吨，同比增长0.8%；播种面积1040.84万亩，比上年增加2.4万亩，增长0.2%；粮食平均亩产364公斤，比上年增加2.0公斤，增长0.6%。畜牧业加快增长。宁夏畜牧业存栏规模扩大，出栏加快增长。2023年前三季度，肉牛、羊、家禽存栏分别同比增长2.6%、2.0%和13.6%，出栏分别同比增长16.5%、21.5%和14.7%。实现牧业产值254.83亿元，同比增长12.5%，占农林牧渔业总产值的44.3%，比上年同期提高1.8个百分点，对农林牧渔业总产值增长的贡献率为70.3%，拉动农林牧渔业总产值增长5.3个百分点，畜牧业成为拉动宁夏农业经济增长的主动力。奶产业持续快速增长。奶牛养殖规模持续扩大，牛奶产量大幅增长。2023年前三季度，宁夏牛奶产量314.52万吨，同比增长26.8%，实现产值89.91亿元，增长19.0%，生鲜乳产值对农林牧渔业总产值增长的贡献率达到39.3%，拉动农林牧渔业总产值增长3.0个百分点。冷凉蔬菜产业发展势头良好。2023年前三季度，宁夏冷凉蔬菜（包含蔬菜及食用菌和瓜果类）播种面积288.57万亩，同比增长12.0%，产量627.24万吨，增长12.1%，实现农业产值153.71亿元，增长8.7%，对农林牧渔业总产值增长的贡献率达到34.1%，拉动农林牧渔业总产值增长2.6个百分点。

二是工业生产持续加快。在统筹安全环保能耗的基础上，强化工业运行调度，科学安排生产，企业产能进一步释放，工业保持较快增长。2023年1—11月，宁夏规上工业增加值同比增长11.5%，比全国水平高7.2个百分点，连续6个月加快增长。其中，轻工业增长13.5%，重工业增长11.3%。三大门类全面增长。2023年1—11月，规模以上制造业、采矿业和电力、热力、燃气及水生产和供应业增加值分别同比增长14.3%、10.4%和0.5%。主要行业较快增长。全区规上工业14个行业中有12个行业保持增长，其中，石油化工、轻工、纺织、电子行业保持两位数增长。各类型企业保持增长。全区规上国有控股企业、大中型企业、小微型企业增加值同比分别增长5.5%、13.1%和6.0%。重点产品产量稳定增长。2023年1—11月，全区原煤、乳制品、饮料、精甲醇等产品产量保持较快增长，化学农药原药、单晶硅、多晶硅、化学纤维产量增速达到50%以上。

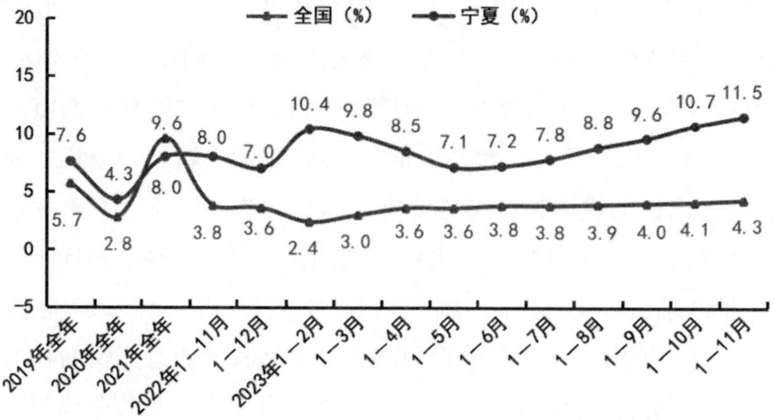

图 2　2023 年 1—11 月宁夏规模以上工业增加值增长速度

三是服务业保持较快增长。随着经济持续较快恢复，服务需求不断扩大，服务供给不断改善，带动交通运输、住宿餐饮、文化旅游、信息消费等行业加快发展，促进服务业稳定增长。2023 年前三季度，全区交通运输、仓储和邮政业增加值同比增长 9.2%，住宿和餐饮业增长 11.6%，金融业增长 7.1%，分别比上年同期加快 8.8 个、10.8 个和 2.9 个百分点。2023 年 1—10 月，全区电信业务总量同比增长 21.8%，高于全国水平 5.2 个百分点；规模以上信息传输、软件和信息技术服务业，科学研究和技术服务业，居民服务修理和其他服务业，文化、体育和娱乐业营业收入分别同比增长 6.2%、33.3%、26.5%和89.2%。

（三）投资需求不断扩大，消费市场恢复向好

一是投资规模持续扩大。深入推进“扩大有效投资百日攻坚”活动，加强要素保障，加快项目建设，有效投资持续扩大。2023 年 1—11 月，宁夏固定资产投资同比增长 4.3%，比全国水平高 1.4 个百分点。其中，第一产业下降 8.8%，第二产业增长 13.1%，第三产业下降 3.2%。工业投资贡献突出。2023 年 1—11 月，宁夏工业投资增长 13.2%，占投资比重 51.5%，对投资增长的贡献率为 144.2%，拉动投资增长 6.3 个百分点。其中，制造业投资增长 2.7%；电力、热力、燃气及水生产和供应业投资增长 37.4%，对工业投资贡献率为 92.7%，对全部投资的贡献率为 133.7%。在电力投资中，光伏发电投资增长 44.0%，占电力投资的 51.9%；电力供应业投资（含储能电站）增长

82.2%，占电力投资的25.0%。民间投资保持增长。2023年1—11月，宁夏民间投资同比增长3.0%，比全国高3.5个百分点。其中，民间工业投资增长11.5%，民间房地产投资增长0.5%。民间投资占全区投资比重为58.2%，比全国高7.1个百分点。大项目支撑有力。2023年1—11月，全区计划总投资5000万元以上项目完成投资同比增长4.1%，对投资增长的贡献率为63.1%，拉动投资增长2.7个百分点。其中，计划总投资10亿元以上项目完成投资增长9.5%，对投资增长的贡献率为77.8%，拉动投资增长3.3个百分点。

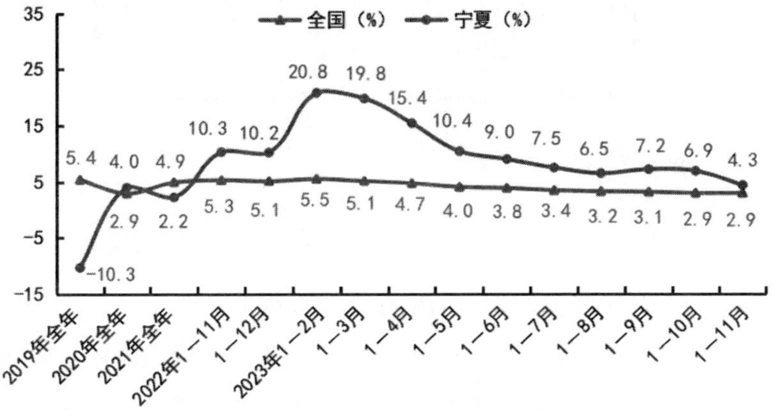

图3　2023年1—11月宁夏固定资产投资增长速度

二是市场消费加快恢复。全区各地各部门扎实落实“消费需求促进年”各项任务，积极落实促消费政策措施，市场销售加快恢复，消费对经济发展的基础性作用不断增强。2023年1—11月，实现社会消费品零售总额1242.27亿元，同比增长1.4%。其中，限额以上消费品零售额同比增长3.7%。重点商品零售额增势较好。全区限额以上重点监测的18类商品中有12类同比增长。其中，汽车类零售额增长17.9%，占限额以上消费品零售额的39.6%；通信器材增长36.4%；金银珠宝增长13.6%；文化办公用品增长31.0%；粮油食品增长0.4%；饮料增长18.8%；烟酒增长12.3%；中西药品增长5.8%。新入库企业拉动有力。2023年1—11月，全区新入库批发、零售、住宿、餐饮企业共53户，实现零售额同比增长2.4倍，对限额以上消费品零售额增长的贡献率为47.7%，拉动限额以上消费品零售额增长1.8个百分点。重点零售企业销售加快。2023年1—11月，占限额以上消费品零售额17.8%的32户综合零售企业零售额同比增长1.6%，其中11月增长11.0%。主要行业较快增长。2023年1—11月，全区限额以上零售业、住宿业、餐饮业均保持较快增长，分别同比增长13.2%、34.6%和15.2%。

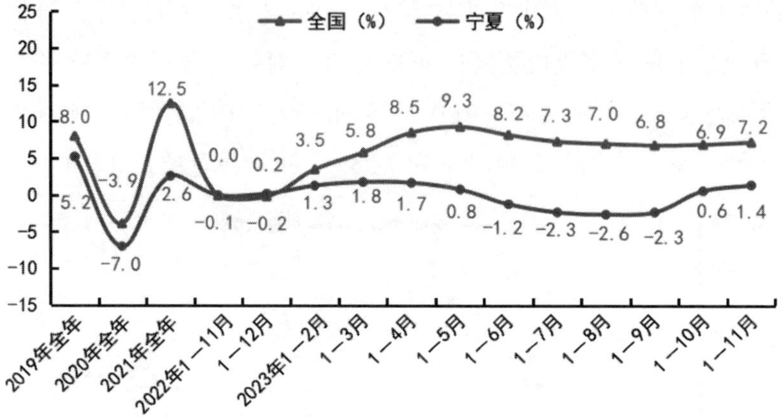

图4　2023年1—11月宁夏社会消费品零售总额增长速度

（四）转型升级步伐加快，质量效益稳步提升

一是转型升级持续推进。2023年以来，各地加快实施创新驱动发展战略和产业振兴战略，创新发展的底色更加鲜明，经济转型升级、动能转换加快推进，经济发展的新动能、新优势、新增长点不断涌现。2023年前三季度，全区服务业对经济增长的贡献率比上年同期提升10.8个百分点，全区“六特”产业产值占农林牧渔业总产值比重73.5%，比上年同期提高1.0个百分点；制造业增加值占全区生产总值比重22.6%，对经济增长的贡献率为31.8%。2023年1—11月，高技术产业投资、高技术制造业投资、高技术服务业投资同比分别增长43.7%、53.9%和15.5%，分别高于固定资产投资增速39.4个、49.6和11.2个百分点。规上制造业增加值占规上工业增加值的比重达到66.8%，对规上工业增加值增长的贡献率为84.3%，拉动规上工业增加值增长9.7个百分点。规上高技术制造业增加值增长42.2%，装备制造业增加值增长36.5%，分别高于规上工业增加值增速30.7个和25.0个百分点，对规上工业增加值增长的贡献率分别达到35.8%和38.3%。

二是市场活力不断增强。宁夏持续优化经济发展环境，有效激发市场活力，市场主体稳步增加，民营经济较快增长。2023年前三季度，宁夏民营经济实现增加值1841.79亿元，同比增长7.3%，比地区生产总值增速高0.9个百分点，民营经济增加值占全区生产总值的49.1%，对经济增长的贡献率为54.0%，拉动经济增长3.5个百分点。2023年1—11月，全区规上工业民营企业增加值增长16.7%，比规上工业增加值增速高5.2个百分点。新增市场主体11.95万户，同比增长11.2%。截至11月末，宁夏市场主体总量81.01万户，同比增长7.4%，其中，企业22.22万户，增长8.2%。

三是财政金融稳定增长。2023年1—11月，宁夏地方一般公共预算收入461.68亿元，同比增长8.4%。其中，税收收入335.57亿元，增长16.4%，比全国高4.1个百分点，税收收入占地方财政收入的比重由上年同期的67.6%提高到72.7%。地方一般公共预算支出1530.56亿元，同比增长5.6%。11月末，宁夏金融机构人民币各项存款余额9336.77亿元，同比增长10.6%，其中，住户存款5525.87亿元，增长14.6%。金融机构人民币各项贷款余额同比增长8.7%，其中，短期贷款增长13.0%，中长期贷款增长10.5%。

四是绿色发展成效显著。宁夏持续推进生态优先战略，统筹发展和环保，严格落实能耗“双控”目标任务，环境质量持续改善，绿色发展成效显著。2023年1—11月，全区水电、风电、太阳能等可再生能源发电量同比增长14.7%，占工业发电量的25.8%，比上年同期提高2.5个百分点。单位工业增加值能耗同比下降0.3%，六大高耗能行业工业增加值占规上工业增加值比重由上年同期的62.3%下降到60.5%。全区优良天数比例为80.7%，细颗粒物（$PM_{2.5}$）平均浓度为27微克每立方米，黄河宁夏段水质和地表水国家考核的20个断面水质总体稳定。

五是区域经济协调发展。2023年前三季度，银川市实现地区生产总值1897.76亿元，同比增长7.3%，占全区经济总量的50.6%，增速位居5个地级市首位；固原市、中卫市分别增长6.9%，高于全区平均水平；吴忠市、石嘴山市也保持了较快的经济增长水平。从居民收入看，五市城乡居民收入分别保持了6.0%以上和7.8%以上的较快增长，全区城乡收入比由上年同期的 2.75 缩小到 2.70。2023 年 1—11 月，五市规上工业增加值、地方财政收入均保持了较快增长，实现协同发展，为全区经济高质量发展作出积极贡献。

（五）民生福祉持续增进，人民生活日益改善

一是就业形势稳定向好。坚持就业优先，推动各类稳就业政策落地见效，城乡就业显著增加。2023 年 1—11 月，全区城镇新增就业 8.2 万人，同比增长 3.9%，完成全年目标任务的 102.0%；农村劳动力转移就业 83.6 万人，同比增长 1.7%，完成全年目标任务的 104.5%。

二是居民收入稳定增长。2023 年前三季度，宁夏居民人均可支配收入 22181 元，同比增长 7.3%，比全国高 1.0 个百分点。其中，城镇常住居民人均可支配收入 30739 元，同比增长 6.2%，比全国高 1.0 个百分点；农村常住居民人均可支配收入 11368 元，同比增长 8.0%，比全国高 0.4 个百分点。

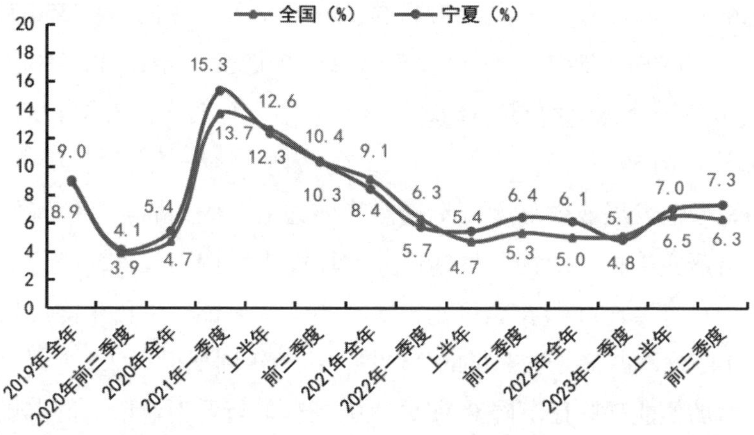

图 5　2023 年前三季度宁夏全体居民人均可支配收入增长速度

三是民生支出占比扩大。2023 年 1—11 月，宁夏民生支出占全区财政支出的 76.3%，比上年同期高 0.7 个百分点。其中，社会保障和就业支出 272.52 亿元，占 17.8%；教育支出 200.99 亿元，占 13.1%；卫生健康支出 134.60 亿元，占 8.8%；城乡社区支出 115.07 亿元，占 7.5%。

四是物价水平总体稳定。生产生活物资保障充裕，市场物价总体稳定。2023 年 1—11 月，宁夏居民消费价格同比上涨 0.5%。其中，食品烟酒类价格上涨 0.5%，衣着类上涨 0.4%，居住类上涨 0.6%，生活用品及服务类下降 0.2%，交通和通信类下降 1.5%。

二、外部环境复杂多变，经济下行压力持续显现

2023 年以来，宁夏经济运行中积极因素增多，多数经济指标稳定向好，保持了“总体平稳、稳中有进、进中向好”的发展态势，但受外部环境复杂多变影响，还面临市场需求收缩、价格持续回落、投资增速逐步下滑、社会消费品零售总额增长缓慢、服务业中商品房销售面积下降、批发业降幅较大等问题，推动经济持续较快增长仍需付出艰巨努力。

（一）农业养殖效益持续下滑

受主要畜产品价格下降影响，奶牛、肉牛、滩羊养殖效益持续下滑。2023 年前三季度，全区生鲜乳生产价格同比下降 16.5%，活牛下降 10.1%，绵羊下降 2.3%。但饲草料价格高位运行，人工成本持续上升，在生产价格下降与成本上升双重挤压下，养殖业效益下滑明显，对畜牧业持续较快增长产生不利影响。

（二）部分工业企业经营困难

当前，宁夏工业生产面临需求收缩、订单减少、价格持续回落、部分企业经营困难等问题，生产持续加快的基础还需巩固。一是市场预期持续回落。2023 年 11 月，宁夏制造业采购经理指数为 48.0%，比 10 月回落 1.4 个百分点，比全国（49.4%）低 1.4 个百分点。其中，生产指数 49.6%，新订单指数 44.8%，均位于收缩区间。二是工业生产价格降幅扩大。2023 年 11 月，宁夏工业生产者出厂价格同比下降 8.3%，降幅比 10 月扩大 0.8 个百分点。2023 年 1—11 月，宁夏工业生产者出厂价格同比下降 7.2%，降幅扩大 0.1 个百分点。三是工业效益持续下降。2023 年 1—10 月，全区规上工业企业利润总额 342.7 亿元，同比下降 21.6%，降幅比全国大 13.8 个百分点。其中，采矿业利润下降 17.7%，制造业利润下降 41.4%。规上工业企业营业收入利润率为 5.31%，比上年同期低 1.17 个百分点，比全国低 0.36 个百分点。

（三）投资增长势头逐步放缓

宁夏投资受大项目接续不足、基础设施投资下降等因素影响，增长速

度呈现逐月回落态势。一是制造业投资较快回落。2023 年 1—11 月，全区制造业投资同比增长 2.7%，比 1—10 月回落 3.8 个百分点，比上年同期回落 30.5 个百分点。其中，石油、煤炭及其他燃料加工业投资下降 44.2%，黑色金属冶炼和压延加工业下降 33.2%，有色金属冶炼和压延加工业下降 13.6%。二是基础设施投资降幅较大。2023 年 1—11 月，全区基础设施投资同比下降 9.1%，比上年同期回落 27.3 个百分点，下拉投资增速 1.7 个百分点。其中，交通运输业投资下降 13.8%，水利、环境和公共设施管理业投资下降 11.0%。三是建筑安装工程投资下降。2023 年 1—11 月，建筑安装工程投资同比下降 0.6%，比 1—10 月回落 1.4 个百分点，比上年同期回落 14.7 个百分点，比全国低 2.7 个百分点。分领域看，基础设施建安投资下降 13.7%，下拉建安投资增速 3.1 个百分点；房地产开发建安投资下降 1.6%。四是新入库项目支撑不足。2023 年 1—11 月，全区新入库投资项目 2272 个，同比下降 5.0%。其中，5000 万元以上项目 455 个，下降 3.2%，计划总投资 2548.67 亿元，下降 2.1%。五是房地产投资有所回落。2023 年1—11 月，全区房地产开发投资同比增长 3.8%，比 1—10 月回落 1.1 个百分点；全区商品房销售面积同比下降 0.7%；商品房销售额同比下降 0.5%。

（四）消费市场恢复不及预期

受三年疫情影响，宁夏居民收入增长预期不稳，储蓄意愿强于消费，加之全区有效供给相对不足，消费市场恢复缓慢。2023 年 1—11 月，全区社会消费品零售总额同比仅增长 1.4%，比全国低 5.8 个百分点。一是石油及制品类零售额大幅下降。2023 年 1—11 月，占全区限额以上消费品零售额 20.4%的石油及制品类零售额同比下降 15.9%，下拉限额以上消费品零售额增速 4.0 个百分点。二是批发业销售额持续下降。2023 年 1—11 月，全区限额以上批发业销售额同比下降 17.9%，下拉全区限额以上批零住餐销售（营业）额增速 15.2 个百分点。从批发商品类别看，能源、原材料产品价格低位运行，煤炭及制品销售额下降 26.0%，石油及制品下降 25.2%，金属材料下降 20.3%，化工材料及制品下降 13.7%。三是消费外溢影响持续。2023 年前三季度，按卖家所在地分，宁夏网上零售额 128.3 亿元，同比增长 1.1%，比全国低 10.5 个百分点。其中，实物商品网上零售额 79.4 亿元，下降1.3%，比全国低10.2个百分点。按买家所在地分，宁夏网上零售额302.3亿元，同比增长8.7%。网上购入是网上售出的2.4倍。

（五）对外贸易持续下降

宁夏外向型产业基础薄弱，叠加外需增速放缓、出口产品价格回落、同期基数较高等因素，外贸稳增长压力持续加大。据银川海关统计，2023年1—11月，全区进出口总值185.80亿元，同比下降7.0%，比全国低7.0个百分点。其中，出口137.70亿元，同比下降7.8%，比全国低8.1个百分点。出口产品中，基本有机化学品出口额同比下降5.9%，机电产品下降5.9%，纺织原料下降18.2%。进口48亿元，同比下降4.7%，降幅比全国大4.2个百分点。

三、凝心聚力真抓实干，推动经济高质量发展实现新突破

做好2024年经济工作，要着力推进现代化产业体系建设、扩大内需、深化重点领域改革、高水平对外开放、防范化解风险，抓好“三农”工作、城乡区域协调发展、生态文明建设及保障改善民生等重点任务落实，持续巩固和增强经济回升向好态势，奋力推动宁夏经济社会高质量发展实现新突破。

（一）抓重点产业，巩固农业增长基础

把产业振兴作为重中之重，聚焦“六特”产业，保障粮食和重要农产品稳定安全供给。一是加强种植业生产管理。优化种植结构，加强生产管理，有效防范病虫害和不利气候影响，确保农作物稳产增收，为农业经济快速增长夯实基础。二是稳定畜牧业发展势头。强化生产销售对接，持续提升生鲜乳和肉类精深加工能力，有效化解饲草料短缺和生鲜乳销售不畅问题，同时引导养殖户积极补栏、适时出栏，巩固提升牛奶、肉牛、滩羊等产业良好发展势头，持续增强畜牧业对农业经济增长的带动作用，巩固农业发展良好势头。三是扩大特色产业规模。在稳定粮食生产的基础上，积极推进葡萄、枸杞、冷凉蔬菜产业发展，扩大产业规模，提升质量效益，千方百计促进农业增效、农民增收。

（二）抓运行调度，推动工业较快增长

工业增加值占地区生产总值比重40%以上，保持工业较快增长至关重要。一是强化龙头企业作用。持续实施“四大改造”和制造业强链补链工

作，加大重点行业、重点企业生产调度，深挖企业增长潜力和发展后劲，发挥好骨干龙头企业关键带动作用。二是纾解小微企业困难。加大对工业小微企业的帮扶力度，落实好小微企业“六税两费”减免政策，有效缓解小微企业经营压力，提升小微企业经营效益和发展信心，促进小微企业加快恢复发展。三是增强工业发展后劲。加快推进“六新”产业发展，推动工业新建、续建项目建设进度提速，力争更多企业投产达效，持续扩大优质增量，为工业经济稳定增长增添动力。

（三）抓项目建设，持续扩大投资规模

全力以赴扩大投资规模，发挥好投资对稳增长的关键作用。一是加大项目谋划储备。紧密衔接国家“十四五”规划，抢抓适度超前开展基础设施投资等重大机遇，推进“东数西算”宁夏枢纽建设，持续加快光伏产业发展。围绕“六新六特六优”产业实施一批重大项目，培育形成新的增长点和增长极。二是加快重大项目建设。优化要素保障，对拟开工的项目加快审批，争取尚未开工的项目加快落地，推进已开工项目加快进度，力争形成更多实物工作量，促进投资稳步增长。三是激发民间投资活力。深化“放管服”改革，全面落实自治区民营经济高质量发展31条政策，引导民间资本参与民生短板领域和新型基础设施项目建设，有效提高民间资本投资信心和收益预期。四是稳定房地产市场发展。统筹做好稳地价、稳房价、稳预期工作，更好支持刚性和改善性住房需求，一视同仁满足不同所有制房地产企业合理融资需求，积极稳妥化解房地产风险，确保房地产市场平稳发展。

（四）抓政策落实，加速市场消费恢复

扎实落实自治区促消费22条措施，在供给和需求两端发力，持续改善消费环境、提振消费信心、释放消费潜力。一是巩固重点商品消费。继续实施汽车消费信贷和补贴支持政策，加大落实新能源车充电桩换电站、专用停车位等配套设施建设，持续开展汽车、智能家电下乡活动，持续巩固汽车消费增长势头，发挥好大宗商品对消费市场加快恢复的支撑作用。二是关注中小企业恢复。加大对个体工商户和小微企业的扶持力度，增强市场主体活力，加快中小微企业恢复发展。三是释放文旅消费潜力。加大旅游宣传促销力度，落实消费补贴、门票减免、酒店民宿折扣、文旅产品优惠等举措，促进旅游市场快速回暖，带动批发零售、住宿餐饮、交通物流等综合性消费加快恢复。

（五）抓主体培育，促进外贸扩容提质

加快实施自治区“外资三年外贸五年倍增计划”，加快培育开放型经济主体，提升开放型经济平台，拓展开放型经济通道和市场，持续扩大对外开放水平。一是培育新设外资外贸企业。围绕全区“六新六特六优”产业加大投资促进力度，鼓励来宁投资的外向型企业在本地开展外资外贸业务，扩大外资外贸市场主体。二是发挥对外开放载体作用。办好中国—阿拉伯国家博览会、中国（宁夏）国际葡萄酒文化旅游博览会等重大经贸活动，推动对外开放向全方位多领域拓展。三是拓展对外经济通道建设。统筹推进陆海开放通道、空中通道建设，优化国际货运班列运行线路，稳定运营宁夏国际货运班列、陆海新通道宁夏班列。

（六）抓重点行业，保持服务业较快增长

进一步加快服务业恢复增长，持续提升服务业对经济增长的贡献。一是巩固提升交通运输业发展势头。推动网络货运企业与地方工矿企业、运输骨干企业对接，促进货运量稳定增长。持续推进高速公路差异化收费，鼓励公路货运企业优先选择高速公路通行，不断提升货运效率。二是加快全国一体化算力网络国家枢纽宁夏节点建设。大力实施数字产业化、产业数字化、数字化政务、数字化社会等“四化”工程，积极培育引进一批生产和运用数字企业，提供和扩大算网一体化产品服务供给，加快电信传统业务提质增效、新兴业务增容扩量。三是推动金融业服务实体经济扩量提速。着力加大金融支持实体力度，不断优化信贷投放结构，扩大中长期信贷投放，力促信贷规模不断扩大。

2023—2024年宁夏农业农村经济运行情况分析与预测

韩治泰　何仲双　宋正宏　杨建军

2023年以来，宁夏农业农村系统深入贯彻落实党的二十大精神和自治区第十三次党代会部署要求，在自治区党委和政府的坚强领导下，坚持推动高质量发展，统筹发展与安全、发展与环保、发展与民生，坚决扛牢农业农村稳定发展政治责任，大力推动农业水利生态工作，扎实促进乡村全面振兴样板区建设，农业农村工作取得了明显成效，为全区经济增长作出了突出贡献。

一、农业农村工作成绩突出

一是不断夯实粮食安全根基，重要农产品供给保障有力。深入实施粮食单产提升行动，全区落实粮食播种面积1035.2万亩，粮食生产实现“二十连丰”。农业综合生产能力持续提升。扎实开展农田水利建设，截至目前，全区新建高标准农田64.5万亩，发展高效节水农业42.7万亩，为2027年率先在全国实现将永久基本农田全部建成高标准农田打下了坚实基础。全面启动第三次全国土壤普查工作，高质量完成了试点县普查任务，顺利通过国家抽验。强化耕地用途管控，确保基本农田优先保障粮食生产。

作者简介：韩治泰，自治区政府研究室党组成员、副主任；何仲双，自治区农业农村厅办公室主任；宋正宏，自治区水利厅办公室主任；杨建军，自治区林草局办公室副主任。

聚焦更好满足群众美好生活需求的目标，压紧压实“菜篮子”责任制，肉、蛋、奶、蔬菜、水产品总产量分别达到 30.88 万吨、9.91 万吨、314.52 万吨、651.63 万吨、13.38 万吨，同比分别增长 13.6%、4.2%、26.8%、10.3%、3.6%。加强主要农产品价格监测，重要农产品供应总量充足、价格总体稳定。

二是着力延长补强链条，特色产业发展量质齐升。大力实施特色产业提质计划和产业体系提质升级行动，成功申报创建宁夏葡萄及葡萄酒国家级优势特色产业集群，累计创建国家级优势特色产业集群 4 个，“六特”产业覆盖率高达 67%；累计争创国家乡村振兴示范县 4 个，创建县区比例达到西北第 1 位。截至 2023 年 9 月底，全区奶牛存栏、肉牛和滩羊饲养量、蔬菜面积分别达到 90.9 万头、222 万头、1339.8 万只、312.9 万亩，分别增长 13.9%、9.8%、8.2%、17.8%，渔业面积稳定在 50 万亩，“六特”产业产值占农林牧渔业总产值的 73.5%。大力实施农产品加工提升行动，伊利“三基地、三中心”等一批精深加工重大项目建成投产，开发了一系列葡萄酒延伸产品、枸杞高附加值产品、高端乳制品等精深加工产品，预计农产品加工转化率达 72%，接近全国平均水平。紧盯提高优质特色农产品的附加值，出台预制菜产业高质量发展实施方案，精心打造“宁夏菜系”。大力实施市场主体提质升级行动，新型农业经营主体质效齐升，已成为农业发展的重要力量。全区农业社会化服务组织突破 1500 家，年服务小农户超过 56 万户。坚持拓展农业多种功能，积极发展休闲农业等新产业、新业态，休闲农业经营主体达 665 家，营业收入 7.6 亿元，带动 2.1 万户农户稳定增收，成为联农带农、促农增收的重要载体。

三是倾力打响“宁”字品牌，市场影响力大幅提升。高质量举办宁夏品质中国行、全国知名经销商走进宁夏暨冷凉蔬菜节等系列活动，签约合作项目 878 项，金额 60.15 亿元，为历年最高。成功举办国际葡萄与葡萄酒产业大会暨第三届中国（宁夏）国际葡萄酒文化旅游博览会，签订项目 224 个，协议总金额 307.2 亿元。创新举办宁夏精品中国行活动，打响“宁字号”招牌。大力实施品牌强农战略，贺兰山东麓葡萄酒、中宁枸杞、盐池滩羊品牌价值跃升至全国区域品牌（地理标志）百强榜第 8、第 11 和第

31位，贺兰山东麓葡萄酒产区跃升为国际葡萄酒产区品牌榜第4位，农业品牌影响力持续提升。农业标准体系日趋完善。全区农产品质量安全检测合格率达到98.7%，高于全国平均水平（98%）。

四是着力增强科技支撑，农业发展动能显著增强。集中力量开展底盘技术、核心种源、关键农机装备、农产品加工、数字农业、耕地质量与农业节水等关键核心技术攻关，加快建设一批产学研、农科教一体化合作交流平台，争取部级企业重点实验室5个，农业主推技术到位率稳定在95%。种业振兴行动深入推进。持续推进国家级制种大县和区域性良种繁育基地建设，提升南繁科研育种基地建设水平，主要农作物良种覆盖率达97%。农业装备水平不断提升。深入实施农机装备补短板行动，聚焦优势特色产业发展机械化作业，农机装备总动力达到670万千瓦，主要农作物耕种收综合机械化率达83%，高于全国9个百分点。

五是不断改善农村环境，和美乡村建设全面展开。农业面源污染防治力度加大。统筹抓好化肥农药减量增效、农作物秸秆和畜禽粪污资源化利用、农用残膜回收利用等重点工作，化肥、农药利用率分别提高到41.5%、41.8%，农作物秸秆、畜禽粪污综合利用率分别达到90%、90%以上，农用残膜、农药包装废弃物回收率分别达到88%、85%。大力实施城乡面貌提升行动，扎实推进农村人居环境整治提升五年行动，稳步开展农村户厕改造，截至目前，农村卫生厕所普及率达到67.2%，农村生活垃圾得到治理村庄达到95%以上，启动建设高质量美丽宜居村庄50个。高质量完成全省域乡村治理示范创建三年行动，获批全国首个整省域开展农业综合行政执法示范创建省区。

六是纵深推进综合改革，促农增收效果不断显现。大力开展深化改革推进年活动，认真做好农村承包地确权登记颁证扫尾工作，确权率达95.9%。深入推进农村承包地“三权”分置改革，鼓励引导支持土地适度规模经营，全区承包地流转总面积达370.7万亩。深化国家级二轮土地延包试点，全区2个乡镇被列为全国整乡镇试点。巩固提升农村集体产权制度改革成果，98%以上的行政村实现了“村社分账”管理。全区集体经济总收入达到21.4亿元，经营收益5万元以上的村占比达85.4%。加大农村创业创新支持力度，打造创业创新示范基地 52 个，农村劳动力转移就业 82.77 万人。大力实施居民收入提升行动和居民增收致富工程，紧盯农民“四项收入”，促进农民持续增收。2023 年前三季度，农村居民人均可支配收入 11368 元，增长 8%，增速比全国高 0.4 个百分点，增速排名西北第 2 位、黄河流域九省区第 1 位。

二、水利事业发展成果丰硕

一是水利建设兜牢底线，供水保障安全有力。抓好洪水防御安全，完成病险水库除险加固 18 座，治理中小河流及山洪沟道 9 条，修复水毁工程 213 处，更新维护监测预警设施 3200 余套。开展水利防洪工程安全度汛、山洪灾害防御、河道水库防洪隐患、值班值守和预警发布等专项排查整治。汛期严格 24 小时值班值守，规范值班流程，强化部门协同，形成防御合力，成功应对暴雨洪水 129 场次，实现堤防不决口、水库不垮坝、人员无伤亡。主动应对黄河来水偏枯、高温干旱天气等不利影响，优化供水服务，有效解决中部干旱带扬黄灌区、渠系梢段高口高地等灌溉难点，圆满完成夏秋灌任务，累计取黄河水 39.72 亿立方米，保障了 1000 万亩灌区均衡收益。农村饮水安全问题动态清零。全区农村自来水普及率 97%，农村规模化供水工程覆盖农村人口比例 85%、排名全国第 6。深入排查治理各类安全风险隐患，累计发现问题隐患 5153 个，整改 4980 个，整改率 96.6%。

二是重大项目实现突破，水网骨干加快搭建。水利部将黑山峡河段开发作为黄河大保护大治理的战略工程，会同各方破解前期工作中的卡点。自治区举全力主动配合，在水利部的强力推动下，继 2022 年可行性研究工作全面展开、前期工作迈出了具有里程碑意义的关键一步之后，2023 年，甘、宁两省区同步发布停建通告，项目实施正式进入实质性阶段，实现又一历史性突破。全国重点水利项目贺兰山东麓防洪治理工程开工建设，银川都市圈城乡东线供水、清水河流域城乡供水以及银川都市圈城乡中线供水等 4 项骨干工程完工并具备全线通水条件，青铜峡灌区现代化改造、国家基本水文站提档升级建设项目基本完工，固海扩灌扬水更新改造、固海灌区现代化改造分别完成建设任务的 70%、66%。特别是水利部大力支持，将宁夏确定为第二批全国省级水网先导区，为全区经济社会发展打牢水利基础。

三是资源利用高效精细，水权改革效果显现。率先出台“四水四定”实施方案，打好全域“四水四定”主动战。启动盐池县、利通区县级试点建设，以点带面努力创造可复制、可借鉴、可推广的“宁夏模式”经验。持续推进取用水专项整治行动，整治率99%以上。制定宁夏节水评价技术导则，全区县域节水型社会建设达标率达到63.6%。预计农田灌溉水有效利用系数达到0.572，万元GDP用水量、万元工业增加值用水量分别下降3%、2%，城镇再生水利用率达到38.8%。新出台自治区水资源监控总体实施方案等，改革制度体系更加完善，重点市县经验探索基本完成，用水权有偿使用费征收获自治区人大授权，改革进入集成显效阶段。全区完成用水权交易73笔，交易水量7562万立方米，金额6188万元。

四是筑牢生态保护屏障，河湖质量持续提升。认真践行绿水青山就是金山银山理念，深化、细化山水林田湖草沙一体化保护和系统治理，加快推动河湖生态保护治理和休养生息，黄河宁夏段水质稳定保持Ⅱ类进出。建立总河长问题交办机制， 督促重大问题整改。河湖“四乱”问题整改率达99.3%。完成河湖清漂行动，清理垃圾6200余吨。全力推进中央环保督察反馈问题、黄河流域生态警示片反映问题、水利部及黄委等明察暗访反馈问题等涉河湖问题整改。实施22项小流域综合治理工程，建设水平梯田10.25万亩，新增治理水土流失面积850平方公里。启动实施渝河、典农河等重点河湖生态修复与综合治理工程。全面开展河湖健康评估考核，清水河、沙湖生态流量保证率达100%。

五是水管创新效应凸显，现代灌区加快建设。“互联网+城乡供水”全面推进。自动化与信息化设计等5项技术规范地方标准完成前期审查，项目系统集成运营与标准化管理加快推进，自治区“互联网+城乡供水”管理服务平台建成并投入试运行。利通区成为全国10个深化农业水价综合改革推进现代化灌区建设试点县之一。全国首个灌区测控一体化闸门检测基地落地宁夏，实现中国对包括国外生产在内的测控一体化闸门进行检测的重大突破。全区现代化灌区建设已覆盖68%的县区，累计安装测控一体化闸门 4533 套，干渠直开口在线计量率达 51%。

三、林草生态建设成效明显

一是打好生态建设战役，大力推进荒漠治理。认真贯彻落实习近平总书记在加强荒漠化综合防治和推进“三北”等重点生态工程建设座谈会上的重要讲话精神，全面打响黄河“几字弯”攻坚战宁夏战役。依托宁夏贺兰山东麓水源涵养和生态治理项目等 3 个国家“双重”项目谋划实施一批重大项目，实施和美城乡绿化美化提升等“四大行动”，打好腾格里锁边固沙阻击战等“五大战役”。石嘴山市、吴忠市、鄂尔多斯市、榆林市、庆阳市五地建立跨区域荒漠化联防联治机制，全力推进荒漠化综合防治工作。

二是积极推进试点示范，科学实施国土绿化。积极推进科学绿化试点示范建设，谋划启动 8 个示范试点。在国土空间规划中明确造林绿化空间，扎实开展国土绿化任务落地上图。确定全区首批 8 个林业保障性苗圃。统筹造林绿化、退化草原修复、湿地保护修复、荒漠化治理、天然林保护等工程措施，多向发力，2023 年，完成营造林 100 万亩，草原生态修复 26.9 万亩，保护修复湿地 20.8 万亩，荒漠化治理 90 万亩。预计森林覆盖率、草原综合植被盖度、湿地保护率将分别达到 11.35%、56.8%、29%。生态功能进一步提升。

三是深入实施林草改革，不断加强保护地建设。聚焦山林资源确权、赋能、入市、交易、放活经营等重点工作破题推进，深入推进山林权改革，全区林地确权达 1371.11 万亩。构建“1+5+22”林权市场交易体系，实现自治区、市、县三级同步系统化、规范化、一体化交易，公益林政府回购工作入选全国改革典型案例。积极推进以国家公园为主体的自然保护地体系建设，持续加强自然保护区基础设施和能力建设。开展了 56 个自然保护地外业勘界定标，编制了 40 个自然保护地总体规划。积极推进贺兰山、六盘山国家公园创建工作，组织开展六盘山自然保护区资源本底调查、评估区划定等国家公园创建前期工作。

四是扎实抓好重点工作，全面加强林草害防控。紧盯重点时段、重点区域，扎实做好隐患排查、火源管控、督导检查、宣传教育等工作，全力做好森林草原防灭火工作。截至目前，全区未发生森林草原火灾。深入开展森林草原火灾隐患排查和查处违规用火行为专项行动，高质量完成森林草原火灾风险普查评估区划宁夏成果。全力做好林草有害生物防治工作。2023 年，林业有害生物成灾率为 2.12‰（国家下达指标为 7.2‰），查处林业检疫性有害生物带疫调运，妥善处置兽疫突发事件，全面完成林草外来入侵物种普查工作。

五是着力加强质量建设，全面推进枸杞产业发展。全区新增枸杞种植面积 1.2 万亩，鲜果产量达到 35 万吨，加工转化率达到 35%。国家枸杞产品质量检验检测中心（宁夏）于 2023 年底正式挂牌运行。开展枸杞产品质量检测 300 批次，检测样品合格率为 99.65%。成功举办第六届枸杞产业博览会，招商引资、签约采购创历史新高，采购签约金额达到 15.8 亿元，直播带货销售 6564 万元。组织枸杞企业参加 9 场国内外展会，举办 7 场宁夏枸杞专场推介会，签约总金额 3 亿余元。

四、存在的问题

一是农业资源要素制约突出。农业生产面临耕地资源总量少、质量低、水资源短缺等问题，粮饲、粮菜争地、争水矛盾持续加大。

二是特色产业发展水平不高。产业小、散、弱问题仍然存在，龙头企业整体实力较弱，农产品加工转化能力不足，农产品加工业产值与农业总产值比仅为 2:1（全国 2.5:1）。

三是科技人才支撑能力不强。农业科技型企业、科研机构实力不强，专业技术人才短缺。种业支撑能力弱，主要农作物和畜禽种源自给率低。农机装备短板突出，设施农业、葡萄和枸杞采摘等机械化率还需持续提升。

四是乡村建设短板依然存在。农村人居环境整治提升进展不平衡，农村改厕难度加大，长效运维管护机制还不完善。农村空心化、农户空巢化、农民老龄化等问题凸显。

五是灌溉保障能力还有弱项。黄河转入枯水年份，极端干旱天气多发；

中部干旱带扬水灌区满负荷运行，供水压力较大；自流灌区渠道梢段缺少应急抗旱工程，调蓄能力不足。

六是供用水矛盾依然突出。水资源短缺仍然是制约发展的最大瓶颈。作为全国试点，最严格水资源管理考核体系还没有充分凸显“四水四定”原则，水资源利用效率相对较低。

七是水环境高质量基础还不牢固。一些超采区地下水位上升较慢，部分河湖水质还不能稳定达标，尚未治理水土流失面积仍占全区总面积近1/4。

八是林权改革历史遗留问题较多。部分地类认定标准还不统一等因素，制约了林权类不动产登记颁证进度。林长制配套政策、管理机制、保障措施还不完善。现代化产业扩规提质增效机制还需进一步优化。

九是林草生态建设空间受限。宁夏多数地区天然降水严重不足，符合林草生态建设条件区域少，适宜造林绿化空间有限，生态经济林发展空间日益紧张。

五、2024 年农业农村工作建议

一是着力抓好主要农产品供给保障。深入实施“藏粮于地、藏粮于技”战略，依托国家实施新一轮千亿斤粮食产能提升行动，层层落实各级责任，确保全区粮食播种面积稳定，抓好重要农产品生产供应和质量安全监管。大力建设全国整省域高标准农田、高效节水农业、盐碱地综合改造利用“三个示范区”，不断夯实农产品保障基础。

二是深入实施农业农村产业振兴。围绕构建现代农业“三大体系”，深入实施特色农业提质计划，加快推进“六特”和马铃薯、菌菇等特色产业高质量发展。大力实施“六特”产业提质增效行动。持续优化产业结构和布局，巩固提升国家级优势特色产业集群，加快创建冷凉蔬菜、枸杞产业集群，推动“六特”产业新发展。

三是持续打造宁夏农产品名牌精品。扎实推进新“三品一标”建设，加快构建农业标准化生产体系。深入推进农业标准化生产促进行动，积极创建国家现代农业全产业链标准化示范基地。加快构建农业品牌建设体系。

不断增强“宁字号”农产品市场竞争力和品牌影响力，实现农业产业体系构建新突破。

四是切实加强科技改革双轮驱动。持续加大重点领域关键核心技术攻关，加快农业科技示范基地建设，抓好农业技术推广服务体系建设。突出农村改革活权，抓好国家级二轮土地延包试点，稳慎推进宅基地制度改革试点，扩大全国农村产权流转交易规范化试点覆盖面，实现动能支撑新提升。

五是精心促进“四水四定”落实落地。以保护好赖以生存的宝贵黄河水资源为前提，以“四水四定”统领水利各项工作，试点先行带动全面铺开，建立多部门协同推进机制，开展重大问题研究，构建制度标准体系，细化目标任务措施。加快推进利通区、盐池县试点，全力打好“四水四定”主动战，节好、用好、护好黄河水。

六是加快构建现代水网体系。推进“互联网+城乡供水”、现代化灌区等项目，搭建“主动脉”、畅通“微循环”，打造高质量“供水圈”。加快全国省级水网先导区建设，融入国家水网、织密市县水网、探索数字孪生水网，推进各层级水网协同融合，全面构建系统完备、安全可靠、集约高效、绿色智能、循环畅通、调控有序的现代水网体系。

七是扎实推动重大水利项目。加快推进黑山峡水利枢纽工程前期工作。推动黄河宁夏段河道治理工程立项建设，加快实施贺兰山东麓防洪治理。不断完善河洪、山洪、城市防洪和全区抗旱布局相协调的水旱灾害防御体系。突出重点领域、关键环节，抓好水利安全生产工作，切实做到防风险、除隐患、促发展，确保水利安全。

八是全面加快绿化示范区建设。聚焦打好黄河“几字弯”攻坚战宁夏战役，全力推进各项工作落实落地。加快实施科学绿化试点示范等项目建设。加强良种、乡土树种草种培育。探索建立生态保护修复成效评价等标准体系，提高科学绿化管理水平。

九是稳步深化林权制度改革。围绕稳妥解决历史遗留问题、推动林权类不动产登记、加强森林经营、加大金融支持产业发展、探索生态产品价值实现机制等重点工作，进一步增强生态保护和林业发展内生动力，努力实现生态美、百姓富有机统一。

十是不断提升生态治理能力。全面构建以林长制为抓手的现代林草治理体系，扎实开展森林督查，确保林长制“有名、有实、有责、有效”。加快推进贺兰山、六盘山国家公园创建工作，不断提升生态治理质量和水平。

2023—2024年宁夏工业经济运行情况分析与对策建议

张成海

2023年以来，在自治区党委和政府的正确领导下，全区上下全面落实中央、自治区各项决策部署，坚持稳中求进工作总基调，完整、准确、全面贯彻新发展理念，集中精力大抓发展、抓大发展、抓高质量发展，加快推动黄河流域生态保护和高质量发展先行区建设，加快推动具有中国特色宁夏特点的新型工业化，深入实施创新驱动发展战略，持续落地落实落细各级各项各类政策措施，聚焦完成全年目标任务，聚力“六新六特六优”产业高质量发展，加强统筹供给侧结构性改革和扩大内需，统筹各项助企纾困政策及各类接续政策措施协调发力，持续优化工业经济运行调控，不断激发工业主体活力，持续改善企业生产预期，有效提振企业发展信心，工业结构调整稳步推进，企业转型升级成效明显，运行质量效益逐期改善，工业高质量发展扎实推进，工业经济对社会贡献更加突出。1—11月，全区规上工业运行总体呈现生产供给稳定增长、质量效益持续恢复改善的发展态势，规上工业经济稳定较快增长、为全区经济持续稳定较快增长、经济增速位居全国“第一方阵”，发挥了“压舱石”和“火车头”作用。

作者简介：张成海，宁夏统计局工业四处统计师，主要从事工业生产统计、工业核算。

一、规上工业经济运行主要特点

2023 年以来，随着国内经济持续恢复向好，市场需求持续有效改善，工业产品价格企稳回升，企业销售订单明显增加，工业生产销售衔接良好，加之随着各项助企纾困政策措施红利释放，工业企业面临的一些生产经营困难得到有效缓解，部分行业、企业盈利水平明显提高，企业生产经营信心持续恢复，复产稳产、增产增收。规上工业经济增长自 5 月起逐期明显加快，全年呈现稳定较快增长的运行趋势。1—11 月，全区规上工业增加值同比增长 11.5%，比全国平均水平高 7.2 个百分点，比上年同期高 3.5 个百分点，位居全国第 2 位、西部第 1 位、西北第 1 位。

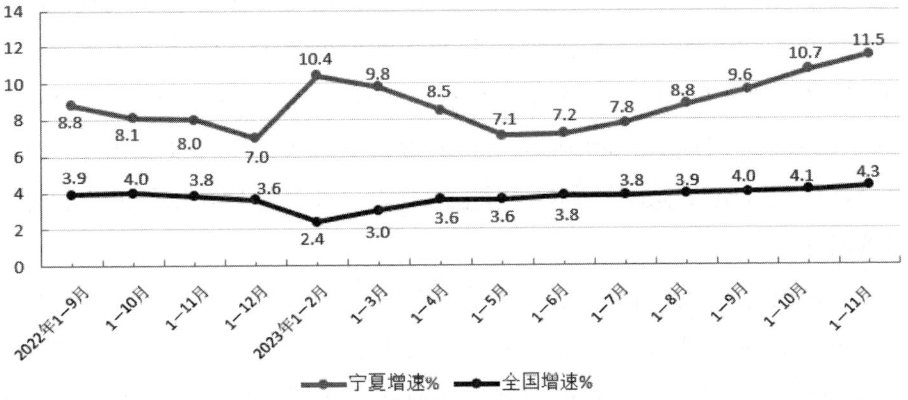

图 1　2023 年 1—11 月宁夏规上工业增加值增速

（一）数量规模明显扩大，地位作用愈加明显

2023 年，全区规上工业企业数量明显增加，企业资产规模明显扩大，工业企业主动履行社会责任，成为解决就业、改善民生的主要渠道，为有效化解民生矛盾和稳定国民经济良性运行作出了突出贡献。企业数量明显增加。截至 11 月底，全区规上工业企业 1516 户，比上年同期增加 73 户。其中，当年新建投产纳规工业企业 46 户，比上年同期增加 11 户。企业规模明显扩大。1—10 月，全区规上工业企业资产总计 13773.5 亿元，同比增加 340.3 亿元。解决就业主要渠道。1—10 月，全区规上工业企业平均用工人数 33.1 万人，比上年同期增加 1651 人。经济增长贡献突出。2023 年前

三季度，全区实现工业增加值1472.72亿元，同比增长9.0%，对经济增长的贡献率达49.3%，拉动经济增长3.2个百分点。

（二）生产供给较快增长，主要行业稳定增长

2023年以来，全区持续加强工业运行精准调度，继续落实好稳定工业运行发展的各项政策措施，紧盯重点企业发展走势，着力做好停产减产企业复工复产稳产、满产增产增收工作。全区各类企业实现稳定增长，重点支柱行业如煤炭、石油石化、电子等实现较快增长，比重较大的化工行业增长由负转正，工业生产形势恢复向好。

一是轻、重工业全面增长，制造业贡献突出。1—11月，全区规上工业中轻工业增加值同比增长13.5%，重工业增长11.3%。工业三大门类中，采矿业增长10.4%，制造业增长14.3%，电力、热力、燃气及水生产和供应业增长0.5%。占全区规上工业增加值比重66.8%的制造业增长较快，增速比上年同期提高4.8个百分点，比全国规上制造业增长平均水平高9.6个百分点，对规上工业增加值增长的贡献率达到84.3%，拉动增长9.7个百分点。制造业持续加快增长，对全区规上工业稳定快速增长的支撑作用显著增强。

二是国有企业保持增长，民营企业拉动有力。2023年以来，全区国有工业企业始终保持增长水平，民营企业对全部规上工业增长拉动作用突出。1—11月，全区规上国有控股企业增加值同比增长5.5%，民营企业占规上工业增加值比重53.9%，增长16.7%，比全区规上工业平均水平高5.2个百分点，对规上工业增长的贡献率为78.4%，拉动工业增长8.8个百分点。

三是主要行业稳定增长，支柱行业支撑有力。1—11月，全区规上14个工业行业中有12个行业同比增长，增长面85.7%。其中，煤炭行业同比增长8.4%，石油、石化行业增长12.8%，冶金行业增长9.0%，有色行业增长7.5%，建材行业增长3.7%，化工行业增长7.8%，轻工行业增长14.1%，机械行业增长7.5%，电子行业增长51.5%，电力行业增长0.6%。增长行业增加值比重达96.6%，拉动增长11.7个百分点。

1—11月，全区39个工业大类中31个行业实现增长，增长面79.5%。其中，煤炭洗选和开采业同比增长8.4%，黑色金属矿采选业增长35.5%，食品制造业增长14.3%，纺织业增长13.9%，石油、煤炭及其他燃料加工业增长12.3%，化学原料和化学制品制造业增长7.8%，电气机械及器材制造业增长21.0%，计算机、通信和其他电子制品制造业增长51.5%，化学纤维制造业增长95.6%。

表1　2023年1—11月规上工业生产主要数据

	2023年1—11月增长(%)	2022年1—11月增长(%)	2022年增长(%)
规模以上工业增加值	11.5	8.0	7.0
分轻、重工业			
轻工业	13.5	14.5	13.8
重工业	11.3	7.4	6.4
分三大门类			
采矿业	10.4	7.6	6.0
制造业	14.3	9.5	9.0
电力、热力、燃气及水生产和供应业	0.5	2.5	0.7
分经济类型			
国有控股企业	5.5	4.7	3.0
股份制企业	11.5	6.9	6.2
民营企业	16.7	10.1	9.8
私营企业	11.9	10.9	10.8
分工业部门			
煤炭	8.4	–1.9	–3.6
石油、石化	12.8	6.7	6.5
冶金	9.0	24.8	23.3
有色	7.5	6.4	6.5
建材	3.7	–0.1	1.4
化工	7.8	0.9	0.8
轻工	14.1	7.2	5.9
烟草	—	—	—
纺织	60.0	29.4	33.4
医药	–13.3	37.7	35.0
机械	7.5	8.2	6.5
电子	51.5	33.9	34.4
电力	0.6	1.3	–1.2
其他	–1.7	14.5	13.9

四是重点企业生产稳定，小微企业由负转正。2023 年以来，全区充分利用煤、电、油、气等资源禀赋优势，持续推进政策措施支持、资源要素集聚、技术创新引领，加强“十大链主”“科技小巨人”及“专精特新”等示范企业的产业协同带动、创新引领发展、产业链堵（断）点串并融合，一大批骨干企业快速成长壮大，拉动对应行业整体实力明显增强，对规上工业经济加快增长发挥了重要支撑作用。1—11 月，全区累计产值前 100 户重点企业工业总产值占全部规上工业总产值的 70.5%，工业总产值增速高于全区规上工业总产值 0.7 个百分点；占全区规上工业增加值比重 75.9% 的大中型工业企业同比增长 13.1%，高出全区平均水平 1.6 个百分点，对规上工业增长的贡献率达到 87.9%；占规上工业数量 86.1%的小微型企业同比增长 6.0%，自 8 月起增长由负转正，连续 4 个月呈逐期加快的发展趋势。

（三）转型升级稳步推进，新兴动能加快集聚

2023 年以来，全区持续扎实推进工业结构调整和转型升级，实施节能低碳、绿色发展，聚焦“六新六特六优”产业高质量发展，着力加强各项政策配套发力和各类要素保障倾斜，大力实施优质企业梯度培育计划，围绕新型材料、现代化工、轻工纺织、装备制造、清洁能源等产业集聚集群发展规划，引导退出过剩传统落后产能和落后生产工艺，引入信息化、网络化等智能化、数字化要素，向“绿”、向“优”、向“智”而行，不断提升企业市场竞争力，工业绿色发展稳步推进，产业结构不断优化，新兴动能不断集聚，新兴产品稳定增长，激发全区工业高质量发展的内生动力，有效夯筑了新型工业化的发展基础。

一是高耗能行业占比下降。1—11 月，全区高耗能制造业占全部规上工业增加值比重 60.5%，比上年同期下降 1.8 个百分点；高耗能制造业增加值同比增长 7.1%，比全区规上工业平均水平低 4.4 个百分点，对规上工业增长的贡献率为 38.4%；全区单位工业增加值能耗同比下降 0.3%，比上年同期多降 0.3 个百分点。工业企业高耗能行业比重下降，单位工业增加值能耗持续下降，表明宁夏工业增长对高耗能行业的依赖度明显下降，能源使用效率有所提高，工业动能转换、绿色发展成效显著。

二是高端制造业快速增长。1—11 月，全区高技术制造业和装备制造业分别同比增长42.2%、36.5%，保持了2023年以来持续加快、快速增长的态势，增速分别比全区规上工业平均水平高30.7个和25.0个百分点，明显高出占全区增加值比重46.0%的传统原材料制造业9.0%的增长水平。

三是工业投资较快增长。持续优化营商环境，加快引进有效工业投资、高效投资、绿色投资，为加快工业增长积蓄更强劲新动能。1—11月，全区高技术产业投资同比增长43.7%，其中高技术制造业和装备制造业投资分别增长53.9%和55.1%，分别比全区工业投资高出49.6个和50.8个百分点。

四是新兴产品稳定增长。1—11月，全区化学农药原药产量同比增长55.2%，高性能化学纤维增长76.4%，太阳能工业用超白玻璃增长9.1%，单晶硅增长124.9%，多晶硅增长39.6倍，矿山专用设备增长10.4%，滚动轴承增长23.8%，变压器增长2.7%，互感器增长25.0%。

（四）利润降幅大幅收窄，企业质效继续改善

2023年以来，全区上下持续优化工业企业行业调控，精准帮扶指导各型各类企业，千方百计稳定产业链供应链，企业供需两端持续改善，产销更为衔接，产品价格企稳上涨，企业盈利能力有所增强，利润降幅明显收窄，质量效益持续好转。

一是盈利能力有所增强。1—10月，全区规上工业企业实现利润总额342.7亿元，同比下降21.6%，降幅分别比上半年、前三季度收窄20.6个、4.1个百分点。2023年以来，利润总额降幅逐期明显收窄，尤其是8月以来，连续3个月当月利润总额增长由负转正，并均实现两位数增长，表明随着

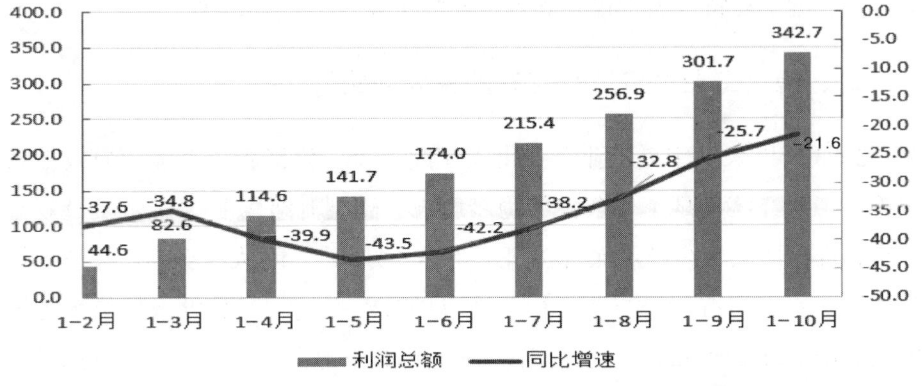

图2 2023年1—10月宁夏规模以上工业利润总额增长情况（亿元、%）

价格企稳上涨和需求改善，企业盈利能力不断向好恢复。

二是创收能力稳步提高。1—10 月，全区规上工业企业实现营业收入 6458.0 亿元，其中人均营业收入 234.0 万元，比全国平均水平高 35.2 万元。

三是资金使用效率提高。10 月末，全区规上工业应收账款平均回收期 57.7 天，比全国平均水平少 5.5 天；产成品存货周转天数 20.5 天。

四是企业营业成本下降。1—10 月，全区规上工业每百元营业收入中的费用为 7.0 元，比全国平均水平低 1.3 元；企业营业成本 5547.0 亿元，比上年同期减少 200.3 亿元，同比下降 3.5%。

（五）创新发展快速推动，创新能力不断提高

近年来，全区上下始终坚持创新驱动发展战略，以创新驱动引领高质量发展，紧紧围绕创新链、产业链深度融合，围绕产业链布局创新链，引导企业加大科技研发投入和技术改造升级，工业新旧动能转换加快推进，加快突破一批核心技术，加强技术供给转化，工业生产高端化、智能化、绿色化趋势明显，工业产品高端化、精细化、差异化趋势明显，认定了一批国家高新技术企业、创新联合体，建设了一批技术创新中心、重点实验室、工程技术创新中心、企业技术中心，评出了重点产业链“十大链主企业”，梯次培育了一批“专精特新”“单项冠军”“科技小巨人”示范企业。1—10 月，全区规上工业投入研发费用 68.6 亿元，同比增长 38.2%。企业加大研发费用投入强度，发展活力提升，市场竞争力增强，不断推动全区工业向产业链中端、价值链高端迈进，更是立足“专而强、优而精、新而特”的宁夏特点需求谋划和推进新型工业化的重要抓手。

二、规上工业经济运行存在的主要问题

2023 年以来，宁夏工业企业供需持续改善、价格企稳上涨、质效不断改善，工业经济实现了生产供给稳步增长、转型升级稳步推进、质量效益齐头并进，增长始终稳定保持在全国“第一方阵”。但从当前工业经济运行总体情况看，仍有部分企业、行业受市场需求不足、产品价格低位运行等因素影响，企业产成品库存较大，企业成本压力大，压缩企业盈利空间，动摇企业生产信心，影响企业持续高产满产，全区减产停产工业企业数量

比重较大，工业经济保持较快稳定增长的基础还需进一步稳固。

（一）企业生产经营困难，增长基础还需夯筑

从2023年以来各期生产者出厂价格指数（PPI指数）看，持续低位运行，总体呈“V”形走势，上半年同比降幅逐步扩大，6月后快速收窄，也是从6月开始连续3个月生产者出厂价格超过购进价格，从10月开始又出现“两个价格”倒挂现象，但指数仍然在100.0%以下，低于同期价格。1—11月，宁夏PPI指数为92.8%，全区主要支柱行业低于平均水平，其中煤炭开采和洗选业91.7%，石油、煤炭及其他燃料加工业87.6%，化学原料和化学制品制造业84.3%，黑色金属冶炼和压延加工业88.1%，计算机、通信和其他电子设备制造业73.7%。企业生产价格低位运行，产成品库存较高，影响企业生产预期和资金使用效率，工业经济持续增长的基础还不牢固。10月末，全区规上工业存货886.6亿元，同比增长10.5%。其中，产成品存货413.2亿元，同比增长17.4%。

（二）部分行业生产回落，小微企业增长缓慢

2023年以来，受国际国内大宗商品价格及房地产市场低迷等因素影响，加上宁夏以原材料制造业为主导的产业结构，工业品价格持续低位运行，部分工业行业需求不振、产销不畅、成品积压较多，动摇企业稳定生产或扩大生产信心，导致部分行业、企业生产下降或增势放缓。

一是部分工业行业下降。1—11月，全区14个工业行业中有2个行业下降。其中，医药同比下降13.3%，其他工业行业下降1.7%。下降行业增加值占全部规上工业增加值的3.4%，下拉规上工业增长0.2个百分点。

二是小微企业小幅增长。小微企业虽有市场反应灵敏、转型较快等特点，也实现了增长快速回升，但从企业整体发展后劲看，还存在着大多竞争力不强、成本控制能力较弱、受市场供需波动影响大的不足。1—11月，占全区规上工业企业数量比重86.1%的小微型企业仅创造了比重24.1%的增加值，同比增长6.0%，比全部规上工业平均水平低5.5个百分点。

（三）企业利润空间压缩，发展活力仍需提升

一是利润处于下降区间。1—10月，全区规上工业企业利润总额虽然实现了降幅明显收窄，但利润空间压缩，按可比口径计算同比下降21.6%，仍呈两位数下降。其中，采矿业利润总额下降17.8%，制造业利润总额下降41.4%；国有控股企业利润总额下降6.7%，股份制企业利润总额下降26.8%，私营企业利润总额下降49.7%，民营企业利润总额下降36.8%。

二是资金周转效率下降。1—10月，全区规上工业企业资产负债率66.9%，比上年同期提高2.6个百分点，比全国高9.3个百分点。10月末，全区规上工业企业产成品存货周转天数为20.5天，同比增加4.3天，比全国平均水平多0.5天；应收账款平均回收期为57.7天，同比增加8.7天。

三是企业经营成本加大。1—10月，全区规上工业企业中每百元营业收入中的成本为85.9元，比全国平均水平高0.9元，比上年同期增加0.7元；每百元营业收入中的费用7.0元，比上年同期增加0.5元。

三、保持工业经济平稳较快增长的对策建议

2024年，全区上下要严格按照自治区党委、政府统一部署，紧盯新型工业化发展各项要求，不断培育新动能、新优势、新的增长点，加快传统产业转型升级步伐，加快战略性新兴产业发展，加快推进工业数字化、智能化改造，加快先进制造业与现代服务业深度融合，持续优化运行调控，提振企业生产信心，稳定市场发展预期，不断改善企业发展质量效益。

（一）夯实产业发展基础，疏解企业发展困难

以“六特六优六新”产业高质量发展规划为引领，聚焦前景产业发展，以培育市场主体为重点，夯实关键技术基础、软件配套基础，夯实产业快速发展“第一道”门槛。扎实抓好各项惠企纾困政策措施及接续政策的落地见效，因企施策、分类指导，不断优化各类政策措施的组合效应，降本增效，纾解困难。同时，持续高度关注减产停产企业，坚持问题导向，持续做好专人帮扶、政策倾斜、指导纾困工作，深入挖掘供需痛点解决方案，促进产销衔接和供需匹配，破解产品价格均等化和市场信息不对称的壁垒。

（二）优化企业运行调控，鼓励企业创新赋能

继续优化工业经济运行调控，巩固煤炭、石油石化、有色、轻工、纺织、电子等行业快速增长势头，还要加强部门沟通协调及产业链上下游的疏通引导，着力从资源要素保障、金融信贷、减税降费等方面全方位一揽

子支持企业发展，不断扭转改善化工、电力、建材、医药等行业小幅增长或下降等发展现状，为工业持续较快增长提供有力支撑。还要着力深化创新驱动，完善企业各项奖补政策，鼓励企业加大创新研发投入，围绕电子通信、生物医药、智能制造、仪器仪表等高端制造行业，发挥煤化工、精密仪器仪表、先进乳制品制造、新能源等领域的“链主”“科技小巨人”“专精特新”等示范企业的引领辐射带动作用，加强新产品技术研发，加强行业协作配套，不断升级开发一批适销对路的工业产品，不断提高市场份额，还要加强对传统工业行业的提升改造和技术赋能，增强自主创新能力，提高产品科技含量，提升企业发展层次，破解企业发展制约瓶颈，从根本上解决企业发展止步不前、持续下降局面。

（三）内外联动延链育能，着力提升发展空间

着力稳定优化产业链供应链，不断提高产能利用水平，增加企业生产订单。既要依据地区产业发展布局，着力引进一批产业链价值链高能级、高技术含量的工业企业，结合本地优势企业和资源禀赋优势，优势互补，形成产业协同配套、集聚发展局面，产业发展以强带弱、互促互进，引导更多企业行业融入产业链，协调连接产业链“断点”，疏通连贯产业链“堵点”。支持重点行业、重点企业集群式发展、集约化管理，进一步强化本地配套协作，有效克服大部分行业原材料、元器件配套在外、市场销售在外的发展现状，持续做好清除链“梗阻”和补链工作，拓展更多企业发展空间，带动一批企业发展壮大，不断提升企业质量效益。

2023—2024年宁夏服务业运行情况分析与对策建议

杨　雯

2023年以来，面对复杂严峻的发展环境，在自治区党委和政府的正确领导下，宁夏上下认真贯彻习近平总书记视察宁夏重要讲话和重要指示批示精神、党的二十大精神，全面落实党中央、国务院决策部署，坚持稳中求进工作总基调，完整、准确、全面贯彻新发展理念，高效统筹发展和安全、发展和环保、发展和民生，扎实推动高质量发展，全区经济运行保持总体平稳、稳中有进、进中向好的发展态势。随着宏观政策持续显效发力，服务需求加快释放，主要行业支撑有力，企业经营积极向好，新动能加快增长，服务业持续稳定增长。

一、全区服务业保持平稳增长

2023年前三季度，宁夏服务业实现增加值1741.85亿元，同比增长4.9%，服务业增加值占全区生产总值比重为46.5%，比上年同期高0.7个百分点，拉动全区经济增长2.4个百分点。

（一）服务业经济平稳增长

1. 现代服务业支撑有力

2023年以来，全区服务业经济活跃度提升，市场预期平稳向好，现代

作者简介：杨雯，自治区统计局服务业统计处一级主任科员。

服务业发展势头足，信息技术成为引领产业发展的核心驱动力。前三季度，全区信息传输、软件和信息技术服务业，金融业增加值同比分别增长14.2%和7.1%，共拉动服务业增加值增长2.3个百分点，有力支撑服务业经济增长。1—11月，规模以上信息传输、软件和信息技术服务业、科学研究和技术服务业营业收入分别同比增长5.6%和33.7%。

2. 服务业新业态发展活跃

在千兆光纤网络、5G等新型基础设施支撑下，数字消费广泛渗透生产生活服务各个领域。1—11月，全区网上零售额同比增长3.6%，高于同期社会消费品零售额增速2.2个百分点。1—11月，全区邮政行业寄递业务量累计完成2.02亿件，同比增长14.9%。其中，快递业务量同比增长29.1%，快递业务收入增长24.3%。1—11月，全区移动互联网用户接入流量18.8亿GB，同比增长14.7%。数据中心、云计算业务收入同比增长23.2%，拉动电信业务收入增长8.1个百分点，新业务成为行业收入增长的主要贡献力量。

3. 服务业就业形势稳中向好

服务业是缓解就业压力的重要渠道，是吸纳就业和保障市场主体的关键。2023年以来，自治区出台多项保就业、稳就业政策措施，保障服务业市场主体经营稳定、就业稳定。前三季度，服务业就业形势恢复较好，全区规模以上服务业从业人员所涉及的12个行业门类中，有9个行业门类就业人数增长，在稳就业保民生方面发挥着积极作用。前三季度，水利、环境和公共设施管理业从业人员期末人数同比增长51.0%，文化、体育和娱乐业增长16.3%，信息传输、软件和信息技术服务业增长8.9%，住宿和餐饮业增长8.0%，租赁和商务服务业增长7.9%，批发和零售业增长7.3%，卫生和社会工作增长3.8%，居民服务、修理和其他服务业增长3.5%，交通运输、仓储和邮政业增长3.3%。

4. 服务业用电量保持较快增长

1—11月，全区服务业用电量为97.8亿千瓦时，同比增长11.6%，高出全社会用电量增速0.4个百分点。分行业看，7个行业门类中有6个行业实现正增长。其中，批发零售住宿餐饮业增长29.1%，信息传输、软件和信息技术服务业增长 17.7%，公共服务及管理组织增长 8.0%，金融业增长 5.6%，租赁和商务服务业增长 2.6%，交通运输、仓储和邮政业增长 2.1%。

（二）服务业主要行业发展良好

1. 交通运输业加快恢复

宁夏铁路、公路、民航相关部门和企业持续优化营商环境，积极促进货运市场发展，货物运输保持增长，对服务业经济起到重要支撑保障作用。前三季度，全区交通运输行业加快恢复，铁路、公路和航空运输均保持较快增长。全区交通运输、仓储和邮政业实现增加值 176.10 亿元，同比增长 9.2%，比上年同期加快 8.8 个百分点，高于全国平均水平 1.7 个百分点，拉动服务业增加值增长 0.8 个百分点。1—11 月，全区客货运输周转量同比增长 12.5%，其中，公路客货运输周转量增长 12.9%，铁路客货运输周转量增长 10.8%，民航客货运输周转量增长 1.0 倍。

2. 电信新业务发展强劲

1—11 月，全区电信业务总量与收入均保持稳定较高增长，累计实现电信业务总量 105.3 亿元，同比增长 20.9%，增幅居全国第 3 位；完成电信业务收入 72.6 亿元，同比增长 7.3%，增速居全国第 8 位。夯实移动数据流量业务“压舱石”作用。宁夏共实现移动数据流量业务收入 25.7 亿元，占电信业务收入的 35.4%。全区 3 家基础电信企业积极发展大数据、云计算、物联网等新兴业务。据宁夏通信管理局统计，共完成新兴业务（含数据中心、云计算、大数据、集成、物联网、其他业务）收入 29.0 亿元，同比增长 23.2%，拉动电信业务收入增长 8.1 个百分点。

3. 金融支持力度增强

前三季度，全区金融业实现增加值 282.85 亿元，同比增长 7.1%，高于全国平均水平 0.1 个百分点，对服务业增长的贡献率为 23.0%，拉动服务业增加值增长 1.1 个百分点。2023 年以来，金融业稳健货币政策精准有力实施，风险防范化解进展明显，全力以赴扩大信贷投放，为经济发展提供了有力金融支撑。据人民银行宁夏分行统计，11 月末，全区金融机构本外币存款余额 9354.58 亿元，同比增长 10.5%。其中，人民币各项存款余额

9336.77亿元，增长10.6%，比全国高0.4个百分点，居全国第13位。全区本外币贷款余额9669.61亿元，同比增长7.9%。其中，人民币各项贷款余额9653.62亿元，增长8.7%，居全国第22位。

4. 消费市场加快恢复

2023年以来，全区扎实推进“消费促进年”各项任务落实落地，加快释放消费潜力，创新消费场景。随着人民群众大众化、多元化、优质化的消费需求日益旺盛，市场销售加快恢复，消费对经济发展的基础性作用不断增强。1—11月，全区社会消费品零售总额1242.27亿元，同比增长1.4%。其中，限额以上消费品零售额增长3.7%。基本生活类商品消费增长较快。其中，通讯器材类增长36.4%，金银珠宝类增长13.6%，文化办公用品类增长31.0%，粮油食品类增长0.4%，饮料类增长18.8%，烟酒类增长12.3%。随着消费市场复苏，接触型聚集型特点明显的住宿和餐饮业增势良好。前三季度，全区住宿和餐饮业实现增加值45.54亿元，同比增长11.6%，拉动服务业增加值增长0.3个百分点。1—11月，全区限额以上零售业、住宿业、餐饮业均保持较快增长。其中，限额以上零售业销售额同比增长13.2%，住宿业营业额增长34.6%，餐饮业营业额增长15.2%。

（三）服务业企业生产经营向好

1. 企业经营平稳增长

1—11月，全区规模以上服务业企业营业收入504.83亿元，同比增长11.1%。全区规模以上服务业10个行业门类中有9个行业营业收入较快增长，其中，交通运输、仓储和邮政业同比增长9.8%，信息传输、软件和信息技术服务业增长5.6%，物业管理及房地产中介和自有房地产经营活动增长23.1%，租赁和商务服务业增长9.1%，科学研究和技术服务业增长33.7%，水利、环境和公共设施管理业增长5.5%，居民服务、修理和其他服务业增长23.4%，教育增长25.1%，文化、体育和娱乐业增长85.6%。

2. 主要行业支撑有力

1—11月，规模以上交通运输、仓储和邮政业，信息传输、软件和信息技术服务业两个行业实现营业收入占全区规模以上服务业企业营业收入的比重为67.3%，对营业收入增长的贡献率达51.4%，有力支撑全区规模以上服务业营业收入恢复增长。1—11月，全区规模以上交通运输、仓储和邮政业实现营业收入219.99亿元，同比增长9.8%，拉动规模以上服务业企业营业收入增长4.3个百分点；信息传输、软件和信息技术服务业实现营业收入119.93亿元，同比增长5.6%，拉动规模以上服务业企业营业收入增长1.4个百分点。

二、需要关注的问题

总的来看，宁夏服务业经济恢复基础不断稳固，发展向好。但也要看到，服务业仍处于恢复阶段，各行业恢复仍不均衡，不少企业面临较多困难。

（一）服务业支撑作用减弱

1. 服务业增加值占比低于全国水平

2023年前三季度，服务业增加值1741.85亿元，同比增长4.9%，对经济增长的贡献率为37.9%，比上半年低13.3个百分点。服务业增加值对经济增长的贡献率低于第二产业15.6个百分点，占地区生产总值的比重为46.5%，比第二产业高0.2个百分点，比全国低8.6个百分点，产业结构还需优化。

2. 区域间发展不平衡问题突出

随着经济平稳较快增长，服务业规模不断扩大，但区域间发展不平衡问题依然突出。从发展规模看，2023年前三季度，银川市服务业增加值占全区生产总值的53.1%，石嘴山市占12.3%，吴忠市占13.4%，固原市占11.1%，中卫市占10.1%。

（二）部分行业恢复缓慢

1. 房地产市场恢复乏力

2023年1—11月，全区房地产开发投资414.29亿元，同比增长3.8%，比1—10月回落1.1个百分点。全区商品房销售面积同比下降0.7%。

2. 批发和零售业增速回落

2023年前三季度，批发和零售业实现增加值162.87亿元，同比增长3.9%，比上半年回落1.2个百分点，低于全区生产总值增速2.5个百分点。批发业销售额持续下降。1—11 月，全区限额以上批发业销售额同比下降 17.9%。

（三）新兴产业发展趋缓

2023 年 1—11 月，全区规模以上互联网和相关服务营业收入同比增长 0.6%，比前三季度回落 2.5 个百分点，比全国低 15.8 个百分点；软件和信息技术服务业营业收入同比增长 5.2%，比前三季度回落 4.4 个百分点，比全国低 8.7 个百分点。互联网和相关服务、软件和信息技术服务业两个行业营业收入占规模以上服务业营业收入的比重分别为 3.9%和 3.1%，比全国低 6.0 个和 12.2 个百分点。

（四）服务业投资增速下降

2023 年 1—11 月，服务业固定资产投资同比下降 3.2%，降幅比 1—10 月扩大 1.0 个百分点。分行业看，房地产投资降幅持续加深，房地产开发投资同比增长 3.8%，增速比 1—10 月回落 1.1 个百分点。基础设施投资同比下降 9.1%，降幅收窄 3.2 个百分点。其中，交通运输业投资下降 13.8%，信息传输和信息技术服务业投资增长 42.2%，水利、环境和公共设施管理业投资下降 11.0%。

三、对策建议

（一）优化整体结构，大力促进服务业高质量发展

针对服务业高质量发展的短板，应当从整体结构上着手，提前在顶层设计上构建服务业发展框架。一是优化行业结构。按照因地制宜、合理布局、协调发展原则，大力发展现代物流、金融、信息、咨询等现代服务业，引导发展广告、策划、调查、就业和劳务中介、经纪代理等商务服务业，形成新的经济增长点，提升服务业整体水平。二是培育龙头企业。依托有竞争力的企业，培育形成一批多元投资主体的大中型企业，促进服务业企业联合重组，实行网络化、品牌化经营。通过整合资源、优化组合，鼓励和培育有实力的小企业、产业活动单位、个体经营户发展为规上服务业企业，为服务业发展注入新活力。三是加大招商引资。引进一批如信息传输、软件和信息技术服务业，科学研究和技术服务业的企业，着力做好大数据中心集群招商和数字信息产业链招商。强化大项目带动，坚持推进服务业重大项目，打造一批示范性项目、支撑性平台和引领性片区，有效丰富服务业内涵，加快推动工业（制造业）转型升级。

（二）持续惠及民生，加快推动服务业高水平发展

坚持以人民为中心的发展理念，持续改进人民群众福祉，推动生活性服务业补短板上水平，不断提高人民生活品质。一是完善生活服务体系。以核心商圈、老街等特色街区、旅游景区为依托，逐步构建养老托育、文化娱乐、体育健身等生活性服务新格局。二是要加强专业人才培养。鼓励和引导企业积极引进高层次、高技能和熟悉现代管理的服务业人才，强化企业创新及内部管理、提升产品竞争力、压缩成本费用支出，切实提高企业盈利能力。三是提升行业发展水平。着力引进一批独具特色、消费吸附力强、辐射带动范围广的生活消费新场景项目，大力发展旅游养生、家政服务等生活性服务业，促进线上线下融合发展，补齐生活配套短板，满足城乡居民生活需求，促进行业发展水平不断提升。四是恢复扩大居民消费。推动市场消费加快恢复，围绕汽车、家居、电子产品等大宗消费品，落实好补贴和减免政策，提振重点领域消费。要通过提质扩容餐饮消费、丰富文化旅游消费、推动购物消费升级、促进节假日消费等，促进服务消费提质升级，全面增强消费引领功能。五是要努力扩大就业。加强社会保障，持续提升居民收入，培育消费能力，确保消费基础作用得到更大发挥。

（三）持续精准发力，积极抓好企业纾困解难

一是聚焦重点行业精准发力。各行业主管部门要加强经济运行工作调度，及时掌握经济运行中的新情况、新问题，聚焦支柱产业、重点行业，对有前景、节能环保、新技术成长型服务业企业给予优先发展的扶持。二是聚焦重点企业精准发力。对在库的重点企业，要严格推行“一企一策”，把各项利好政策用好用活，激发企业生产活力。通过落实减税降费、缓缴社保公积金、提供金融服务等措施，帮助企业排忧解难，带动行业需求回暖。三是聚焦营商环境精准发力。始终坚持目标导向、问题导向、结果导向，精心组织实施“营商环境突破年”活动，坚持深化“放管服”改革、“互联网+政务服务”和优化营商环境三位一体协同推进，努力营造服务有温度、市场有活力、发展有特色的营商环境。

（四）发展数字经济，推动服务业发展转型升级

数字技术和数字经济将不可贸易的服务产品变得可交易，实现服务的跨地区购买与消费。一是推动服务业数字化转型升级。加快推进新兴产业发展。落实“数字+产业”倍增行动计划，加快实施产业数字化工程，紧抓机遇加快平台经济建设，推进信息软件业加快发展，支持有条件的企业围绕大数据、云计算、区块链等关键领域开展技术攻关，培育建设各级各类产业创新平台。鼓励支持本地企业由提供信息基础服务向云存储、云计算服务转型升级，引导企业在智慧城市、人工智能、智慧物流、数字创意等方面应用开发，推动服务全产业链数字化，推进行业规模扩大。通过创新驱动尤其是提高数字经济的渗透率，实现降本增效和丰富服务供给，鼓励生态旅游、新型材料、装备制造、生物医药等产业数字化转型，扩大产业发展规模，推进服务业下沉，促进信息流动共享，扩展居民参与发展的渠道。二是要促进数字经济与生活性服务业融合发展。加快推进大数据、云计算、物联网等在各类服务领域的广泛运用和深度融合，催生服务新模式、新业态、新产业。三是建立健全规范发展的政策支撑体系。针对服务业数字化转型过程中产生的新问题，还需建立健全保障就业规范发展的政策支撑体系，探索完善困难群体、灵活就业和新就业形态劳动者的薪酬制度和劳动权益保障措施。

（五）完善人才培养，推动服务业产业再升级

服务业的快速发展和结构优化必须依靠科技进步和创新，要充分依靠高技术的支撑作用和驱动作用，提升服务业的技术水平、知识含量和创新能力。人力资本是现代经济增长和现代服务业发展的主要动力和决定因素。宁夏人力资源水平对现代服务业发展的推动力不强，因此可以通过完善人才培养机制提高人力资源水平。一方面要加强专业人才培养。完善高端人才的培养、使用、评价、激励和保障措施。以市场为导向，鼓励高等院校、职业学校及专业培训机构定向培养紧缺人才。在薪资待遇、生活环境、生活保障等方面给予保障，确保引进来留得住。建立开放共享的人才交流平台。搭建人才与企业对接平台，建设行业发展紧缺型人才库，定期更新重点需求引才目录，实现人才供需信息互联互通。另一方面要扩大人才引进。可以通过服务业各类项目基金、科研课题等方式，引进高层次的知识型、复合型、专业型人才，并且解决家属就业、孩子上学等问题，使其在岗位上专心工作。通过引进和培养一批懂技术、懂市场、懂管理的复合型服务高端人才，增强现代服务业内生动力，培育现代服务业竞争新优势，推动服务业产业再升级。

2023—2024年宁夏财政税收运行情况分析与预测

王富强　袁海龙

一、宁夏一般公共预算收支情况

（一）一般公共预算收入情况

2023年1—10月，全区地方一般公共预算收入432.3亿元，增长9.1%（图1），高于全国0.3个百分点，增速居全国第17位，较1—9月提升6位。其中：税收收入315亿元，增长16.7%，高于全国4个百分点，增速居全国第10位；非税收入117.3亿元，下降7.3%。全区税收收入占比达到

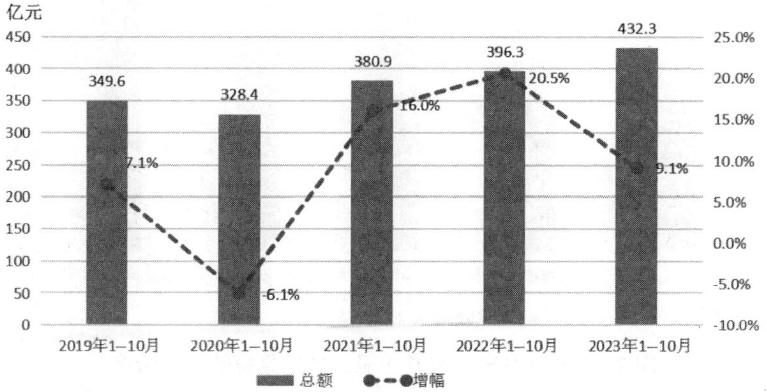

图1　1—10月宁夏地方一般公共预算收入情况

作者简介：王富强，宁夏财政政策研究中心副教授；袁海龙，宁夏财政政策研究中心研究助理。

72.9%，较上年同期（68.1%）提高 4.8 个百分点，财政收入结构不断优化。分级次看，区本级地方一般公共预算收入 172.3 亿元，增长 4.7%；市县级地方一般公共预算收入 260 亿元，增长 12.2%。

主要税种收入保持稳定。2023 年 1—10 月，全区税收收入增长 16.7%（图 2），高于全国税收增幅（10.7%）6 个百分点。其中，国内增值税完成 126.3 亿元，增长 50.4%，永宁县、吴忠市、灵武市、红寺堡区、盐池县税收收入增幅较大，分别为 30.2%、30.5%、42.8%、45.6%、72.6%；企业所得税完成 46.8 亿元，下降 3.2%；个人所得税完成 12.2 亿元，增长 13.1%。国内增值税、企业所得税和个人所得税 1—10 月累计完成 185.3 亿元，占税收收入的 58.8%，主要税种支撑作用明显。资源税完成 27.1 亿元，下降 14.6%；城市维护建设税完成 17.4 亿元，下降 6.6%；房产税完成 16.5 亿元，与上年同期持平。车船税、耕地占用税、契税、烟叶税持续两位数增长，印花税、契税增幅有所增长，态势逐渐向好。分行业看，部分税源企业拉动作用增强，表现为：国有电力工业所得税降幅较 1—9 月收窄 0.9 个百分点；国有有色金属工业所得税增长 7.9%，较 1—9 月（-0.9%）增速由负转正；国有煤炭工业所得税增长 15.5%，较 1—9 月（5.2%）增速有所提高。

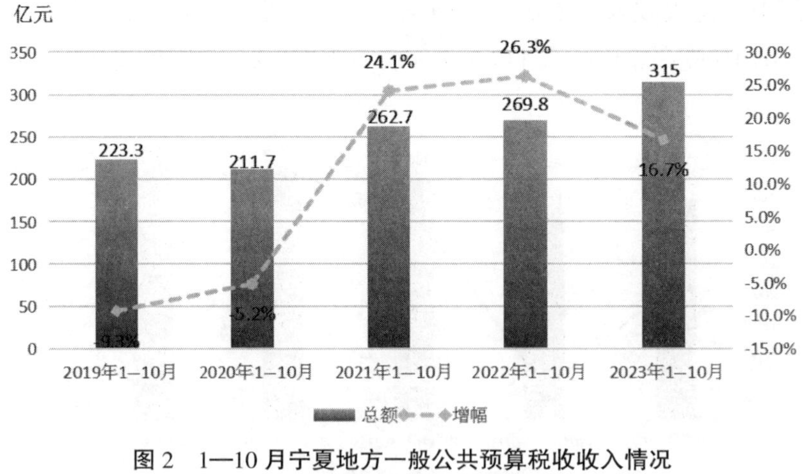

图 2　1—10 月宁夏地方一般公共预算税收收入情况

（二）一般公共预算支出情况

2023 年 1—10 月，全区一般公共预算支出 1407.1 亿元，增长 5.4%（图 3），高于全国 1.2 个百分点，居全国第 14 位，较 1—9 月提升 2 位。分级次看，区本级一般公共预算支出 322.9 亿元，增长 1%；市县级一般公共预算支出 1084.2 亿元，增长 6.8%。

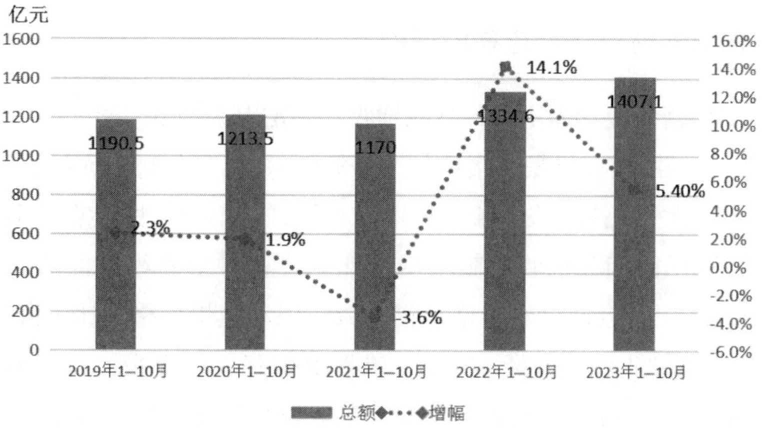

图 3　1—10 月宁夏一般公共预算支出情况

在确保“三保”和自治区重大项目刚性支出的同时，加强民生等重点领域保障力度，支出结构不断优化。优先保障民生支出。2023 年 1—10月，全区民生支出 1070.1 亿元，同比增长 6.4%，民生支出占比达 76%，较上年同期提高 0.7 个百分点。其中，教育支出 178.4 亿元，增长 5.5%；社会保障和就业支出 255.4 亿元，增长 4.2%；卫生健康支出 127.4 亿元，增长 20.2%；农林水支出 207.6 亿元，增长 3.8%。（图 4）全力支持黄河流域生态保护和高质量发展重点领域，节能环保和自然资源海洋气象等支出分别增

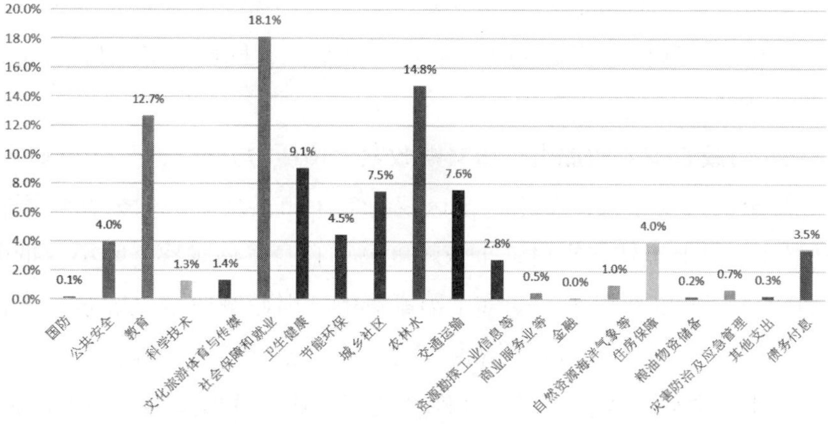

图 4　2023 年 1—10 月宁夏一般公共预算支出构成占比

长21.3%、26.2%；科学技术支出增长13.2%，较1—9月（9.0%）增幅扩大4.2个百分点；巩固脱贫衔接乡村振兴支出共计61.3亿元，增长6.7%。

二、当前财税运行存在的问题

（一）经济恢复动力不强，财政增收不确定因素增多

2023年经济增长仍是恢复性的，是波浪式的。当前，全区地方一般公共预算收入虽然保持较快增长，但增量有限，且不确定性因素较多。一是煤炭、石油行业相关税收贡献下降。能源产业对宁夏经济税源发展具有“压舱石”作用。近期煤炭价格微幅回调，但动力煤价格同比下降30.1%。1—10月，采矿业税收下降21.1%，减收10.9亿元。煤炭、石油加工业尚未明显回升。1—10月，石油、煤炭加工业税收下降7.3%，减收3.2亿元。能源行业税收占地方级税收收入比重由上年同期的45%，回落至27.7%，对财政收入影响较大。二是有色、冶金、化工行业税收增长乏力。10月，重点工业品价格低位徘徊，产品利润倒挂、销售受阻，企业承压运行。1—10月，有色、冶金、化工行业税收下降3.5%，增长乏力。三是新兴产业税收增长承压。光伏行业受市场需求不振影响，产品价格持续低迷。1—10月，行业重点企业银川隆基光伏、宁夏隆基乐叶、银川隆基硅材料、宁夏隆基硅材料4家企业税收收入完成2.8亿元，下降39.3%。锂电池行业受材料价格波动影响，重点企业巴斯夫杉杉税收同比下降69.5%。四是房地产业恢复不及预期。受房地产市场降温，土地市场需求下降。2023年1—10月，全区国有土地使用权出让收入完成59.2亿元，同比下降8.1%，完成年度预算的42.9%。

（二）财政收支矛盾加大，市县财政紧平衡压力突出

宁夏市县自身收入体量小，全区仅有8个市县地方一般公共预算收入超10亿元，对上级转移支付资金依赖度高，自身发展腾挪空间小，抵御风险能力较弱。2023年以来，受多重因素影响，财政减收增支因素较多，收支延续紧平衡状态。一是收入增收空间收缩。受市场预期偏弱、生产价格低迷、规上企业效益大幅下滑以及停产减产企业持续增多等不利因素影响，叠加矿业权出让收入减少以及上年财政收入基数较高等因素，进入四季度

财政收入增速将放缓，增收空间进一步收缩。二是民生增支事项多。受国家政策调整和本地区民生短板影响，2023 年各类民生增支事项较多，加上市县财政做实以前年度职业年金、养老保险提标增资等支出，进一步加大市县财政支出压力。三是刚性支出需求大。市县持续加大教育、乡村振兴、生态环保等民生领域投入，严格落实国家有关教育支出“两个只增不减”要求、保障教师工资水平不低于公务员水平等政策，民生支出需求逐年增加，财政收支压力较大，预算平衡难度增加。

（三）重点领域支出需求增加，预算平衡难度进一步加大

当前，全区“三保”支出能够得到保障，但根据监测，部分县区刚性支出需求较大，财政平衡非常脆弱。一是落实企业职工养老保险全国统筹政策新增支出较多。按照分担办法，近期市县需增加地方支出 10.3 亿元（2022 年 3.5 亿元，2023 年 6.8 亿元），虽然市县可通过动用预备费、均衡性转移支付等方式予以保障，但个别市县仍存在较大压力。二是各类重点支出需求大。近年全区教育、农业领域支出均超过 200 亿元，教育支出国家有“两个只增不减”的要求，乡村振兴支出要求总量不降，支出需求逐年增长。三是支持全区高质量发展的宝中铁路、包兰铁路等重大项目建设资金需求较大。预计 2024—2027 年共需资金 105.16 亿元。

三、当前财税运行形势分析及预测

（一）经济恢复迹象好转，财政收入持续稳定向好

2023 年三季度以来，经济恢复有所加快，工业、投资、消费等指标同步改善。1—10 月，占全区税收比重 52%的工业税收增长 17.9%，其中电力热力行业在上年大规模退税等利好因素带动下增长 8 倍。消费、服务业景气度持续向好，带动第三产业相关税收同比增长 27.2%，其中批发和零售业增长 19.6%，商务服务业增长 87.3%。在城镇住宅“办证难”问题全力化解及公积金政策调整等多项措施的积极拉动下，占全区税收比重 15%的房地产业税收收入增长 21.6%，贡献作用较大。企业生产恢复等因素带动财政收入快速增长，10 月当月全区地方一般公共预算收入完成 46.6 亿元，增长 21.4%，增速为近 10 年最高。强化财税联动，加强收入征管，确保收入

"颗粒归仓"，全区税收收入增长 16.7%，连续 8 个月保持"双位数"增长。加大盘活闲置国有资产力度，及时清缴各项欠费，全区非税收入降幅较 1—9 月收窄 3.1 个百分点，推动财政收入实现更好增长。

（二）重点领域稳投资、促消费，经济社会高质量发展持续推进

在出口方面，安排外经贸发展专项资金 1.25 亿元，增长 15.2%，用好开放型经济优势，支持包括单晶硅切片在内的外贸"新三样"扩大出口。在投资方面，下达交通水利铁路等建设资金 106.8 亿元，有力支持银昆高速、乌玛高速、包银高铁、贺兰山东麓防洪治理工程以及固海扬水扩灌更新改造等重点项目建设，稳定基础设施投资。在消费方面，抢抓十一黄金消费期，精心策划财政支持方案，全区共计安排促消费专项资金 2.87 亿元，发放各类消费券 738.36 万张，核销消费券 422.90 万张，形成扩大消费有效支出 1.67 亿元，撬动社会消费 32 亿元，助力全区社会消费品零售总额增速由负转正。

（三）财税政策更加精准有效，服务安全生产和经济社会发展大局

保持适度支出强度，聚焦精准保重点。一是全力保障安全生产。全面贯彻落实自治区党委十三届四次全会精神，主动研究制订财政支持全区安全生产工作方案，全力保障和落实资金需求，2023 年 1—10 月，累计下达安全生产各类资金 7.2 亿元，支持全区燃气用户加装燃气"三件套"，加快推进公路安全生命防护提升工程与园区安全基础改造提升项目建设。二是有效改善民生。全区民生支出 1070.1 亿元，增长 6.4%，占比 76%，高于上年同期 0.6 个百分点，其中公共安全、教育、卫生健康、节能环保领域支出分别增长 11.2%、5.5%、20.2%、21.3%，民生保障有力有效。三是加大市县财力保障。2023 年 1—10 月，自治区共补助市县一般公共预算转移支付资金 939 亿元，同比增长 8.8%，为上年全年补助规模的 101.7%，其中：一般性转移支付 688.7 亿元，达到上年全年补助规模的 93.7%；专项转移支付 207 亿元，为上年全年补助规模的 1.4 倍，有力夯实市县财力基础，筑牢兜实"三保"底线。四是积极防范化解债务风险。对债务风险较高、规模较大的市县逐一审核，及时纠正部分市县落实国务院批复不彻底、年度化债资金安排不均衡等问题。加大国库资金调度，支持解决拖欠账款，稳步推进无分歧政府拖欠企业账款按期全部清零。

（四）财税经济形势分析预测

当前，我国经济长期向好的基本趋势没有改变。需要进一步加大宏观政策调控力度，积极扩大内需，大力推进产业优化升级，持续深化改革，扩大更高水平开放，防范化解重点领域风险，切实保障和改善民生，推动经济持续回升向好。宁夏正处于转型发展关键期，聚焦黄河流域生态保护和高质量发展先行区建设使命，加快融入国内大循环体系，持续推进新型工业化、信息化、新型城镇化、农业现代化。从主要经济指标看，宁夏经济呈现回升向好势头。2023 年 1—10 月，全区规上工业增加值同比增长 10.7%，工业用电量同比增长 10.5%，工业税收增长 17.9%。固定资产投资同比增长 6.9%，工业投资增长 21.0%，民间投资增长 5.3%，民间工业投资增长 16.8%。全区社会消费品零售总额同比增长 0.6%，比 1—9 月加快 2.9 个百分点。财税运行随经济持续好转，10 月当月全区地方一般公共预算收入增长 21.4%，增速为近 10 年最高。2024 年，随着世界主要经济体经济复苏，需求回暖，国际能源价格仍将维持高位，能源产业作为宁夏税源“压舱石”，行业税收将保持相对稳定；有色、冶金、化工行业随下游产业需求回暖，行业税收将持续恢复；房地产市场随着城市改造和保障房建设加快，土地市场需求将出现复苏，地方收入将保持稳定增长；信息化、数字化、智能化基础设施投资力度加大，将带动民间投资回升。“六新六特六优”产业蓄势待发，为宁夏经济高质量发展注入持续动力，全区财税运行将保持稳中有进、稳中向好的态势。

四、宁夏财政促进经济平稳健康发展的对策建议

（一）针对内需不足的现状，切实发挥财政“稳增长”的职能作用

净出口在宁夏占比较小，扩大需求更多地体现在投资与消费上。在投资方面，2023 年 6 月以来，投资增速回落态势明显，基础设施与房地产是拖累投资增长的主要因素，要及时采取措施，有效遏制投资下滑的态势。要大力发展民营经济，加快民间投资增长。紧盯重大产业项目开工建设，进一步提高产业投资比重。基础设施项目，以政府投资为主，对已开工的

项目，要强化资金调度，防止出现“半拉子工程”；对纳入国家规划的重大项目，要积极争取国家支持。要积极推动取消限制住房消费的不合理措施，努力促进全区房地产市场平稳发展，增强土地市场活力。要抢抓国家出台政策鼓励城市更新改造的机遇，推进城中村改造。要加大对安全生产基础设施的投入，提升本质安全能力。在扩大消费方面，针对全区消费持续低迷的状况，近期要重点在打造新的消费场景、提振消费信心等方面争取实现突破，在落实好国务院出台的有关促进消费的政策措施，努力挖掘各重点领域消费潜力的同时，着力提高居民收入水平，提升消费意愿和消费能力。

（二）针对工业产值不高结构不优的窘境，更加注重发挥财政政策在“调结构”中的重要作用

预计各类传统产业产品价格低迷仍将持续，要加快推进产业结构调整，认真落实支持“六新六特六优”产业高质量发展的财政政策措施，紧盯重点行业重点企业，采取有力措施稳定企业发展。加快运用发行一般债券等方式，支持解决政府对企业欠款，鼓励国有企业率先清理企业欠款，打开企业拖欠链条，纾解企业困难，增强经济发展动力。对近年新落户的多晶硅、储能电池等产业项目，加快项目建设与投产，尽快形成实际生产能力。大力培育新产业新模式，落实优惠政策，支持算力产业实现跨越式发展，成为宁夏第一增长极。

（三）针对保障和改善民生的趋增需求，切实发挥好财政“兜底线”的重要作用

要高度重视 3 年疫情对城乡居民收入的影响，密切跟踪失业率等重点指标，坚持把就业作为最大的民生强化优先保障，落实财政支持就业的各项政策。充分评估实行城镇职工基本养老保险全国统筹对全区各级财政的影响，抓紧推出分级负担机制，确保不穿底可持续。持续推动落实新增学位政策措施，尽可能改善全区重点医疗机构条件，解决好群众关心的教育、医疗等问题，不断增进民生福祉。对反映比较突出的残疾人“两项补贴”以及困难群众居住环境亟待改善等问题，牢固树立底线思维，坚持尽力而为、量力而行，积极稳妥推动予以解决，保障好困难群众基本利益。

（四）针对部分领域风险迭代的态势，切实发挥好财政“防风险”的重要作用

要高度重视防范化解地方债务及金融风险所形成的财政支出需求。地方政府债务风险、融资平台及中小金融机构风险相互交织，化解隐性债务要求各市县拿出更多的真金白银；坚决防范融资平台债券及非标产品不爆雷，要求更大范围统筹政府资源；化解全区重点金融风险事件，消除全区高风险中小金融机构风险敞口，都会形成一定的财政支出需求。要密切关注基层财政运行，宁夏市县财政自给率低，以中央转移支付为主，按照共同事权与专项转移支付管理办法，市县可统筹的资金非常有限。部分市县“三保”及其他刚性支出财政保障倍数低，财政运行风险较大，收支平衡较为脆弱，这都需要切实采取措施，有效防范与化解各类财政金融风险。

2023—2024年宁夏金融业发展与对策建议

严雪薇

2023年以来，自治区地方金融监管局紧紧围绕自治区党委、政府中心工作，深入贯彻党的二十大精神，深入落实中央金融工作会议和自治区第十三次党代会决策部署，统筹金融开放和安全，全力推动金融服务实体经济、防范化解金融风险、深化金融改革落实落地，金融改革发展稳定工作取得一定成效，为全区经济发展提供有力金融保障和支撑。

一、2023年宁夏金融业发展情况

（一）强化金融供给，提升服务实体经济质效

全区金融总量保持稳定增长，金融运行平稳向好，有效发挥金融活水作用。一是金融业实现稳健发展。2023年前三季度，全区社会融资规模增量933亿元，同比增加261亿元，其中，对实体经济发放的人民币贷款占同期社会融资规模的81.4%，高于全国平均水平14.8个百分点。全区金融业实现增加值282.85亿元，同比增长7.1%，高于全国和宁夏GDP增速，占地区生产总值和服务业比重分别为7.5%和16.2%，已成为支撑服务业发展的支柱性产业。全区有各类金融机构和地方金融组织387家，总资产达到15652.9亿元，其中地方法人机构266家。全区人民币存贷款同比分别

作者简介：严雪薇，自治区地方金融监管局干部，研究方向为金融政策分析。

增长 11.3%和 9.3%，原保险保费收入和赔付支出同比分别增长 13.9%和 24.7%。二是政策法规不断健全。健全完善金融服务实体经济长效机制，出台《金融服务实体经济质效提升年活动 40 条》《金融支持民营经济高质量发展 21 条》《金融支持外资三年外贸五年倍增计划 13 条》《绿色金融支持新征程生态文明建设 15 条》等政策措施，形成有效支持地方经济发展的政策合力。加快健全完善地方金融监管法规体系，报请自治区人大和政府将宁夏地方金融监管条例列入 2023—2027 年立法计划，强化对地方金融监管政策的顶层设计。在规范组织经营管理的过程中，引导更多地方金融组织汇聚资源支持小微企业和“三农”主体发展。三是信贷保持较快增长。通过监测分析、运行调度、跟踪督导等方式，引导金融机构全力扩大信贷投放，有力支撑全区经济回升向好。截至 2023 年 10 月末，全区金融机构人民币贷款余额 9640.37 亿元，同比增长 9.3%，1—10 月新增人民币贷款 755.01 亿元，创历史同期最高水平，是上年全年增量的 1.3 倍。四是资本市场取得突破。大力实施企业上市“明珠计划”，全力培育发展多层次资本市场，巨能股份和威力传动 2 家企业年内先后成功登陆北交所和深交所，全区境内外上市公司达 18 家，报所企业 4 家，报辅企业 8 家，后备企业 80 余家，新三板企业 36 家，其中创新层 10 家。债券融资扩量增效，截至 2023 年 10 月末，全区发行非金融企业债券 158.79 亿元，同比增长 133.8%。

（二）优化资源配置，推动金融与产业融合发展

聚焦先行区建设重大项目、重点产业和关键领域，深度开展“政银企”对接，持续优化融资结构，助推产业融合发展。一是重点领域资金保障有力。截至 2023 年 10 月末，全区中长期贷款余额 6621.28 亿元，同比增长 11.9%，有力支持了新能源、基础设施及制造业领域的重大项目建设和民生领域的个人住房融资需求。二是金融支持科技创新力度加大。截至 2023 年三季度末，全区高新技术企业贷款余额同比增长 14.4%，高于各项贷款增速 5.7 个百分点，贷款覆盖率达 73.3%；科技型中小企业贷款余额同比增长 15.9%，高于各项贷款增速 7.2 个百分点，贷款覆盖率达 53.3%。三是加快发展绿色金融。强化绿色金融发展的统筹谋划，健全完善金融支持“六权”

改革政策体系，鼓励金融机构加大绿色金融产品和服务模式创新，持续加大绿色产业的支持力度。全区绿色贷款余额 1444.23 亿元，同比增长 24.2%，持续扩大碳减排支持工具、支持煤炭清洁高效利用专项再贷款使用规模，全区结构性货币政策工具余额突破 600 亿元。全区金融机构发放“六权”贷款超 40 亿元。四是推动普惠金融提质增效。深化普惠金融服务助力乡村振兴，加快推动固原市申创国家级普惠金融服务乡村振兴改革试验区，普惠领域贷款增速较快。截至 2023 年 10 月末，全区涉农贷款余额 3154.67 亿元，同比增长 10.2%，小微企业贷款余额 2442.05 亿元，同比增长 12.8%，全区脱贫人口小额信贷覆盖率达 51.49%，连续 3 年位居全国第 1，“富民贷”贷款余额位居全国第 6、西部第 4。五是降本让利助企纾困。积极落实国家差别化信贷政策和信贷利率调整政策，促进企业融资成本稳中有降。全区企业贷款加权平均利率为 4.0%，同比下降 0.65 个百分点。其中，小微企业贷款加权平均利率为 4.13%，同比下降 0.85 个百分点，处于近年来最低水平。充分发挥宁夏企业融资服务平台作用，目前已上线金融产品 156 款，服务企业 1.3 万家，解决融资需求 41.88 亿元。

（三）聚焦主责主业，规范提升地方金融组织服务能力

推动地方金融组织深耕本土，做深细分市场、做精金融服务，在合规发展中更好发挥融资体系补充作用。一是强化融资担保增信和风险分担功能。全区 34 家政府性融资担保机构在保户数 11.6 万户，余额 387.32 亿元，同比分别增长 13.%和 12.2%，累计对 3.5 万户 47.78 亿元担保贷款免收担保费，对 2.9 万户 66.641 亿元担保贷款取消反担保措施。二是强化地方金融补位作用。指导小额贷款公司通过细分市场、特色经营等方式提升行业竞争力。2023 年 10 月末，小贷公司贷款余额 45.1 亿元。地方金融组织联合区内银行机构创新推出“网商贷”“农户贷”“奶牛贷”等特色产品，为小微企业融资提供更具普惠性和针对性的产品服务。推动融资租赁公司新增投放项目 6 个 13.2 亿元。加大不良资产处置效率，2 家地方资产管理公司存量不良资产账面值 132 亿元。宁夏股权托管交易中心挂牌展示企业 1413 家，累计发行私募可转债 7.5 亿元。支持商业保理公司围绕供应链金融为企业提供应收账款管理及融资服务。三是强化地方金融组织监管促发展。持续健全和完善地方金融组织监管体系，全面强化现场与非现场监管，切实提升监管的前瞻性、精准性、有效性和协同性。连续两年聘请第三方进行专项审计，全覆盖开展地方金融组织现场检查，定期开展分类监管评级和年审工作，督促地方金融组织抓好问题整改，推动合规稳健经营。严格落实金融业持牌经营原则，推动建立涉金融业务市场主体登记会商机制，从源头上遏制金融乱象及新的风险增量的发生。推动地方金融组织监管数字化改革，建成并运营宁夏地方金融监管和服务智能化平台，全面提升"7+4"类金融监管科技水平和服务精准性。

（四）严密防控风险，金融安全稳定形势持续巩固

认真梳理"4+4+4+N"全区金融风险点，建立风险台账，按照处置金融风险"控、管、防、化、打、转、改"7条措施，积极稳妥推进各类重点风险处置，全区金融风险整体收敛、总体可控。一是全面维护金融领域安全稳定。坚决落实安全生产"三管三必须"要求，全面部署金融领域安全生产专项排查整治工作，严格执行安全生产第一议题制度，制发贯彻落实"1+37+8"系列文件责任分工方案，组织开展全区金融机构和地方金融组织安全隐患大排查大整治、安全讲座、消防演练等系列活动，全面摸排整治各类潜在安全生产隐患，提出整改措施，突出防在前、查到边、改到底，全面消除安全生产领域风险隐患。二是积极稳妥处置各类风险。推动"三大风险"处置取得突破性进展。全区银行业经营总体稳健，支持发行30亿元专项债补充宁夏银行资本，牵头制订5家地方中小法人金融机构改革化险方案并报国务院批复同意，持续督导有关金融机构做好改革化险各项工作。紧盯债券违约风险，帮助银川通联集团成功发行21.2亿元自贸区离岸人民币债券（明珠债）。协调推动化解石嘴山市晟晏集团、大地集团等民营企业困难。三是持续优化区域金融市场环境。加大私募基金处置力度，私募机构风险规模压降比例超过95%，在全国清理整顿各类交易场所会议上被通报表扬。深入开展"双伪""双涉"机构专项整治，对发现的风险机构，督促落实属地责任，及时采取责令停业、查扣资料印章、变更企业名称等措施予以处置，做到打早打小、防患未然，未发生风险外溢。严厉打击各类非法集资行为，全区非法集资立案数、涉案金额、参与人数均有所下降。

二、存在的问题

在取得成绩的同时，金融业发展仍然不平衡不充分。一是融资工具综合运用能力弱。企业融资方式单一，特别是民营和中小微企业融资难融资贵问题仍然存在，金融服务能力和质效有待提升。直接融资依然薄弱，一些企业对资本市场和各类融资工具不熟悉，对股权和债券融资不会用、不敢用，企业发债规模偏慢偏小。二是地方金融组织活力亟待提升。宁夏"7+4"类地方金融组织市场价格偏高、普遍资本规模较小、专业化队伍薄弱、作用发挥不明显，深耕本土、聚焦主业服务实体经济发展仍需加强。三是重点领域金融风险处置任务艰巨。地方中小银行信用风险、企业债务风险、地方融资平台债务风险化解资源少，任务重，难度大；非法金融活动易发酵、传导快，潜在风险不容忽视；非法持牌机构隐匿较深，涉非法金融活动信访和舆情事件也潜藏着不同程度的金融风险，打赢防范化解金融风险攻坚战任重而道远。

三、2024年宁夏金融工作思路

（一）深入贯彻落实中央金融工作会议精神

深入学习贯彻中央金融工作会议精神和习近平总书记关于金融工作的重要讲话精神，迅速掀起学习贯彻落实的热潮，充分认识会议的重大政治意义、理论意义、实践意义，准确领会"八个坚持"的重要内涵，切实把思想和行动统一到党中央决策部署上来，把力量凝聚到会议确定的各项任务上来，推动会议精神入脑入心，确保工作部署落实落地。

（二）坚持和加强党对金融工作的全面领导

坚持党中央对金融工作的集中统一领导，深刻把握金融工作的政治性、人民性。把全面贯彻党中央大政方针，全面落实自治区党委、政府决策部署作为政治建设的基点，在金融服务中履行政治责任，在化解风险中体现政治担当，在队伍建设中落实政治要求，以新的金融管理体制机制和忠诚干净担当的金融干部队伍推动中央金融工作会议精神落地见效。

（三）推进金融高质量发展为经济社会提供高质量服务

以加快建设金融强国为目标，推进金融高质量发展，深化金融供给侧结构性改革，加大对黄河流域生态保护和高质量发展先行区的金融支持力度，聚焦自治区重大项目、重点产业、薄弱环节加大支持力度，把更多金融资源用于科技创新、先进制造、绿色发展和中小微企业。用好资本市场，加大上市企业培育力度，鼓励多渠道扩大直接融资。充分发挥地方金融组织作用，立足本地、立足定位，开展特色化经营、特色化服务。结合地方实际做好科技金融、绿色金融、普惠金融、养老金融、数字金融五篇大文章的宁夏篇。

（四）积极稳妥处置各类金融风险

坚持稳定大局、统筹协调、分类施策、精准拆弹的原则，聚焦“4+4+4+N”金融风险点，深入落实“控、管、防、化、打、转、改”处置要求，进一步压实地方属地、金融监管、企业自救等各方责任，强化部门协调联动、信息共享，积极稳妥处置各类风险隐患，推动“三大风险”处置取得更大进展。全面加强对金融市场、金融机构、金融活动的监管，做好产融风险隔离，促进金融与房地产良性循环，紧盯地方法人银行信用风险、地方融资平台债务风险、地方金融组织经营风险等，健全完善金融机构市场化退出、处置和救助机制，推动问题金融机构有序退出，防范处置风险过程中可能引发的次生风险，牢牢守住不发生系统性金融风险的底线。依法严厉打击套路贷、非法集资、非法证券等非法金融活动，健全防范和处置非法集资长效机制。

（五）着力加强地方金融监管

紧盯国家立法进程，及时启动宁夏地方金融监管立法工作，修订完善现有监管、服务政策及其配套规则、细则，以高质量法治建设护航高质量金融发展。全面落实金融业务持牌经营、特许经营原则，依法将各类金融活动纳入监管，大力开展“双伪”“双涉”机构专项整治，会同市场监管部门从严落实“照前会商”机制，坚决遏制增量不新增。压实市县属地责任，采取多种手段清理存量违规机构，做到应整尽整、应清尽清。实施地方金融监管能力提升工程，统筹加强机构监管、行为监管、功能监管、穿透式监管、持续监管，确保监管有力有效、“长牙带刺”。

四、工作建议

一是建议筹备召开自治区党委金融工作会议，出台宁夏推进金融高质量发展、开创金融工作新局面的意见，对全区贯彻落实中央金融工作会议精神进行全面部署。

二是加快推进地方金融机构改革进程，按照中央金融工作会议和中央机构改革方案要求，组建自治区党委金融委及其办公室和金融工委，加强党对金融工作的全面领导，加强金融系统党的建设。

三是鉴于新形势、新任务、新要求、新职能，针对地方金融监管局现有人员力量不足的情况，建议加强金融委办公室及金融工委编制人员力量，推动金融监管改革稳定发展工作取得实效。

2023—2024年宁夏物价形势分析与预测

牛海莉　刘　嵩

2023年是全面贯彻党的二十大精神的开局之年，是落实自治区第十三次党代会部署、实施“十四五”规划的关键一年。自治区党委、政府统筹抓好内部生产和外部供应，提升粮油肉蛋奶果蔬生产能力，提高储备、物流和应急保障能力，加强价格监测预警，严厉打击各种价格违法行为，多措并举做好“稳物价”工作。2023年1—10月，宁夏居民消费价格涨势温和；受国际大宗商品价格下行、国内市场需求偏弱、2022年同期基数较高等因素影响，宁夏工业生产者价格低位运行。

一、2023年宁夏物价运行情况

（一）居民消费价格指数（CPI）运行特点

1. 物价低位运行

1—10月，宁夏居民消费价格总水平累计上涨0.6%，涨幅比上年同期低1.8个百分点，是2010年以来同期最低涨幅。其中：城市上涨0.7%，农村上涨0.2%；食品价格上涨0.7%，非食品价格上涨0.5%；服务项目价格上涨1.6%，工业品价格下降0.6%，消费品价格持平，能源价格下降2.3%。

作者简介：牛海莉，国家统计局宁夏调查总队处长；刘嵩，国家统计局宁夏调查总队二级主任科员。

2. 环比震荡运行，月度同比高开低走

从环比看，1月受“双节”效应影响，居民消费需求季节性增加，CPI上涨0.7%，是2023年以来的最高涨幅；2—6月随着节日效应消退和气温回升等有利因素共同影响，CPI连续5个月呈负增长，降幅为0.1%—0.3%；7月暑期出游大幅增加，出行服务价格上涨明显，CPI止跌转平；8月、9月连续上涨，涨幅分别为0.2%和0.3%；10月由涨转平。从月度同比看：1—6月连续6个月上涨，但涨幅逐渐回落，1月上涨2.2%，是2023年以来的最高涨幅，6月涨幅回落至0.2%；7月下降0.1%；8月、9月由降转升，涨幅分别为0.2%和0.4%；10月下降0.3%，为2021年3月以来的最低点。

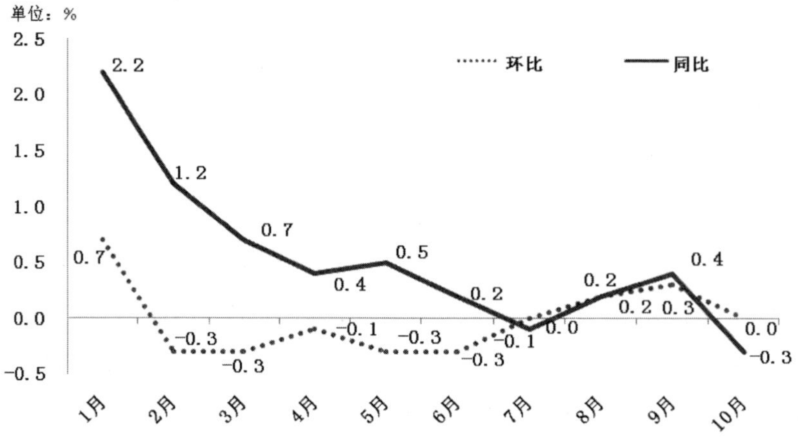

图1　2023年1—10月宁夏CPI环比、同比走势

3. 涨幅排名靠前

1—10月，宁夏居民消费价格总水平累计上涨0.6%，高于全国平均水平0.2个百分点，在全国31个省（区、市）中与江苏、广东、青海并列第5位；在西北五省区中与青海并列第2位，比甘肃低0.1个百分点，比新疆、陕西分别高0.3和0.4个百分点。

4. 八大类商品及服务价格“六涨二降”

1—10月，宁夏居民消费价格上涨特征明显。其他用品及服务价格涨幅最大，上涨4.7%，拉动CPI上涨约0.14个百分点；教育文化娱乐价格上涨1.8%，拉动CPI上涨约0.21个百分点；医疗保健、食品烟酒、居住、衣着价格分别上涨0.8%、0.8%、0.6%和0.3%，共同拉动CPI上涨约0.44个

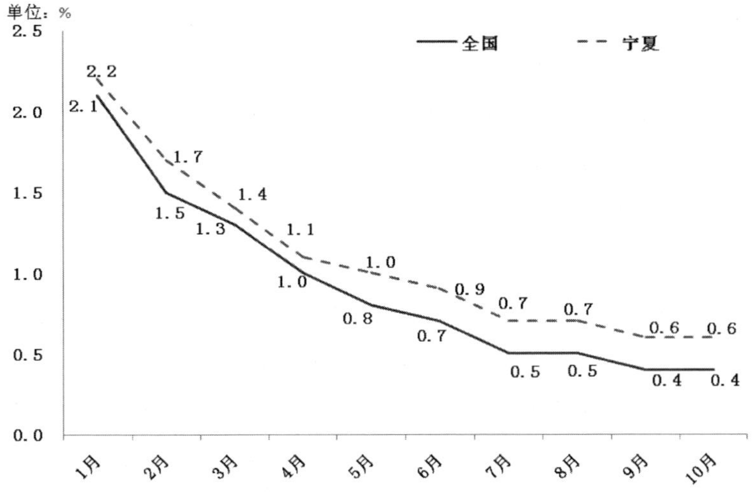

图2　2023年1—10月全国及宁夏CPI累计走势

百分点；交通通信、生活用品及服务价格分别下降1.4%和0.2%，影响CPI下降约0.23个百分点。

与全国平均水平相比呈“三高四低一平”，其中：居住、交通通信、其他用品及服务价格分别高于全国平均水平0.6、0.9和1.4个百分点；衣着、生活用品及服务、教育文化娱乐、医疗保健价格分别低于全国平均水平0.6、0.3、0.2和0.3个百分点；食品烟酒价格与全国平均水平持平。

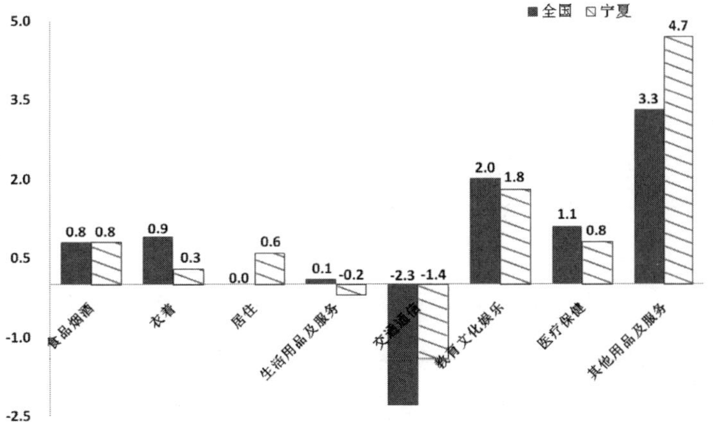

图3　2023年1—10月全国及宁夏CPI分类别累计涨跌幅

5. 核心CPI保持稳定上涨

食品和能源价格受季节、天气、地缘政治等影响波动较大。1—10月，宁夏扣除食品和能源价格的核心 CPI 总体稳定，上涨 0.9%。从月度同比看，1 月上涨 1.2%，2 月上涨 1.0%，3—5 月上涨 0.9%，6—8 月上涨0.8%，9—10 月上涨 0.9%，保持稳定上涨态势，表明市场供求总体稳定。

（二）工业生产者价格运行特点

1. 同比低位回升

1—10 月，宁夏工业生产者出厂价格（PPI）月度同比持续负区间（低位）运行，总体呈“V”形走势，上半年同比降幅逐步扩大，6 月后快速收窄。分月看，1—6 月，PPI 同比降幅逐月扩大，6 月触底，下降幅度达 11.5%；7—9 月，PPI 同比分别下降 10.6%、8.1%和 6.7%，降幅逐渐收窄，10 月受 2022 年同期基数高影响，下降 7.5%，较 9 月扩大 0.8 个百分点。

宁夏工业生产者购进价格（IPI）月度同比走势与 PPI 基本趋同。1—2 月 IPI 同比略涨，3 月起由正转负，4—7 月降幅逐月扩大，8—10 月降幅连续收窄。

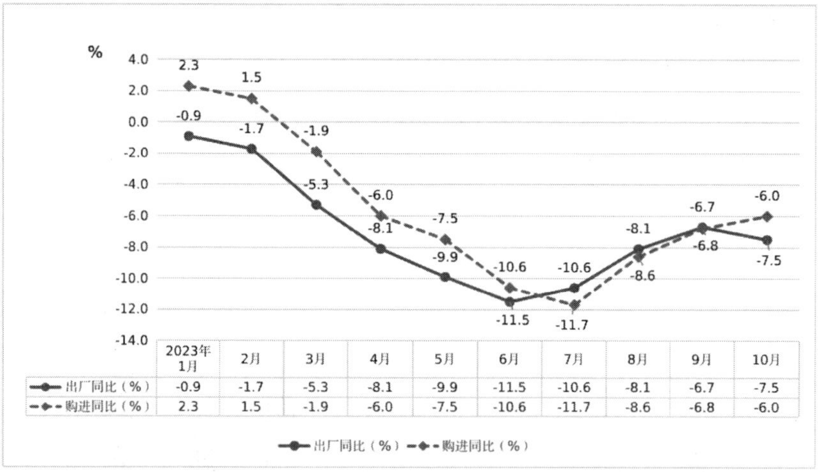

	2023年1月	2月	3月	4月	5月	6月	7月	8月	9月	10月
出厂同比（%）	-0.9	-1.7	-5.3	-8.1	-9.9	-11.5	-10.6	-8.1	-6.7	-7.5
购进同比（%）	2.3	1.5	-1.9	-6.0	-7.5	-10.6	-11.7	-8.6	-6.8	-6.0

图 4　2023 年 1—10 月宁夏工业生产者价格同比走势

2. 环比波动起伏

宁夏 PPI 月度环比价格总体呈现“先抑后扬”走势。1—7 月，除 2 月持平，其余各月 PPI 环比价格均下降；8 月起，环比价格由负转正，8—10 月环比价格分别上涨 0.9%、1.0%和 0.5%。

宁夏 IPI 月度环比价格走势与 PPI 大致同步。1—7 月，除 3 月上涨，其余各月 IPI 环比价格均下降，其中 6 月降幅最大；8 月起，环比转正且涨幅明显。

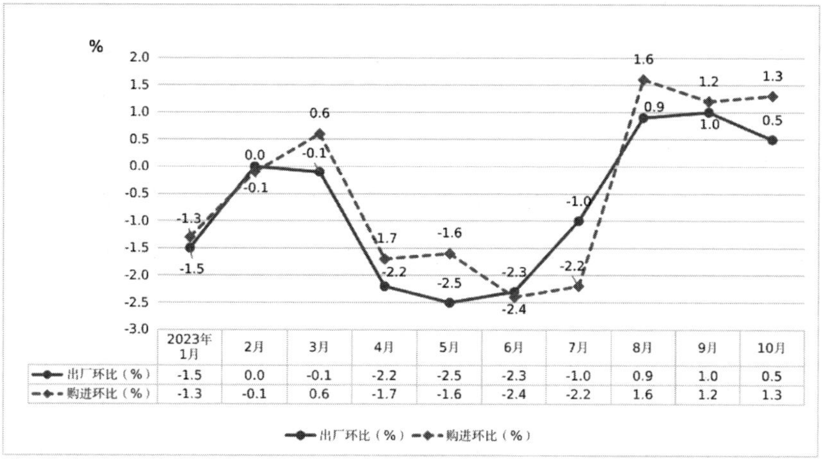

图 5　2023 年 1—10 月宁夏工业生产者价格环比走势

3. 在全国排名靠后

1—10 月，宁夏 PPI 较全国水平（–3.1%）低 4.4 个百分点，按涨幅由高到低排序，宁夏在全国 31 个省（区、市）中居第 28 位，在西北五省区中与新疆并列第 4 位，比青海、甘肃、陕西分别低 3.4、2.6 和 2.0 个百分点；宁夏IPI 低于全国水平（–3.6%）2.4 个百分点，在全国 30 个省（区、市）（不包括西藏）中居第 25 位，在西北五省区中与陕西并列第 2 位，比青海低 3.9 个百分点，比甘肃、新疆分别高 2.1 和 1.2 个百分点。

4. 生产资料价格降幅明显

1—10 月，工业生产者出厂价格中，生产资料价格下降 7.6%，影响 PPI 下降约 7.05 个百分点，是影响 PPI 下行的主要因素。其中，采掘工业价格下降 7.4%，原材料工业价格下降 7.3%，加工工业价格下降 8.2%。生活资料价格下降0.7%，影响 PPI 下降约 0.05 个百分点，其中，衣着价格上涨 0.2%，食品价格持平，耐用消费品和一般日用品价格分别下降 0.3%、5.0%。

5. 出厂价格跌多涨少

1—10 月，调查的 29 个行业大类中，出厂价格较上年同期下降 20 类、持平 1 类、上涨 8 类。其中，化学原料和化学制品制造业，石油、煤炭及其他燃料加工业，黑色金属冶炼和压延加工业，煤炭开采和洗选业 4 个行业大类对工业生产者价格下拉作用明显，共同影响总指数下降约 5.97 个百分点；在上涨的行业中，电力、热力生产和供应业出厂价格对总指数上涨影响较为明显，影响总指数上涨 0.15 个百分点。

6. 购进价格整体下降

1—10 月，九大原材料购进价格呈现全部下降态势。其中，燃料、动力类价格下降 4.9%，影响 IPI 下行 2.69 个百分点，对总指数的下拉作用最为明显；其次是化工原料类及黑色金属材料类，分别下降 12.6%、6.7%，影响 IPI 下降 1.01、0.49 个百分点。

二、影响 CPI 变动的主要因素

2023 年 1—10 月，宁夏 CPI 走势与全国基本一致，各月涨幅略高于全国平均水平，总体呈现回落态势。

（一）食品类价格涨多跌少，涨幅总体回落

2023 年 1—10 月，宁夏食品类价格上涨 0.7%，比上年同期回落 1.9 个百分点，拉动 CPI 上涨约 0.13 个百分点，对 CPI 上涨的贡献率达 23.5%。其中：1 月同比上涨 5.4%，此后一路震荡下行；7—10 月，受主要食品供应充足和上年同期基数较高影响，月度同比呈负增长，分别下降 0.4%、1.3%、2.9%和 6.1%。

1. 鲜果价格上涨 11.1%，拉动 CPI 上涨约 0.26 个百分点

一是本地鲜果供应有限，市场主要依靠外埠供给。受极端天气影响，外运鲜果的生产、运输、储存成本增加。二是 2022 年异常天气和 2023 年初“倒春寒”影响鲜果生长，南方部分主产区降温致香蕉、西瓜成熟速度放缓，四川、广西等柑橘类水果主产地出现减产，鲜果市场货源不足。三是随着新冠疫情防控政策调整，消费市场逐渐回暖，梨和柑橘等鲜果的需求大增，鲜果消费市场恢复活力。

2. 鸡蛋价格上涨 6.7%

一是近年来玉米、豆粕等饲料价格持续高位运行，蛋鸡养殖成本增加；二是 2023 年以来学校食堂、餐饮、食品加工等团体性消费显著增加，造成蛋价上涨。

3. 鲜菜价格下降2.1%

2022年新冠疫情多点散发，鲜菜调运难度加大，存储成本居高不下，叠加汽油、柴油价格频繁上调助推运输成本上升，导致鲜菜价格偏高。2023年以来，随着疫情影响逐步消散，物流运输恢复通畅，加之宁夏无明显高温、洪涝等气象灾害，全区鲜菜供应较为充足，价格下降。

4. 畜肉价格下降4.9%，影响CPI下降约0.18个百分点

2023年1—10月，猪肉、牛肉、羊肉价格分别下降12.1%、4.9%和2.4%。三大畜肉产业产能持续释放，畜肉市场整体处于供过于求的局面，畜肉价格整体下行。一是2022年下半年猪肉价格快速拉升，并持续高位运行。2023年以来，随着养殖户积压栏和二次育肥猪集中出栏，猪肉市场供应增大，猪肉价格整体呈下降态势。二是牛肉价格在经历二季度大跌之后，三季度以来止跌回弹，已恢复至“正常”水平。三是羊肉价格受猪肉、牛肉联动效应影响，同步下跌。

（二）教育服务价格上调

2023年1—10月，教育服务价格上涨1.3%，拉动CPI上涨约0.09个百分点。受办学成本增加和高等教育收费政策调整影响，2023年秋季学期宁夏部分民办小学、初中、高中上调收费标准，宁夏大学等公立大学上调学费。其中，小学初中教育、高中中职教育、高等教育费分别上涨4.3%、0.7%和1.6%。

（三）旅游价格恢复性上涨

2023年1—10月，旅游价格上涨11.5%，拉动CPI上涨约0.14个百分点。随着疫情防控政策调整，居民消费需求逐步释放，旅游业迎来复苏，各大旅行社有序恢复团队旅游项目，外出旅游人员明显增多，拉动旅行社收费、其他旅游价格“双涨”，分别上涨11.8%和9.3%。

（四）飞机票价格明显上涨

2023年1—10月，飞机票价格上涨20.6%，拉动CPI上涨约0.12个百分点。一是随着疫情防控政策调整，航班陆续恢复运行，价格随之回升。二是传统假期出行人数较多，客流量增加推高了飞机票价格，尤其以上海、广州、成都、西安等热门地区机票价格涨幅较为明显。三是2022年12月

的飞机票价格受燃油附加费连续上调等因素影响均呈上涨态势，对2023年形成较高的翘尾影响。

（五）中药材价格大幅上涨

2023年1—10月，中药材价格上涨6.3%，中成药价格上涨6.0%。一是由于前期中药材市场低迷，种植利润不高，部分种植户退出种植，导致种植面积减少，产量也随之下降。二是新冠疫情后，市场对各类中药材的需求加剧，中药受到追捧和炒作。三是随着种子、化肥、农药等农业生产资料成本逐年上涨，带动种植成本上升，加之中药材种植管理及收获更偏向于人工化，随着人工工资的逐年递增，带动劳动成本上涨。

（六）金饰品价格持续上涨

2023年1—10月，金饰品价格上涨13.9%。2023年以来，国际金价连续走高，金饰品环比价格除在6、7、10月略微下降，其余月份均呈上涨趋势，月度同比价格全部呈上涨趋势。

（七）交通类价格下降对CPI上涨起抑制作用

2023年1—10月，交通类价格下降1.5%，影响CPI下降约0.18个百分点。

1. 汽油、柴油价格下降

受国际原油价格波动影响，2023年1—10月，汽油、柴油价格共进行了10次上调、7次下调；2022年11—12月，汽油、柴油价格进行了1次上调、3次下调，对2023年产生负翘尾影响。在涨跌互抵之后，总体呈下降趋势，汽油、柴油价格分别下降6.3%和6.7%，共同影响CPI下降约0.29个百分点。

2. 汽车降价促销

2023年以来，新能源汽车势头强劲，燃油汽车去库存压力较大，汽车市场整体竞争激烈，价格优惠力度加大。1—10月，燃油汽车价格下降4.0%，新能源汽车价格下降0.8%。

三、影响工业生产者价格变动的主要因素

（一）国际大宗商品输入性因素影响明显

根据世界银行数据，2023年上半年，国际大宗商品价格持续下行，6

月的能源价格指数创2021年6月以来新低，7月初部分产油国为提振油价自愿减产。同时，受地缘政治冲突等因素影响，国际原油等大宗商品价格较快回升。由于宁夏工业倚重倚能，企业较集中分布在产业链上游，受大宗商品价格波动影响更为明显。2023年1—10月，宁夏能源产品价格下降5.2%，影响总指数下降2.55个百分点；重工业产品价格下降7.5%，影响总指数下降6.64个百分点。

（二）房地产投资下降导致市场需求不足

工业产品中钢铁、建材、装饰材料等多种产品与房地产投资紧密相关。2023年1—9月，全国房地产开发投资累计87269亿元，同比下降9.1%，影响钢材、水泥等建材需求相对偏弱，相关产品价格有所下降。2023年1—10月，宁夏钢铁相关行业出厂产品价格下降12.1%，下拉总指数1.38个百分点；水泥、石灰和石膏制造类产品价格下降13.5%，下拉总指数0.18个百分点。

四、2024年宁夏居民消费价格走势预判

（一）粮食价格相对平稳

一是2023年以来夏粮、秋粮生产总体稳定，全年粮食丰收在望。二是旷日持久的俄乌战争、极端天气、本国优先的出口政策等多种因素叠加，导致国际粮食价格波动幅度扩大，但在各地保供稳价措施持续发力下，国内粮价将在相对高位保持平稳运行。三是预计随着储备企业集中轮入收尾，小麦市场价格支撑减弱，宁夏小麦价格将呈震荡调整运行态势。新季玉米和稻谷即将上市，预计宁夏稻谷、玉米价格呈弱势震荡运行态势。

（二）猪肉价格预计震荡小幅上行

2023年二季度末，全国生猪存栏43517万头，同比增加461万头，增长1.1%。其中，能繁殖母猪存栏4296万头，同比增加20万头，增长0.5%。生猪存栏同比增加，预示着后期猪肉市场供应有保障，后期不具备持续大幅上涨的基础。

（三）牛、羊肉价格预计逐步回升

牛奶价格持续低迷，农户大量淘汰低产奶牛，对肉牛市场产生明显冲

击，预计随着淘汰周期的结束，肉牛出栏价格有望逐步回升。随着生猪、活牛价格逐步回升，以及冬季来临羊肉市场需求转旺等因素影响，预计活羊价格将逐渐上涨。

（四）鲜菜、鲜果价格呈季节性变动

11 月气温开始骤降，雨雪冰冻天气为鲜菜、鲜果的生产和调运带来不确定性；加上宁夏鲜菜、鲜果供应以外埠运输为主，受气候、季节影响大，预计价格将呈季节性波动。

（五）工业消费品价格保持低位

从国内看，受总体经济环境影响，市场仍处于去库存阶段，需求不足问题仍然存在，居住类商品销售恢复滞后，居民消费能力和消费意愿仍待提高，恢复和扩大消费的基础还需进一步巩固，耐用消费品整体价格大概率维持较低水平。从国际看，地缘政治冲突等外部环境依然复杂严峻，美欧利率维持高位，原油因减产带来的持续供应缺口明显，机构和投资者普遍看涨油价，这些外在因素使得大宗商品特别是能源、黄金等价格变动的不确定性增加。

（六）服务价格上涨

随着经济运行持续恢复，内生动力持续增强，社会预期持续改善，居民收入稳步提升，服务消费市场持续回暖，带动出行、旅游、住宿、餐饮、文娱等服务消费需求潜力释放，全年服务价格预计维持上涨态势。

综上所述，消费不足拉低了工业消费品价格，而服务价格一定程度上对冲实物消费疲软的影响，成为缓解 CPI 下行压力的“压舱石”。后期，随着国内经济有序恢复，市场需求继续回暖，鲜菜、鲜果等食品类价格季节性上涨，加之高基数效应影响逐步减退，宁夏 CPI 进一步下跌空间有限，预计 2023 年 CPI 难以明显上涨，将继续保持低位平稳运行态势。

五、2024 年工业生产者价格走势预判

从国际形势看，俄乌冲突、巴以纠纷等地缘政治冲突形势的不确定性较大，严峻复杂的国际政治经济局势加剧了世界经济复苏的困难程度，国际原油等大宗商品价格快速回升。从国内形势看，稳增长政策持续发力，

生产需求稳步恢复，经济运行继续向好，各项经济指标出现好转，有望推动工业品价格继续企稳回升，加之进入冬季，煤炭等燃料消费步入旺季，或将带动能源、化工等部分行业产品价格继续回升。

综上所述，工业生产经济运行仍然面临一定压力，加上高基数影响，预计短期内宁夏工业生产者价格仍将保持低位运行态势，11、12 月 PPI 环比保持增长态势，同比仍将运行在负区间，但降幅进一步收窄。

现代产业篇

XIANDAI CHANYE PIAN

构建宁夏区域特色型现代化产业体系研究

刘 雨 马 鑫

建设自主可控的现代化产业体系是我国应对国内外环境变化的战略选择。作为内陆小省区，立足西北地区产业经济图谱，构建具有区域竞争力的现代化产业体系，是宁夏推动经济社会高质量发展、建设黄河流域生态保护和高质量发展先行区的重要基础。宁夏构建具有区域竞争力的现代化产业体系，应坚持产业区域化布局、加快产业基础高级化、实施竞争中性产业政策、创新产业要素配置机制等措施。

一、现代化产业体系内涵与界定

（一）提出背景与演进

2010 年，我国经济总量超过日本成为世界第二大经济体。2012 年，我国制造业超过美国，成为世界第一制造业大国。2013 年，我国成为世界第一货物贸易大国。与制造业大国数量优势异位的是制造业不强，如何规避历史发展律，规避大而不强，走向既大又强，建成制造强国和创造强国？传统发端和盛行于西方的产业结构理论不能诠释和指导我国产业发展实践。一个需要融入新型生产要素、注重产业发展质量、参与全球产业竞争的产业

作者简介：刘雨，宁夏社会科学院党组书记；马鑫，宁夏社会科学院综合经济研究所副教授，研究方向为产业经济。

理论体系就成为迫切的必要。2007年党的十七大报告提出“发展现代产业体系，大力推进信息化与工业化融合，促进工业由大变强，振兴装备制造业，淘汰落后生产能力”，强调产业生产状态。国家“十三五”规划描述“创新能力强、品质服务优、协作紧密、环境友好”，侧重产业产出端。党的十九大报告指出“着力加快建设实体经济、科技创新、现代金融、人力资源协同发展的产业体系”。党的二十大报告指出：“建设现代化产业体系。坚持把发展经济的着力点放在实体经济上，推进新型工业化，加快建设制造强国、质量强国、航天强国、交通强国、网络强国、数字中国。”侧重产业要素配置、产业链完整、供应链完整、产业体系自主可控。2020年底中央经济工作会议首次将增强产业链供应链自主可控能力作为年度经济工作8项重点任务之一。

（二）内涵特征

同步国家现代化产业体系认识深化，学术界对现代化产业体系研究不断深化。普遍认为，现代化产业体系具备不断自我革新、与时俱进的动态性、协同发展的系统性、绿色集约的生态性、全球资源配置的开放性以及信息化智能化的高技术性等特征（芮明杰，2018），现代化产业体系应具有创新引领、要素协同、结构优化、链条完整、竞争力强、体制顺畅等特征。可以说现代化产业体系是由创新链—技术链—产业链—价值链—供应链—服务链等串联而成，产业链供应链是链接其他多个链条的核心（白雪洁等，2022）。综上所述，现阶段现代化产业体系内涵应具备产业链完整、供应链可控、创新链超前、要素配置市场化、产业竞争力强劲等特征。

（三）宁夏现代化产业体系构建定位

落实党中央产业发展战略部署，厘清宁夏在我国经济版图中的方位，自治区第十三次党代会提出产业振兴战略，确定“六新六特六优”重点产业布局。确定“实施产业振兴战略……加快转变经济发展方式，加快产业转型升级，加快新旧动能转换，集中资源打造特色优势产业，推进互联网、大数据、人工智能同产业发展深度融合，统筹推进产业基础高级化与产业链现代化，加快构建具有宁夏特色的现代产业体系”。从近6个季度经济指标宁夏相对超前来看，这一战略布局正确。再次验证宁夏构建的现代化产业体系是一个基于区情资源禀赋、具备区域比较优势、具有长期发展潜力的重点产业主导的区域特色型现代化产业体系。

二、西北地区产业经济发展图谱

《关于新时代推进西部大开发形成新格局的指导意见》（2020年）明确要求西部地区形成大保护、大开放、高质量发展的新格局，防止并缩小东西差距、南北差距，处理好地区生态保护与高质量发展之间的关系，对于开创西部大开发新局面、拓展国家永续发展新空间具有重要战略意义。

（一）西北地区产业经济概况

1. 西北地区总体区位

西北地区总面积308万平方公里，约占全国的30%，人口1.03亿，约占全国的7%（2020年“七普”数据）。西北地区人口密度为55人/平方公里，明显低于全国平均水平（147人/平方公里），少数民族人口约占总人口的33%[①]。2022年，西北地区经济总量7.04万亿元，约占全国的6%[②]；从发展速度等指标看，西北地区与东部地区的发展差距在扩大。

2. 西北地区资源禀赋

西北地区（新疆除外）生态系统功能重要，生态环境基础脆弱，承载力有限。西北地区干旱缺水，缺林少绿，2019年水资源量合计仅占全国水资源总量的6.04%[③]；除青海，陕西、甘肃、宁夏人均水资源量都低于全国平均水平，其中宁夏只有全国平均值的8.77%[④]。同时，水资源时空分布不均，生态环境脆弱，地区生态环境总体不可持续，除青海外的三省区均为生态赤字。第九次全国森林资源清查结果显示，西北四省区的森林面积仅占全国的8.54%，与四川一省相当；森林覆盖率为13.17%，明显低于

①国务院第七次全国人口普查领导小组办公室.2020年第七次全国人口普查主要数据[M]，中国统计出版社，2021

②根据2022年全国统计公报及各省（区、市）统计公报整理计算。

③中华人民共和国水利部.中国水资源公报（2019）［M］.中国水利水电出版社，2020

④李清源.生态地位·生态安全·生态保护——以西北地区为例［J］.西北民族大学学报：哲学社会科学版，2006（4）：81-86

22.96%的全国平均水平。

3. 西北地区各省区产业经济状况

西北地区经济总量呈现欠发达区情，同时在区域内同样存在非均衡空间分布发展格局。从各省区以及省会（首府）城市的经济总量看，存在南强北弱东快西慢态势。

西北五省区三次产业占区域内产业比重基本吻合各省区经济总量份额，例外特点是，新疆、甘肃第一产业比重超过其经济总量占地区比重，陕西、宁夏第一产业比重低于其经济总量占地区比重；陕西、宁夏第二产业比重超过其经济总量占地区比重，新疆、甘肃第二产业比重低于其经济总量占地区比重；甘肃第三产业比重超过其经济总量占地区比重，陕西第三产业比重低于其经济总量占地区比重。（见图 1、2、3）

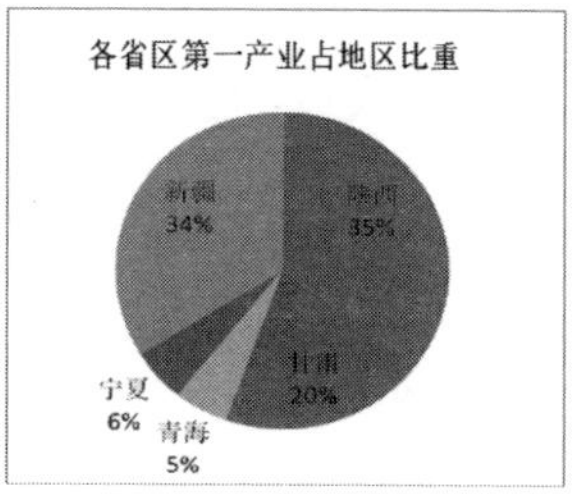

图 1

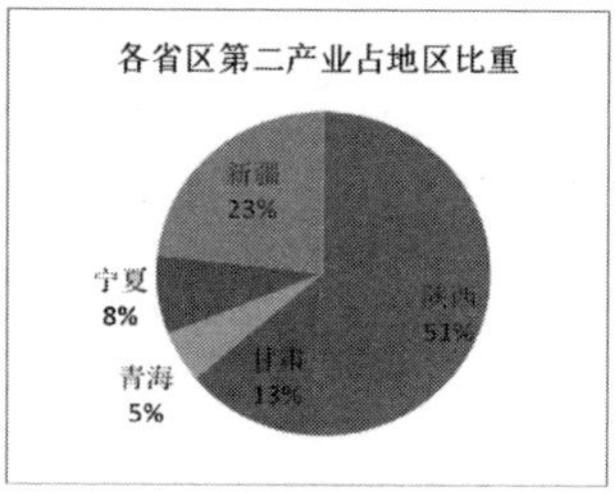

图 2

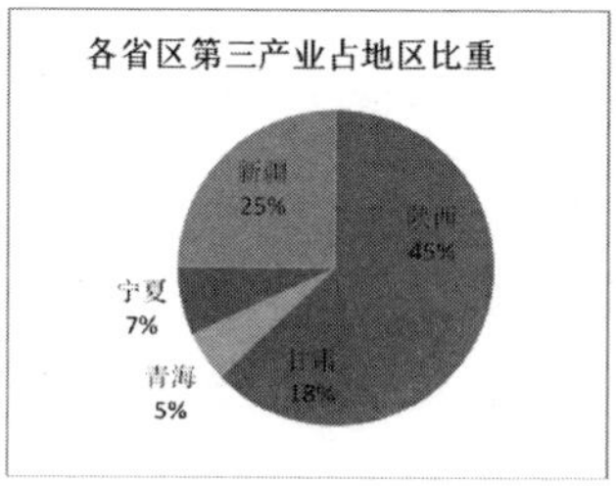

图 3

西北地区各省第一产业发展速度普遍较快，超过了全国第一产业发展速度，第一产业增长空间存在。陕西、宁夏、青海第二产业发展速度较快，高于全国水平，是这 3 个省区经济增长速度较快的主要原因。2015 年，陕西、甘肃、新疆、青海的第二产业都出现了负增长，也说明西北地区的第二产业中，产业水平处于比较低端的位置，受全国经济结构调整造成的影响较大。除甘肃，陕西、新疆、青海、宁夏的第三产业发展速度较快，说明这 4 个省区的城镇化水平增长速度较快。宁夏经济总量居西北地区第 4 位，三次产业中，第一产业总量较低，这与宁夏 1800 多亩耕地约束有关；第二产业具有相对优势，与近几年宁夏第二产业增速高于一、三产业相吻合。

（二）西北地区各省区主导产业概况及水平

1. 产业集群

以产业集群为指标，全国范围内整个西北地区国家级产业集群量小质弱。2022 年 12 月，工业和信息化部发布的我国最新世界级先进制造业集群总计 45 个，西北地区仅有 1 个（西安市航空产业集群），占比 2.22%，长三角地区世界级先进制造业集群 16 个，占比 35.56%，数量差距很大。从覆盖角度来看，长三角地区的世界级先进制造业集群涉及重工业、轻工业、新能源、新材料、信息技术、生物医药等众多领域，江苏省善于联合多个城市相关产业，浙江省着重挖掘新能源、新材料和新技术，上海市则是逐步迈向轻资产、高附加值的产业集聚。反观西北地区，受制于地理区位、历史条件、政策导向和营商环境等因素，其产业集群整体呈现结构单一、基础薄弱、缺乏创新等特征。

从西北地区内部来看，陕西省的重点产业是电子信息、汽车、航空航天、先进装备制造、新材料、新能源、生物医药、现代服务业、精细化工、食品、种业。甘肃省重点产业包括特色优势产业（石化、有色、装备制造等）和战略性新兴产业（新能源、新材料、电子信息、生物医药、军民融合等）。青海省的重点产业则是盐湖产业、冶金建材、特色轻工、清洁能源、生态旅游、有机农畜、新材料、生物医药、装备制造。

2. 产业组织（企业）

产业组织是产业经济基本单元和基础，主要以上市公司、“专精特新”、国家级专精特新“小巨人”企业、国家级制造业“单项冠军”示范企业为衡量指标。西北地区处于绝对劣势，上市公司西北总共 186 家，相对于四川省的数量（163 家），占 A 股总量 5297 家的 3%。工业和信息化部 5 批共认定国家级专精特新“小巨人”企业约 1.2 万家，第五批认定国家级专精特新“小巨人”企业 3671 家，西北地区共计 60 家（陕西 40 家，新疆 11 家，甘肃 5 家，宁夏 3 家，青海 1 家），占全国总量的 1.6%。[①]西北地区上述企业数量少、体量小。

---

①第五批国家级专精特新“小巨人”企业名单公布［EB/OL］.黄河新闻网，https://yc.sxgov.cn/content/2023-08/10/content_13049367.htm，20230810

3. 千亿级产业

西北地区千亿级产业整体偏少，已经达到千亿级的产业基本属于传统产业，例如陕甘宁三省的化工产业，也有个别特色产业，如青海省的盐湖产业、宁夏的新材料产业。西北各省区党委、政府都十分重视产业集群的规模效应，都在积极打造千亿级产业。甘肃省着力培育特色农产品、数字智能、生物医药、新能源、新材料、文旅康养、路衍经济等千亿级产业集群。青海省持续打造千亿级盐湖产业，宁夏旨在打造新材料、新能源、奶产业等千亿级产业。

基于经济体量，产业整体布局和规模，西北地区产业总体比较传统，产业基础相对落后，生产要素配置机制行政化较浓，要素市场化配置效率较低；主导产业的比较优势主要依靠特色资源，产业链有待持续延长，产业链有待创新链资本链的大力支撑，产业的现代化水平整体比较低。

三、宁夏产业体系构建进展

2022 年，宁夏地区生产总值 5069.6 亿元，同比增长 4.0%，增速居西北地区中间，超过全国平均增速。占西北地区总产值的 7%，占全国总产值的 0.41%。[①]“十四五”及第十三次党代会以来，自治区党委、政府确定实施产业振兴战略，大力抓重点产业，产业经济取得了长足进展，为全区经济稳中向好打下坚实基础。宁东基地成为西北第一个产值过千亿元的化工园区，宁夏数据中心产业发展总指数位列全国第 9、西部首位。制造业高质量发展迈出了坚实步伐，产业基础高级化明显提高。

（一）产业布局

1. 产业结构布局

三次产业结构由 2010 年的 9.2:43.3:47.6 调整为 2022 年的 8.0:48.3:43.7[②]。产业结构走向“二三一”转变阶段，为产业比例实现“三二一”排比的高级化夯实了基础。围绕重点产业和特色产业，持续推动建链延链补

①根据 2022 年国家及各省（区、市）统计公报计算得出。

②资料来源：《2022 年宁夏统计年鉴》《宁夏回族自治区 2022 年国民经济和社会发展公报》。

链强链，新型工业聚力转型，初步形成了一批特色优势产业链和集群，现代化工、装备制造、清洁能源、新型材料、电子信息、轻工纺织等特色优势产业形成初步规模，新兴产业占比不断提高，规上工业高技术制造业增加值增长 22.5%。工业呈现新兴产业加速布局、传统产业绿色转型、重点产业特色聚集的发展态势。农业以葡萄酒、牛奶、枸杞产业为先导，积极壮大肉牛、滩羊、冷凉蔬菜产业，特色优势农业占农业总产值比重达到 88%。现代服务业不断提档升级。

2. 产业空间布局

按照国家相关产业政策，坚持产业布局区域化。宁夏产业布局全面依据空间规划、经济社会规划、产业发展规划指引，基本实现农业道地化、工业园区化、服务业城市化。

第一产业。牛奶产业“一核两翼”布局（以银川、吴忠为核心，石嘴山、中卫为两翼），重点建设了白土岗、五里坡、孙家滩、红崖子、月牙湖等 8 个奶牛养殖基地，全区奶牛规模养殖场达到 355 个。肉牛产业，中南部主产区（原州区、彭阳县、隆德县、泾源县、西吉县、海原县、同心县、红寺堡区）加大基础母牛扩群增量，饲养量占全区的 63.4%；优质饲草自给率达 90%以上。引黄灌区主产区（平罗县、贺兰县、永宁县、灵武市、利通区、青铜峡市、沙坡头区、中宁县）持续提高集约化水平，饲养量占全区的 36.6%。滩羊产业在中部干旱带五县区建设滩羊核心区，在引黄灌区及固原地区八县区建设滩羊改良区。蔬菜产业形成了引黄灌区设施蔬菜和港标蔬菜优势区、六盘山区和引黄灌区冷凉蔬菜优势区、中卫市环香山硒甜瓜优势区、中部干旱带黄花菜优势区。酒酿葡萄主要种植于贺兰山东麓沿线。

第二产业。新型材料布局于宁东化工基地和银川经济技术开发区，宁东百万吨级“中国氨纶谷”、石嘴山“氰胺之都”加速建设。清洁能源主要布局于银川、宁东化工基地、石嘴山。数字信息产业基本形成“一核”（银川经济技术开发区）、“一基地”（中卫西部云基地）、“多区”产业布局。轻工纺织产业中，食品行业形成了金积工业园、贺兰工业园等 13 个绿色食品加工集聚区；纺织行业形成以贺兰工业园、金积工业园为中心的棉纺集群和以灵武现代纺织产业园、同心工业园为中心的羊绒加工集群；以宁东能源化工基地为依托的氨纶、芳纶等化纤新材料生产基地。

第三产业。“六优”产业主要是现代服务业，产业特点决定服务生产和服务生活。因此，主要布局在银川市，产值占整个产业比重的70%以上，吴忠、石嘴山、中卫、固原分享30%，其中，现代金融、会展博览、电子商务90%以上集中在银川市。

（二）产业基础

1. 重点产业市场占有率逐步提高

“六新”产业。新型材料产业已逐渐成为带动宁夏产业转型升级、经济高质量发展的“顶梁柱”。规上新型材料企业数量由2015年的13家增至2022年的109家。清洁能源产业，截至2022年底，全区新能源装机达到3070万千瓦，占电力装机比重49%，新能源利用率达到97.5%，居西北领先水平。全区单晶硅棒产能达到91GW，约占全球单晶硅棒产能1/5，国家发展改革委等部门联合出台《关于支持宁夏能源转型发展的实施方案》，支持宁夏清洁能源产业发展。装备制造业共有规上企业183家（其中产值过10亿的企业8家，产值过1亿的企业33家）。培育了天地奔牛、共享集团、吴忠仪表、小巨人机床等骨干企业。数字信息产业集聚态势显现。建成光伏全产业链、大数据中心集群、软件和信息技术企业梯队，全区共有规上数字信息企业82家。宁夏在全国率先实现规上企业智能制造诊断评估全覆盖。装备制造规上企业研发机构实现全覆盖，高端装备占行业比重达到50%，高新技术产品占行业比重达到40%。涌现出巨能机器人等10多家国家级专精特新“小巨人”企业，产值超10亿元的企业数量翻番。现代化工产业是宁夏工业经济支柱产业之一，已形成以煤化工、石油化工、电石、精细化工为主导的产业结构，涉及产品100多个（种），产值过100亿元的企业3家。轻工纺织包括食品制造、农副产品加工、酒饮料制造、医药制造、纺织、家具、造纸等20多个行业。2022年，宁夏轻工纺织产业规上企业320多家，呈现以乳制品、枸杞制品为主，粮油加工、饮料、焙烤食品、调味品等为辅的多元化发展态势。

“六特”产业。葡萄酒年产量1.3亿瓶，酿酒葡萄种植基地占全国1/3

以上。2022 年，枸杞标准化基地 43 万亩，规模以上企业 25 家，拥有“宁夏枸杞”“中宁枸杞”2 个国家区域公用品牌，宁夏已成为全国乃至全世界枸杞产业基础最好、生产要素最全、品牌优势最突出的核心产区。牛奶产业规模稳步增长。2023 年 10 月，宁夏奶牛存栏超过 90 万头，增速连续 4 年全国第 1。奶牛存栏数位居全国 10 个牛奶主产省区（内蒙古、河北、新疆、黑龙江、山东、四川、宁夏、山西、河南、甘肃）第 7 位。人均生鲜乳产量居全国第 1。宁夏是业界公认的优质奶源生产基地，生鲜乳连续 12 年抽检合格率 100%。生鲜乳主要理化指标蛋白质、脂肪、非脂乳固体谷氨酸、酪氨酸、钙等均高于国家标准及欧盟标准。

肉牛存栏数量、出栏数量实现双增加。2022 年，全区肉牛饲养量居全国第 19 位。牛肉产量占全区肉类产量的 33.8%，人均牛肉占有量居全国第 6 位。羊肉（滩羊）产量居全国第 13 位，人均羊肉占有量位居全国第 5 位。现有滩羊屠宰加工企业 26 家，“盐池滩羊”品牌影响力和知名度不断提升，先后被评为国家农产品地理标志示范样板、国家重要农业物质文化遗产、农产品区域公用品牌“最佳市场表现品牌”。冷凉蔬菜种植种类发展到 20 多种，播种面积超过 5 万亩的有 13 种。“宁夏菜心”“盐池黄花菜”“中卫硒砂瓜”“六盘山冷凉蔬菜”“彭阳辣椒”“西吉西芹”等区域公用品牌逐步唱响。

“六优”产业。以需求侧为牵引，加快文化旅游、现代物流、现代金融、健康养老、电子商务、会展博览等产业高质量发展，不断推进现代服务业提质增效。

2. 相关产品龙头作用显现

新型材料产品中东方钽业“钠还原钽粉”、国能宁煤“煤制聚丙烯”和共享铸钢“重型燃汽轮机铸钢件”等 3 项产品入选国家制造业单项冠军企业（产品）。隆基集团单晶硅棒、硅片产能占全国市场的 20%。中色东方钽丝、钽粉产能占全球市场的 60%和 25%，碳化硅、炭素制品产量占全国市场的 30%。ADC 发泡剂、水合肼产量分别占全国市场的 80%和 70%，氯胺产量占国际市场的 85%。装备制造产品中共享铸钢 3D 打印技术引领行业标准，天地奔牛智能刮板输送机达到世界先进水平，维尔铸造中国标准动车组铝合金枕梁实现国产替代，吴忠仪表超大口径调压装置关键用阀、海洋工程及船舶用控制阀成功应用于国家重大工程，科技创新对产业发展的支撑作用进一步凸显。枸杞产业拥有“宁夏枸杞”“中宁枸杞”2个国家区域公用品牌，入选“中欧地理标志”第二批互认保护名单，其中“宁夏枸杞”成为第一个以省级地注册的地理标志证明商标。

（三）产业链条

1. 产业链持续延长

瞄准产业链现代化方向，持续推动建链延链补链强链实施，重点产业链延长取得重大进展。现代化工形成了煤电—煤化工—精细化工—化工新材料、单（多）晶硅—切片—电池组件—光伏电站、前驱体—正负极材料—动力电池—电池资源化利用、电石—氯胺化工—胍盐—医（农）药中间体等一批特色优势产业链条。牛奶产业链延伸到种牛繁育—饲料加工—数字养殖—鲜奶加工（液态奶、奶粉、奶制品）—粪污资源循环利用等。

2. 供应链持续补齐

一是陆路通道劣势得到改善。银西高铁、吴忠至中卫城际铁路建成通车，京兰（包银）高铁连通加快。银川国际公铁物流港成功入选国家多式联运示范工程，陆路口岸通关批复可能性提升。二是构建政府引导产业链补齐的机制，如加大与周边地区合作，解决肉牛奶产的饲料，通过疆煤蒙煤入宁解决宁夏煤炭供应短缺难题。

3. 创新链持续提升

针对宁夏创新链滞后产业链现实，自治区党委、政府加强体制机制创新和政策引导，通过金融创新扩大创新投入，“六新六特六优”产业科技研发投入全面提升。建成一批国家级、自治区级实验室或创新平台，相继成立了宁夏新材料产业研究院、中国（宁夏）葡萄酒产业研究院、中国（宁夏）奶业研究院、宁夏热电联产技术（银川）创新中心、枸杞研究院等，极大地填补了宁夏重点产业发展的创新短板。近年来，宁夏的科技进步引人瞩目。

（四）产业发展环境

1. 内部环境

一是资源支撑能力逐步减弱。随着产业规模化发展，特色产业依赖的资源稀缺性增加，支撑产业持续的比较效用递减，例如煤炭资源供给小于需求，特色农业耕地资源严重短缺。二是产业振兴战略得到共识。改变后发劣势，各级领导干部放弃了以前盲目上马基建项目的短期政绩观，自治区第十三次党代会将产业振兴战略作为未来宁夏经济社会的五大战略之一，坚持区域化布局，发展重点产业，重视程度在不断提升。支撑产业发展政策体系逐渐完善，不再是单一的政府主导，而是有为市场和有限政府相互结合，政策的科学性不断提高。

2. 外部环境

一是伴随改革开放的深入推进，国家支持宁夏建设内陆开放型经济试验区等重大决策部署，全区上下认知观念、法治程度、商业便利度、生产要素配齐度等要素大幅提升。从教育水平提升、择业创业选择、消费投资行为等方面看，认知观念发生改观。以银川市行政审批改革为代表的营商环境持续走在全国前列，显示营商环境认知观念、法治环境、要素配齐度都在显著提升，有利于产业发展。近几年宁夏市场主体数量增加、产业高质量发展也验证了这一进步。二是环境资源约束全面趋紧。无论是现有产业效益提升还是扩大规模，能源、水、土地全面趋紧，这是摆在产业规模化发展面前的难题，需要创新体制机制，加大科技投入，扩大区域协调来应对。三是地缘政治动荡提高交易成本。宁夏的大多数产业是参与全国乃至全球市场分工，例如奶产业的牛犊和饲料来自美欧，生物医药的半成品最终销往欧洲，轻工纺织产品或半成品销往国外，地区冲突、地缘政治动荡提高了成本价格，贸易脱钩使得产业供求失衡时有发生，加剧了产业高质量发展风险。

四、构建宁夏区域特色型现代化产业体系的短板挑战

自治区第十三次党代会提出，“宁夏是欠发达地区的基本区情没有变，滞后于全国发展水平的历史方位没有变，发展不足是最大实际，质量效益

偏低是最大难题，创新能力较弱是最大瓶颈，人才短缺是最大困扰，开放程度不高是最大短板，生态环境脆弱是最大现状，综合实力不强、发展质量不高仍然是新时代社会主要矛盾的主要方面”。

（一）产业政策有待创新

1. 政策体系仍需统筹完善

基于国内外产业政策实践及产业高质量发展要求，宁夏重点产业配套政策重选择性，轻功能性和竞争性，仍需统筹完善。一是政策衔接机制尚不完善，推动产业发展的主要生产要素资金、科技、人才都已制定，但资金、科技、人才政策之间缺乏综合性政策协调机构，来权威解读政策，动态调整政策，统筹推进政策实施，同时需要综合协调各个部门、各个产业之间的政策落地。二是政策执行机制尚不完善，推进产业高质量发展配套政策到具体操作层面仍有距离，政策实施主体仍需完善，涉及具体实施者、督促落实者、监测调整评估者。

2. 政策市场效应仍需提升

立足宁夏区情，重点产业财政政策涵盖了加大投入力度、调整支出结构、做强政府产业引导基金、健全政府融资担保体系等措施，亟须充分调动市场资源配置到重点产业发展上来，需要创新财政资金考核指标，创新金融工具，放大资金杠杆，实现人才、土地、技术等要素的高效自由流动。此外，有些政策激励性不明显，如各种补助实践证明是低效的，不是最优撬动社会资金参与产业发展的模式，同时补助容易造成寻租和误导，应尝试将所有补助变为现金股份投资目标项目和企业，形成全程风险共担机制。

3. 政策统筹协调仍需加大

宏观层面，产业配套政策与区域发展政策等存在进一步协调推进空间。当前，新时代西部大开发，国家“十四五”规划，有多项具体内容涉及宁夏，如建设现代化基础设施体系，培育宁夏沿黄城市群，产业政策内容应与以上政策中财税支持、金融支持、用地、人才政策等协调，增加政策实施的弹性和联动性。微观层面，配套政策提出的主要内容和主要生产要素中资金、科技、人才等之间应加强协调；政策制定部门和产业推进部门之间需要加强协调，打通政策内容之间的隔离、服务部门与推进部门之间的隔离、政府与市场主体之间的隔离。

（二）产业链条有待完整

1. 产业链条相对较短

宁夏产业基础相对薄弱，产业资源性特征明显，优势主导产业产业链供应链基础不牢，以基础材料或中间产品为主，产业链条短，高附加值产品开发不足，长期处在产业链前端和价值链中低端。“六新”产业中新型材料产业总体以基础材料或中间产品为主，碳基材料产业链前端在国内属“领跑”集团，但后端高附加值应用领域还处于“跟跑”阶段；锂离子电池材料仍以正、负极材料为主，电解液、隔膜、动力电池封测等环节还是空白，产业链配套不足。现代化工优势主导产业链供应链层次不高，处在产业链前端和价值链中低端，传统产业所占比重仍然较大；产业间集聚协作能力较弱，未能形成一个相对完整、具有高度分工合作关系的生态化产业发展链条。清洁能源产业存在产业链短、支撑力弱、耦合度低等问题。大数据产业主要提供存储备份服务，仍处于产业价值链中低端环节。轻工纺织产业主要集中在前端原料粗加工，深加工高附加值和创新产品不多，增加值和利润规模普遍不高。枸杞深加工占鲜果产量不足 30%，90%以上的羊绒企业仅能生产无毛绒，棉纺产品 70%为纱线。

2.“链主”企业规模较小

企业规模受限于产业规模，产业链招商引资针对性不强、成功率不高。在主导产业选择上，多数地区和产业园区都以能源电力、煤炭化工、高端装备、新材料作为主导产业，各个园区为了争项目不计成本、压价招商、无序竞争，致使引进的企业和项目大同小异，产业和产品结构高度雷同乃至重复建设，企业“孤岛效应”比较突出，链条一体化发展存在严重短板和明显缺口，链群协作和集聚效应未能充分发挥，无法形成主导产业和特色品牌竞争优势。实践经验表明，化工、新材料、装备等产业集中布局的规模效应显著，通过园区集群化发展能够显著提高产业竞争力。

3. 产品结构不合理

新材料总体呈现“先进基础材料单一、关键战略材料薄弱、前沿新材料短缺”的特点，产品结构以中低端为主，高附加值产品开发不足，缺乏市场竞争力。金属材料生产企业以建筑用棒线材产品为主，没有高品质不锈钢、特种钢材等中高端产品；铝镁合金材料仅有国电投青铜峡新材料、维尔铸造等少数企业研发生产铝合金板带材、铸锻件及轮毂等终端产品；碳基材料高端产品仍处于产业化初始阶段。装备制造产业全产业整机研制类企业占比高达 80%，且超过其半数的上下游分布在区外，有的甚至是加上核心技术“三头”在外；本地化采购及销售比例较低，两头在外的矛盾比较突出，导致物流、交通及商务费用高企，产品研发和交付周期较长，压缩了效益空间。

（三）产业基础有待持续升级

1. 传统生产要素优势递减

宁夏资源支撑能力逐步减弱。伴随产能结构调整和资源储存条件变化，煤炭产量逐年下降，煤炭外购成为能源供应的主要路径。宁东能源化工基地也面临巨大的煤炭供给缺口，特别是优质化工煤。目前，全区供应缺口大概在 7000 万吨。从土地、劳动力等一般要素投入来看，要素数量投入为主的成本竞争型发展模式难以为继，一方面要素价格刚性上涨，导致成本优势消退，产业竞争力减弱；此外要素投入规模难以持续扩大，特别是随着用地红线约束增强、劳动参与率下降等新的变化趋势，生产要素投入数量扩张式发展亟待转变为提高生产要素质量的内涵式发展。

2. 新型生产要素形成缓慢

针对科技、人才、金融等新型生产要素，自治区党委、政府强力推进，但短板短期内依然存在。一是宁夏研发经费支出快速增长，投入强度明显提升，但总体水平依然偏低。2021 年，自治区科技投入强度 1.56%，综合科技创新水平指数提升幅度虽较大，但与全国 2.44%的平均水平相比仍存在较大差距，也低于沿黄省区中的陕西省（2.35%）。从工业企业来看，企业作为创新主体参与创新研发少、生产跟踪仿制多，普遍存在关键技术自给率低、发明专利少、部分技术受制于人。从创新产出来看，2017—2021 年每万人专利授权数量虽超甘肃、青海省，但与全国平均水平及陕西有较大差距。[①]迫于经营压力等因素，部分制造企业只从事生产加工，无研发投

①数据来源：2022 年中国统计年鉴，宁夏、陕西、山东、四川、河南统计年鉴。

入。二是人才队伍严重缺乏。宁夏地处西部内陆，高等院校少、科研院所缺、人才基础弱、城市吸引力小，引才育才留才难度大，人才队伍严重缺乏是宁夏实施产业振兴战略、打造现代产业基地最大的短板。产业经济领域高层次经营管理人才和科技研发人才严重短缺，高技能人才总量不足，难以满足产业发展需要。在自身研发创新能力不足情况下，宁夏对创新资源整合不够，与中东部地区的技术合作尚处于初步阶段，引入且留住创新人才的体制机制也不完善。这些问题都需要在下一步产业发展中重点加以解决。

此外，宁夏市场主体总量少、规模小、层次低、构成不理想、抗风险能力不强，发展环境不优越；还面临市场化程度、法治化程度提升等挑战。

五、构建宁夏区域特色型现代化产业体系的对策建议

理清宁夏经济基础，立足内陆地区、民族地区、后发地区区情，科学把握产业基础和经济发展阶段，构建具有区域比较优势的现代化产业体系，为经济平稳运行夯实支撑体系。

（一）坚持产业区域化布局

加快发展自治区党委、政府确定的“六新六特六优”重点产业，形成具有区域比较优势的现代化产业体系。聚焦主导产业和龙头骨干企业产业链、供应链、技术链实施“四链”行动（建链延链补链强链），推动制造业高质量发展，不断巩固壮大产业经济根基，创造就业增加收入。优先引导市场需求巨大、企业效益较优产业，特别是新型材料和奶产业，实现部分产业先发展起来，壮大产业链，形成产业集群，带动其他产业跟进发展，逐步形成区域性制造业中心。

（二）加快产业基础高级化

大力实施“四大改造”行动。全面提升产业质量效益，绿色节能，数字赋能，技术提升。坚持政策高质量导向，实施以激发市场活力为主的产业政策工具。坚持稳中求进“去育”双抓，注重综合运用质量、环保、能耗、安全等法规标准，加大奖补等成本约束手段去化落后产能，运用市场化手段推动产业融合发展，科学推进产业结构优化，杜绝“一刀切”。创新激励措施，优化政府引导，提升产业园区战略规划水平，加大现代基础设

施（地下管网）建设，有序推进安置“机械手”“机械臂”等行动，加快传统产业赋能赋智赋值，推动传统产业生产方式和企业形态根本性变革。

（三）实施竞争中性产业政策

充分发挥市场在资源配置中的决定性作用，更好地发挥政府监管职能。深化要素市场化改革，创新产业政策体系，提高商业自由度，降低市场交易成本，推动市场主体健康发展。深入研究东西部发展差距的深层次原因，立足欠发达地区现实，围绕市场配置资源的决定权持续创新政策体系。学习发达地区产业发展经验，总结以往产业发展经验教训，逐步减少政府不合理干预，减少市场准入壁垒，构建统一开放的竞争性市场格局。逐步退出选择性产业政策，大力推进功能性产业政策。优先在民营经济发展良好的产业园区和产业实施竞争中性产业政策，加强对产业政策绩效的跟踪统计分析，以事实为准绳，以结果为导向，创新调整产业政策，变补贴为奖励，变补贴为股权、要素、基础设施投入。

（四）创新产业要素配置机制

针对宁夏市场化程度滞后、区位通道欠优等现状，立足产业链、供应链、创新链等角度，改变思维观念、改革体制机制，配齐金融、土地、人力资源、能源等生产要素，激发市场主体活力，推动产业市场化发展。

1. 全面提高市场配置资源效率

推动有效市场与有为政府相结合，全面激发市场活力、制度活力和社会创造力。进一步健全市场规则、规范市场主体行为，营造政府治理与市场治理、社会治理有机衔接、良性互动的法治环境与人文环境。尊重经济运行规律，减少“有形之手”干预。通过市场生产者之间的竞争，有效地淘汰落后产品、技术、方法和产能，节约社会经济资源，提高配置效率，提高经济发展质量和效益，推动经济发展质量变革、效率变革、动力变革。尊重市场经济规律，让市场充分发挥调节作用，通过市场化手段，在法治框架内调整各类市场主体的利益关系，通过改革手段全面激发市场活力。充分发挥政府在宏观调控、社会治理、公共服务、市场监管和环境保护等方面发挥主导作用，尽力而为、量力而行，努力打造职能科学、权责法定、执法严明、公开公正、廉洁高效、守法诚信的法治型政府。

2. 保障生产要素供应

一是设立“六新六特六优”产业高质量发展咨询委员会，对优势特色产业的前瞻性、战略性问题开展研究，做好政策储备、产业发展战略、重大项目布局等研究，并对重大决策提供咨询评估服务。优化土地配置，严格实行用地计划“增存挂钩”，科学推进“标准地”改革，构建自然资源利用新体系，推进开发区土地节约集约利用，优先保障千百亿级产业集群和新型产业用地。同时各市、县（市、区）年度建设用地供应计划应充分保障“六新”“六特”用地供给。二是“六新”“六特”项目优先保障能耗强度优于“十四五”工业能耗强度目标值、优于国家能耗限额标准先进值或达到行业领先水平的项目。推动资源要素市场化改革，完善煤炭等矿产资源市场化配置机制，夯实矿产资源配置基础，支持优势企业参与区内外矿产资源开发，特别是要解决煤炭资源可持续供给，着力保障煤化工、石油化工、有色金属、碳基硅基新材料等优势产业需求。扩大电力市场化交易规模，鼓励开发区、企业配置储能设施，创新开展储能调峰辅助服务市场化交易。

宁夏推进清洁能源产业发展路径选择

田光锋　吴　月　程　志

2021年4月22日，习近平总书记在领导人气候峰会上庄严承诺："中国将力争2030年前实现碳达峰、2060年前实现碳中和"。这是我国基于推动构建人类命运共同体的责任担当和实现可持续发展的内在要求作出的重大战略决策，是我国向世界作出的庄严承诺，也是一场广泛而深刻的经济社会变革。①在国家能耗"双控"及"碳达峰碳中和"战略目标背景下，宁夏大力推进清洁能源产业发展是建设黄河流域生态保护和高质量发展先行区的必然选择。

一、宁夏清洁能源产业发展现状及优势

目前，宁夏布局的清洁能源产业主要是以太阳能、风能、生物质能、水能、地热能、绿氢等可再生资源为基础形成的产业或产业集群，还包括清洁煤电及天然气产业等。党的十八大以来，宁夏清洁能源发电和清洁能

作者简介：田光锋，宁夏社会科学院党组成员、副院长，二级教授，主要从事政治经济学、政治学理论研究；吴月，宁夏社会科学院农村经济研究所（生态文明研究所）研究员，博士，主要从事生态经济研究；程志，宁夏CDM环保服务中心副研究员、总工程师，主要从事区域经济、二氧化碳核算、预测与分析研究。

①贺卫华，刘宝亮."双碳"目标下黄河流域产业转型发展的策略选择［J］.学习论坛，2022（4）：7

源制造业得到快速发展，成为全国“西电东送”的主产地之一。

（一）政策体系日趋完善

宁夏出台并不断完善清洁能源产业高质量发展的相关系列政策文件及地方机制，为清洁能源产业发展明确了目标和任务，为清洁能源产业投资营造了良好的营商环境，为提高清洁能源消纳能力和储能提出了具体措施和办法。

（二）清洁能源产业规模不断扩大

1. 总体装机规模不断扩大

宁夏利用全国首个国家新能源综合示范区创建机遇，大力发展新能源，产业规模不断扩大。截至 2022 年底，宁夏新能源装机规模达到 3042 万千瓦（居全国第 8 位），成为宁夏电网第一大电源；非化石能源消费占比 10%，低于全国平均水平 6 个百分点。（见图 1）

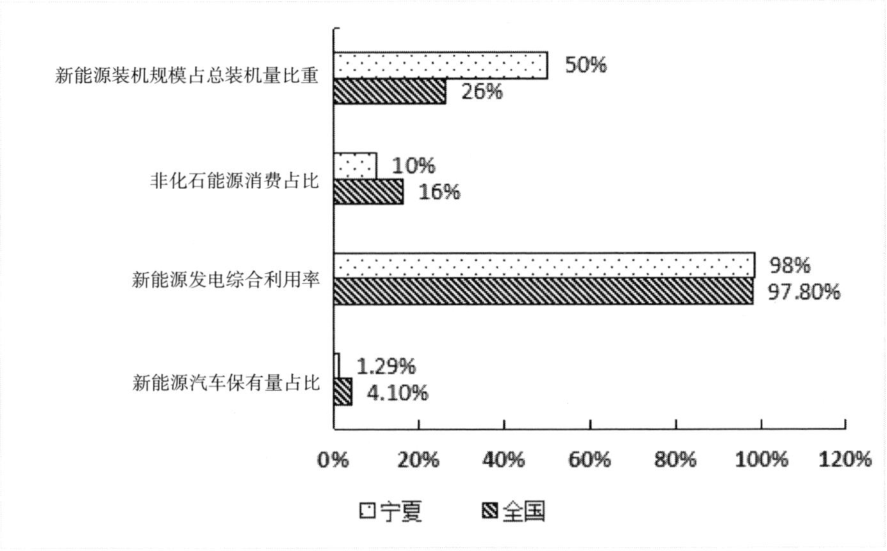

图 1　宁夏及全国新能源利用现状

2. 清洁能源发电量稳步提升

随着清洁能源装机规模及占比不断提升，宁夏清洁能源发电量稳步提升，从 2011 年的 28.7 亿千瓦时增长到 2022 年的 513.9 亿千瓦时，增长了近 17 倍，增速较快。（见表 1）

表 1　宁夏清洁能源发电量及占比

年份	水电(亿千瓦时)	风电(亿千瓦时)	光伏(亿千瓦时)	总量(亿千瓦时)	占比(%)
2011	16.68	6.90	5.12	28.70	3.06%
2012	19.01	26.51	5.69	51.21	5.09%
2013	18.76	65.23	9.17	93.16	8.43%
2014	17.46	70.87	26.64	114.97	9.94%
2015	15.52	80.50	40.77	136.79	11.85%
2016	14.02	125.47	51.34	190.83	16.68%
2017	15.45	149.32	71.79	236.56	17.13%
2018	19.76	180.55	94.57	294.88	17.74%
2019	21.87	185.50	114.70	322.07	18.24%
2020	22.5	194.2	135.67	352.37	18.72%
2021	20.72	281.16	183.33	485.21	23.30%
2022				513.9	23.00%

注：数据来源于《宁夏统计年鉴》。

（三）产业链功能持续增强，清洁能源制造业快速发展

宁夏清洁能源产业链功能持续增强，由传统的风力发电、光伏发电等单一产业逐步向上补链向下延伸，逐步形成以晶硅产业为基础全力打造光伏全产业链，以风电整机制造为基础带动风电全产业链，以正负极材料为基础推动储能电池产业链，不断加快清洁能源龙头企业落地建设，不断提高产业链的稳定性，形成相对完善的风光电储及配套制造业体系。

（四）电网基础设施不断完善

作为国家“西电东送”战略最早的重要输送端，宁夏电网呈现“强电网、大送端”的特点，目前已形成以 750 千伏环网为骨架、各级电网协调发展的坚强电网。坚强电网建设为宁夏清洁能源电力的上网消纳提供了基础条件。

（五）清洁能源消纳能力持续提升

自治区党委、政府通过调整峰平谷电价时段、电力辅助交易、储能措施、绿能制氢、终端用户响应、技术创新等措施，不断提高清洁能源利用效率和消纳能力。宁夏清洁能源电力消纳量从 2011 年的 36.45 亿千瓦时增长到 2021 年的 333 亿千瓦时，增长近 10 倍。宁夏储能设施规模逐步扩大，

将进一步提升全区清洁能源电网消纳能力。

二、存在的主要问题及成因

宁夏清洁能源产业发展取得了一系列新突破、新成绩，但也面临不少新问题、新挑战。

（一）相关政策有待进一步完善

1. 政府对清洁能源发电补贴资金不到位

从产业链角度来说，目前对清洁能源产业的补贴主要集中在发电环节，由于补贴资金不到位，一些清洁能源企业后期运营困难。清洁能源企业在项目审批、补贴发放、银行融资、贷款、后期产业配套、平台支持等方面存在流程多、手续繁琐等问题。

2. 推广宣传不到位

现阶段，政府对清洁能源的推广宣传不到位，产品消纳主要集中于企业自主宣传，清洁能源企业发展动力不足。加之宁夏农村人口基数小、较分散，开展清洁能源供热改造，农户面临的设备升级改造费用、燃料费用、运输安全隐患等存在较大差异。

3. 企业运营成本增高

一是用地租金大幅增加，导致企业运营成本随之增加；二是企业项目开发预算外支出增多；三是光伏产业基本满负荷运营，收益低且慢；四是征税标准不完善，致使企业与农户在已征用土地上存在用地分歧；五是企业承担扶贫资金支出但未享受扶贫电力支持及其他政策优惠；等等。

4. 民营企业项目融资难

对标国企、央企的金融政策，民营企业仍面临贷款利率高、贷款渠道少、担保要求多、手续繁杂等困难，金融政策不平衡严重制约民营企业清洁能源产业的发展，进而影响当地税收。

（二）清洁能源发电效率不高、发电并网难

1. 清洁能源发电效率不高

宁夏新能源装机规模与实际发电量二者还存在巨大差距。光电、风电等清洁能源产业发电效率不高，受地理位置、天气条件、太阳高度角等因

素制约，发电存在间歇性、波动性、随机性、不稳定性，进而影响电力系统的可靠容量。当发电基础条件较好时，电力消纳跟不上，又存在弃光弃风现象，这也是企业面临的一项亟待解决的问题。

2.清洁能源发电并网难

从电网安全稳定运行的角度来看，光伏、风电等清洁能源发电本身存在不稳定性，加之电网消纳能力有限，传统大电网目前无法满足大批清洁能源场站的接入。坚强电网建设与清洁能源装机容量增速不匹配，网源发展不协调，造成绿电并网难度加大。

（三）清洁能源消纳能力有限，储能项目发展不足

1. 清洁能源消纳能力有限

在全国“双碳”战略目标驱动下，各省市积极抢占中、东部电力消费市场，无形中降低了宁夏外送通道的消纳能力，加之本地消纳能力有限，致使清洁能源企业弃光弃风现象普遍存在，储能项目建设成为“必须”也是“必要”。

2. 清洁能源储能项目发展不足

全区光伏、风电等清洁能源生产企业长期以来一直面临产品消纳能力不足问题，弃风弃光现象普遍存在。有些企业配套的储能项目无法满足储能需求，有些企业无法实现储能配套，新能源汽车、储能电池等项目的推广也难以满足全区储能需求，宁夏清洁能源储能项目发展严重不足。

（四）专业技术人才缺乏，科技创新引领不足

清洁能源企业存在核心研发能力弱、转化困难、自主创新能力不强等问题，致使宁夏清洁能源科技创新体系引领力不足，难以推动全区清洁能源产业创新发展和高质量发展。

清洁能源专业技术人才匮乏。清洁能源制造业、新能源与新材料关键技术与重大难点技术攻关的高端人才供给不足，加之当地专业技术人才不足，人才配套服务机制不健全，致使宁夏清洁能源产业缺乏市场竞争力。

（五）产业链条短、规模小，核心竞争力不足

宁夏清洁能源产业主要集中在基础原料和清洁能源制造业，产业链条短、规模小，核心竞争力不足。风电、光伏等相关废弃组件资源化再利用难。清洁能源生态产品智能监管欠缺，没有形成全区统一的产品市场调配和运维标准。

三、大力推进宁夏清洁能源产业发展的路径选择

宁夏要立足现有资源能源禀赋及清洁能源产业发展现状，积极打造以清洁能源为主的能源生产体系、运维体系、消纳体系，推动国家新能源综合示范区建设。

（一）加快统筹谋划，搞好顶层设计

1. 理念支撑，制度保障

坚持“生态优先、绿色低碳发展”之路，严守生态保护红线、环境质量底线、资源利用上限，坚持能源产业发展绿色转型、减污降碳协同增效，提高资源节约、集约化利用水平，促进清洁能源产业高质量发展。[①]筑牢清洁能源产业安全生产底线，严格执行安全生产责任制，有效防范化解重大风险隐患，制定企业应急管理预案，不断提高应急管理能力和安全生产水平，确保清洁能源产业安全生产及运营。积极应对全球气候变化，推动我国“双碳”目标落实落地，探索清洁能源发展新方向、新路径，为保障国家能源战略、产业发展、环境优美贡献宁夏力量。

2. 规划引领

严格落实国家及自治区出台的清洁能源产业规划、政策文件、实施方案等，明确全区清洁能源发展目标和具体措施，为地方清洁能源产业发展制定清晰的时间表、路线图，为项目招商、融资、税收、用地、科技方面提供有力支撑。

3. 政策支持

针对风电、光伏、生物质能、水电、氢能等清洁能源相关制造业企业，从用地、用电价格、贷款等方面给予政策优惠。简化清洁能源项目施工、工程规划、用地规划等政策许可办理流程。相关部门要不断核算、调整清

①自治区党委　人民政府关于印发《支持宁东能源化工基地二次创业和高质量发展行动计划》的通知.宁夏回族自治区人民政府公报，2023-04-30

洁能源电价及补贴标准，按时核准、发放补贴资金[①②]。将清洁能源产业发展相关指标纳入"双碳"目标及高质量发展综合评价体系中，强化指标约束，倒逼清洁能源企业高质量发展。建立健全调峰调频辅助服务补偿制度，针对企业储能项目给予生态补偿。不断完善用能权、碳排放权、用水权、土地权市场化交易体系，优化清洁能源要素市场化配置，为清洁能源产业发展提供政策支持。大力改造电力输出线路、扩建接入间隔，为新备案的清洁能源场站接入大电网提供基础条件。

4. 坚持区域联动、高效协同发展

拓展跨省域、省域内区域合作领域，促进区域要素合理流动和高效集聚，合理、优化配置资源，辐射带动全区清洁能源产业合理布局、优势互补，避免一定范围内清洁能源产业同质化集聚，提升跨区域合作层次、水平及领域，推动清洁能源产业高质量发展。

5. 加强宣传和引导

加大清洁能源产品宣传推广力度，推动各类市场主体积极投资建设清洁能源产业。做好清洁能源宣传和推广，引导社会大众及企事业单位尽可能使用清洁能源或二次能源，为清洁能源产业发展营造良好环境。倡导全民绿色低碳生产和生活方式变革，全力打造产业兴旺、环境优美、生态宜居的美丽新宁夏。

（二）加大清洁能源产业投入

1. 多元参与清洁能源产业高质量发展

通过中央及地方财政专项资金投入、财政补贴、税收减免、金融政策优惠、价格优惠、清洁技术研发等政策推动清洁能源产业及项目发展[③④]。发挥产业引导作用，鼓励社会资本参与清洁能源产业市场化运营，鼓励各

---

①徐晓亮.清洁能源补贴改革对产业发展和环境污染影响研究——基于动态CGE模型分析［J］.上海财经大学学报：哲学社会科学版，2018，20（5）：15

②王伟，刘璇.北京市清洁能源产业发展激励政策研究［J］.华北电力大学学报：社会科学版，2019（2）：7

③马杰.促进我国清洁能源发展的财税政策研究［D］.北京：中国地质大学，2015

④吴海建.辽宁省新能源产业发展的财政支持政策研究［D］.东北财经大学，2015

市县项目资金向清洁能源装备领域倾斜。

2. 推动绿色金融政策落实落地

建立政府—企业—银行三方联席会议制度，加大金融机构对清洁能源产业相关项目的投资及信贷的支持力度。加大金融支持绿色发展与科技创新力度，发行绿色债券，推行绿色保险，开展绿色投资评估。加快企业股份制改革，通过股份合作、上市、股权融资、债券融资等多种途径，拓宽融资渠道。①

3. 加大清洁煤电项目改造升级

依托宁夏丰富的煤炭资源优势，布局先进高效坑口电站，重点推进国能大坝发电机组等容量替代清洁高效煤电、申能热电机组供热增容量改造等项目建设，推动现代煤化工产业高质量发展②。持续提升工艺科技、装备及监管水平，着力打造清洁煤制油、煤基烯烃、精细化工、锂离子电池材料、电子材料及专用化学品、余电制氢用氢、碳资源管理及碳捕集利用封存交易等产业和产业集群，加快推动产业向多元化、规模化、节约集约化、高端化、绿色化、智能化、融合化方向发展，加快构建清洁、低碳、安全、高效的现代化能源体系。

4. 大力发展绿氢全产业链

科学、合理布局绿电制氢、绿氢合成氨、绿氢制甲醇、氢燃料电池汽车等绿氢一体化产业，超前布局加氢站等基础设施，探索建立“制氢、储氢、加氢、用氢、研氢”全产业链示范基地，推进绿氢生产基地规模化、智能化、融合化发展。

5. 加大清洁能源储能项目建设

持续推动重力储能、抽水蓄能电站、氢储能、钒液流储能、锂电池储能、飞轮储能、新能源汽车等项目建设，向上实现存储、减少弃风弃光、增加利用率，向下实现发电及调峰调频调压，不仅可以节约标准煤，减轻

①温晓慧，杨思留.我国清洁能源产业发展的金融支持路径研究［J］.兰州学刊，2011（11）：3

②自治区党委　人民政府印发《关于自治区支持吴忠能源综合示范市高质量发展的实施方案》的通知.宁夏回族自治区人民政府公报，2023-04-30

环境污染，而且可以提升电网灵活性、安全性、稳定性。

6. 加大清洁能源制造业相关产业投入

重点培育风电、光伏、氢能、新型储能等清洁能源装备产业，当地配套清洁能源项目核心设备及零部件、节能环保装备、智能制造、储能及运维装备等装备制造产业，推动清洁能源装备制造业及配套产业协同发展。引导绿电园区新建扩建的高耗电能源产业使用清洁能源发电量，以产业承接绿电负荷，以绿电消纳推动清洁能源循环发展、可持续发展、高质量发展，推动绿电园区建设。

7. 加大清洁能源生态补偿投入

明确补偿对象、补偿范围、补偿标准，不断完善补偿监管体系，为清洁能源产业科学、有序、可持续发展提供保障。

8. 加快坚强智能电网投资建设

推进清洁能源产业规模化开发、高电压等级并网，推动各类电网及大电网升级改造，争取国家及地方财政专项资金对坚强电网巩固、改造、提升，支持发电企业及社会资本多方参与投资坚强智能电网建设。①②

9. 加快集中式充电桩等充电基础设施建设

科学、合理、适度超前布局充电基础设施（尤其是集中式充电桩），争取中央及地方财政支持，鼓励发电企业及社会资本参与充电设施建设，积极构建覆盖全区的充电设施网络。

（三）科技创新，拓宽清洁能源产业领域

坚持科技是第一生产力、人才是第一资源、创新是第一动力，大力提升清洁能源产业核心竞争力。

1. 加大清洁能源产业科技创新与攻关力度

深入贯彻落实创新驱动发展战略，加大清洁能源产业技术研发力度，增强企业自主研发能力，提高科技成果转化率。聚焦电力系统优化、设备更新，减少输变电损耗，降低发电能耗。加快推进老旧风电设备“以大代

---

①张刚.促进我国智能电网发展的政府责任分析［D］.财政部财政科学研究所，2011

②殷克迪，吴洲钇，郭春，等.甘肃省绿色清洁能源发展战略研究［J］.产业与科技论坛，2021，20（3）：11-12

小”技术改造，提高风电利用效率。充分发挥风光资源共存优势，鼓励企业新建扩建风光一体电站。

2. 发挥行业协会作用

积极推动清洁能源产业相关技术标准的制定，围绕新能源、新材料、新型储能、特高压交直流装备、智能配电网装备等领域，行业协会连同实体企业主持或参与制定及修订国家标准、行业标准，助力行业科学、规范、有序发展。

3. 构建新型电力系统

充分利用数字技术赋能形成多网融合、配电网为主导力量、电力交易为主导调度体系的新型电力系统，推动分布式、微电网和大电网融合发展，用户侧参与电力系统平衡。①

4. 加快创新平台建设

围绕清洁能源产业链布局，与院校合作共建一批国家级、自治区级、市县级重点实验室或试验基地或创新研究中心或科技企业孵化器，打造一批国内国际一流的研发机构，建设一批国家级及省市级创新平台，增强企业科技创新能力。推进科技中介机构提升服务能力和水平，支持建设一批企业技术创新联盟和公共技术服务平台。加快建设宁夏清洁能源研究院或技能培训基地或培训中心，为清洁能源产业发展提供人才储备。

5. 数字赋能清洁能源产业智能化发展

运用互联网、区块链、大数据、人工智能等新技术，对清洁能源产业生产、流通、消纳、储能等环节进行数字赋能，推动清洁能源全产业链数字化、智能化转型，提高全要素生产率。加快清洁能源智能运维科技和智能化平台建设。

6. 加强国际合作

不断创新与国际新能源企业合作模式，加强与国际清洁能源科技领先企业及专业技术人员的学习交流，突破技术壁垒，培育国际新能源科技合作基地，为宁夏清洁能源产业高质量发展注入活力②。

①赵洱岽.中国电力行业低碳化发展研究［D］.武汉大学，2012

②刘湘.民族地区低碳经济发展现状与路径探析［J］.北方民族大学学报，2022（6）：154-161

（四）延伸产业链，做好产销一体化发展

1. 补齐风光产业链

积极引进上游端风光设备组件、电池组件、耗材、辅材及配套设备等清洁能源制造业，以主机整装带动相关零部件产业当地配套，不仅可以提高本地配套产业转化率，推动本地清洁能源企业全产业链高质量发展，增加地方税收，而且可以降低当地制造业企业产品外销运输费用和风光总装项目外购设备运输费用，降低企业运营成本，激发企业后期发展动力。在风光发电环节，依托新科技、新设备、大数据监管技术等，不仅能提高风光发电效率，而且可以有效节约人力、财力及时间，推动风光产业向好发展。依托现有清洁能源装备制造业产业，积极推动绿氢全产业链、新能源汽车、高低压配电柜、变压器、交流电或直流电集中充电桩、智能微网等下游端产业发展，积极探索风光旧设备回收及再利用，不断拓宽风光下游产业链，增加风电及光伏负荷及消纳。

2. 拓展生物质能产业链

在产业链上游端，企业通过收购农户采集的农林废弃物原料，增加了农民收入来源；在产业中游端，雇佣农民工生产生物质燃料，以工资形式为农户创收；在产业下游端，将生物质燃料运用于农户日常生产和生活中，产生的草木灰又返还于农田中，实现生物质能源的绿色、低碳、循环利用，减少了燃烧秸秆、薪柴对环境的污染，为实现乡村振兴探索了一条可复制、可借鉴、可推广的发展模式，助推宁夏零碳村镇项目建设。

3. 编制及不断修订宁夏清洁能源消纳专项行动实施方案

依托区域资源能源优势，抓住“双碳”战略机遇，不断完善清洁能源消纳的电力市场机制、保障机制和监管体系等。积极拓展电力外送新通道，加快电力交易、碳交易、水权交易等市场化运行，以下游端绿电消纳推动清洁能源上游端产业发展。积极探索碳排查、碳认证、碳资产管理、碳足迹核算等服务，推动宁夏碳排放权改革，完善碳交易体系。

（五）壮大专业技术人才队伍

有计划、有步骤地引进一批相关研究领域的紧缺人才，建立健全紧缺高层次人才引进和培育机制。加强清洁能源装备制造业人才队伍建设，形成研发—转化—应用—升级改造的多元人才培养体系。自主培养当地人才，就近解决人才短缺问题，降低企业用人成本。优化人才评价和奖励制度，激发人才干事创业活力。搭建人才交流平台，为政企、企业间、院地合作交流提供场所，发挥高端人才的智慧力量，为清洁能源发展注入创新原动力。

培训学校或中心的任课教师以提升学员技能为导向，自主编写行业教材，并积极探索制定行业标准，开展“理论+实操”培训，向人才市场输入标准化专业技术人才，成为扩大和稳定就业、提高人才收入、增加地方税收、推动经济社会发展的重要抓手。

（六）加强生态法治建设

建立健全清洁能源高质量发展的地方性法规、条例办法、规章制度等生态法治体系，鼓励各类市场主体依法平等进入清洁能源全产业链“产供销”各环节，政府机构依法依规快审、快批、快办清洁能源相关项目，依法依规奖励优秀清洁能源企业及个人、惩罚违法违规企业及个人，推动全区生态法治建设。

加大清洁能源产业链监管。市场监管部门要从企业申报项目、购买设备、生产、流通、消纳、存储、基础设施安全性等方面加大监管力度、拓宽监管方式，加强信息化、智能化监管体系建设，助推产业可持续发展。

宁夏要实现完成“双碳”目标和减污降碳任务，必须充分考虑区情实际和保障国家能源安全，从优势资源能源和条件入手，努力克服困难，因地制宜探索可行办法，坚定不移走绿色低碳发展道路，大力发展清洁煤电、天然气、风电、光伏、生物质能、绿氢、地热能等清洁能源产业及储能项目，推进清洁能源产业向高端化、绿色化、智能化、融合化发展，实现能源发展向清洁低碳、安全高效转型，加快构建现代化清洁能源产业体系，既要履行减污降碳的政治责任，也要推进黄河流域生态保护和高质量发展先行区建设，为全面建设社会主义现代化美丽新宁夏作出新的更大贡献。

宁夏“六新六特六优”产业发展报告

王愿如

一、宁夏“六新六特六优”产业发展现状分析

(一) 产业发展势头强劲

自治区第十三次党代会提出，实施产业振兴战略，统筹推进产业基础高级化与产业链现代化，加快构建具有宁夏特色的现代产业体系，着力打造“六新六特六优”产业，优化产业结构和布局，推动产业向高端化、绿色化、智能化、融合化方向发展。确立了以新型材料、清洁能源、装备制造、数字信息、现代化工、轻工纺织“六新”产业为抓手，深入实施新型工业强区计划。以葡萄酒、枸杞、牛奶、肉牛、滩羊、冷凉蔬菜“六特”产业为抓手，推动构建现代农业产业体系。以文化旅游、现代物流、现代金融、健康养老、电子商务、会展博览“六优”产业为抓手，深入实施现代服务业扩容计划。宁夏以自身优势特色产业为依托，加快构建现代化产业体系，从宏观层面深刻把握党的二十大关于建设现代化产业体系的要求，明确了宁夏产业发展方向。

宁夏从宏观层面对“六新六特六优”产业发展提出指导意见和实施方

作者简介：王愿如，宁夏社会科学院综合经济研究所助理研究员，主要研究方向：区域经济、发展经济及财政金融。

案等一系列政策性支持和方向性指引，为“六新六特六优”产业构建了宏观制度和机制。针对产业发展的实际需求和关键环节，提供专项的指导意见和支持方案。例如，《自治区“六新”产业高质量发展科技支撑行动方案》《加快电子商务产业高质量发展实施方案》《会展博览产业高质量发展实施方案》等的出台，围绕产业发展的重点领域和关键环节，给予了支持和引导。宁夏“六新六特六优”产业在宏观环境优化和政策的支持下迎来发展的新机遇，发展势头强劲。围绕“六新六优六特”产业的招商引资强度增大。2023 年前三季度，以电子、化学纤维制造、高性能金属材料为核心的新材料产业拉动规上工业增加值增长 4.9 个百分点，对全区工业增长贡献率突破 50%。光伏材料实现产值 463.5 亿元，同比增长 28%，高性能纤维产值同比增长 69%。2023 年 1—10 月，宁夏轻工纺织规模以上企业完成产值同比增长 9.6%左右。截至 2023 年 9 月，电子信息制造业增加值增速达 92.2%，累计增长 50.5%，对规模以上工业增长贡献达 40.7%，拉动全区工业增加值增长 3.9 个百分点。①2023 年 1—8 月，全区规模以上信息传输、软件和信息技术服务业营业收入 86.71 亿元，同比增长 5.8%。2023 年前三季度，全区“六特”产业产值占农林牧渔业总产值比重为 73.5%，比上年同期提高 1.0 个百分点。2023 年前三季度，肉牛出栏 65.32 万头，同比增长 16.5%；羊出栏 649.46 万只，增长 21.5%；9 月末，全区肉牛存栏 149.92 万头，同比增长 2.6%；羊存栏 717.40 万只，增长 2.0%；奶牛存栏 90.93 万头，增长 13.9%。2023 年前三季度，牛奶产量 314.52 万吨，同比增长 26.8%，实现产值 89.91 亿元，同比增长 19.0%。2023 年前三季度，全区冷凉蔬菜（包含蔬菜及食用菌和瓜果类）播种面积 288.57 万亩，同比增长 12.0%，产量 627.24 万吨，增长 12.1%。冷凉蔬菜实现农业产值 153.71 亿元，同比增长 8.7%。②文化旅游、电子商务、现代物流等产业发展质量和效益稳步提升，现代金融、健康养老和会展博览发展也实现新突破。2023 年中秋节、国庆节“双节”假期，宁夏接待国内游客 489.96 万人次，

---

①数据来源：宁夏回族自治区工业和信息化厅官网。

②数据来源：宁夏回族自治区统计局官网。

实现旅游收入 40.87 亿元，较 2019 年同期分别增长 18.82%和 35.10%。其中，A 级景区累计接待游客 339.47 万人次，实现营业收入 17318.04 万元，较 2019 年同期增长 63.06%和 25.41%。2023 年“双十一”期间，宁夏网络零售额实现 25.03 亿元，同比增长 10.22%，直播交易额累计实现 5.06 亿元，同比增长 23.11%。现代物流从基础设施到末端服务实现快速发展，全区 22 个县（市、区）均建成寄递共配中心，193 个乡镇全部建成寄递服务站点。全区 2210 个建制村中，已通达快递服务的达到 2091 个，建制村快递服务通达率达到 95%。2022 年以来，宁夏开展各类会展博览活动，实现展览面积 110.1 万平方米，产值约 50 亿元①。

（二）产业链条延伸，产品供给多元

宁夏“六新六特六优”产业内部结构逐步向高端化方向调整，产业整体向高质量发展迈进。“六新六特六优”产业链条不断延伸，并努力向消费端发展，以实现产业附加值的不断提升。从原材料或初级产品生产向最终消费品方向发展，不断实现全产业链的布局和发展。作为典型的能源资源省区，新能源超越煤电成为宁夏电网第一大电源，宁夏依托新能源产业，成为我国首个新能源发电电力超用电负荷的省级电网。宁夏持续推动“链主+专精特新”企业协同发展，培育打造了一批“链主”、“链主”伙伴企业，在发展单晶硅、双晶硅加工生产的同时引入原辅料及设备生产企业，光伏产业链实现了纵向延伸与横向配套，产业集聚效应不断凸显。宁夏枸杞产业实现全产业链覆盖，葡萄酒、牛奶、肉牛、滩羊、冷凉蔬菜的产业链条也基本实现全覆盖。从种植养殖规模化发展，到品牌建设和发展以及最终消费品的供给，不断实现质量和效益的双升级。宁夏枸杞和葡萄的种植规模与种植水平在全国处于高水平发展梯次，由此延伸出的种苗产业也不断呈现新的发展成效。葡萄酒、枸杞、牛奶、肉牛、滩羊、冷凉蔬菜在产品品质保障的基础上，精深加工业不断发展，分拣、包装、屠宰、冷链、物流等产业链、供应链不断补齐。通过持续提升宁夏特色农产品品牌知名度和市场竞争力，促进宁夏特色农产品多元化供给和消费新升级。贺兰山

①数据来源：宁夏回族自治区商务厅官网。

东麓葡萄酒、中宁枸杞、盐池滩羊分别位列全国区域公用品牌百强榜第9、第12和第35位，盐池滩羊位列畜牧类排行榜第1位，“原字号”“老字号”“宁字号”农产品品牌溢价能力明显增强。着力构建“区域公用品牌+知名企业品牌+特色产品品牌”共同发展的格局，产品供给不断向多元化和高质量方向发展。文旅产业通过“旅游+”发展模式，培育和形成了包含星空旅游、休闲度假、研学科普、康养观光、沙漠健身、旅游演艺、民宿体验、夜间经济等的多元化旅游业态，不断打造和丰富旅游精品路线，新增观星、探险、露营、养生等一站式、全方位、个性化和定制化服务，通过消费群体的细化和分类，实现旅游产品和业态的多样化供给。现代金融产业围绕“六新六特六优”产业的资金需求，创新各类金融贷款产品，提升现代金融服务水平。会展博览产业以中国—阿拉伯国家博览会、中国（宁夏）国际葡萄酒文化旅游博览会等高规格博览会为核心，推动会展博览产业发展水平、规模和成效不断升级。国际肉类产业博览会、枸杞产业博览会、宁夏奶业大会、“云天大会”和“西部数谷”算力产业大会、清凉蔬菜产业发展洽谈会、早茶美食文化节等会展博览，以“六新六特六优”产业为主线，在会展博览产业快速发展的同时也为其他产业产品的推广提供了多元化的平台。

（三）产业科技创新水平提升

围绕产业链布局创新链，推动产业数字化发展，通过数字化赋能产业创新发展。近年来，宁夏R&D投入逐年增加，科研创新平台不断增加，对科技创新人才的引进和培养力度也不断增大，特别是围绕“六新六特六优”产业的创新，部署和引导政策、资本、人才等支持产业发展。出台了支持“六新六特六优”产业高质量发展的有关财政政策措施，对升级技改、“六新”产业技术熟化、中试验证、批量生产等阶段瓶颈问题揭榜攻关，鼓励支持发展科技含量高、加工程度深、增值水平高的农产品精深加工企业和科技企业，加大对新获批国家级和自治区级重点实验室、技术创新中心、工程研究中心、产业技术协同创新中心和企业技术中心等科技创新平台的奖补支持，为产业的创新发展提供了财政资金支持，为企业科技创新投入给予支持和鼓励，使科技赋能产业发展。“六新”产业在云计算、大数据、专利创新等方面不断实现新突破，以5G、北斗、大数据中心等为代表的新基建，促进产业数字化发展。政务数据共享平台、城市综合调度指挥中心、GIS平台、区块链平台等的覆盖面不断扩大。举办“揭榜挂帅”“赛马制”等关键技术攻关活动，高密度梯度掺杂多元锂离子电池正极材料等一批重大科技攻关项目落地实施，高性能差别化对位芳纶产品实现了规模化生产，打破了国外对高性能对位芳纶的长期垄断。在新材料产业领域培育创建自治区级技术创新中心、重点实验室、工程技术研究中心、企业技术中心31个，创新联合体9个，高新技术企业38家。宁夏首家新材料产业“飞地”研发中心在西安交通大学建成，通过科创飞地平台建设，建立产学研深度融合的科技创新体系，促进项目、技术、人才等创新要素实现跨区域流动。组建基础应用前后端、学科专业横向间、校企深度融合的“双导师”团队，深入开展高端化工新材料技术研究、科技成果转化及高素质、高技能应用型人才培养工作，推动产业链、创新链、人才链融合发展。在多晶硅、单晶硅、储能、工业蓝宝石、智能终端等领域培育了一批“专精特新”企业，并且鼓励中小企业在科技创新方面发展。“六特”产业在物联网、人工智能、区块链等数字化信息化技术研发、创新与应用等方面持续发力，开展了枸杞全基因组破译、滩羊基因鉴定技术、功能性乳制品研发等科技攻关，提升农产品科技含量和创新能力，建设“爱养牛平台”、“云养牛”数智化管理服务平台，建设智慧牧场43个，在国内首次引进全自动转盘式机器人挤奶系统，建成全球最大的单体液态奶高端乳制品加工厂，“六特”产业在保障农产品质量的同时推进产业的创新发展。

（四）产业对外开放程度提高

“六新六特六优”产业作为宁夏的优势特色产业，在国内外市场上有一定的竞争优势，产品具有一定的影响力。因此，在外向型经济发展中“六新六特六优”产业发挥了重要作用，产业的对外开放程度不断提高。以服务和融入共建“一带一路”为引领，通过中阿博览会，利用综合保税区、跨境电商等对外开放平台，产业参与到国际市场中。产品的出口量不断增加，贸易圈不断扩大。2023年1—10月，宁夏农产品出口11.9亿元，其中，蔬菜及食用菌出口6亿元，枸杞出口1.6亿元。高新技术产品出口

42.1亿元，其中，大尺寸单晶硅片出口12.1亿元，增长165.7%。纺织服装出口5.9亿元，其中，纺织纱线、织物及其制品出口2.7亿元，增长61.2%。[①]由此看出，宁夏“六新六特六优”产业产品出口在全区出口中所占的比例较高，部分产品的出口量增长较大。贺兰山东麓产区葡萄酒获得1100余项国际大奖，出口到澳大利亚、欧盟、中国香港等40个国家和地区，常年开展葡萄酒进出口贸易的企业有10余家。枸杞及枸杞精深加工产品出口美国、欧盟、东南亚、俄罗斯等20多个国家和地区。依托中阿博览会，在清洁能源产业、新型材料产业、电子信息产业、健康医疗等方面积极开展对外合作。清洁能源、新型材料、数字经济、品牌商品、装备制造及技术等不断在国际和国内大型会展亮相，促进优势特色产品参与到世界市场，并不断取得对外贸易的新发展。同时，利用外资积极发展“六新六特六优”产业。通过引进国际知名企业，聚焦数字经济、清洁能源等领域，加大与沙特阿美石油、沙特阿吉兰兄弟控股集团、阿联酋阿布扎比第一银行等阿拉伯国家重点企业的合作力度。阿拉伯国家在“六新六特六优”产业的投资领域和规模不断扩大，加强生产、技术、市场对接融合，促成一批投资和技术合作项目落地实施，以高质量利用外资推动产业高水平对外开放。

二、宁夏“六新六特六优”产业发展存在的问题

（一）产业综合效益有待提高

宁夏“六新六特六优”产业中大部分产业的发展规模小，未形成产业集聚化效应。部分技术密集型产业以初级产品生产为主，生态资源投入占比高，高附加值产品少，综合效益不高。“六新”产业中，部分产业的发展对生态资源的消耗较大，对土地、水等自然资源的需求较高，用电量也较高，生态资源供给与产业发展的矛盾较为突出，生产成本不断上升，而产业的产品供给又以低附加值产品为主。“六特”产业中，产业规模化、标准化发展还有待提升，品牌效应还有待提升，产业融合发展水平不高。葡萄酒、枸杞、牛奶、肉牛、滩羊、冷凉蔬菜产业的种植养殖面临土地、

①数据来源：宁夏回族自治区商务厅官网。

水资源和劳动力等生产要素供给趋紧的问题，种植养殖基地规模扩大和升级改造难度大，标准化种植养殖的布局和延伸受到种植分散、基础设施建设不足、技术供给不足等制约，规模化标准化的种植养殖对产业规模和效益产生较大影响。葡萄酒、枸杞、滩羊等享誉国内外的产品，区域品牌对产品的营销带动效应还未充分发掘，产品价格与全国市场上同类产品没有明显差别，没有体现出品牌优势。“六优”产业中，部分产业发展起步晚，基础设施建设还存在短板，发展规模较小。文化旅游产品、业态等供给单一，旅游服务能力不强，配套基础设施和服务无法满足多样化需求，不同地区的产品和服务供给水平也存在较大差异。现代物流、电子商务等产业缺乏核心竞争力，产业发展的基础薄弱，缺乏大平台、大企业的带动。现代金融发展乏力，金融机构仍然以银行为主，金融产品和服务较为单一。健康养老发展仍处于起步阶段，基础设施还存在缺口，劳动力供需矛盾也较为突出，低质量的服务供给和中介机构无序发展问题长期存在。会展博览则存在区域性差异，除银川市，其他市县会展博览发展艰难。因此，服务业的经济效益还存在很大上升空间。

（二）产业链供应链布局有待延长

“六新六特六优”产业呈现产业链条和供应链条短的问题，产业集聚效应不强。宁夏部分工业园区没有核心产业的支撑，或没有形成产业优势，没有区域性和地域性优势，产业链和供应链的布局分散，没有形成集聚优势。尤其在土地和水等生产要素约束趋紧下，产业链和供应链的布局难度加大，很容易造成资源的浪费和产业布局的低效，无法达到产业集聚化发展的目的。缺乏龙头企业、核心企业、“链主”企业的带动，很难形成行业联盟，主要依靠中小企业推进上下游产业链条的延伸难度较大。“六新”产业中，由于产业链条较短，产品以原材料和初级产品为主，中间产品和最终产品的经济效益流到外省区。招商引资的优势仍然在自然资源、电力等方面，配套设施短缺、产业链条短，无法满足大型企业的投资需求，而产业链和供应链上的中小企业投资乏力。“六特”产业的集中优势在种植养殖端，初级加工的现代化程度不高，精深加工水平仍比较低，同质化比较严重，产业融合发展的基础设施、技术配套和人才支持严重短缺。经营活力不足，新型经营主体数量少、规模小，营销端模式单一，对消费升级的应对能力不强。“六优”产业发展中，产业的发展形态还处在初级阶段。文化旅游产业主要依靠现有的旅游资源，开发不足，新业态布局少。现代物流产业在精益物流、供应链物流、跨境物流等方面还存在短板。健康养老产业在“医+”“药+”“养+”“健+”“智+”等环节的产业链供应链布局和衔接还存在体制机制方面的障碍。跨境电商的发展还处在起步阶段，海外仓、跨境电商平台、跨境物流的配套和发展都处于起步阶段。现代金融在供应链金融方面的探索取得初步成效，但规模还比较小。会展博览的业态单一，与产业链供应链的融合度还有待提升。

（三）产业科技创新驱动的能力有待提升

以科技人才、科技投入、科技成果、科技型企业为代表的科技资源不足。科技创新体系建设水平还不高，国家级工程技术研究中心、国家级重点实验室数量较少，国家级科技创新平台、创新团队占比较低，创新平台的创新成果转化涉及的领域还比较窄。创新平台的运行机制、配套的管理体制和成果转化的机制缺乏多元化和灵活性，创新合作机制比较单一。创新资源分布存在区域性差异，主要分布在银川市，其他市县创新资源短缺，创新能力与银川市存在较大差距。而创新资源以银川市为中心，对其他市县辐射的能力和水平有待提升，创新资源共享体制机制还未完善。产业数字化、数字产业化发展还处在初级阶段，参与数字化转型的市场主体数量少、规模小、水平低，未形成规模化发展态势。创新人才的引进和培养还存在较大困难，人才的引进和培养模式较为单一，引进人才与产业发展需求适配度不高，本地人才培养周期长，与引进人才的支持政策存在差异，人才梯队建设存在缺口。创新业态、创新模式落地后的支持配套政策还比较滞后，扶持发展的体制机制建设还不完善。以企业为主体的创新发展力不强，大型企业科技创新力量布局在外省区，对宁夏创新带动不足，中小企业科技创新投入少，科技创新能力不强，缺乏与大型企业合作进行科研攻关的体制机制。科研成果转化率还比较低，科研成果的应用不高，市场化发展水平低，与之配套的推广机制还不够完善。

三、宁夏“六新六特六优”产业发展的对策建议

（一）持续深化供给侧结构性改革

要深刻把握实施扩大内需与深化供给侧结构性改革有机结合起来的目标和要求，坚持供给侧结构性改革主线。提高供给体系质量，优化产品和服务功能。持续推进延链补链强链，推动产业、企业及产品向产业链下游延伸，引进高质量的“链主”企业、龙头企业，发挥中小型企业灵活性作用，带动产业链条延伸，鼓励龙头企业将终端产品供给和营销布局在宁夏。要以品牌建设和发展为核心，让产品走向标准化、品牌化、高端化。持续推动标准化体系建设和更新，推动区域品牌、产品品牌和企业品牌同步发展，持续深化、细化品牌保护工作。现代服务要健全配套高标准基础设施，强化基础服务能力建设。完善资本市场建设，健全金融机构体系，加快供应链金融体系建设。瞄准市场需求，做好市场细分，提供适合多样化消费群体的多元化、个性化服务。提高供给体系效率，提高资源的配置效率。要注重稀缺资源的优化配置，推进有利于提高资源配置效率的改革。土地、水资源等的配置要坚持集约化、可持续发展方向，加快“标准地”“弹性供地”模式推广应用。扎实推进用水权、土地权、排污权、山林权、用能权、碳排放权改革，打通水权置换通道，深化土地二级市场、排污权交易，加快山林权“三权分置”、用能权指标核定，探索碳排放权有偿分配和碳汇林交易，构建生产要素、生态产品的有益价值体系。

（二）大力提升产业现代化水平

围绕国家新能源综合示范区、国家农业绿色发展先行区、“东数西算”工程等战略机遇，对标对表推进产业现代化水平升级，扩大重点领域投资，加快项目精准部署，促进配套政策支持。支持产业“四大改造”，促进产业发展形成新优势。提升新业态、新模式的容错率，提供更多优质发展平台，营造敢想敢创的良好氛围。打造战略支柱产业集群，汇聚产业集聚发展优势，优化产业园区发展方向，明确产业园区主导产业，持续优化产业园区管理模式。加快推进产业数字赋能，提升产业智能化水平。提高数字化基础设施建设投入强度，构建“政府+企业+金融机构+社会资本”的投资模

式，国有企业要带好头、起好步，民营企业要抢抓机遇、超前部署，中小微企业要在关键环节做好数字化功能覆盖。要更好发挥产业政策与其他政策的合力作用，提高政策在战略层面、政策层面和落实层面的系统性、协同性、配合度，让专项资金、配套政策等更好发挥其实际效用。不断提升产业的开放合作发展水平，更好地融入国内和国际市场。积极融入共建“一带一路”，通过产业外向型发展，吸引高质量投资和企业进入宁夏市场。聚焦产业转移合作平台，健全产业转移服务体系，精准承接高端技术、人才和企业。主动对接国内外市场，推进跨地区跨行业的市场互联互通，从产品对接向对外开放的体制对接升级。

（三）持续推进发展动力变革

创新是高质量发展的核心驱动力，要将创新驱动与科教兴国、人才强国战略深度融合，在贯彻落实的过程中增强紧密性，提升互动性，发挥联动性。完善科技创新体系建设，将创新平台、创新力量覆盖到全社会范围，加大中小企业科技创新后补助力度，重视基层劳动群体的创新能力培养，营造大众创新的良好氛围。继续增加 R&D 投入，提高 R&D 投入的使用效率，建立科学有效的创新资源使用效率评估体系。积极参与到新型举国体制中，更好发挥宁夏创新力量的作用。完善人才培养、引进和布局机制，构建科学的人才培养体系和评价体系。引进人才要精准、有效，人才布局要与区域协调发展，促进人才在区域间合理流动，打破人才布局失衡局面。重视本土培养人才的支持体系建设，为本土人才发挥优势创造更广阔的平台。加强人力资源市场建设，打造国家级人力资源服务产业园。加快工业制造、农业生产、公共服务等场景数字化重塑，鼓励企业分阶段进行生产线、供应链环节的数字化、智能化布局。更好发挥数据要素作用，激活数据要素价值，培育数字产业化链条。强化企业创新主体地位，培育一批科技成果转移转化示范企业，推动“专精特新”“瞪羚企业”等持续开展创新项目。探索多元化的“飞地”创新模式和平台，协调推进区域创新合作机制，平衡创新资源，提高创新资源利用率。

数据要素与宁夏数字算力建设

——以中国移动宁夏公司为例

张克平　马传名　秦　岩　魏　荣　赵　明　赵　亮　花晓轩

2022 年 12 月 19 日，《中共中央　国务院关于构建数据基础制度更好发挥数据要素作用的意见》（简称“数据二十条”）发布，从数据产权、流通交易、收益分配、安全治理 4 个方面初步搭建我国数据基础制度体系，提出 20 条政策措施，旨在让高质量数据要素“活起来、动起来、用起来”。“数据二十条”系统性布局了数据基础制度体系的“四梁八柱”，历史性绘制了数据要素发展的长远蓝图，对激活数据要素潜能、做大收入规模、增强产业动能、构筑新的发展优势，有着重大意义。

一、“数据二十条”解读

（一）数据交易对数字基础设施建设的新要求

“数据二十条”中提到数据要素的交易要“顺应经济社会数字化转型发展趋势，推动数据要素供给调整优化，提高数据要素供给数量和质量”。在“数据二十条”出台之前，数据要素的交易仍然是点对点的“直销”模式，商机撮合全靠买卖双方自主发起，交易实现也往往依靠“直连”模式。

作者简介：张克平，宁夏移动公司政企事业部总监，博士，教授；马传名，宁夏移动公司发展战略部社会责任主管；秦岩，宁夏移动公司信息技术部副总；魏荣，宁夏移动公司大数据分析专家；赵明，宁夏移动公司信息技术部产品能力中心经理；赵亮，宁夏移动公司信息系统管理师，高级工程师；花晓轩，宁夏移动公司软件开发和云专家。

“数据二十条”发布后，数据要素的交易会更加标准化、透明化、规模化。为了规范数据要素交易，数据“交易所”应运而生。同样，作为新型生产要素，数据的交付不但要解决其他社会生产要素必须解决的存储、流通等问题，还要关注数据隐私保护、数据标准化治理等特有问题。数据交易应该是“期货交易”模式，即“场内交易、场外交割”，对大量数据的实际交付是不通过“交易所”直接进行交易的，而是将数据接入一个大型算力网络基础设施，在这个“大货场”实现数据可用。通过数据治理、数据计量，实现数据可流通，通过隐私计算、区块链等隐私保护技术实现数据可信、可追溯。我们大胆预测，未来数据要素的流通一定会依赖于储算能力强、接入网络覆盖广、数据标准与隐私协议统一的新型数字基础设施，以实现交易双方的一点接入、快速交付。

（二）数字基础设施建设形成广泛共识

“数据二十条”提出，“构建集约高效的数据流通基础设施，为场内集中交易和场外分散交易提供低成本、高效率、可信赖的流通环境”。纵观国内外数字基础设施建设情况，欧盟发布了《欧盟数据战略》，推出欧洲开放科学云计划，构建医疗、工业、金融、能源等九大行业统一数据空间。2021—2027 年，欧盟委员会将在欧盟数据空间和云基础设施方面投资 40 亿—60 亿欧元。其中，2022 年 5 月，欧盟优先启动欧洲健康数据空间计划，并提供 8.1 亿欧元（约合人民币 57.8 亿元）的资金支持。据统计，自 2020 年以来，我国 10 个国家数据中心集群开工 25 个建设项目，带动各方面投资超过 1900 亿元。2022 年 2 月，我国启动实施了“东数西算”工程，项目总投资超过 4000 亿元。由此可见，国内外在数字基础设施建设方面均开始了大规模投入，数字基础设施已经像水、电、公路一样，成为人们生产生活的必备要素。作为数字经济的坚实底座，数字基础设施的重要性已经广泛彰显。

（三）数据治理成为新的市场需求

“数据二十条”提出，“要建立安全可控、弹性包容的数据要素治理制度”“创新政府数据治理机制”“压实企业的数据治理责任”“充分发挥社会力量多方参与的协同治理作用”，形成有效市场和有为政府相结合的数据要素治理格局。

面对“数据二十条”带来的大数据产业新发展契机，如何更好地管理和控制数据，做好数据标准化和服务体系建设，进而完成数据产品打造、开放，实现数据价值的有效发挥，成为当前各地政府和企业亟须解决的难题。因此，专业的数据治理咨询服务，有望成为大数据行业发展新的市场需求点。

（四）数据处理带来新的收入增长点

“数据二十条”提出，“按照谁投入、谁分配、谁收益原则，着重保护数据要素各参与方的投入产出效益”“推动数据要素收益向数据价值和使用价值创造者合理倾斜，确保在开发挖掘数据价值各环节的投入有相应的回报，强化基于数据价值创造和价值实现的激励导向”“平衡兼顾数据内容采集、加工、流通、应用等不同环节相应主体之间的利益分配”。目前，我国数据要素市场主要由交易平台和交易卖方收益分配机制构成，以“数据交换服务”“谁占有谁受益”等事实上的分配机制为主。但数据作为新型生产要素，具有无形性、非消耗性等特点，可以接近零成本无限复制，现阶段的分配机制难以真正满足要素按贡献参与分配的基本分配原则。

二、宁夏“算力”枢纽与“算力”服务能力建设

（一）宁夏“算力”枢纽建设

宁夏“算力”枢纽建设取得明显效果，网络基础设施加速升级。累计建成5G基站1.4万个，5G用户普及率达54%，全国排名第6。全区出省带宽已达到20.6T，全面开通直达京津冀、长三角、粤港澳大湾区等链路。中卫数据中心集群建成亚马逊、移动、联通、电信、美利云等8座大型数据中心、超大型数据中心，标准机架数达6.04万个。建成全国首个“万卡+”智算基地，已建成投产的智算服务器超3500台，GPU算卡约3万张，形成FP32等效算力约600PFLOPs 。全面推进国家新型互联网交换中心建设运营，可满足各类对等互联和转接互联业务1T带宽接入需求，峰值流量达500Gbps。

（二）中国移动宁夏公司数字基础设施建设

在绿色数据中心建设方面，中国移动（宁夏中卫）数据中心可提供2

万+机架托管能力，采用创新型制冷技术，全年PUE在1.25以内，西北排名第1。2022年，被评为“国家级绿色数据中心”“国家新型数据中心典型案例”等。在基础网络方面，互联网出口总带宽12.6T，直连全国26个主要城市，已建成跨境服务POP点，政企专网连通7个国际局+182个城市。重点打造的12580传输时延圈，至北京时延7.87毫秒，至韶关时延15.73毫秒。在智算能力方面，建成了首个面向市场的千卡级A800GPU服务器智算平台，采用全IB互联组网，集算力、存储、管理等全链条能力于一体，是国内首个通过“中国信通院可信AIGC”认证的平台，可为客户提供裸金属、容器化服务。目前正在探索基于行业的私域大模型服务能力，积极培育AIGC创新大生态，加快推进宁夏“12345”、社会基层治理等领域数字化转型、网络化协同、智能化改造。

中国移动经过20年的发展，构建了以云网融合为核心特征的智能化、综合性数字基础设施，在数据要素市场化基础建设、关键技术和服务经验方面积累了丰富的经验。目前已构建了“一云六中心+省节点”布局，建设41万台服务器算力规模，行业私有云数字基础设施规模已经处于国内第1、全球领先水平。业内首创新型分布式协同计算架构，实现数据贴源采集、贴源处理，任务一点开发全网运行，全国九大中心算力统一管控、统一调度，支撑数据服务秒级交付。多中心协同计算架构，降低了集中处理带来的网络压力和计算压力，保证了系统稳定性。构建中国移动（宁夏公司）梧桐大数据开放平台，提供统一云化大数据服务，实现大数据算力和能力的“一点接入、随取可用”。同时，规模化应用存算分离、云原生、图计算、湖仓一体等先进技术，资源管理科学高效。目前正在推进“东数西算”战略实施，进一步优化算力布局和数据布局，构建冷温热数据分级管理，强化技术架构升级，实现全网大数据算力更加集约、智能、绿色，推进企业级大数据平台升级为业界一流的产业级大数据基础设施。

三、中国移动宁夏公司数据要素的实践

（一）隐私计算及区块链技术的领先优势

在隐私计算技术的探索上，中国移动（宁夏公司）于2018年启动联邦

学习研究与布局。2019—2020年，在应用层面，开展试点实践。2021年，中国移动（宁夏公司）梧桐大数据正式发布具有“1+X”特色技术框架的隐私计算平台，确保数据“可用不可见、可控可计量”，实现通信运营商与政府、企业等外部单位数据的安全流通。主导参与制定IEEE、TMF两项隐私计算国际标准，向国务院发展研究中心提交的基于隐私计算技术打造行业性数据交易平台相关建议，被纳入“数据二十条”。2022年至今，隐私计算技术获得27项国家发明专利，首届国资央企数字化转型十大成果第二名，工业和信息化部首届数字安全大赛一等奖，4项TMF奖。目前，中国移动（宁夏公司）隐私计算技术已经覆盖政务、金融等8个重点行业，电信诈骗识别、普惠金融在内的30余个应用场景，并在21家省专公司落地应用，实现隐私计算产品全网合同收入超一亿元。艾瑞咨询报告显示，中国移动（宁夏公司）隐私计算相关收入位列国内第1。

在区块链方面，技术应用已经进入全网大规模应用阶段，参与科技部1项区块链数据保护合作项目，支撑5家省专公司开展区块链在数据流通、数据风控、物联网数据等多个场景的探索，在医疗、政务等6个关键领域落地30余个区块链能力试点，实现全网收入约1500万元。

未来，中国移动（宁夏公司）隐私计算及区块链技术将有力推动行业数据要素融合、行业标准体系共建、安全可信生态打造，有望成为我国数据可信流通的重要基础。

（二）数据治理体系构建

“以治促用，以用促治”是中国移动（宁夏公司）的数据治理策略。公司构建了“4+2”数据治理体系，夯实数据治理根基。通过数据的“进”“管”“看”“用”，实现数据要素的“保值”“增值”与“流通”。依托“组织+制度流程”两方面的保障，明确数据治理工作责权利，对齐参与者目标。同时，提出了“三个一体化”治理理念，保障业务面和IT面的数据一致性，形成闭环管控机制，自上而下实现标准落地，支撑对数据信息的深度洞察。当前，中国移动（宁夏公司）已取得国家标准DCMM（数据管理能力成熟度评估模型）量化管理级（4级）认证，标志着中国移动（宁夏公司）数据管理能力达到行业领先水平，标志着公司在数据经济的众多领域中有了相对的竞争优势，比如数据产业试点、项目承接、跨行业合作，以及大数据产品与服务等。目前，已在安徽数字政府项目中牵头编写 9 本数据治理规范，并中标中海油数据治理咨询服务。

数据治理是一项综合性工作，对大多数政府和企业来讲，无法短期建立起制度体系、标准体系、平台体系、人才体系等，且市场人才短缺，未来中国移动（宁夏公司）可以为企业和政府提供识别数据资产价值、推动高价值资产开放等数据治理能力，把价值成效变成驱动数据治理的动力。

（三）产品服务经验

目前，已形成了基础信息查验、行业解决方案、营销服务、智慧管理等多类“大数据+”产品体系，累计打造 400 多个应用，赋能人社、金融、民生、文旅等六大类行业用户。其中，风控大数据产品，面向金融行业，帮助客户识别高风险用户，降低生产运营中的信贷和欺诈风险。2022 年，实现金融头部客户覆盖率超 90%，业务调用 15 亿次。洞察大数据产品，面向政务行业，服务应急管理部、自然资源部等国家部委。所发布的《2023 年春节大数据分析报告》《大数据看奋进的中国节奏》《大数据看节后生产：新春开工两周，奋进节奏加速》等专题分析，被央视、新华网等多家权威媒体转载，累计阅读量突破 20 万。触达大数据产品，面向互联网、新零售等行业，为客户提供一站式广告投放服务。2022 年，累计接入 47 家内外部主流媒体，广告营销覆盖 26 个应用场景。

未来，中国移动（宁夏公司）可结合大数据产品对外服务经验，聚焦政务、金融、交通、工业等重点行业需求，锤炼行业级大数据产品，赋能千行百业，繁荣数智产业生态。

四、数据要素有序流通面临的困境与不足

确权难：产权的定义，目前有指引，但落地实操尚在探索中。定价难：目前，数据可以入资产负债表，是巨大的进步，但是数据的价值和价格，价格如何有效反映价值，如何随着时间周期价值数据增值，需要长期探索。流通难：目前，各交易所线上交易—线下流通情况较多，全流程全链条的

安全合规，目前尚无有效的闭环管控举措。可控难：目前，产业链还处于逐步合规、“乱象”出清的过程，数据的过度采集、各类小程序的整治均在大力推进。对于数据安全合规管理、采集、应用，保护公民隐私安全、信息安全下的数据可控可信交易流通，是业界难题。

从国内看，随着大数据产业的快速发展和应用落地，大数据企业纷纷加快拓展垂直领域的大数据业务。最新数据显示，中国大数据相关企业超过 6 万家，已有 208 个省级和市县地方政府上线了政府数据开放平台，但存在数据质量不高、实用价值不强、应用成效不突出、无法将数据沉淀为产品对外提供应用落地的问题。

从区内看，基础设施层面，有了长足的进步，但在大数据产业发展的质量和数据要素流通等相关软性保障措施上基本为空白。在政策层面，宁夏支持创新平台建设，支持建设开源社区、算力调度、数据交易、协同研发、技术转移等大数据、云计算与软件产业创新平台，将相关企业纳入国家高新技术企业培育库重点培育。支持创建自治区工程技术研究中心、企业技术中心等创新平台，经认定后按政策给予资金支持。但是，这些远远不够。

究其原因，主要有以下几点：一是缺乏统一数据治理体系；二是信息化建设分散在不同系统中，形成“信息孤岛”；三是缺乏有效管理机制，产权不明、职责混乱、流程不清，造成数据质量低，无法形成数据产品；四是缺乏有效安全管理手段，无法预警及防控敏感隐私数据泄露或非法使用的风险；五是当前数据要素有关平台进入了飞速发展阶段，但在建设数据要素的支撑平台过程中仍暴露出机制尚需建立、平台尚待建设、应用尚不健全、治理尚需提升、生态开放存在不足等一系列痛点和不足。

五、对策建议

（一）夯实促进数据要素流通的算力基础设施建设

一是加快打造特色鲜明的算力产业发展格局。立足算力产业基础，以先进算力为支撑，以创新驱动为引领，持续布局智能计算中心和新一代超级计算，引进创新商用通用大模型，推进高性能服务器生产项目落地建设，打造基础巩固、层次多元、特色鲜明的算力产业发展格局。争取建设国家人工智能重大科技基础设施，在宁夏打造服务全国高校和科研院所的国产智算中心，打造具有唯一性的宁夏算力品牌。争取国家发展改革委支持，建设国家人工智能创新应用基地，在低成本绿色安全国产化智算中心解决方案、国产化人工智能软硬件产品适配、东西部智算合作机制、重点领域大模型应用等方面开展先行先试。

二是加快完善城市感知体系。依据“集约建设、资源共享、适度超前”的原则，根据国标委2019年1月实施的《智慧城市顶层设计指南》，重点建设地下、地面、空中等全空间的泛在物联感知基础设施。

三是加快建设双向开放数据平台。在现有城市大脑数据平台基础上，围绕环保、医疗、教育、养老、交通、城管、旅游等重点垂直领域，整合政务、企业、社会数据资源构建行业数据平台，推进平台间共享整合，打通数据壁垒，培育面向垂直领域的大数据服务模式。

四是基于隐私计算、数字身份体系、可信资产托管等数据隐私和数据安全技术（以及区块链等），构建跨政务、企业、行业的数据要素可信流通底座，确保各数据参与方在数据不出网的安全前提下，开展数据要素价值经营工作。基于数据要素市场体系搭建数据交易平台，将数据持有方、数据需求方、建模服务方及潜在其他交易方汇聚在一起，既挖掘数据本身的价值，也为数据持有方提供变现渠道，数据成果也可公开在平台提供给其他交易方购买，促进数据流通。

（二）建立数据要素治理，促进安全可信流通

要建立数据要素流通准入规则、管理规则、标识规则以及流通规则。强调在技术手段之外，各方也深度参与才行。要逐步构建“政府、企业、社会”多方协同治理规则，主要包括：强化政府治理的守底线的功能意识、提升企业治理的负责任意识、发挥社会治理的促协同作用。

（三）开展数字化转型应用，推进数据要素价值转化

一是加强企业数字化转型。引导宁夏实体经济企业加快生产装备的数字化升级工作，支持建设一批数字化车间和智能化工厂，推动区块链、大数据、人工智能等领域科技型企业参与制造业应用场景建设，形成一批具有较大量级和较强示范带动作用的数字化管理、智能化制造、个性化定制等生产制造新场景。

二是加快构建数字化产业链和产品标杆。围绕数字化产业链高效协同，打通电子信息、装备制造、医疗健康等领域的产业链上下游企业数据通道，以及供需调配和精准对接，打造“研发+生产+供应链”的数字化产业链，形成大中小企业联动发展、上下游企业跨界融合的数字化产业集群，并打造重点行业产品形成标杆。

三是强化数据供给力度，降低数据泄露风险，激发数据要素流通潜力。公共数据层面，探索从开放原始数据向“数据可用不可见”转移，降低数据泄露风险。企业数据层面，应推动企业数据开放，探索“以数抵税”，激励数据供给，明确执法边界，以解决企业“不能、不愿、不敢”共享的难题。个人数据层面，探索数据安全责任的适当调整，在个保法、数据安全法等现有框架下，探索推行数据授权后的使用方责任承担，原有数据共享、转让方不应也不宜承担责任。

四是加快公共数据运营服务实践。依托公共数据运营服务平台，加快司法、医疗、住建、生态环保、交通运输、市场监管等领域公共数据授权交付工作，完善平台运营服务机制，向社会提供安全可靠的公共数据应用环境，支持企业对公共数据创新开发利用。

五是创新公共数据应用模式。依托公共数据运营服务平台，联合相关高校、企业和机构围绕金融、医疗、旅游、交通、能源、城市管理等领域构建公共数据创新应用实验室，加强多源数据汇聚融合，积极探索技术创新、应用模式和标准规范等成果转化，发挥实验室公共服务和行业赋能作用，促进数据资源流通，引导培育高效率运行数据要素市场。

（四）划定数据流通法律监管红线，推进数据监管体系建设

建议政府借助数据要素市场实体组成产业联盟，并以其为“抓手”，积极参与市场机制和体系建设。

第一，希望政府在加快推动数字版权建设的创新发展和健全数据经营与评价能力体系的基础上，重点协助建立起风险防范机制，以试点产业联盟为抓手，构筑事前评判机制、事中监测机制和事后仲裁机制，共同防范数据产品开发中的合规风险，为数据资源型企业消除后顾之忧。第二，建议政府充分发掘数据要素市场专项试点的“政策价值”，在试点实践中逐步使政策更具针对性，如销售补贴、贷款贴息或税务减负等，强化政策的激励机制，为后续试点经验的大规模推广，切实起到引领和辐射作用。第三，市场监管部门可试行数据产品利益相关方的“严格认证”准入制。如针对数据业务经营主体数量有限的市场准入“许可制”，避免鱼龙混杂，实现相对封闭的联合创新。第四，金融部门可准许试点推行“通证交易市场”，加大金融科技的创新力度，开发数据交易损失先行赔付险，包括资产流失险、非法交易补偿险等，并设计不同市场实体间基于区块链智能合约的银行账户自动划拨业务。

数据要素流通不仅存在安全问题，而且涉及多重利益相关者，能否提供数据产品流通的安全和合规服务，成为数据要素市场建设的重要内容。数据提供商必须具备保荐职能，可为数据交易流通提供相应的风险控制和撮合机制。数据商对数据进行“溯源”核查，确保数据加工、处理在合法范围内，对数据的使用场景进行合规评估，秉承无场景绝不交易的原则，避免数据被无序和违法利用。同时，可对有关企业进行辅导，做好数据隔离与风险排除，确保不会对后续数据产品流通形成障碍。同时，可先行画定法律法规红线，明确合规监管底线等内容。

（五）进一步培育数据要素应用生态

面向行业合作伙伴，共同打造百花齐放、百舸争流的产品库，构建合作生态，共创数据价值。推动企业数据与行业数据、政府公开数据的深度融合，打造“时间+空间”“通信+行业”等新型数据产品，实现多数据合作、多来源研发、多赛道布局，融合各行业数据进行行业产品打造，丰富大数据产品体系，形成有规划、有梯队、有规模的“重点产品库”。建立数据人才资格认证体系，提升数据从业人员技能水平和专业素养，提高数据要素市场的人力资本水平。

在数据要素流通市场 3.0 时代下，数据资源型企业应承担起推动数据要素流通市场高质量健康发展的时代使命。数据资源型企业在加强自身“数据经营平台”建设的基础上，还要加强“产业协同平台”建设，并积极发起成立数据要素流通产业联盟，打造驱动数字经济做强做优做大的“数据引擎”和产业集群。

（六）加快数据确权流通交易的配套政策制定

加强顶层设计、基础制度建设和创新，重点工作要聚焦如何发挥数据要素作用，激发数据生产力乘数效应的发挥，特别是针对数据资源型企业，需要持续加大政策供给。在做好数据要素收益分配政策顶层设计，以及为数据资源型企业营造良好大环境，引导更多市场主体主动参与数据要素市场建设外，还要制定系列行之有效的激励政策、税收优惠、特殊免责、绿色通道、产融结合和联盟机制设计等先行先试的扶持政策，支持数据资源型企业提升数据产品供给能力。如探索“以数抵税”激励政策；制定数据技术人才引进落户住房教育等保障措施；选定一至两家数据、技术和管理等成熟的数据资源型央企，打造成为具有竞争力的行业数据生态主导型企业；等等。

改革开放篇

GAIGE KAIFANG PIAN

宁夏深化“六权”改革助推黄河流域生态保护和高质量发展先行区建设的实践研究*

田晓娟　陈　蕾

一、宁夏“六权”改革的主要做法及实践经验

（一）从“四权”改革到“六权”改革的历程

在推进黄河流域生态保护和高质量发展先行区建设中，宁夏从用水权、土地权、排污权、山林权“小切口”入手破题开路。2021 年，出台《关于印发用水权、土地权、排污权、山林权“四权”改革实施意见的通知》，以用水权改革实现“节水增效”，解决水资源禀赋不足、用水结构不优、水市场供需错配等短板和问题；以土地权改革实现“盘活增值”，解决土地规划水平较低、利用方式粗放、工业园区土地资源利用效率不高等问题；以排污权改革实现“降污增益”，既减少排放量、保护环境，又给企业环保行为带来经济补偿；以山林权改革实现“植绿增绿”，让“树叶子”变成“钱票子”。同年，在公共资源交易方面，出台《关于深化体制机制改革创新推进公共资源交易高质量发展的实施意见》，建设高标准公共资源交易统一市场，创新优化公共资源要素市场化配置方式、路径。

作者简介：田晓娟，宁夏社会科学院综合经济研究所副研究员，博士，研究方向为区域经济史；陈蕾，宁夏社会科学院综合经济研究所助理研究员，研究方向为经济统计。

* 本文系宁夏社会科学院 2023 年度重大现实问题研究重点课题“宁夏‘六权’改革研究”的阶段性成果。

2022年6月，自治区第十三次党代会将“四权”改革扩展为“六权”改革，新增用能权改革实现“控能增产”，倒逼企业节能减排增效改造，确保完成能耗“双控”目标；新增碳排放权改革实现“减碳增汇”，以推进碳达峰碳中和。研究出台78个配套文件。各市、县（区）结合自身区位特点将“六权”改革纳入党委和政府重点工作。

（二）“六权”改革措施、效果及其创新

1. 用水权

宁夏是全国水资源短缺最严重的省区之一，人均可利用水资源量仅572立方米。伴随着各行业发展，用水需求的刚性增长与水资源严重短缺的供需矛盾日益突出。2013年，建立了自治区、市、县三级用水总量控制指标体系。2020年，宁夏落实国务院《关于深化公共资源交易平台整合共享的指导意见》，是首个将用水权交易纳入公共资源交易平台的省份。2022年，水权交易65笔，成交水量7629.02万立方米，平均成交单价1.25元/立方米，涉及县级行政区域之间开展的用水权交易、变更水资源使用权用途的用水权交易、工业用水户之间年交易水量5万立方米以上的用水权交易。从2022年水权交易的总体成交量和成交单价来看，成交单数同比翻倍，反映了水权整体流转加快，市场活跃度提高。（见表1）截至2023年5月，全区累计实现用水权交易104笔，成交量共计9851.06万立方米，成交金额达9.07亿元。

表1　2021—2022年宁夏水权交易情况

年份	水权交易数量(笔)	成交水量(万立方米)	平均成交单价(元/立方米)
2021	18	2608.09	1.13
2022	65	7629.02	1.25

数据来源：宁夏公共资源交易网。

2. 土地权

宁夏土地权改革围绕“盘活增值”，以加强用地规划管控为基础，在深化农村土地制度改革、构建城乡统一土地市场、探索土地指标跨区域交易机制及土地市场供应方式等方面创新，解决了土地确权颁证的历史难题，放活集体经营性建设用地交易市场，促进社会资本参与生态修复，拓宽乡

村振兴发展资金渠道，保障耕地红线的目标实现。在市场化交易方面，宁夏建成自治区农村土地交易平台，推动 32 宗 554 亩集体经营性建设用地入市，出让收入 3950 万元，村集体和农民分享增值收益 1950 万元。建成五市土地交易二级市场，保障 177 宗 7058.8 亩闲置工业建设用地再次进入市场。土地权交易市场活跃度较高，截至 2023 年 10 月，全国公共资源交易平台显示，西北五省中宁夏土地权交易量仅低于甘肃、陕西。（见图 1）

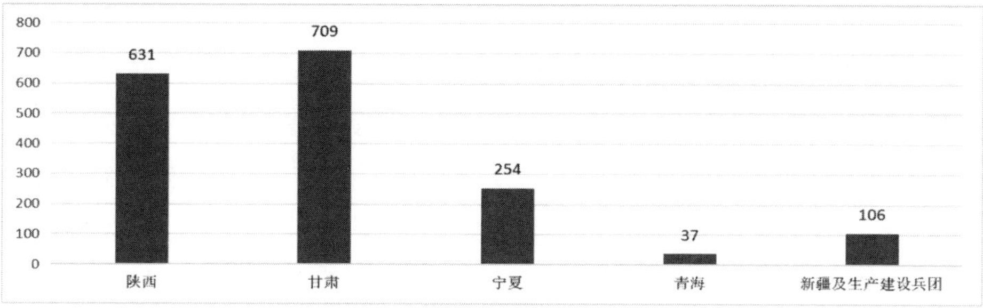

图 1　2023 年 10 月西北五省土地权累计交易量

3. 山林权

宁夏山林资源分布不均衡，总体呈南多北少，全区 44%的林地分布在年降水量 400 mm（含 400 mm）以上的南部湿润区六盘山及其外围地区，北部及中部地区山林经济效益低，护林、育林、管林成本高，林木资源价值转换难。截至 2023 年 7 月，累计培育国家、自治区林业重点龙头企业 13 个，经营主体由 30 家增加到 58 家，利用林地由 2000 亩增加到 10000 余亩。

4. 排污权

自“四权”改革起，宁夏一直以高起点、高标准、高要求推进排污权改革，出台《宁夏回族自治区排污权交易规则（试行）》《宁夏回族自治区排污权有偿使用和交易管理暂行办法》，逐步开展排污权有偿使用和交易。截至 2022 年底，宁夏排污权交易成交 180 余笔，交易量 590 余吨，成交金额近 700 万元，溢价 530 余万元，其中，交易二氧化硫 166.69 吨、氮氧化物 357.75 吨、化学需氧量 65.73 吨、氨氮 9.7 吨。同时为解决因生产波动需要短期增加污染物排放总量的排污需求，宁夏创新排污权租赁的模式，出台《宁夏回族自治区排污权租赁管理办法（试行）》，租赁有效期内排污权指标仅限于其生产使用，不得投入排污权交易市场进行交易，有效期满后，排污权指标仍归出租方所有，为盘活闲置排污权提供了新思路，为企业开辟了一条新的创收渠道，2023 年，中卫市完成全区排污权首单 14 吨二氧化硫排污权租赁。

5. 碳排放权

“十三五”期间，宁夏二氧化碳排放呈现增长态势，自治区生态环境厅公布 2020 年碳排放量为 21550 万吨，其中能源生产与加工转换领域二氧化碳直接排放量为 13560 万吨，占比为 62.9%；工业和建筑领域二氧化碳直接排放量为 7291 万吨，占比为 33.8%。2022 年，宁夏纳入全国碳市场配额管理的电力行业企业增加至 41 家，并针对纳入全国碳市场配额管理的 134 家重点行业企业开展温室气体排放报告核查复查工作。出台《宁夏回族自治区碳排放权交易管理实施细则（试行）》《关于开展碳排放权改革全面融入全国碳市场的实施意见》等相关政策。同时出台《宁夏林草湿生态系统碳汇提升行动方案（2021—2030 年）》，并以固原市为试点制定《宁夏固原市林业碳汇试点建设实施方案（2023—2025 年）》。2023 年，泾源县与福建省厦门市海沧区签订闽宁碳汇林项目建设合作框架协议，计划在碳汇储备林建设、碳汇造林技术指导、验收及碳汇计量监测、碳汇项目开发服务、碳汇项目审定核证等方面进行全方位合作，探索“双碳”实施新路径。

6. 用能权

自 2022 年实行“六权”改革起，宁夏先后印发《关于开展用能权有偿使用和交易改革提高能源要素配置效率的实施意见》《自治区用能权有偿使用和交易管理暂行办法》等构建“1+5”政策制度体系。建设用能权改革制度体系，探索改革用能权实现“控能增产”。银川市紧跟自治区用能权改革步伐，率先出台贯彻落实自治区用能权有偿使用和交易实施方案，推动能源要素向优质项目、企业、产业流动和集聚，持续提升能源利用效率，引领产业绿色转型发展。

二、宁夏“六权”改革存在的主要问题

目前，宁夏“六权”改革中，土地权和用水权改革走在其他“四权”改革的前面，排污权、山林权、碳排放权和用能权改革受当地产业基础薄弱，经济规模变小、偏散等因素影响，依然处于摸索阶段，其中碳排放、山林权和用能权改革尤为明显。碳排放改革仅开展了能源活动、工业生产过程、农业活动、土地利用变化和林业废弃物处理等 5 个领域温室气体排放清单编制工作，对化工、交通运输部门等重点领域碳排放情况尚未摸清。在确权方面，土地、用水、林地的确权均为既往就已存在并且应用的行政许可权限，并以证书形式发放确权范围和大小，但用能权的确权缺乏国家层次行政许可，在后续的市场交易建立方面也存在政策支撑依据不足的问题。

从“六权”改革总体来说，存在以下问题。一是“六权”归属不清，资源要素底数模糊，缺少全面准确数据分析，明晰度有待明确。二是“六权”确权矛盾相互交织，资源入市交易困难。三是“六权”交易不均衡，市场交易活跃度有待提升。其中，用水权、土地权交易相对于排污权、山林权活跃，山林权、排污权由于市场主体偏少、交易周期长，“捂权惜售”等现象普遍。目前，全区排污权二级交易仅有 23 笔，山林权交易仅有 11 宗，市场化配置资源的效果不明显。四是“六权”金融赋能转化增值成效甚微。受政策措施不配套、体制机制不完善等因素影响，金融机构参与“六权”改革的积极性不高，特别是企业参与排污权抵押贷款的主动性不高，排污权的金融属性未得到充分激活。目前，全区仍有 8 家银行未开展“六权”改革相关融资业务，其他银行还处于摸索阶段。五是“六权”改革力度不足，多部门协调联动机制欠缺。受政策供给不足、制度保障不力等因素制约，多部门协调出现政策“盲区”、基层干部和市场主体出现等待“观望”。具体表现在水地矛盾、地地矛盾、林地矛盾、粮地矛盾。六是“六权”改革基础设施缺乏，妨碍“六权”交易进一步推广。

（一）用水权

部分地区在落实改革任务中还存在着力度不够大、创新主动性不够强、

认识不够到位、进度不一的问题。部分县区参与改革人员不足、技术力量薄弱、过多依赖第三方技术服务单位，自身不愿研究、没精力研究的现象较为普遍。一是确权进度缓慢。2022 年 6 月底前，全区要完成用水权确权工作，但截至 2022 年 6 月，仅有青铜峡市等 8 个县市正式发布了确权成果。金凤区、灵武市、惠农区、西吉县等 4 个县（市、区）还在核定灌溉水量，尚未形成农业用水权确权成果。二是灌溉面积不实、水费虚高，有偿使用费征收进展慢。按照用水权改革实施意见要求，现有工业企业中无偿取得用水权的，从 2021 年开始按照基准价分年度缴纳用水权使用费。目前，仅有 7 个县区开展了工业企业用水权有偿使用费收缴，但起征时间不一，有的从 2021 年 1 月开始，有的从 2022 年 6 月才开始。三是信息化、智能化计量设施投入不平衡。全区末级渠系监测计量口总数（以最适宜计量单元为基数）8527 个，具有计量设施的 2919 个，计量率为 34%，灌区存在末级渠系计量设施安装率低、计量设施保障机制不健全、投入不均衡的问题。有的市县投资力度大，如利通区的计量设施覆盖率达到 92%，但有的市县不重视计量设施建设，工作推进较慢，如西夏区、平罗县覆盖率不足 10%。四是部分高效节水灌溉项目重建轻管。盐池等县区高效节水灌溉项目建管服体制比较健全，设施运行较好，节水效果明显，但部分地区还存在有人建、无人管的现象，运管机制不健全，节灌设施效益发挥不充分，尚未实现节水增效的目标。五是散户节水量少，入市交易困难，用水权交易中主体活力较低。其中仍存在“惜水”壁垒、用水组织问题交易难以激励农户节约用水及用水权市场供需不匹配等问题。

（二）土地权

一是历史遗留难题多。确权登记颁证直接涉及企业和群众，利益错综复杂，社会关注度高。过去因规划、技术、力量等条件所限，一地多证、证地不符、一户多宅、地类重叠等问题突出。目前，全区仍有 32.57 万宗宅基地难以确权。农村宅基地、生态移民土地以及农垦移交地确权成为遗留难题，导致大量资源无法入市交易。二是低效闲置土地盘活利用率低，标准地供应占比低，弹性供地模式难以持续问题突出。由于没有建立涉诉涉法、“僵尸企业”闲置土地处置联动机制，闲置土地和批而未供土地处置难度大、盘活利用难，低效土地再开发再利用之路还不够宽。

（三）山林权

林木生长周期长，造林成本高，抵押林木管理和贷款出险后处置难，制约了林权抵押贷款的拓展。一是山林权难以确权，存在权属矛盾纠纷。全区山林权不动产登记面积仅占林地总面积的1.06%，存在面积不准、权属矛盾纠纷等现实疑难问题。二是贷款难问题还没有得到有效破解。目前，金融机构允许用于抵押的主要是用材林中的近成过熟林、中龄林，利用幼龄林、荒山荒地、经济林和绿化大苗等作为抵押物的较少，但全区林草资源质量普遍不高，低质低效林草资源占比仍过大，缺乏优势经济树种，导致社会资本参与绿化的积极性不高，林草碳汇仅处于概念运作阶段，缺乏实质性的项目运行。三是配套服务体系还不完善。林草资源作价方法尚未完善，评估核算体系尚未确立，存在林木资产评估机构运作不规范等现象；区内尚未形成高效、专业的林权转让市场，林权变现困难以及林权流转市场如何建立健全等问题仍然存在。

（四）排污权

一是排污权二级市场交易活力较低，市场发育不充分。市场主体顾虑较多，二级市场交易的机会成本较高，企业存在等待观望、“捂权惜售”的现象，一定程度上影响了排污企业参与交易的积极性。二是再生水利用率较低，企业回用中水难度较大。以石嘴山市为例，再生水利用量为2000.1万立方米，再生水利用率仅为38.83%。此外，再生水处理成本过高，与工业用水价格倒挂，再生水管网及配套设施建设滞后，使再生水较难配置利用。三是受市场发育不充分、评估和交易机制不健全、监管措施不配套、权小能弱不值钱等影响，排污权还没有完全实现在市场上自由流动、高效配置，转化增值空间不大，流通抵押融资难度较大，金融赋能不明显。

（五）碳排放权

一是自愿性的碳排放交易原则影响市场活跃度。按照国家现行政策，交易范围仍仅限于电力企业，其他行业企业即使实施了碳减排项目，形成了减量，但无法进行交易。碳减排难度大，影响企业推进节能减碳工作积极性。二是碳排放核算标准难统一、数据不完备、碳汇价值难评估。目前，我国碳排放核算标准体系的建设还处于起步阶段，国际标准在中国并不完全适用，系统测算技术理论、方法与流程缺乏，特别是没有针对不同行业的、既符合中国国情又与国际接轨的碳排放核算体系。

（六）用能权

一是用能权的确权缺乏国家层面行政许可。“十三五”期间，国家发改委选择浙江省、福建省、河南省、四川省开展用能权有偿使用和交易试点，但纵观四省试点改革，都是率先出台《用能权有偿使用和管理办法（试行）》等地方性法规，用能权的确权缺乏国家层面行政许可，在后续的市场交易建立方面存在政策支撑依据不足的问题。二是全区初始用能权交易指标不足问题凸显。

三、宁夏“六权”改革助推先行区建设对策建议

（一）明晰“六权”属性，加快推进以土地权为中心的“六权”确权任务

确权是宁夏“六权”改革的前提条件，是明晰产权关系的重要举措，更是筑牢“六权”改革根基的根本。一是建立宁夏五市“六权”主体数据库，摸清“六权”底数，掌握各地基础数据，同步明确登记和交易数据标准，完善核定和调控机制，为建好“六权”交易服务平台打下坚实基础，积极推动入市交易。二是按照“以证定权，以证定量”原则，采取企业、辖区和市级管理部门“三级联审”的方式核定初始排污权和可交易排污权等“四笔账”。三是补齐用水权和排污权基础设施短板。重点提高末级渠系监测计量配套设施，通过现代化灌区和高标准农田建设及引入社会第三方资本进行管理；进一步降低工业固体废物处置压力，提升主要农业固体废物综合利用水平，加快补齐固废处置能力与基础设施短板，打造一批可复制、可推广的无废城市银川模式。

（二）建立健全“六权”交易服务平台，逐步完善“六权”制度机制

完善的制度机制是宁夏“六权”改革的稳定器。一是完善宁夏五市县区农业用水权交易管理办法。重点落实用水权收储交易管理办法和交易收

益分配办法，引导企业和农业用水户通过各地各级二级交易平台购买水资源，搞活水市场。二是整合服务资源。宁夏各乡镇成立灌溉服务专业合作社，实行“乡镇行政监督+部门业务指导+合作社会化运作”的模式，推动水资源管理、建设、运行、维护等一体化经营，促进农民用水组织多元化发展，实现各项农田水利工程有序高效。三是扩大排污权交易市场体量，优化排污权交易服务管理。鼓励企业有偿取得排污权，参与排污权二级市场交易，充分发挥企业主动获权、积极减排、降低成本并获利等方面的主观能动性，并积极打造透明、高效的排污权交易信息管理平台，提高排污权交易量。四是增强碳排放权交易支撑力，建立碳排放权激励约束机制。协调推进重点领域减污降碳工作，完成全区碳排放清单编制工作，加强市级碳排放统计能力建设，建立碳排放权激励约束机制，进一步规范碳排放权交易行为。

（三）重点推广以水权抵押贷款模式为中心的实践，探索金融助力“六权”改革模式

金融是宁夏“六权”改革的助推器。重点是围绕扩权赋能，强化金融服务扶持力度。通过与各大银行、保险、融资担保机构签署合作协议，从而提高确权、赋能、定价、入市交易的便捷性。各金融机构依据自身业务特点，以“六权”改革为着力点，创新推出一系列产权抵押贷款金融产品和模式，切实解决企业融资难、融资贵问题。一是建立开通用水权交易二级市场平台。在石嘴山等地相继开展企业取水权质押贷款，在吴忠和泾源等地试点农业用水权抵押担保贷款，逐步建立水权绿色金融，赋予水权更大的金融属性，加快资源要素价值发现和转化增值步伐。积极推动多种形式的用水权市场交易，引导资源要素向高质量项目和高效益企业流动，让水资源变成“活资产”，实现效益最大化。二是加强政府与金融机构的联系，合力推动排污权抵质押贷款等金融产品，鼓励企业运用排污权开展绿色信贷，最大限度激活排污权金融属性；盘活企业环保资产，通过排污权抵质押贷款缓解自身面临的现金流压力，对企业和环境形成正向激励作用。三是探索建立碳排放改革奖励机制，仿照银川市设立“卫士”基金，激发企业参与碳排放改革的积极性。四是发挥自治区政府投资基金作用，撬动社会资本支持“六权”改革，完善增信担保机制。

（四）加快推进“六权”改革重点领域，全面提升“六权”交易创新活力

一是在确保全区粮食安全的前提下，合理减少作物非生育期灌溉水量，严控水稻、外销蔬菜等高耗水作物种植面积，深入推进农业节水，扩大农业节约水用于交易水量。二是建立水权交易收益和分配监管机制，倒逼企业对用水设备进行技术升级改造，为入市交易腾出多余水量，将节约的用水指标通过转让、公开竞价等方式入市交易，激发用水户节水意识和企业交易的积极性。三是推进全国再生水利用配置试点城市建设，提高再生水利用率达到60%以上。通过充分收集利用地表水资源，实施城市雨污分流改造工程。四是集中精力解决土地权遗留难题，完善产业用地标准地出让和工业用地弹性年期供地模式，为企业纾困解难，探索城市、园区低效土地再开发，规范市场秩序，盘活土地资源。五是深化能耗换林相关政策，发挥闽宁协作优势，加大山林资源的招商力度，引导社会资本进山入林，投身营林、护林、造林事业，构建“政府主导、市场运作、社会参与”的国土空间生态修复机制，提高社会资本参与生态修复主动性。六是积极探索用能权有偿交易和使用路径，加快调整产业结构、优化能源结构、推广低碳模式，确保宁夏用能权改革达到预期目的。七是持续深化排污权改革，加快宁夏五市之间排污权交易指标置换；推进清洁能源替代，倒逼企业节能改造，腾出指标新建高效低耗项目。

以制度型开放促进宁夏高水平开放的路径探析*

尚亚龙

2023年7月11日，习近平总书记在中央全面深化改革委员会第二次会议上强调，建设更高水平开放型经济新体制是我们主动作为以开放促改革、促发展的战略举措，要围绕服务构建新发展格局，以制度型开放为重点，聚焦投资、贸易、金融、创新等对外交流合作的重点领域深化体制机制改革，完善配套政策措施，积极主动把我国对外开放提高到新水平。由此可见，“制度型开放”已经成为新时代我国建设更高水平开放型经济新体制的主攻方向。2023年宁夏回族自治区政府工作报告也明确提出了要“加快建设开放型省区”的目标。为实现这一目标，并与国家建设更高水平开放型经济新体制取得一致步调，宁夏亟须在推行制度型开放层面拿出行动，奋力开创内陆开放型经济试验区建设新局面。

一、宁夏推行制度型开放的先决条件与坚实基础

（一）内陆开放型经济试验区的设立为宁夏制度型开放创造了先决条件

按照亚当·斯密和大卫·李嘉图的国际分工理论，开放型经济能够最大

作者简介：尚亚龙，宁夏社会科学院综合经济研究所助理研究员。

* 本文系2022年宁夏社会科学院重大现实问题“关于扩大对内对外开放的研究”的阶段性成果。

限度地发挥资源和生产要素创造财富的价值，为人类节省资源并带来福祉。[①]改革开放后，东部沿海省份搭乘“开放”快车，率先步入了开放型经济发展轨道，在资金、技术等生产要素的积累层面实力雄厚，在面向国际市场之际亦可依靠这些积累迅速参与国际分工。而类似宁夏这样的内陆省区，由于开放型经济起步较晚，生产要素积累不足，仍需通过引进大量优质生产要素来带动经济发展。尽管如此，相较于东部沿海地区，宁夏发展根本的不足仍非生产要素的不足，而是开放的不足。千百年来，宁夏更多是守着黄河在发展。虽说“天下黄河富宁夏”，但在相对有限的资源条件与封闭的发展环境下，改革开放以来相当长的一段时期，宁夏地方经济都是在封闭经济的运行模式下发展，对外开放的主动性与积极性严重不足。

现今，在国家倡导建设更高水平开放型经济新体制的战略机遇下，如何把握机遇，从制度型开放的角度入手探索宁夏高水平开放的路径，已成为一项值得关注的课题。为此，我们既需借鉴东部沿海地区宝贵经验，补足生产要素积累不足的历史“欠账”，又需在认清自身区情条件的基础上，勇于开拓、敢于创新，以制度创新来打破长久以来形成的封闭发展思维。

2012 年，国务院同意在宁夏回族自治区设立内陆开放型经济试验区。自此，在内陆开放型经济发展层面宁夏具备了先行先试、探索创新的先决条件。迄今为止，包含宁夏在内，全国已有 3 个省份（另有贵州、江西两省）被国务院批复同意设立为内陆开放型经济试验区。但从实践层面来看，宁夏起步最早、经验最多。

近年来，在自治区党委、政府的坚定支持下，全区上下齐心协力，牢记习近平总书记嘱托，一手抓黄河流域生态保护和高质量发展先行区建设，一手抓“一带一路”和内陆开放型经济试验区建设，在建设社会主义现代化美丽新宁夏的征程中奋勇向前。“十四五”期间，宁夏还将“以高水平开放促进高质量发展”，在开放通道、开放平台、开放园区、开放型经济、

①刘秀玲，朱瑞雪，蔡莉.丝绸之路经济带视阈下宁夏开放型经济发展探讨［J］.大连民族大学学报，2016，18（2）：115-118

区域合作、开放环境等6个方面取得更大发展成效。[①]

（二）开放型经济的发展为宁夏推行制度型开放奠定了坚实基础

1. 健全物流通道体系

空中通道建设方面，增开加密国际国内航线航班。截至2022年底，银川河东国际机场已开通86个通航城市的140条航线，其中，国内航点75个，省会城市直飞率达到100%；国际航点11个，已开通至仁川、迪拜等12条国际（地区）航线，形成了以河东国际机场为中心，辐射全国各个省会和主要城市，面向中东、连接东亚和东南亚的航空运输格局。

陆路通道建设方面，四向通道服务保障能力持续提升。宁夏积极发挥地处中国—中亚—西亚经济走廊和中蒙俄国际经济走廊的独特区位优势，先后开通了至中亚、西亚，蒙古、俄罗斯、越南、老挝等地区与国家的国际货运班列，至天津港的铁海联运班列。同时，深化与新疆、内蒙古等省区口岸及天津、青岛等东部沿海港口的合作，强化与西部陆海新通道沿线省（区、市）的交流，初步构建了通边达海、连接南北的陆上开放通道格局。

国际物流体系建设方面，搭建涵盖国际铁路、铁海联运、卡车班列等多种运输方式于一体的国际物流体系，为宁夏打造区域性国际物流中心提供了有力支撑的同时，也提升了宁夏产业链供应链现代化水平。

2. 完善开放政策体系

2013年以来，宁夏积极响应国家《推动共建丝绸之路经济带和21世纪海上丝绸之路的愿景与行动》，全面落实国家高水平对外开放决策部署，加强政策协调，完善对接机制，围绕口岸建设、中阿合作、外贸外资、跨境电商等各项开放要素，持续出台并完善相关政策举措，有效提升了全区开放型经济的引领作用。此外，复制推广自贸区投资贸易便利化、金融服务实体经济、推进“放管服”改革等方面改革试点经验260项。全面落实外商投资准入前国民待遇加负面清单管理制度，全面推广国际贸易单一窗口标准版，进一步推动“两步申报”“两段准入”通关

①自治区人民政府办公厅关于印发宁夏回族自治区推进“一带一路”和内陆开放型经济试验区建设“十四五”规划的通知［EB/OL］.宁夏回族自治区人民政府网站，https://www.nx.gov.cn/zwgk/qzfwj/202109/t20210924_3044941.html

模式，压缩整体通关时间，优化涉外税收服务。与西部12省（区、市）共同签署《合作共建西部陆海新通道框架协议》，有力强化了外向型经济融资担保和供应链服务能力。

2021年以来，自治区人民政府相继发布《关于促进全区开放型经济发展的意见》（宁政发〔2021〕26号）、《关于推进全区外贸新业态新模式发展的若干措施的通知》（宁政办发〔2022〕17号）、《关于推进全区内外贸一体化发展的若干措施》（宁政办发〔2022〕49号）以及《宁夏回族自治区外资三年外贸五年倍增计划》（宁政办发〔2023〕14号）等一系列政策措施。在日趋完善的开放政策体系支撑下，宁夏依托本地资源特色、环境优势及产业优势特色，积极利用开放平台推动国际项目合作。尤其是在中阿博览会、中国（宁夏）国际葡萄酒文化旅游博览会等开放平台的媒介作用下，内陆开放型经济发展水平显著提升。

3. 构建现代产业体系

自治区第十三次党代会报告中提出的构建具有宁夏特色的“六新六特六优”现代产业体系，为宁夏调结构、转方式、增动能、促融合指明了方向。当前，全区正围绕“四项计划”①及“六新六特六优”现代产业体系建设谋篇布局。宁东能源化工基地作为全国最大的煤制油、煤制烯烃生产基地，已成功转型为全国重要的新材料生产基地和光伏产业生产研发基地。②宁夏葡萄酒作为世界葡萄酒商品市场中的新生代“角逐力量”，在国际顶级葡萄酒大赛上屡获大奖。葡萄酒产业已经成为宁夏的一张“紫色名片”。作为全国“黄金奶源地”的沿黄奶产业优势区，银川市、吴忠市奶产业正在打造高标准奶产业发展核心区，石嘴山市、中卫市积极提升奶产业发展区的综合实力，宁夏奶业产业集群发展雏形已然显现。肉牛产业作为全区重点特色产业之一，其产区也是农业农村部确定的全国肉牛优势产区之一，正在向规模化、数字化方向转型，逐步迈入高质量发展轨道。

---

①指实现新型工业强区、特色农业提质、现代服务业扩容、数字赋能四项计划。

②宁东能源化工基地是全国首个东西科技合作引领区。近年来，陆续吸引了江苏润阳、浙江正泰、东方希望、韩国晓星、新澳纺织等一批国内外知名企业赴宁投资布局。

4. 稳步推动经贸合作

2013—2022 年，宁夏累计实际利用外资 23.6 亿美元，年均增速为8.2%。截至 2022 年底，宁夏累计设立外商直接投资企业 1104 家，主要投向装备制造、煤化工、新能源、现代农业、商贸服务、金融等行业，美国亚马逊、德国舍弗勒、日本山崎马扎克、韩国晓星等一批世界知名跨国企业先后来宁投资。其中，新加坡、马来西亚、阿联酋、沙特、约旦、也门、埃及等共建“一带一路”国家在宁夏设立外商直接投资企业累计已达 124 家，实际投资额 2.2 亿美元。宁夏在全球 36 个国家和地区设立对外直接投资企业累计达 152 家，对外投资总额 43.9 亿美元，对外承包工程营业额完成 4.5 亿美元，外派劳务 7000 人次。其中，宁夏企业在埃及、毛里塔尼亚、约旦、阿联酋、沙特、阿曼等 6 个阿拉伯国家投资设立了 23 家企业，总投资额 4.35 亿美元。此外，与俄罗斯、印度、马来西亚、沙特等 59 个共建“一带一路”国家经贸往来的持续开展也推动了宁夏外贸市场多元化格局的形成。

5. 高位推进招商引资

近年来，宁夏主动围绕重点企业、优势产业和重点园区，组织招商团队，由各级领导带队亲赴京津冀、长三角、粤港澳大湾区、黄河流域重点省区推动项目引进，构建区域合作机制。2017—2022 年，宁夏招商引资实际到位资金超万亿元，引进世界 500 强和中国 500 强企业 100 余家，招商引资项目形成的固定资产投资占全社会固定资产投资比例多年保持在 45% 左右，有力推动了全区经济结构调整和增长动能转换。2023 年 3 月，宁夏党政主要领导带队赴上海、江苏、浙江开展经贸交流合作。其间，通过举办经贸合作暨企业家恳谈会推动签订投资贸易项目 180 个，金额 1286 亿元。1—9 月，宁夏针对京津冀、长三角、粤港澳大湾区分别实施招商引资项目 355 个、325 个、95 个，实际到位资金 512.8 亿元、322.8 亿元、127.5 亿元，占到位资金总额的 63.77%。为强化区域合作、实现共赢发展奠定了良好的基础。

6. 持续深化国际交流

2023 年 9 月，随着第六届中国—阿拉伯国家博览会的召开，累计签订合作项目达到1200多个，为中阿双方共建“一带一路”奠定了坚实基础。同月，以“友好·互鉴·发展·共享”为主题的第三届宁夏国际友好城市论坛在银川市举办，来自宁夏国际友好城市、友好地区、友好组织的约90名外国嘉宾参加了论坛①，拓宽了宁夏的国际“朋友圈”。自1987年与贝宁博尔古省率先缔结国际友城关系以来，宁夏已同全球42个国家的60个城市缔结了国际友城关系。在与国际友城的交往过程中，宁夏同各友城在经贸、教育、农业、科技等领域的合作关系也在不断强化。从全球范围来看，宁夏已同180个国家和地区实现经贸往来，在35个国家和地区设立了156家企业。凭借举办中国—阿拉伯国家博览会、中国（宁夏）国际葡萄酒文化旅游博览会等“招牌”展会，宁夏融入国内国际双循环发展新格局的步伐越来越快。

二、宁夏推动高水平开放面临的突出问题

（一）外向型经济发展不均衡

宁夏南北区域发展不均衡，外向型经济发展的水平各不相同。北部引黄灌区产业基础良好、县域经济发达、外向型经济发展水平相对较高。中南部地区生态环境较为脆弱，产业基础较为薄弱，外向型经济发展水平相对较低。从全区五市近期（2023年1—10月）进出口贸易的实际情况来看，固原市表现十分抢眼（同比增幅达487.92%），但从外贸占比情况来看，银川市“一枝独秀”的格局并未根本动摇。（见表1）值得一提的是，固原市近期出口的大幅增长，与其近年来发挥本地农业特色资源优势，积极主动扩大对内开放推动招商引资有较大关联。2021年，固原市瞄准本地优质的马铃薯资源，从河北引进了农业产业化国家重点龙头企业雪川农业集团，投资设立了雪川六盘山食品（宁夏）有限公司。通过实施马铃薯全产业链项目建设，实现了马铃薯加工向精深化发展，满足了国内对于马铃薯的多元化消费需求，也为固原市外贸经济发展增添了新的活力。

①宁夏国际友好城市论坛是自治区党委和政府线下主办的重大外事活动，是为深化宁夏同国际友好城市、友好地区、友好组织交流合作打造的机制性平台。

表 1　宁夏五市进出口贸易情况

单位：万元人民币、%

地区	出口				进口			
	2022 年 1—10 月	2023 年 1—10 月			2022 年 1—10 月	2023 年 1—10 月		
	金额	金额	增幅	占比	金额	金额	增幅	占比
银川	1021328.21	751801.63	−26.39	59.71	260530.78	335932.58	28.94	74.55
石嘴山	417213.26	334763.88	−19.76	26.59	68382.41	71156.57	4.06	15.79
吴忠	55882.32	35537.48	−36.41	2.82	15127.37	13281.03	−12.21	2.95
固原	2298.44	13512.96	487.92	1.07	7585.25	8210.06	8.24	1.82
中卫	174796.57	123392.39	−29.41	9.80	117168.10	22036.41	−81.19	4.89
合计	1671518.81	1259008.34	−24.68	100.00	468793.92	450616.66	−3.88	100.00

数据来源：银川海关。

近年来，随着黄河流域生态保护和高质量发展先行区建设的推进实施，中南部地区生态环境有所改善，但扩大对外开放的基础仍然比较薄弱。

（二）国际航线运营不稳定

2010—2019 年，河东国际机场累计开通迪拜—银川—郑州等 6 条国际（地区）定期航线、韩国江原道—银川等 6 条国际（地区）包机航线，但从 2018 年起，国外航空公司大面积停航，2019 年仅剩越南越捷航空 1 家境外航空公司。在开通过的国际（地区）定期航线中，除东方航空银川—中国台北航线连续运营时间达到 7 年、四川航空成都—银川—迪拜航线依靠补贴勉强实现 3 年运营，其余境外航空公司运营时间均不超过 3 年。2023 年 1 月国家对新型冠状病毒感染实施“乙类乙管”后，民航业整体实现快速复苏。但国际航线恢复进展缓慢。截至 2023 年底，国内航班已大体恢复到了 2019 年的 96%，但国际航班却仅恢复到了 29%的程度。

（三）外贸依存度低位徘徊

较低的外贸依存度意味着外贸对经济发展的贡献率较小。而外贸依存度的高低，一定程度上也可以说是外向型经济发展的“晴雨表”。从外贸依存度测算来看，2013—2022 年，宁夏外贸依存度除个别年份（2014 年、2017 年），多数年份在 10%以下。而全国外贸依存度近年来虽有所下滑，但仍然保持在 30%的水平线以上。

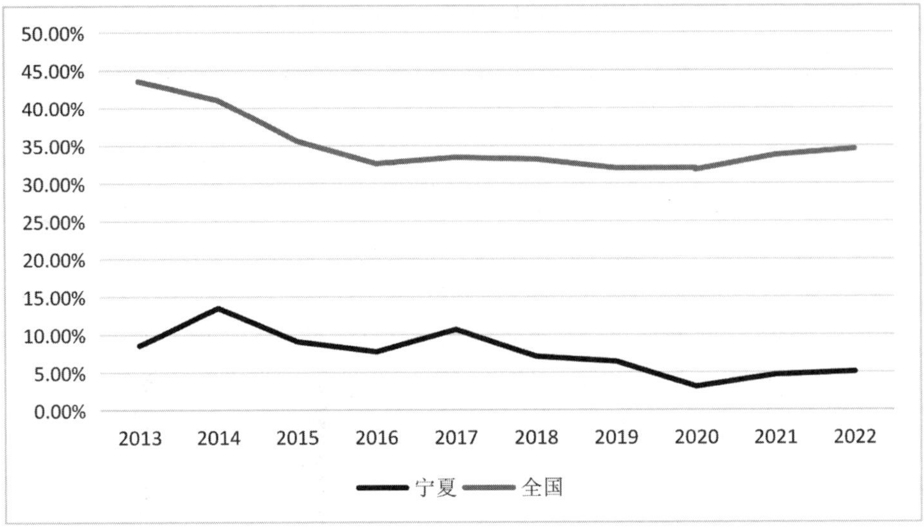

图 1　2013—2022 年宁夏与全国外贸依存度

数据来源：《宁夏回族自治区 2022 年国民经济和社会发展统计公报》《宁夏统计年鉴（2022）》《中国统计年鉴（2022）》。

从外贸市场的分布情况来看，当前（2023 年 1—10 月）宁夏外贸进出口市场主要集中在东亚、东南亚地区（进出口额占比 17.18%、17.42%），而与中亚、西亚地区国家开展的外贸进出口份额，在全区进出口总额中所占比重分别为 1.19%、2.15%。就对外开放的战略选择而言，多年来虽一直倡导“向西开放”，但从贸易成效来看，“向西开放”收效甚微。

（四）外商投资比重过低

利用外资可持续发展动力不足。各县（市、区）利用外资水平参差不齐，对引进外资工作缺乏重视。与全国特别是东部沿海省区相比，宁夏的投融资结构不够理想，重内资轻外资现象严重。据商务部外资统计数据，宁夏 2022 年新设企业中外资企业占比仅为 0.1%，固定资产投资利用外资比重仅为 0.2%。

宁夏投融资环境很难吸引外资进入。典型问题有，竞争领域国有投资比重偏高，依靠国内贷款投资比重偏高，民间投资较少，利用外资更少。当前，国家为建设更高水平开放型经济新体制，正在开展试点对接国际高标准经贸规则。目前推行的自贸区试点工作之一即促进投融资开放。

其中，上海自贸区作为揭牌十年的老牌自贸区正全力推动这项工作实施。[①]

三、对策建议

构建高水平开放型经济新体制是宁夏高质量发展的战略机遇。“十四五”期间，在习近平新时代中国特色社会主义思想的指导下，宁夏应深入贯彻习近平总书记视察宁夏重要讲话和重要指示批示精神，全面建设黄河流域生态保护和高质量发展先行区，继续坚持改革开放，在推动制度型开放层面拿出举措，以更加开放的姿态赢得发展的主动权。

（一）推动宁疆、宁陕协作，实现与其他自贸区联通互动

宁夏内陆开放型经济试验区与自贸区之间缺乏联动，限制了宁夏制度型开放的溢出空间。在构建高水平开放型经济新体制的过程中，宁夏要善于“借船出海”，与其他自贸区实现联动合作，从而推动自身“开放型省区”建设目标的实现。通过举办中阿博览会，宁夏实现了与阿拉伯国家的互联互通，但从地缘条件来看，中亚地区在“向西开放”中的战略地位也很重要。虽然当前宁夏与中亚之间的贸易总量还不大，但自中亚进口的产品主要为原油、粮食等能源、资源类产品，战略意义非同寻常。鉴于双方贸易存在较大互补性，宁夏应继续拓宽与中亚地区的经贸合作空间。宁夏要“向西开放”，就必须依靠途经新疆的欧亚陆路通道。近期中国（新疆）自由贸易试验区揭牌成立，使得新疆“向西开放”的政策环境进一步优化。因此，从务实的角度来看，宁夏应谋求进一步增强与新疆在制度型开放层

---

①一是加强顶层设计，建立自贸区金融监管制度体系。截至2023年6月末，辖内共有49家银行业金融机构建立了自由贸易账户核算体系，自由贸易账户资产总计1.06万亿元。二是聚焦改革创新，提升自贸区银行业保险业服务实体经济的能力。如针对创新业务给予资金支持，打造临港新片区科技保险创新引领区，面向小微企业推出普惠型网络安全保险等。三是大胆引进外资，助力自贸区成为上海国际金融中心建设的核心承载区。上海市已推动落地首家外资再保险法人机构、首家外商独资保险控股公司、全国唯有的五家外资控股理财公司等首创性对外开放项目，同时继续发挥自贸区服务“一带一路”建设的桥头堡功能，批准约旦阿拉伯银行、阿布扎比第一银行等共建“一带一路”国家银行在自贸区内设立分行。齐琦.上海辖内49家银行自由贸易账户资产达1.06万亿元［N］.第一财经日报，2023-09-20（A07）

面的沟通交流。此外，与宁夏相邻的陕西自贸试验区自成立以来，就以制度创新为核心，以可复制可推广为基本要求，在投资改革、贸易监管、人文交流、产业发展、金融创新、通道建设等方面创新成果斐然，在引领带动对内对外开放方面的表现突出。宁夏作为内陆地区，在对外开放发展层面与陕西存在不少共性问题。因此，相关部门可考虑与陕西强化对接，共同商讨如何发展内陆开放型经济，亦可通过高层对接，进一步完善两省区在参与丝绸之路经济带建设方面的合作机制。

（二）积极争取多方支持，奋力搭建全方位开放空中通道

宁夏虽小，但开放的潜力不小。要拿出决心与气魄，全力贯通开放要道。针对当前国际航线运营仍不稳定的局面，建议自治区财政厅、宁夏机场公司研究制定适应市场变化需求的财政补贴资金管理办法，加大对战略性重点国际客运航线的支持力度。与此同时，围绕中国民航局对银川河东国际机场“特色枢纽机场”的定位，积极争取国家对银川河东机场扩大对共建“一带一路”国家开放第三、四、五航权的支持。适时推动加密银川至香港、迪拜航班，重启银川至大阪的直飞航班，探讨开通至 RCEP 国家以及其他热点国际城市的航线，构建面向丝绸之路经济带，连通东北亚、东南亚，辐射中西部地区的航线网络，为宁夏及周边省区旅客经由银川河东机场飞往世界各地搭建便捷、经济的空中通道。

（三）持续推进与共建“一带一路”国家（地区）合作，巩固发展传统市场

基于丝绸之路经济带建设考量，宁夏应充分利用中阿博览会平台优势开辟中东市场，持续推进与共建“一带一路”国家（地区）在贸易投资、产能合作、技术合作、绿色发展等更宽领域的共同发展。要支持有实力的企业在共建“一带一路”国家（地区）投资布局生产基地。此外，还可探讨与共建“一带一路”国家联合设立先进能源研究中心，加快先进能源技术的转化应用，提升能源生产和利用效率，为实现碳达峰碳中和作出贡献。基于巩固传统市场的考量，宁夏还是要持续加大与欧美地区及日韩等国家之间的经贸交流，提升自身发展质量。要充分利用各种境内境外、线上线下展览展示活动，扩大宁夏“六新六特六优”产业相关产品在国际上的品牌知名度与影响力。大力支持企业建设海外营销网络，拓展海外订单市场。持续推动园区产业转型升级，培育壮大园区外向型产业。尤其是要支持银川经开区（新材料）、银川高新技术产业开发区（羊绒制品）外贸转型升级基地完善产业链配套体系，放大产业集聚优势。着力将宁东能源化工基地（现代煤化工）国家外贸转型升级基地培育为宁夏外贸新的增长点。

（四）把握高水平开放战略新机遇，推动制度型开放举措见实效

2023 年 12 月 7 日，国务院关于《全面对接国际高标准经贸规则推进中国（上海）自由贸易试验区高水平制度型开放总体方案》发布，使得上海自贸试验区在对接国际高标准经贸规则、推进制度型开放层面赢得了“先手权”。宁夏虽然不是自由贸易试验区，但作为国内首个被国务院批准设立的内陆开放型经济试验区，从某种意义上来讲同样具备先行先试国际规则标准的先决条件。要坚定树立“不沿边不靠海照样可以开放”的决心和信心，从制度的“根”上打破封闭发展的模式。针对宁夏外资投资少的情况，要继续深化“放管服”改革，大力改善投融资环境。鉴于宁夏人口少，劳动力资源不够富集，发展加工制造业优势相对不足，可考虑聚焦服务贸易，增强国际合作，在服务贸易领域取得突破。为此，宁夏需在金融开放领域实施制度创新。建议按照国际高标准经贸规则的要求，在金融服务、负面清单管理等方面先行先试，打造内陆金融业高水平对外开放先行区，大力提升外资企业在宁投融资便利化程度。同时，积极支持跨国公司在宁夏设立资金管理中心，引领金融服务业制度型开放。此外，国企作为宁夏固定资产投资的“顶梁柱”，更应在制度型开放层面作出表率。要进一步深化国企改革，使其尽快接轨国际通行规则。一是要在采购管理、采购监督方面构建规范透明、科学严密的制度体系。二是要参照国际劳工组织工商业劳动监察公约，高标准运行劳动保障监察机制，并依据相关法律法规规定，加强对劳动者权益的保护。重点要健全协调劳动关系三方机制，常态化受理劳动者、工会、企业三方提出的意见建议。

宁夏深化开发区管理改革研究

郜 贤

近年来，自治区党委、政府高度重视开发区改革创新，出台了一系列行之有效的政策措施，特别是先后出台《开发区整合优化和改革创新实施方案》（宁党办〔2018〕82号）和《关于促进开发区体制机制改革和高质量发展的实施意见》（宁党办〔2021〕93号）。（以下简称《实施方案》《实施意见》）各地坚持以推动高质量发展为主题、以深化供给侧结构性改革为主线、以市场化改革为方向，推行“管委会+公司”模式，创新管理机制，完善服务体制，优化营商环境，着力破除制约开发区发展的体制机制障碍，构建运转高效、富有活力、提质增效的开发区建设新局面，为加快先行区建设、推动建设社会主义现代化美丽新宁夏发挥重要作用。

一、宁夏开发区管理制度改革取得显著成效

从调研情况看，各地各部门深入贯彻党的二十大精神，以习近平总书记关于开发区建设重要论述为指引，全面落实自治区党委关于推动开发区高质量发展的决策部署，坚持以深化供给侧结构性改革为主线、以市场化改革为方向，创新管理机制，完善服务体制，优化营商环境，着力破除制

作者简介：郜贤，自治区党委政研室改革督察处处长，研究方向为政策研究、改革督察。

约开发区发展的体制机制障碍，构建运转高效、富有活力、提质增效的开发区建设新局面，为推动经济社会发展发挥重要作用。

（一）发展规模迈上新台阶

全区 24 个开发区入驻工业企业 2280 家，其中规上工业企业 1151 家，占全区规上工业的 80%，较 2018 年增长 20%；工业总产值 1000 亿元以上的有 1 个，300 亿元以上 4 个，100 亿元以上 12 个，实现工业总产值 5096 亿元，近 5 年年均增速超过 10%。2022 年，全区开发区实现工业总产值 5519 亿元，占全区工业的 76%，完成工业投资 678.8 亿元，占全区工业的 70%，实现利润 293.6 亿元，占全区工业的 71.1%，实现税收 250.6 亿元，占全区工业的 68.9%，开发区已成为推动全区经济发展的增长极。

（二）产业转型取得新进展

深入实施结构改造、智能改造、技术改造、绿色改造等“四大改造”，有效推动产业结构优化升级，实现了新兴产业扩量提速，推动新型材料、清洁能源、数字信息等一批重点特色产业快速发展，开发区产业结构持续优化。截至 2022 年，规上高技术制造业占规上工业增加值比重达到 9.9%，比 2018 年（4.1%）提高 5.8 个百分点；规上工业战略性新兴产业占规上工业总产值比重达到 14.6%，比 2018 年（10.8%）提高 3.8 个百分点；宁东能源化工基地开发区跻身国家现代煤化工产业示范区，跃居全国化工园区 5 强，转型升级效果总体明显。

（三）产业链条有了新延伸

突出主导产业，推动产业链纵向延伸、产业间横向耦合、园区间协调联动，重点打造八大产业集群。目前，全区电子信息产业集群有规上企业 83 家，产值规模 680 亿元；新材料产业集群有规上企业 132 家，产值规模 1765 亿元；绿色食品产业集群有规上企业 178 家，产值规模 392 亿元；清洁能源产业集群有规上企业 22 家，产值规模 600 多亿元；现代煤化工产业集群有规上企业 25 家，产值规模 900 亿元；高端装备产业集群有规上企业 183 家，产值规模 850 亿元；现代纺织产业集群有规上企业 57 家，产值规模 90 亿元；大健康产业集群有规上企业 29 家，产值规模 70 亿元。

（四）创新能力实现新突破

持续加大科技投入，加强技术攻关，加快成果转化，综合科技创新水平不断跃升。截至2022年底，24个开发区集中了全区95%有研发活动的规上工业企业、95%的国家高新技术企业、42%的自治区科技“小巨人”企业、66%的自治区科技型中小企业及77%的科技创新创业平台，贡献了全区80%以上的R&D经费，国家重点支持的8个高新技术领域实现全覆盖。全区现已建成国家级重点实验室3个、自治区级重点实验室42个、企业技术中心98家、国家地方联合工程研究中心26家、自治区级产业技术协同创新中心5个，平台载体建设成效突出。

（五）服务效能得到新提升

按照“一县一区，每个开发区不超过3个区块”的整合原则，将33个开发区整合优化为24个，推动由市分管领导或县区主要领导兼任开发区党工委书记、管委会主任，实现了县区与开发区一体化发展。通过明确功能定位、优化机构设置、创新运营机制、强化激励作用等改革创新举措，为开发区减负松绑、瘦身健体，推动下放市县级经济管理权限37项，支持3个开发区设立了一级财政、7个开发区建立了行政审批服务大厅，实现了“企业的事情不出区，园区的事情园内办”。

二、宁夏开发区管理制度改革存在的主要问题

（一）市场化改革不彻底

一是社会事务管理职能还没有彻底剥离。开发区管委会目前承担的社会事务管理职能有信访维稳、综合治理、市场监管、安全生产、环境治理、乡村振兴等，自治区相关部门还要求设立工青妇、武装部，承担驻村帮扶工作，有的县区要求开发区管委会领导兼任驻地乡镇（街道办事处）党委副书记。管委会编制仅有20多人，但承担了县直部门大部分工作职能，没有时间和精力抓经济发展。二是市场化运营模式还没有完全推行。全区还有4个开发区至今没有成立运营公司，有3个开发区（银川高新技术产业开发区、泾源轻工产业园区、彭阳王洼产业园区）虽然成立了运营公司，但还没有开展具体业务。大部分开发区在推行“管委会+公司”运行模式中

市场化意识不强，在资金筹集、项目推进、公共基础设施建设等市场化服务方面仍然以政府为主，引入市场主体参与建设的作用发挥不明显。各地都没有建立开发区运营公司评估退出机制，地级市党委和政府也没有对运营公司进行评估问效，有7个开发区运营公司负债率达50%以上，有些运营公司收入不足以支撑其长期发展。三是经济管理权限还没有完全下放。主要是“放不下、不愿放、接不住”，有的市县对项目备案核准、规划审批、环境评价等权力，牢牢抓在手里不愿意下放，或者明放暗不放。有的事项下放到开发区后，只放工作不放人，开发区没有专业人才，干部不懂专业技术，对下放的审批事项接不住。比如青铜峡工业园区下放了7项行政审批管理权限和4项行政代办管理权限，因开发区属于事业编制没有行政审批权，无法有效承接。

（二）管理机制改革不到位

一是选人用人机制不顺畅。存在干部流动不顺畅、人员聘用无权限等问题。一方面，编制内人员发展受限。除宁东能源化工基地开发区和银川经济技术开发区，其余开发区普遍存在中下层干部与所在县区干部交流通道不畅，进来出不去、出去进不来等问题，有的干部在开发区一干就是一辈子，也没有推行全员聘任制和竞争上岗制。另一方面，编制外人员无权聘用。有的由市县人社局负责招聘，有的由运营公司负责招聘，还有的由劳务公司负责招聘，工资待遇实行定额财政支付。二是行政执法改革不到位。目前，只有宁东能源化工基地开发区具有行政监管权和执法权，其余开发区虽然设立了应急管理和生态环境机构，但均没有行政监管权和执法权，这项改革任务至今没有落实到位。三是自主招商机制不健全。虽然各地制定了招商引资绩效考核办法，但缺乏对开发区管委会招商引资的激励机制，仍然实行以政府为主的单一招商模式，开发区管委会的干部不能分享招商引资的项目收益，招不招商、招多少商与自身利益不挂钩，导致有些开发区管委会常年不外出招商，存在守摊子、保安全、混日子的思想。

（三）发展方式转变不充分

一是土地使用粗放。与全国相比，宁夏开发区土地使用效益不高，24个开发区亩均投资强度231.84万元，银川综合保税区和海兴开发区仅有

73.81 万元和 49.13 万元；土地亩均产出强度 150.44 万元，泾源县轻工产业园区和银川综合保税区仅有 14.19 万元和 13.06 万元；工业用地亩均税收 5.44 万元，隆德县六盘山工业园区仅有 0.30 万元；用地平均综合容积率 0.45，低于国家工业用地 0.6 的最低标准。全区开发区共有闲置土地 1.91 万亩，占全区总量的 41.6%；共有批而未供土地 4.19 万亩，占全区总量的 26.7%。二是能源利用偏低。全区开发区以“两高一资”企业居多。2022 年，全区单位 GDP 能耗每万元 1.97 吨标准煤，是全国的 4.1 倍；单位工业增加值能耗同比增长 1.1%，不降反升；万元 GDP 水耗 130.8 立方米，是全国的 2.6 倍。2022 年，全区一般固废产出量 8064 万吨，同比增长 1.8%；2021 年，全区一般工业固废综合利用率为 46.76%，仅为全国的 81%。三是科创能力较弱。一些企业对科技创新认识不足、重视不够、投入不多，全区仍有近 60%的规上工业企业没有研发活动，有研发活动的规上工业企业 R&D 经费支出与营业收入比重不到全国平均水平的 60%。有些企业还处在产业链的前端、价值链的低端、创新链的末端，以原材料初加工和中间品生产为主，拥有强劲科技创新能力和市场竞争力的领军企业不多。企业科技领军人才和科技创新团队占比分别不到全区总数的 1/5 和 1/2，没有充分显示企业的科技创新主体地位。2022 年，全区每万人高价值发明专利拥有量为 1.57 件，约为全国水平的 17%，全区研发经费投入与技术合同成交额比重为 0.36，约为全国水平的 21%，科技创新产出仍需加强。

（四）园区产业结构不协调

一是产业布局雷同。各地在招商引资中“捡到筐里就是菜”，导致多数园区产业结构趋同，特色发展、错位发展明显不足。比如银川高新区、石嘴山高新区、金积工业园区、固原经济开发区等 6 个开发区都有纺织业，宁东能源化工基地开发区、太阳山开发区、青铜峡工业园区、中卫工业园区等 9 个开发区都有化工产业，石嘴山经济技术开发区、平罗工业园区、中宁工业园区等 6 个园区都有冶金业。二是产业链条较短。从实际看，全区开发区产业大多处于产业链的前端，总体层次偏低。工业生产以原材料、粗加工等低端产品为主，中高端产品供给不足，产品技术含量低、品类单、品牌少，大部分精深加工、终端产品、高附加值环节都在区外。化工行业中精细化工比重不足6%，高附加值比重不足20%；轻纺行业中60%以上的食品产业集中在产业链前端，80%的纺织企业在初加工阶段；电解铝就地加工转换率只有60%左右，而且以板带、棒材初级加工为主，进入终端消费的电解铝不足20万吨。三是产业规模偏小。除煤炭、火电、化工等行业在全国有一定规模，其余行业规模都很小。机械行业增加值仅占全国的1/2000，钢铁行业产能仅占全国的1/200，轻纺行业仅相当于广东、江苏的1/100，医药行业产值仅占全国的1/1000，智能制造、信息技术等战略性新兴产业规模更小。

（五）配套服务设施不完善

一是基础设施投入少。“九通一平”的园区保障水平还比较低，有的开发区缺少环保设施，导致企业自行投资建设，增加了负担，有的开发区污水处理、中水回用、集中供热供气设施不完善。2022年，全区24个开发区基础设施投资31亿元，同比下降33.8%，永宁工业园区基础设施投资为零。二是生产服务欠账多。开发区物流、检测、设计、财务、法律等生产性服务资源比较短缺，部分开发区公共服务平台和信息化建设还存在短板，数字化治理水平还比较低，还不能实现开发区内企业之间信息互联互通。比如物流方面，公路运输占80.5%，铁路占16.6%，A级物流企业仅有48家，跨运输方式转运衔接不畅，物流组织效率不高。三是生活服务跟不上。受历史因素和开发模式的制约，全区开发区多数设在离城市较远的地方，吃、住、行、购、娱等生活服务配套设施没有跟上。在住宿方面，除少数园区建有员工宿舍，绝大多数园区未建公寓。在餐饮购物方面，部分园区吃饭购物很不方便。

三、对策建议

（一）整合优化开发区布局

一是明晰发展定位。按照“一县一区，每个开发区原则上不超过3个区块”的要求，以国家级开发区和发展水平较高的自治区级开发区为主体，整合相邻相近的开发区，清理整顿不合规开发区，实现“一个开发区、一套班子、一本规划”，加快形成布局合理、错位发展、功能协调的开发区发展新格局。二是优化功能布局。根据自治区开发区“十四五”规划总体部署，各县区制定开发区发展总体规划和地下管廊、道路交通、给排水、绿化、环保、综合防灾、生产生活等分区规划或专项规划，进一步明确开发区产业发展方向，优化功能布局。鼓励各开发区按照优势互补、产业联动、市场导向、利益共享的原则，建立上下游产业链合作建设的利益分配机制和企业退出机制，推动开发区集群化、一体化发展。三是规范设立标准。坚决贯彻落实中央“每个县（市、区）的开发区不超过1个”的要求，制订开发区整合优化方案，对规模过小、发展层次低或者已成为僵尸的各类园区进行清理、整合、撤销；对无明确管理机构、没有实质性运营的园区予以取缔，对保留的园区按程序予以备案；对银川阅海湾中央商务区、银川中关村创新创业科技园等非工业类园区进行调整；对不符合园区发展实际，且发展方向与园区现有产业差异较大的要予以规范纠正。

（二）理顺开发区管理体制

一是理顺开发区和行政区关系。研究制定开发区权力清单和责任清单，将生态环境和应急管理职能统一交由所在县区生态环境和应急管理部门分别负责，推进监管执法力量下沉开发区。开发区管理机构依法依规做好管理和服务工作，不得超越委托权限行使行政管理职能，集中履行经济管理和投资服务职能，重点做好落实发展规划、推动政策落地、协调服务企业、促进产业发展等工作。二是全面推行开发区运营机制。创新开发区规划、管理、建设、运营机制，有序推进政企分离、管运分开，督促各开发区全面推行“管委会+公司”模式，引入各类市场主体参与开发区基础设施建设、生产要素保障、投融资服务、引资引才引智等工作，形成政府和市场两手协同发力、相向而行的开发区建设运营新机制，共同为企业生产经营提供优质高效的服务、配套完善的设施、共享便捷的资源。三是推进开发区机构人事改革。减少开发区管理机构层级，探索实行编制分类管理、人员统筹使用等管理方式。建立以员额总控和岗位管理为核心的人员管理制度，实现人员管理由身份管理向岗位管理转变。支持开发区与行政事业单位之间人才流动，鼓励开发区实行全员聘任制、竞争上岗制，可在属地党委领导下，自主聘任中层管理干部。

（三）加快开发区转型升级

一是打造制造业高质量发展平台。大力推动制造业高端化、智能化、绿色化发展，加快建设制造强区，鼓励开发区引进具有核心竞争力的龙头企业，支持开发区打造制造业区域品牌，促进企业品牌与区域品牌互动发展，培育专精特新“小巨人”企业、制造业“单项冠军”企业、高新技术企业，推动重大创新成果产业化项目落地。二是大力发展特色优势产业。充分挖掘“六新”产业发展优势和潜力，推动新兴产业向终端化、规模化方向发展，传统产业向高端化、集群化方向发展。实施新兴产业提速工程，推动新型材料向高纯度高强度高精度高性能方向发展，清洁能源重点发展配套装备制造、提高能源利用效率，电子信息聚焦智能终端、数据存储、物联互联、信息应用创新发展，加快全国一体化算力网络国家枢纽节点建设。三是推动产业集群发展。实施开发区产业集群培育和提升工程，聚集“一核”“两极”“八集群”开发区布局，支持带动力强的开发区龙头企业，培育主业突出的行业骨干企业，发展协作配套的中小微企业，打造规模体量大、延伸配套好、带动能力强的产业集群。

（四）推动创新驱动发展

一是加大科技创新投入力度。发挥政府和开发区的投入引导作用，健全完善园区财政研发投入刚性增长机制，提高财政科技资金用于研发活动的比重，撬动更多社会研发资金。更好发挥开发区企业科技创新投入主力军作用，通过重大重点项目、科技创新后补助、研发费用加计扣除等方式，确保规上企业研发经费稳增长。二是强化科技创新平台建设。发挥开发区资源集聚优势，推动龙头企业、高校院所、中小企业深度合作，在开发区内纵向组建一批创新联合体，协同推进创新人才培养、关键技术攻关。引导各开发区在区内外高校院所建设飞地研发中心、技术创新中心，吸引区外大院大所在开发区设立技术转移中心、成果转化基地。三是加速科技成果落地转化。坚持把科技成果引进转化作为开发区创新发展的“一号工程”，引进转化一批重大科技成果，培育组建一批成果转移转化示范基地和示范企业，引进培育一批知名技术转移机构，培育壮大一批技术经纪（经理）人，优化“宁科贷”支持方式，探索科技项目“财政资金+科技金融”

联动模式，加快推动首台套、首批次、首版次产品市场化应用，助推科技成果快速释放生产力，塑造园区发展新动能新优势。

（五）强化开发区发展政策保障

一是创新投融资机制。建立开发区公共资产、负债登记、规范管理制度，全面摸清公共资产和债务，稳步解决产权不清问题，坚决遏制地方政府隐性债务增量，有序化解债务风险。支持符合条件的开发区开发运营企业上市和发行债券，鼓励开发区符合条件的基础设施领域不动产投资信托基金项目发行上市，支持开发区盘活存量资产，提高资产利用效率。二是健全环保安全监管体系。建立开发区建设环境影响评价制度，明确环境质量底线和资源利用上线，推进园区环境保护措施和成果落地。建立开发区安全风险评估机制，鼓励聘请第三方专业咨询机构，组织开展开发区整体安全风险评估，建立健全并落实全员安全生产责任制、安全风险分级管控和隐患排查治理双重预防工作机制，制定并实施安全生产规章制度和操作规程，完善安全生产相关设施，提升安全生产能力和水平。三是全面优化营商环境。依照法定程序向开发区下放审批权限，积极推广容缺办理、多评合一、“区域评”、限时承诺、先建后验等模式，实行“一枚印章管审批”“一张网络管服务”，实现办事不出区。对规模大的开发区可建立审批服务大厅；对距城区较近的开发区，可由市县政务大厅办理，园区帮助代办；对距城区较远的开发区，由市县相关部门在园区设立服务站。推行公司化招商和第三方招商等精准招商模式，严格兑现招商引资各项承诺，按照招商引资成果给予奖励。四是完善考核激励政策。建立开发区综合评价考核体系，将基础设施建设、招商引资落地、项目投资、生产总值、环境保护、科技投入、安全生产等指标量化纳入考核范围。

深化“科技支宁”东西部合作研究

王宇恒

为统筹推进科学技术水平提高，缩小地区间技术水平差异，加快实现科技自立自强，支撑引领经济社会高质量发展，我国深入推进实施创新驱动发展战略和区域协调发展战略。宁夏作为西部欠发达地区，科技创新力量薄弱。2016 年 7 月，习近平总书记在宁夏视察时指出，“欠发达地区可以通过东西部联动和对口支援等机制来增加科技创新力量，以创新的思维和坚定的信心探索创新驱动发展新路”①。习近平总书记的重要指示，为宁夏科技创新指明了方向、提供了根本遵循、明确了基本路径。2017 年 8 月，“科技支宁”东西部合作推进会暨宁夏沿黄科技创新改革试验区建设启动会在银川召开，这次会议初步搭建起宁夏与东部省区全方位、多领域、深层次的科技创新合作框架。2022 年，科技部等九部门研究制定了《“十四五”东西部科技合作实施方案》，进一步为东西部科技合作提出指导建议。

作者简介：王宇恒，宁夏社会科学院社会科学期刊中心研究实习员。

①习近平在宁夏考察时强调：解放思想真抓实干奋力前进　确保与全国同步建成全面小康社会［N］.人民日报，2016-07-21

一、“科技支宁”东西部合作现状分析

（一）宁夏科技研究情况分析[①]

近年来，自治区党委、政府坚持不懈推进东西部科技合作，全区科技发展取得了显著成效。全区全社会研究与试验发展（R&D）经费投入强度从2015年的0.99%增长到2022年的1.57%，全国排名从第23位跃居第19位，年均增速居全国前列。全区科技型企业数量从486家增长到2178家，增长4倍有余，规模以上工业企业中有研发活动的企业占比为40.2，占比增加27.9%，科技创新引领作用得到增强，科技创新高地取得积极进展。

1. 研究与试验发展（R&D）经费投入情况

近5年，全区研究与试验发展（R&D）经费投入均有提升，投入结构在基本保持不变的情况下略有调整，呈现总量增加、结构从优的趋势。（见表1）其中，2022年全区R&D经费支出79.38亿元，比上年增长12.7%；经费投入强度为1.57%，比上年提高0.01个百分点。

表1　2018—2022年宁夏研究与试验发展（R&D）经费投入情况

指标	2018年	2019年	2020年	2021年	2022年
R&D人员（万人）	1.98	2.09	2.12	2.95	3.09
R&D人员全时当量（人年）	11077	12016	12169	15930	16282
基础研究	1752	1559	1311	1436	—
应用研究	1692	1755	1450	1878	—
试验发展	7633	8702	9408	12616	—
R&D经费内部支出（亿元）	45.58	54.51	59.64	70.44	79.38
基础研究	2.79	3.95	3.29	3.41	4.22
应用研究	4.31	5.84	5.74	6.51	6.09
试验发展	38.48	44.71	50.62	60.52	69.06
政府资金	9.86	13.27	13.17	15.72	—
企业资金	35.01	40.14	45.77	53.91	64.59
R&D经费内部支出与地区生产总值之比（%）	1.23	1.45	1.52	1.56	1.57

①基于数据可得性，本文重点聚焦近5年（2018—2022年）全区科技研究情况，部分研究数据由调研收集、计算得出，其余为宁夏回族自治区统计局公布的统计数据。其中，2018—2021年数据来自《宁夏统计年鉴2022》，2022年数据来自《2022年宁夏科技统计公报》。

2. 科研机构及科技成果

2022 年，全区共有各类科研机构 90 个，其中有 R&D 活动的机构 79个，占 87.78%。(见表 2）科技成果方面，全区全年共计发表科技论文 1078 篇，其中县以上部门属研究机构与开发机构发表 663 篇，占比 61.5%。

表 2　2022 年宁夏各类科研机构情况

指标	单位	科学研究与技术服务业非企业单位	县以上部门属研究与开发机构合计	自然科学和技术领域	社会与人文科学领域	科技信息和文献机构	县属研究与开发机构	专业技术服务业其他单位	其他单位
机构基本情况									
机构数	个	90	17	13	3	1	9	62	2
有R&D活动的机构数	个	79	17	13	3	1	8	53	1
从业人员	人	5781	789	570	186	33	194	4788	10
科技活动人员	人	5010	815	585	195	35	178	4008	9
研究与试验发展(R&D)投入情况									
R&D 人员	人	2479	721	512	176	33	111	1640	7
R&D 人员全时当量	人年	1563	625	468	144	13	67	867	4
R&D 经费支出	千元	705902	304674	249485	48266	6923	18681	381297	1250
日常性支出	千元	600842	280996	226105	48266	6625	17571	301025	1250
资产性支出	千元	105060	23678	23380	0	298	1110	80272	0
政府资金	千元	682306	304252	249063	48266	6923	18681	358693	680
企业资金	千元	1679	0	0	0	0	0	1109	570
基础研究	千元	85479	42533	20395	22138	0	0	42946	0
应用研究	千元	234410	65939	38845	26128	966	0	168471	0
试验发展	千元	386013	196202	190245	0	5957	18681	169880	1250
R&D 项目(课题)情况									
人员全时当量	人年	1375	547	411	126	10	63	761	4
经费	千元	271420	141821	118908	21778	1135	10201	118648	750
科技产出及成果情况									
发表科技论文	篇	1078	663	349	292	22	10	404	1
出版科技著作	种	37	19	7	12	0	2	16	0
专利申请数	件	311	220	218	0	2	0	90	1
发明专利	件	98	67	65	0	2	0	31	0
专利授权数	件	327	263	246	0	17	0	63	1
发明专利	件	35	27	27	0	0	0	8	0

（二）东西部合作情况

1. 合作机制与政策支持体系

⑴ 领导机制与政策支持方面。2017年，科技部与宁夏回族自治区成立了以部区主要领导为组长的“科技支宁”东西部合作协调领导小组；2017年、2018年各召开一次“科技支宁”东西部合作推进会；2022年，科技部批复同意《宁夏回族自治区建设东西部科技合作引领区行动方案》，并在银川召开了全国东西部科技合作工作推进会，宣布启动“科技支宁2.0”。出台《关于高水平建设全国东西部科技合作引领区的实施方案》《关于推进创新驱动 发展战略的实施意见》《关于实施科技强区行动提升区域创新能力的若干意见》等政策措施，将创新驱动列为效能考核目标，全面支持科技创新的政策体系逐渐完善。

⑵ 深化科技体制改革方面。建立以需求为导向的科研项目形成机制，形成“征集一批、发布一批、对接一批、立项一批”的科研攻关、成果引进转化新机制；实行企业科技项目“前引导、后支持”机制，探索推行重大科研项目“揭榜挂帅”等制度，调动了企业科技创新积极性。

⑶ 科研管理服务方面，将项目申报由“限期申报、逾期不候”调整为“长年受理、分批评审”，实行科研项目网报网评，建立科研项目“两头严、中间松”管理机制，推行科研经费“包干制”，构建以创新绩效、质量、贡献为导向的评价机制，营造了良好的科技创新环境。

2. 与东部地区开展合作情况

合作模式方面，围绕自治区重点产业科技需求，形成了以需求为导向、以企业为主体的合作模式，5年来，先后与北京、天津、上海、江苏等11个省市，中国科学院、中国工程院、中国农科院、清华大学、浙江大学等签订合作协议，实施了近1500项东西部科技合作项目。目前，东部地区与宁夏开展合作或共建的创新载体160多个、园区9个，如国家临床医学中心宁夏分中心18个、离岸孵化器和飞地科研育成平台13家。

合作成果方面，以“围绕产业、聚焦瓶颈、重点突破”原则，与东部地区联手着力攻克制约产业发展的关键技术难题，突破了一批关键技术瓶颈，转化应用了较多先进科技成果，一些成果实现了零的突破，达到国内领先水平，甚至有部分成果达到国际水准、打破国外垄断，为我国科技、生产安全起到一定作用。

二、“科技支宁”东西部合作中存在的问题

尽管当前东西部合作处于快速发展时期，东部地区发达的科技研究与创新能力为宁夏带来了极大的发展动能，借力东部地区科研力量是当前宁夏取得创新突破的重要手段。但是，宁夏科技创新能力提高及东西部科技合作仍存在以下问题。

一是基础研究能力不足。自主科技基础研究能力欠缺，对东部发达地区的科研力量依赖严重，区内科研力量未能形成有效支撑。

二是自主创新能力不足。区内创新主体以企业为主，龙头企业创新能力较强但其科研创新力量大部分仍集中在东部地区总部，中小企业创新能力弱，现代化产业可持续发展的内生动力不足。

三是资源整合能力不强。区内高精尖技术产业基础薄弱，五市及宁东基地资源各具优缺点，缺乏资源整合与五市协同发展。

四是人才后备力量不足。科技研究人才储备不足，自主培养人才的能力薄弱，引入人才的挽留机制不完善。

五是成果产出效益不高。科技成果的知识产权保护与立法有待完善，市场交易不够活跃，成果转化与产出的经济效益不明显。

六是交流合作机会不够。基层园区、企业与东部院校、机构的沟通交流渠道较少，“敲不开门”“找不到人”的情况时有发生。

三、深化“科技支宁”东西部合作对策建议

宁夏应以建设黄河流域生态保护和高质量发展先行区为牵引，聚焦东西部科技合作平台的优势资源，与现代化产业建设同力同为，发挥企业主体作用，促进产学研深度融合，营造良好市场环境，引进、培育科研人才，全力以赴提高全区科技创新能力，创造成果转化效益。

（一）用好合作平台优势，打造科技创新引领高地

1. 深化东西协作，持续提高东企来宁吸引力

深化东西部协作，用好用活科技部与宁夏的部区会商机制，促进东西部科技创新双向互动，把东部“引进来”。一是积极引进优质技术转移机构来宁设立分支机构，深挖适合宁夏“土壤”的科学技术研究成果，如光伏材料、稀有金属、精细化工、清洁能源、装备制造、现代农业、电子信息等特色产业，发挥宁夏地市的比较优势，将东部先进技术产业引进来、留下来、做起来。二是支持宁夏科技园区探索以“整体外包”“特许经营”等形式引入东部省区专业化园区运营主体或企业，加强新技术、新成果共享共用。三是以优惠政策吸引东部创新主体来宁自建或共建创新平台或科技园区，对成功落地的给予奖励补助，提供税费、场所、设备方面的优惠优待，给予支持。

2. 提倡东西开放，鼓励宁企拓宽交流朋友圈

鼓励宁夏以共建园区、建立“飞地园区”、设立分园区等形式与东部省市联动发展，深化产业链供应链合作，让西部“走出去”。一是鼓励本地企业到东部省区设立“飞地”研发中心、建设离岸孵化器，利用东部科技创新高地的创新环境与人力资源，采用合作、招买、下单等方式，建立科技创新类项目公司或项目团队，借东部的创新力量解决本地企业技术之所需。二是鼓励区内各类创新平台联合区外高校、科研院所开展共建，尤其对于新材料、清洁能源、尖端医疗、疾病防治、生物化学等显著增强宁夏经济发展实力、促进新质生产力提升等领域给予大力支持。

3. 引技引企引智，加大本地创新企业培育力

充分学习东部地区领军企业的先进理念，优化更新办企业、育企业的理念，在合作和引进的基础上逐步培育本地科技型企业。一是培育科技型企业。支持全区现有传统企业通过引进先进技术、承接区外科技成果转化，转型为科技型企业。支持科技型小微企业利用外部科技资源做大做强，创造新的经济增长极。二是引进创办科技型企业。围绕产业基地和特色产业集群建设，以各类园区为主要载体，大力引进国家高新技术企业、国家科技型中小企业等各类科技型企业，鼓励其在宁设立法人企业，促进其与宁

夏经济融合发展。

4. 开展争先选优，激发科技创新合作积极性

加强东西部科技合作成果评价激励，把东西部科技合作纳入实施创新驱动发展战略和推动高质量发展的评价内容。一是建立东西部科技合作成效评估机制，对东西部科技合作实施情况进行评估，开展东西部科技合作示范创建活动，对评估结果优秀的主体进行奖励。二是设置科学技术合作奖项，拿出“真金白银”对成效显著的创新主体、作出突出贡献的科技人员给予奖励，奖企业之所需、人才之所要。三是对自主培育、区外引进的科技型企业给予常态化的资金支持，资金使用可不设“条条框框”，只要用于研发、创新、改善、优化现有技术或生产线的，均予批准同意，对正常运营且符合条件的企业优先认定为示范企业、带头企业等，并给予相应的优惠或扶助措施。

（二）营造良好市场环境，促进产学研用深度融合

1. 发挥主体作用，激活企业产学研创新热情

发挥企业创新主体地位，引导企业在自治区现代化产业发展的谋篇布局中融入自身发展定位与发展规划，鼓励企业与自治区一道同心协力促发展。一是围绕宁夏现代化产业高质量发展，以构造创新链产业链为核心，鼓励企业充分发挥创新意识。正向激励企业创新，帮助企业形成“创新既是创造收入”的主动创新意识；反向倒逼企业创新，帮助企业形成“创新即是节省成本”的创新必然需求。二是支持企业形成自己的核心竞争力与特色产品，协助企业搭建具有科技水准、创新实效等的商业核心，引导生产、生活性服务业围绕企业商业核心布局。三是持续实施企业家创新精神培育行动，举办企业家创新精神培训活动，引导区内企业增强创新意识、开展科技合作。

2. 培育市场主体，分级分类塑造发展新活力

积极培育各类市场主体，形成国企、民企、小微企业多重发展合力，促进现代化产业发展有活力、有力量。一是坚持“两个毫不动摇”，毫不动摇巩固和发展公有制经济，毫不动摇鼓励、支持、引导非公有制经济发展，充分发挥市场在资源配置中的决定性作用，培育多元市场主体，分析企业

需求和运营痛点，为市场主体提供良好的政策环境。二是激发国企领军作用，发挥“国字号”实力优势，塑造体量和品质双优的市场主体中流砥柱力量，协助国企发挥在现代化产业，尤其是产业集聚方面的核心作用，围绕核心作用建立产业链供应链创新链。三是激发民营企业骨干作用，发挥“优字号”品牌优势，给予骨干民营企业建链引链的自主权，发挥带动作用，鼓励引入或自建其生产所需的上下游环节，形成产业集聚的自然生态。四是激发小微企业密集作用，发挥“小字号”密度优势，丰富市场主体，给予小微企业创办、运营的土壤环境，引导小微企业在现代产业集聚中“见缝插针”，在现代工业、知识密集型行业、现代服务业、电子商务等方面扎根育苗，鼓励小微企业做大做强，成为现代产业集聚和经济发展的中坚力量。

3. 打造优势地位，促进现代产业集聚增效

紧跟产业变革趋势，发挥科学技术在应用端的作用，加速传统产业绿色转型，以科技支撑宁夏重点产业高质量发展。一是调整产业布局，以自治区“六新六特六优”产业为抓手，紧盯具有比较优势的产业，着力推动向高端化、绿色化、智能化、融合化方向发展，实现由重资源资产向重技术资产切换。二是强化联合攻关，优化产业结构，加快退出落后产能，发展战略性新兴产业，持续实施结构改造、智能改造、技术改造、绿色改造行动，加快现代产业发展。三是提高高新技术产业化效率，发挥集聚效能与带动作用，提高高新技术产业营业收入占工业营业收入比重，提高产业竞争力。四是抓住数字经济发展机遇，提升现代产业信息化水平，以“东数西算”“大数据”等切入点为主，深化新一代信息技术与制造业、农业生产全过程融合发展。

4. 完善交易机制，推动市场环境高水平开放

建立健全科技成果市场交易机制，畅通技术服务交易渠道、科技成果转化渠道。一是建立东西部科技协作市场化机制，引进开展技术转移转化的专业服务机构，建立宁夏技术市场等市场交易大平台，为科学技术研发方提供“上架销售”的供给平台，为科学技术使用方提供“浏览购买”的需求平台，促进供需市场化对接。二是聚焦特色产业举办产学研推介和科

技招商引资对接活动，与东部广泛建立科技产品商业联系，吸引高科技企业来宁投资、高科技成果来宁转化，提高全要素生产率。三是发展技术经纪人行业组织，引进培养高水平的技术经纪人队伍，鼓励国内外大型知识产权服务机构、科技咨询服务机构、科技智库等通过并购、联营、设立分支机构等方式入驻宁夏。四是加强知识产权保护力度，维护企业创新成果正当权益，建立由市场评价技术创新成果的机制，让企业在创新和交易的过程中放心、放手、放得开。五是推进高水平对外开放，用好中国—阿拉伯国家博览会、中国（宁夏）国际葡萄酒文化旅游博览会等国际平台，积极融入共建“一带一路”和西部陆海新通道，鼓励企业对外交流。

（三）培育本地研发力量，提升科技创新综合能力

1. 构建创新环境，促进基础应用能力双提升

加大对企业等创新主体的支持力度，发挥院校能量，营造浓厚创新环境。一是参考借鉴正定县“人才九条”的招贤纳才、招商引资模式，打破引才用贤的固化思维和制度限制，利用实打实的资金奖励，吸引全国各地能人优才来宁交流创业。二是加大区内研发机构对基础研究及应用技术的投入力度，鼓励研究机构合理使用科研经费，提高科技研发生产力。三是加强对科研人才的包容性与信任度，英雄不问出处，鼓励有能力、有技术、有经验、有意愿的科研人才挂帅出征，拿出真本事，研究真问题，得到真成果。四是优化科技成果利益分享机制和创新合作共赢模式，主动融入全国统一大市场，以开放的态度引进转化高价值科技成果，提高技术成果市场化程度与科技创新转化率，促进高质量科技成果质与量双重提高，推动创新由实验室到工厂的转变。

2. 塑造学术引领，逐步提高科技研究硬实力

强化学术引领，明确学术水平在科技研究、创新中的基础地位，提高区内高校院所的学术引领能力，发挥教育基础作用，主动培育一批科技创新人才。一是围绕产业技术发展和人才发展需要，组织全区各级学会、院所、高校举办科技创新类讲座和学术活动，举办产业技术论坛、人才论坛等学术活动，打造学术友好型交流沟通平台。二是举办重点产业高质量发展产学研融合论坛，邀请各类主体参与跨界研讨，促进创新链、产业链、

人才链有效对接。三是鼓励区内外高校、科研院所联合共建研究生院，共同培养硕士、博士研究生，实施中西部欠发达地区优秀教师定向培养计划等，壮大宁夏教育队伍，提高人才培养能力。

3. 实施梯度培养，加速人才培养大工程推进

实施人才梯度培养计划。一是深化引才引智交流合作，制度化安排东部地区科研人员、团队到宁夏开展科技服务，与东部地区互派科技推广人员。二是重点遴选培养杰出科技人才，培育一批科技领军人才，鼓励高校、科研院所、医疗机构、企业和园区等建立院士工作站、博士后科研工作（流动）站、专家服务基地等，加大领军人才、创新创业人才引进力度。三是创新高校人才培养机制，推进校企合作，共建新型理工类学科专业和现代产业学院，建立人才定向培育机制，搭建实践实训基地，提升基层一线技术创新水平。

（四）强化配套措施，实现金融支持双向互补

《关于银行业保险业数字化转型的指导意见》指出，银行业保险业应加大数字化转型力度，更好服务实体经济和满足人民群众需要。

1. 完善配套服务，提供金融融资渠道支持

发挥金融对资金融通的渠道作用，形成金融业与现代化产业良性转化与双向互补。一是发挥金融工具资金撬动作用，帮助企业对接融资租赁机构，活用抵质押物，盘活企业固定资产、技术资产、专利资产等，降低企业融资租赁成本，缓解企业融资难题。二是鼓励金融机构优化金融支持科技创新机制，主动服务科技创新企业，以企业之所需为着力点，提升金融服务能力，提高金融服务科技创新水平，推出更多面向创新创业和成果转化的金融科技产品，助力科创企业融资增信。三是引导各类资本向科技创新领域涌流，鼓励社会资本进入科技研发创新领域，提供政策扶助或支持措施，减少社会资本后顾之忧。四是拓宽融资渠道方式，政府牵头建立企业经营数据库，纳入企业收支、流水、资产、税务等经营数据，为金融机构提供风险控制参考，用活用足资产、专利、设备等抵质押物，发挥政府性融资担保作用，设立保险、担保、融资租赁等金融公司，为企业发展提供多样金融服务。

2. 运用算力优势，更好服务实体经济发展

金融机构应运用宁夏算力产业发展带来的优势，更好地服务实体经济发展。一是搭建数据平台。根据企业等信贷主体经营数据、经营特征等数字资源，为其描绘“客户精准画像”，提升金融机构风险控制水平，优化信贷投放政策，进而加大对融资机构的信贷支持力度。二是加大绿色信贷投放。政府可加快建立农产品“数据仓库”，将农产品生产加工各个环节的数据信息加以收集整理向金融机构提供，金融机构也应主动实地深入调查，掌握生产加工实际情况，创新担保方式，协力解决农户贷款、农业贷款中“信息不对称”的难题，减少金融机构“不敢贷”、农户企业“不好贷”的痛点。三是支持小微企业融资。当前小微企业普遍面临“融资难、融资贵”的问题，金融机构可协助搭建线上供应链交易平台，获得小微企业经营数据，并以数据为支撑优化风控模型，优化普惠小微贷款结构，降低小微企业信贷成本，提高获贷率，纾解小微企业经营困境。四是加大“专精特新”扶持力度。对自治区重点项目及本地枸杞、葡萄酒、清洁能源等龙头企业予以专项信贷支持，为经济蓬勃发展注入源头活水。

扩大需求篇

KUODA XUQIU PIAN

宁夏经济先行复苏的基础及对策

马　鑫　马程浩

全球经济持续衰退风险基本解除，通货膨胀得到有力遏制，国际大环境显现出确定性复苏。作为中国内陆欠发达的小省区——宁夏，基于自身经济复苏的较优势头，外加政府部门果断施策，存在先行复苏和实现中短期赶超的可能。

一、2023年宏观经济运行及趋势

（一）全球宏观

1. 经济衰退基本得以避免

2023年，全球经济增速有望达到2.7%，美国经济增速有望实现2.4%，全面高出预期（IMF、高盛、世界银行等机构预测），欧元区经济复苏虽弱未衰，中国经济有望实现5%的增速。各经济体的核心通胀率将从2022年的6%连续下降至3%左右。高盛（Goldman Sachs①）认为全球经济衰退风险较小，全球失业率基本稳定在大流行前的水平。

2. 通货膨胀基本得到遏制

全球主要经济体的通货膨胀率从峰值持续下降，美国“强美元、高利率、高油价”战略取得了明显效果，经济复苏得以保持，通胀压力逐渐缩

作者简介：马鑫，宁夏社会科学院综合经济研究所副教授，研究方向为产业经济；马程浩，宁夏大学民族与历史学院硕士研究生。

①EM Outlook 2024: Over the Hump.www.gs.com/research/hedge.html

小，美元信用价值得以巩固。欧洲、日本央行在2024年正式退出紧缩货币政策，停止加息的时间窗口已经打开。目前，全球通货能否回到国际金融危机前均衡的利率水平有待观察，美元保持强势地位比较确定，欧元区、新兴经济体货币有待确认。

3. 2024年全球经济展望

2024年将是政治大年，占全球GDP 75%的国家或地区将进行投票选举（美国、欧盟、英国、土耳其、墨西哥、南非等国家，以及中国台湾地区），选票左右宏观政策的波动性加大。当前，全球经济面临需求收缩、成本上升、企业盈利承压等多重挑战。当然，伴随经济复苏，利好因素同步增多，稳定充分的就业、强劲增长的家庭收入、稳定复苏的制造业、经济增长放缓时央行相机提供保险性降息的意愿等。

（二）国内宏观

1. 运行态势

国内经济持续修复，边际明显向好。2023年前三季度GDP累计同比增长5.2%，随着稳增长政策效应逐步显现，叠加上年同期低基数，预计可以顺利完成年初制定的全年经济增长目标。总体来看，2023年经济下行压力最大的阶段已经过去，经济将延续温和修复态势。

产出方面，2023年前三季度，规上工业增加值同比增长4%，较上半年加快0.2个百分点，需求和价格的持续改善，推动工业生产稳步恢复。随着PPI降幅逐步收窄，产品库存同比也开始见底回升，企业逐步进入主动补库存阶段，对工业生产形成支撑。需求方面，伴随促消费举措落地见效，消费潜力不断释放，住宿餐饮、文化旅游等服务消费回暖。2023年前三季度，社会消费品零售额同比增长6.8%，三季度两年平均增长3.9%，比二季度加快1.1个百分点，消费拉动经济增长的基础性作用更加稳固。投资方面，2023年前三季度，固定资产投资累计同比增长3.1%；民间投资累计同比-0.6%，连续5个月位于负增长区间，民营企业投资的意愿和能力仍显不足；基础设施建设、制造业支撑继续增强，房地产投资仍有待修复。

2. 不确定因素

当前经济复苏仍不均衡，经济恢复的内生动力依然不强，经济复苏基础仍需巩固，外部环境也更趋复杂严峻。

房地产。经过两年的调整，目前房地产占 GDP 总量 9%左右，依然是宏观经济稳定的重要基础，但是地产开发公司的高负债率没有明显好转，地产开发公司的流动性危机和房地产领域的债务风险依然存在。

宏观债务。最新权威的全社会债务总额尚未公布，但宏观杠杆率处在高位。2023 年 9 月，宏观杠杆率上升至 286.6%，前 3 个季度共上升了 13.5 个百分点。其中，非金融企业部门上升了 8.1 个百分点，政府部门上升了 3.5 个百分点，居民部门上升了 1.9 个百分点。[①]10 月 24 日，全国人大常委会批准国务院增发国债和 2023 年中央预算调整方案的决议草案，明确中央财政将在 2023 年四季度增发 1 万亿元国债，作为特别国债管理，此次增发国债将全部通过转移支付安排给地方政府。全国财政赤字将由 3.88 万亿元增加至 4.88 万亿元，预计赤字率将由 3%提高至3.8%左右。截至10月底，全国已有 24 个地区拟发行特殊再融资债券，着力缓解地方政府债务压力。

出口方面。2023 年前三季度，中国出口同比下降 5.7%，好于市场预期。贸易结构方面，动力电池以及汽车产品出口可观，汽车已成为我国前三季度出口增长力量，机电产品、高新技术产品和原油进口额降幅收窄。贸易伙伴方面，与欧美日韩 4 个发达经济体的贸易增速延续 2023 年以来的回落趋势，俄罗斯和中亚五国成为前三季度中国外贸的主要增长点。未来管控好贸易纷争，稳定货物出口和原材料供应进口，是化解过剩产能、稳定制造业、解决就业、增加收入的重要抓手。

未来一段时间，宏观政策有望加码推进，释放内需潜力，支撑经济平稳增长。随着居民收入改善，消费意愿回升，消费对经济的拉动作用将继续增强。此外，创新动能持续赋能、绿色转型步伐加快将为我国经济发展注入新动力。

二、现阶段宁夏经济运行特征

基于区域（横向）比较、纵向比较、资源禀赋、发展约束等维度，宁

①张晓晶.宏观杠杆率［N］.NIFD 季报，2023-10

夏经济相比全国平均水平尤其是东部发达地区，依然是后发达，但是对比西北地区、黄河中上游地区，宁夏经济发展存在比较优势。

（一）区域（横向）比较：宁夏在地区经济位置的变化

1. 经济总量

从全国来看，宁夏是小省区，经济基础和总量均不具备规模优势。2022年，宁夏总面积占全国的0.71%，人口占全国的0.52%，地区生产总值占全国的0.41%（2022年宁夏地区生产总值5069.6亿元，平均增速超过全国），分别位列全国34个省级行政区划的倒数第8、第3、第3。“十四五”及第十三次党代会以来，自治区党委、政府确定实施产业振兴战略，大力抓重点产业，产业经济取得了长足进展，为全区经济稳中向好打下坚实基础。全区创新驱动发展步伐不断加快，综合科技创新水平由全国第22位上升至第18位，进入全国二类创新地区，400万吨煤间接液化成套技术及产业化项目荣获国家科学技术进步奖一等奖。制造业高质量发展迈出了坚实步伐，产业基础高级化明显提高，宁夏数据中心产业发展总指数位列全国第9、西部首位。粮食生产实现“十九连丰”，三产占比超过50%。

从西北来看，2022—2023年，宁夏经济总量占西北地区的7%，总量居西北地区第4位，经济增速居西北地区中间。[①]三次产业中，第一产业总量比重低于其经济总量占地区比重，这与宁夏1800万亩耕地约束有关；第二产业比重超过其经济总量占地区比重，具有相对优势，与近几年宁夏第二产业增速高于一、二产业相吻合。宁东基地是西北第一个产值过千亿元的化工园区。

2. 要素效率

以要素集聚程度和要素价格为指标考察区域生产要素效率，生产要素从低效率地区流入高效率地区，人口流动和城镇化率反映一个地区对劳动力的吸引力，间接反映要素配置效率；人均收入和资产价格可以直接看作要素价格，要素价格与要素效率一般呈正相关。本文以人口流动、城镇化率、人均收入、资产价格（城市新房均价）等指标来观察西北地区各省

①根据2022年国家及各省（区、市）统计公报计算得出。

（区、市）的要素效率。发现宁夏的综合要素效率仅次于陕西，居西北第 2 位，尤其是城镇化增速（2010—2020 年）居西北地区第 1，虽然首府城市住宅价格西北地区最低，这与宁夏面积小及银川平原地貌有关，城市建设旧城阻力和新建成本相对较小。目前，银川市城市建成区在西北 5 个省会（首府）城市中居第 2，按当前城市人口增速和房价变化，银川住宅均价在中长期追赶甚至超越西宁、兰州是比较确定的。

表 1　西北地区要素效率对比

	陕西	宁夏	甘肃	青海	新疆
“七普”城镇化率变动	16.96%（45.7%—62.66%）	17.06%（47.90%—64.96%）	16.11%（36.12%—52.23%）	15.36%（44.72%—60.08%）	13.73%（43.01%—56.53%）
“七普”城镇新增人口	771.04 万	166.03 万	383.08 万	104.31 万	527.79 万
可支配收入（2022 年）	30116 元	29599 元	23273.1 元	27000 元	27063 元
首府城市住宅销售均价（2022 年）	15909 元	8410 元	7830 元	9440 元	8025 元

注：根据国家数据库整理计算所得。https://data.stats.gov.cn/easyquery.htm?cn=C01。

（二）纵向比较：过去 10 年发展回顾

1. 增速变化

过去 10 年（2013—2022 年），宁夏经济总量持续增加，增速呈现前高中低后抑趋势。增速均高于全国，但趋势同步全国，经济发展经历数量阶段向质量阶段过渡。

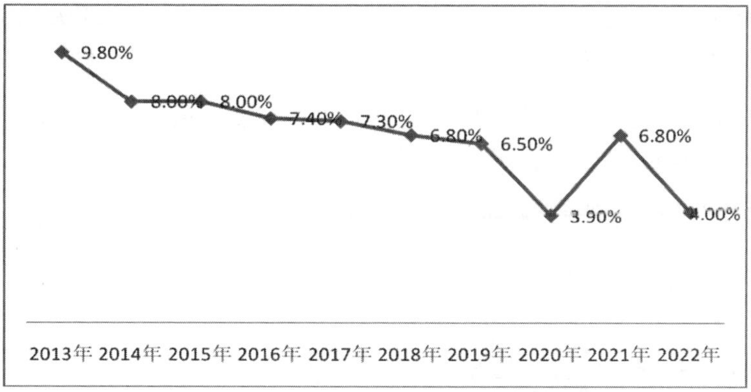

图 1　2012—2022 年宁夏经济总量及增速

从三次产业来看，第一、第二产业发展速度比较快，超过了全国第一产业发展的速度，增速在西北地区前列，说明第一产业增长空间很大。第三产业虽然相比一、二产业优势不明显，在西北地区居于中间位置。

2. 差距变化

经济总量变化：宁夏经济持续发展，个别年份增速高于全国和西北地区，但基于总量差距过大，过去10年宁夏经济总量在全国和西北地区的排位没有变化，但是占全国和西北经济的比重发生了变化。占西北比重从6.7%增加到7.2%，占全国比重从0.39%增加到0.41%，说明总量差距在缩小。

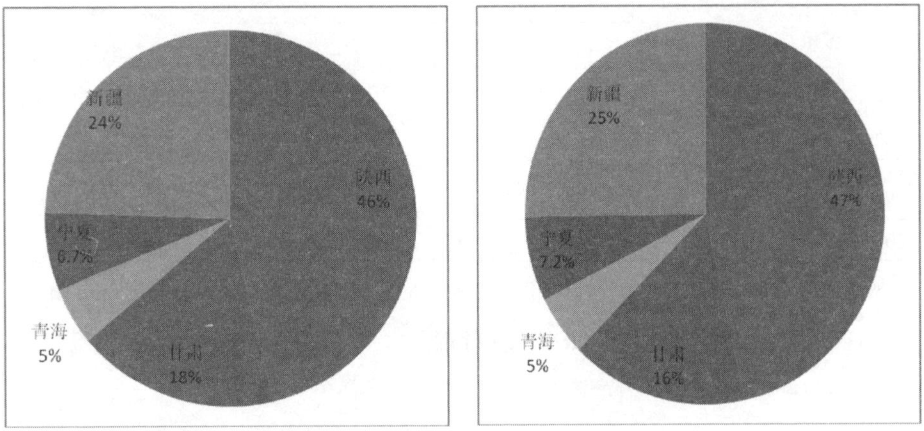

图2　2013—2022年宁夏生产总值占西北地区生产总值比重变化

经济质量变化：2013—2022年，宁夏人均地区生产总值净增加34546元，小于全国增加值（同期全国人均地区生产总值净增加42201元）。居民人均收入净增加15033元，小于全国增加值（同期全国居民人均收入净增加18572元）。生产结构依旧高排。十大工业行业中的电力、煤炭、化工和冶金等行业企业多、产能大、能耗高，生产过程中的减碳降碳任务非常艰巨，全区万元GDP能源消费量2015—2020年保持在2.1吨标准煤左右，高于全国1个百分点左右；万元GDP二氧化碳排放量2015—2020年保持在5.5吨左右，高于全国4个百分点左右。此外，2022年宁夏每万人拥有卫生技术人员数85人（全国83人），每十万人口高中阶段平均在校生数3452人（全国2895人）。

（三）资源禀赋：特色资源稀缺性增加

1. 能源供给相对稳定

宁夏煤炭、风能、太阳能等能源富集，供电足、价格低，是国家新能源综合示范区，能源保障重大产业项目投产运营。全区煤炭远景储量 2000 亿吨，居全国第 6 位，保有储量 322 亿吨，居全国第 9 位，拥有东部宁东、南部固原、西部香山和北部贺兰山“四大煤田”，是全国煤炭储量规模较大、种类较为齐全、质量优质上乘、开发条件优良的大型煤炭生产基地之一。目前，宁夏在册煤矿 50 处，生产建设总规模每年 13915 万吨。2022 年，宁夏煤炭产量 9479 万吨，居全国第 8 位。宁夏煤电占总发电量的70%。油气资源充裕。全区石油资源已探明地质储量 3.18 亿吨，年产量达 150 万吨左右。是我国油气远景次一级地区，油气资源主要分布在鄂尔多斯盆地西缘的盐池、彭阳等地，盐池县青石峁、定北气田已探明储量 2008 亿立方米，远景储量达 4000 亿立方米。宁夏地处能源化工“金三角”，西气东输、西油东送、长庆输油管道都从境内通过，为现代化工等产业高质量发展提供了丰富的能源资源保障。光能资源富裕。宁夏全境属于太阳能一类资源区，可开发面积达 2091.6 平方公里，储量 86.6 万亿千瓦时，温度适宜、光能稳定的气候条件对光伏电池的影响较小，能极大提高能量转化效率。风能资源富集。宁夏全境属于风能三类资源区，适宜发电的风速 6m/s 以上、90 米高度风资源范围较广，风能资源技术可开发量达 5193 万千瓦。氢能资源丰富。宁夏属于氢气资源富集区，通过电解水制氢技术成功实现了制氢过程中二氧化碳零排放，宁东基地年氢气总产能达 240 万吨，占全国产能近 10%，位居全国第 2。近 10 年来，宁夏风电、光伏等新能源装机规模由 191 万千瓦提升至 3040 万千瓦，增长了 15 倍，绿电使用率大幅提升，宁夏每用 3 度电就有 1 度新能源。电力资源丰富。宁夏人均电力装机容量和人均发电量均位居全国首位，大工业电价低于东部化工发达省市。

2. 特色资源稀缺性增加

宁夏地处中国陆地几何中心，气候干燥、年均温度低、风量足，对于布局生产新材料、新能源、信息技术（大数据中心）、牛奶等重点产业具有成本优势。宁夏地理自然环境孕育的特色农产品道地优势明显，如枸杞、滩羊、葡萄等。

必须要面对的现实挑战是，资源支撑能力逐步减弱。随着产业规模化发展，特色产业依赖的资源稀缺性增加，支撑产业持续的比较效用递减，例如煤炭资源供给小于需求，特色农业发展带来耕地资源严重短缺。宁夏是生态系统脆弱区域，是全国水资源最匮乏地区之一，人均水资源占有率不到全国的1/3，80%的地区平均年降雨量不到300毫米，不足黄河流域的2/3、全国的一半，全区森林覆盖率排在全国倒数第3，水源涵养功能总体不强，水土流失面积达到1.55万平方公里；荒漠化、沙化程度严重，面积分别占全区总面积的53.7%、19.3%，是我国荒漠化和沙化较为严重的省区之一。

（四）发展约束：环保能耗指标趋紧

环境资源约束全面趋紧。无论是现有产业效益持续提升还是扩大产业规模，能源、水、土地全面趋紧。2022年，全国风电利用率为96.8%，光伏利用率为98.3%，其中宁夏光伏利用率低于全国0.9个百分点，新能源消纳形势较为严峻。从土地、水资源的利用效率来看，宁夏万元GDP用水量排在全国第4位、黄河流域九省区第1位。2022年，宁夏实际耗水量已接近国家限量分配指标，而用水需求仍呈刚性增长态势。[①]

我国作为世界上最大的能源需求国和进口国，油气资源对外依存度分别达72%和43%，能源市场波动潜藏的矛盾问题和风险挑战的外溢传导效应明显。宁夏能源行业抵御市场风险能力较弱，能源企业面临较大的市场压力，能源市场波动对企业生产运营带来较大影响，比如近两年光伏硅料价格持续攀升，多晶硅、单晶硅、硅片、电池组件整个产业链的产品价格随之上涨，造成光伏发电项目投资成本大幅增加，一些已经获批的项目延迟装机计划，部分新能源企业陷入了增收不增利的困局。2023年，美联储加息带来全球货币政策收缩、地缘政治不稳定因素增多、中美经贸摩擦升级和极端天气频发等多重因素给能源安全发展带来广泛深刻的影响，石油

①数据来源：2017—2022年《中国统计年鉴》，以及宁夏、陕西统计年鉴。

市场供需依然维持在紧平衡状态，能源供应风险不断上升，能源产业链供应链安全面临挑战增多，外部环境的复杂多变给宁夏能源保障提质升级带来的风险升级。这是摆在产业规模化发展面前的难题，需要创新体制机制，加大科技投入，扩大区域协调来应对。

三、宁夏区域经济先行复苏的基础

（一）宏观指标总体表现相对较好

1. 区域比较态势延续

宁夏短期内很难改变量小弱势，但近6个季度以来，快速发展的优势依然明显。2022年，宁夏经济增速居全国第10位，2023年前三季度居全国第7位，均高于全国平均增速。全区规上工业增加值同比增长9.6%，固定资产投资同比增长7.2%，从投资结构看，全国民间投资连续两个季度负增长，但宁夏一直是正增长，显示产业布局、投资环境等工作取得确定性成果。经济局部规模优势逐步显现。重点产业中新材料、奶产业等呈发展趋势，截至三季度末，宁夏奶牛存栏已超过90万头，新材料中重大项目正在加快推进，已基本实现了“十四五”确定的千亿级产业目标。以上重点产业落地，延长了产业链，扩大了产业规模，产业集群效应进一步增强，为区域经济持续发展奠定了基础。

2.自身的优劣势变化

经济规模效应、交通陆路通道、城市功能等宁夏传统劣势正在陆续改善。宁夏虽是全国4个GDP未过万亿元的省区之一，但是已经超过5000亿元，且与甘肃、海南两省的规模差距在缩小。随着银西高铁、银兰高铁开通，宁夏已经全面融入全国高铁网，京兰高铁（银川—包头段）加快建设，大大提升了陆路通道能力，有助于产业规模化和高效化，方便供应链、创新链等延长和加强。基本建成“三环四纵六横”高速公路网，实现县县通高速公路、村村通硬化道路。银川河东国际机场三期投入使用，形成“一干两支”机场格局，银川国际航空港综合交通枢纽建成使用，宁夏的通道劣势在改善。作为西北重要中心城市，银川市的城市功能在基础设施、规划设计、居住品质、城市生态、治理体系等多方面得到大力改进，这些相对劣势改进夯实了经济高质量发展的基础，有助于经济持续高质量发展。

（二）重点产业存在异质化竞争优势

1. 重点产业基础

宁夏产业发展优势主要来自低生产成本和低要素价格，产业发展依赖劳动、土地等一般传统生产要素投入。换言之，一般要素投入数量成为产业发展的重要支撑，劳动力等要素供给相对充分，单位要素投入低。2016—2021年，宁夏就业人员由343万人增加到345万人，平均增速为0.12%，单位劳动的GDP产出（GDP与总就业人口的比值）为131081.4元，低于全国总体水平（153200.2元），劳动力价格反映单位劳动者的价值创造力，宁夏城镇非私营单位在岗职工年平均工资为109437元，也低于全国总体水平（112267元）。

重点产业拥有比较优势。基于区位资源等基础条件，经过多年的政府引导和市场选择，重点产业中部分产业在区域内甚至全国范围内具有一定比较优势，包括现代化工、新型材料产业的规模优势，现代枸杞、牛奶产业市场竞争优势，滩羊、葡萄的道地优势，光伏材料、锂离子电池材料规模优势明显，国家（中卫）新型互联网交换中心实现"一点接入，多点联通"；全国一体化算力网络宁夏枢纽节点列入国家"东数西算"战略布局，是全国唯一的双中心省区。围绕这些产业发展上下游的空间很大。这些优势为产业未来持续发展奠定了良好的基础。

2. 重点产业进展

一是重点产业市场占有率逐步提高。清洁能源开发取得重大成绩。宁夏首个抽水蓄能电站项目工程进入建设期，嘉泽等11个54.3万千瓦风电项目并网，建成宝丰6000标方/小时制氢项目和华润电力宁夏运检基地。全区先后争取兴庆区等7个县（市、区）纳入国家整县屋顶分布式光伏开发试点。截至2022年，全区新能源装机达到3070万千瓦，占电力装机比重49%，新能源利用率达到97.5%，居西北领先水平。装备制造规上企业研发机构实现全覆盖，高端装备占行业比重达到50%，高新技术产品占行业比重达到40%。50%以上的企业数字化研发及办公软件应用进入新阶段，核心装备数控化率达到85%，涌现出巨能机器人等10多家国家级专精特新“小巨人”企业，产值超10亿元的企业数量翻番。数字信息融合应用持续深入。宁夏在全国率先实现规上企业智能制造诊断评估全覆盖，建成企业级、行业级工业互联网平台40余个，国家工业互联网标识解析二级节点接入企业300多家，累计培育认定智能工厂和数字化车间90个。宁夏已成为全国乃至世界枸杞产业基础最好、生产要素最全、品牌优势最突出的核心产区。

二是相关产品龙头作用显现。新型材料产品中，东方钽业“钠还原钽粉”、国能宁煤“煤制聚丙烯”和共享铸钢“重型燃气轮机铸钢件”等3项产品入选国家制造业单项冠军企业（产品）名单。隆基集团单晶硅棒、硅片产能占全国市场的20%。中色东方钽丝、钽粉产能占全球市场的60%和25%，碳化硅、炭素制品产量占全国市场的30%。ADC发泡剂、水合肼产量分别占全国市场的80%和70%，氯胺产量占国际市场的85%。装备制造产品中共享铸钢3D打印技术引领行业标准，天地奔牛智能刮板输送机达到世界先进水平，维尔铸造中国标准动车组铝合金枕梁实现国产替代，吴忠仪表超大口径调压装置关键用阀、海洋工程及船舶用控制阀成功应用于国家重大工程，科技创新对产业发展的支撑作用进一步凸显。枸杞产业拥有“宁夏枸杞”“中宁枸杞”2个国家区域公用品牌，入选“中欧地理标志”第二批互认保护名单。其中，“宁夏枸杞”成为第一个以省级地注册的地理标志证明商标，中宁枸杞产业（林业）示范园区入选国家林业产业示范园区。

（三）营商环境存在区域比较优势

1. 市场化程度

市场主体与经济运行存在数量增加、质量提升、民生改善、社会活力提高等一系列正相关关系，事关地区产值财税、就业收入、民生保障、社会稳定和安全发展。市场主体的数量质量是市场化程度重要的指标。从地方实际和行业情况来看，哪里市场主体越多越活跃，哪里的经济就发展得越好。

市场主体总量逐年增加。截至2022年底，宁夏百人市场主体103户，

百人企业 27.2 户，均居西北地区第 2 位。（见图 3）

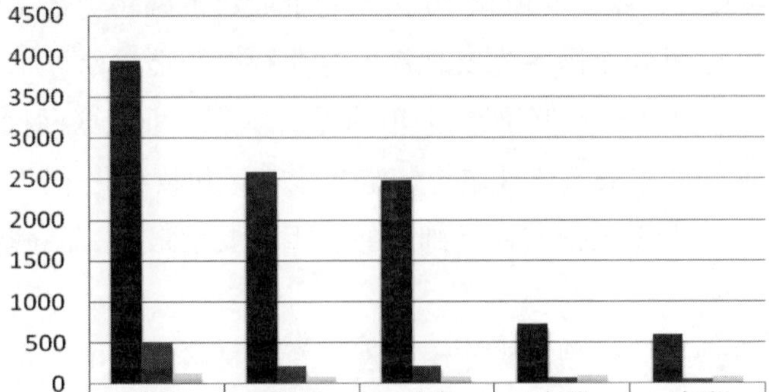

	陕西	新疆	甘肃	宁夏	青海
人口数(万人)	3954	2589	2490	725	594
市场主体总量(万户)	513.29	221.5	213.07	74.89	54.73
百人市场主体数量(户)	129	85.7	85.5	103	92.5

图 3　2022 年西北地区市场主体情况

注：人口数截至 2021 年底，来自各省（区、市）统计公报，市场主体数量基本截至 2022 年 9 月。①

市场主体构成持续优化。2013—2021 年，全区个体工商户占市场主体的比例从 77.2%下降到 70.2%，企业占市场主体比例从 20.2%增加到 25%，市场主体活跃度达 84%，企业活跃度达 88.7%。全区上市公司 16 家，规上工业企业 1200 多家。从构成来看，企业占比市场主体份额扩大，个体工商户比重有所下降，显示市场主体向着标准化、规范化、现代化方向迈进，市场主体组织形式在优化。

市场主体发展活力增强。市场主体的总量变化、注销比、注册资金变化等，是衡量市场主体发展活力的重要指标。近 10 年来，宁夏市场主体注册数量持续增加，新增市场主体注册注销比大于 1，总量稳步扩大，小微企业快速增加，大众创业、万众创新的氛围持续增强。此外，就业、利润、研发费用都在稳中上升，市场主体尤其是企业平均寿命年限有所增加，表

① 《青海省市场主体总量达 54.73 万户》，中国新闻网，2022 年 10 月 7 日。《甘肃省累计有市场主体 213.07 万户》，新华网甘肃频道，2022 年 9 月 24 日。《新疆登记在册市场主体 221.5 万户，同比增长 5.64%》，新疆维吾尔自治区人民政府网，2022 年 7 月 28 日。《前 8 个月陕西新登记市场主体近 55 万户》，中国政府网，2022 年 9 月 25 日。

明宁夏市场主体的发展活力在提升。

总之，得益于行政审批改革、重点产业部署、通道劣势改善、城镇化基础较好等因素，近几年宁夏市场主体总量增速加快，质量层面的千人市场主体、企业数量走在西北前列，市场化程度在西北地区具有比较优势。

2. 法治化程度

进入新时代，宁夏全面树立法治思维，牢固树立“法定职责必须为、法无授权不可为”的底线思维，实现依法行政制度体系更加健全、行政执法体系更加高效、行政执法监督体系更加严密、法治市场监管建设保障体系更加有力、监管执法体制机制更加完善。

加快建设法治市场。落实上位法律法规明确的产权保护条款，先行先试上位法律许可的产权保护具体事宜，捍卫市场在资源配置中的决定性作用。明确界限，激励市场。按照银川市农民安置房产权登记做法，全区推广全面清理有产无证现象。配合“六权”改革，有序推进“六权”登记、交易。调动吸引创新要素向银川聚集，营商环境进一步优化。

深化负面清单制度，细化能源、土地、水、环境、技术等市场准入标准，明确政府、市场界限，减少自由裁量权和寻租概率，提高政府效率和透明度，增加企业数量（尤其是中小企业），扩展市场主体业务活动范围。加强市场监管领域立法，全面推进行政决策法治化。确保资源高效配置，减少干预扰动。加大失信惩罚，扩大守信激励。律师律所比重走在全国前列，银川市万人律师 6 人以上，说明法治观念牢固，法治化程度较高，共同构成宁夏的比较发展优势。

四、确保宁夏区域经济先行复苏的建议

确保经济领先复苏的势头，需要持续构建推动经济发展基础，坚持走法治化市场化方向路径，也需要关键时间节点的果断举措，包括先行果断强化预期管理、确保重点产业重点领域稳中有进、加快引导跨区域协调发展资源配置、先行围绕年轻人转化过剩产能等。

（一）先行果断强化预期管理

预期影响投资消费行为，一旦形成定势，改变成本很大。因此，要果断采取措施，积极引导和管理预期。

1. 先行提升政府信用体系

全面加强政府公务员的守法考核。要深刻领会“依法治国要抓住领导干部这个‘关键少数’”的论断，要深刻认识营商环境千百条，诚信守约是第一条的重要性。政府信用是社会信用体系的根基，宁夏可先行将领导干部诚信纳入干部考核体系，确保领导干部尊重契约，坚守契约，杜绝“新官不理旧账”的惯例，有序推进政府公务员诚信管理，形成上下监督、部门监督、相互监督的全方位监督体系，约束政府公务员依法行政、依法订约、依法守约，共同打造诚信政府，先行创建全国政府信用示范地区，保驾护航市场化法治化营商环境，从而打造投资消费热地洼地。

2. 突出治理存量政府违约

创新化解存量违约欠款。要将存量违约项目纳入党委、政府工作要点，成立由主要领导负责的化解专班，分轻重缓急难易程度，制订化解方案，创新化解措施，善于用市场化途径化解存量政府违约，广泛运用国企资产管理公司工具，加大债务、闲置资产等交易，形成经典化债守约案例，媒体加大宣传，共同塑造守约城市、守约省区。

确保增量违约零容忍。全面实施领导干部和政府公务员诚信管理，对于新增政府违约行为，纪检组织部门严格问责，全面纳入升迁任用考核体系。

（二）确保重点产业重点领域稳中有进

1. 提升首府区域中心城市功能，确保房地产高质量发展

充分发挥首府银川区域中心城市聚集辐射作用，抓住人口流动窗口期、产业布局推进期，全面优化城市功能，全面提升城市品质，加快提升“五宜（宜居、宜业、宜教、宜医、宜养）功能，加快吸引周边300公里市县劳动力要素向银川聚集，为银川产业工人供给、投资消费总量、城市规模效应创造良好基础，延长银川房地产经济的发展红利，进一步稳定全区固

定资产投资和财政收入。

2. 相机扩大政府金融，确保民营企业稳量提质

精准提高民营企业资金流动性。运用流动性指标监管金融国资国企，充分利用国家扩大地方债政策机遇，“一企一策”，适度扩大政府金融规模，提升国资国企自身流动性及对本地重点企业流动性救助能力。国资委、金融服务局等部门协同发力，加大对地方金融机构的道义劝告，政府投资担保公司协同发力，精准实施债务重组。试点先行区动态信用管理体系。协同中国人民银行宁夏支行，申请在黄河流域先行区试点动态信用管理体系，即依照经济景气指数自动调节市场主体和自然人信用记录管理，经济景气指数高时适度从紧，经济景气指数低时适度从宽，最大限度稳定市场主体的信用资产和融资机能。推行守信联合激励，强化实施包容审慎监管等。

3. 创新城市经营理念模式，降低居民民生支出

聚焦首府城市区位，树立城市经营理念，全面核查理清城市公共资源，转换经营管理模式，加大市场化、人性化、多元化治理方式，提高城市公共资源效率，减少市民个人生活成本。全面推进数字停车工程，政府协调建立城市车位数据库，引进第三方数字停车平台，国企负责全城或全区数字停车结算业务，利用延期结算业务投资收益，实现找位共享预约、无感支付等停车功能，提高车位使用率缓解停车难，全面免除公共车位收费，提高市民获得感舒适感。全面启动地岩热供暖工程，发挥银川、吴忠等地地岩优势，编制实施规划，有序推进城市清洁能源供暖工程，降低居民民生支出。

（三）加快引导跨区域协调发展

1. 全面统筹区内协调发展

全面推进“强首府”和“宁夏副中心”城市战略。围绕两大战略，全区配置资源要素，加大城市土地、农村耕地的全区配置，首府和宁夏副中心城市以外的市县全面推进集约化发展，收缩城市规模，转化土地性质，增加绿化、耕地面积，节约公共成本。

2. 加大西北地区协作发展

加大黄河“几字弯”城市联动发展，加快引导银川—乌海—榆林—鄂尔多斯的全方位合作，加大政策沟通，有序推进区域公共服务一体化，试点乌海、榆林、鄂尔多斯教育、医疗、住房公积金等区域内居民待遇。加大产业协作、创新协作力度，创新方式方法，为以上区域的产业研发、销售等机构入银提供便利。

宁夏扩大有效投资战略研究

何金武　黄　飞　张　垚

投资一头连着需求，一头连着供给，是拉动经济持续增长的关键动力引擎。为深化宁夏投资运行态势分析，找准制约投资的短板，提出扩大有效投资的对策，本文对西部大开发以来宁夏投资运行态势进行了全面梳理，形成了研究分析报告。

一、西部大开发以来宁夏固定资产投资运行的态势和特点

投资对经济发展作用特殊，无论是马克思政治经济学扩大再生产理论，还是西方“三驾马车”需求理论，都对投资的特殊重要性做了深入阐述。西部大开发战略实施以来，党中央持续加大对西部地区基础设施建设的投入力度，宁夏迎来了大开发、大建设、大发展的“春天”，特别是党的十八大以来，习近平总书记高度重视西部地区经济社会持续健康发展，亲自谋划新时代推进西部大开发形成新格局，宁夏投资进入快速增长通道，为支撑全区高质量发展发挥了“压舱石”作用。

（一）西部大开发以来宁夏固定资产投资总体呈现“M”+“V”曲线态势

2000 年以来，全区投资不断加速，总体运行呈现“M”+“V”的特点，可以分为 3 个阶段。（见图 1）

作者简介：何金武，自治区党委政研室经济研究处处长；黄飞，自治区党委政研室经济研究处一级主任科员；张垚，自治区党委政研室改革研究中心干部。

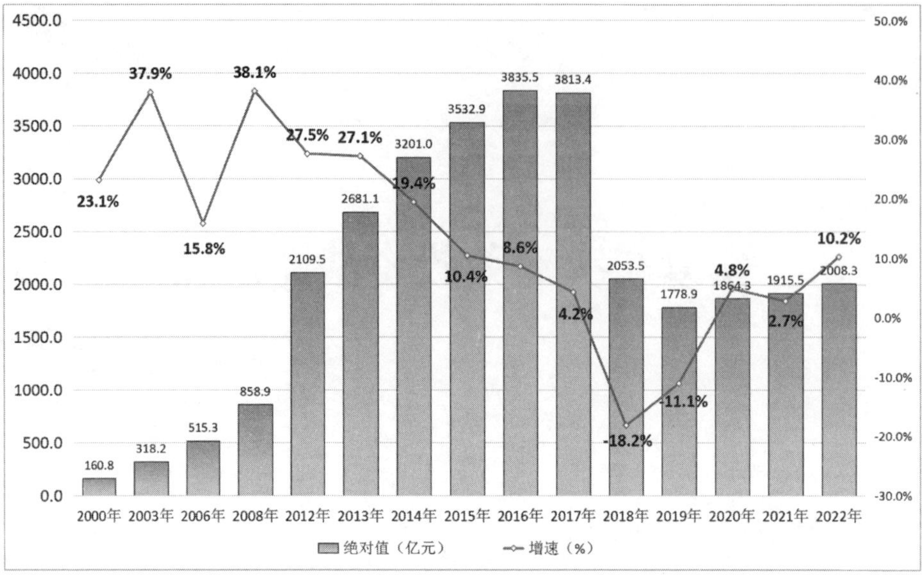

图 1　2000—2022 年宁夏全社会固定资产投资绝对值及增速

1. 高位增长期（2000—2015 年）

这一时期是改革开放以来宁夏固定资产投资增速最快、持续时间最长的时期，年均固定资产投资增速 24%，其中“十五”期间年均增长 22.7%，“十一五”期间年均增长 27.1%，“十二五”期间年均增长 23%。这一时期，宁夏以“铁公机”为代表的基础设施建设迎来投资高增长期，采矿业、制造业、房地产、电力热力等投资迅速扩张，宁东—山东±660 千伏特高压、宁东—浙江±800 千伏特高压、神华宁煤 400 万吨煤制油、福银高速、南部山区城乡饮水安全工程等重大项目相继上马，特别是 2008 年在全国财政扩张性政策刺激下，全区固定资产投资增速一度冲至 38.1%的历史最高点。

2. 快速下滑期（2016—2019 年）

这一时期，宁夏固定资产投资增速持续放缓，由过去两位数增长先后降到个位数增长、负增长，2016—2019 年投资增速分别为 8.6%、4.2%、-18.2%、-11.1%。这种情况既有当时全区一些重大基础设施项目相继完工、缺乏新的重大项目支撑，政府债务化解正处在吃劲期、政府投资能力严重受限的阶段性原因，也有国家统计局对各省区过去投资数据虚高统一“挤水分”的原因，可以说是多重因素导致了投资断崖式下跌。

3. 稳步回升期（2020—2022 年）

这一时期，面对需求收缩、供给冲击、预期转弱“三重压力”和新冠疫情冲击，自治区党委坚定实施扩大内需战略，不断加大投资促进力度，政府投资和民间投资协同发力。2020 年，全区固定资产投资实现由负转正，增长 4.8%，2021 年增长 2.7%。特别是自治区第十三次党代会召开后，全区上下聚焦“六特六新六优”产业、20 个重大项目，组织开展“扩大有效投资攻坚年”活动，推动固定资产投资在疫情冲击下逆势上扬，2022 年全区固定资产投资增长 10.2%，排名全国第 3，是 2016 年以来增速最快的一年。

（二）西部大开发以来宁夏固定资产投资增长与全国、西部地区相比呈现弹性更大、波动更大的特点

2000 年以来，宁夏固定资产投资走势与全国、西部地区相比呈现同升同降的特点，但波动幅度更大，高位增长期多数年份增速快于全国和西部，快速下滑期增速低于全国和西部，稳步回升期增速又快于全国和西部，特别是 2022 年宁夏投资一骑绝尘、表现突出，在西部地区独领风骚，充分反映了自治区党委坚定不移抓高质量项目的努力成果。（见图 2）

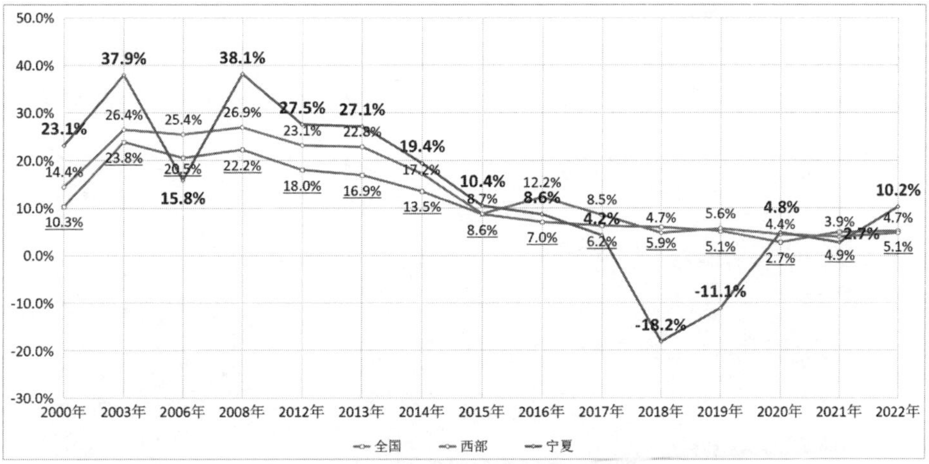

图 2　2000—2022 年全国、西部、宁夏全社会固定投资增速

1. 与全国相比，增长时增得更快、减速时减得更急

2000—2015 年，宁夏固定资产投资平均增速高于全国 5.7 个百分点。“十五”“十一五”“十二五”期间，分别高于全国 2.9 个、5.1 个、7.6 个

百分点。2017—2019 年，宁夏固定资产投资增速快速下滑，3 年增速分别低于全国 2 个、24.1 个、16.2 个百分点。2020 年，宁夏固定资产投资扭转了落后全国的局面，增速高于全国 2.1 个百分点；2022 年，增速高于全国 5.1 个百分点。

2. 与西部相比，整体高于西部增速，但个别年份低于西部增速

“十五”“十一五”时期，宁夏固定资产投资平均增速低于西部 1.7 个百分点，但 2000 年、2001 年、2003 年、2008 年 4 个年份增速高于西部。“十二五”时期，宁夏固定资产投资平均增速高于西部 3 个百分点。2016—2019 年，宁夏固定资产投资增长一直低于西部，且差距逐年拉大。2020 年，宁夏固定资产投资增速又开始反超西部，2022 年高于西部 5.5 个百分分点，排名西北五省区第 1，是近 10 年表现最好的一年。

（三）西部大开发以来宁夏重点领域投资“热点不断切换”“板块相继轮动”

2000 年开始，宁夏各类投资全面发力，其中基础设施、制造业、房地产、电力热力及水生产供应四大领域占全部投资的 80%左右，发挥了中流砥柱作用。2012—2022 年，全区基础设施投资比重由 10.4%提高到了 17.9%，制造业投资比重先降后升至 2022 年的 26.3%，房地产投资长期保持在 20%左右，电力热力及水生产供应投资比重由 10.7%上升到 16.8%。（见图 3）

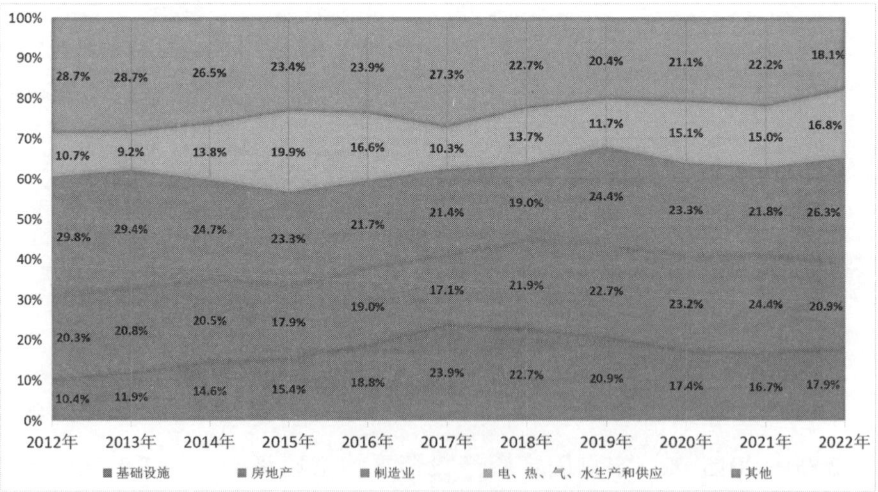

图 3　2021—2022 年重点行业固定资产投资占全区比重

1. 基础设施

2012—2017 年，宁夏基础设施投资平均增速 29%，高于同期固定资产投资增速 13.4 个百分点，其中 2016 年基础设施投资增长 34%，高出同期固定资产投资增速 25.4 个百分点，对全部投资贡献率达 60%。2018—2020 年，宁夏基础设施投资分别下降 23.5%、14.4%、12.7%，低于全国平均水平 27.3 个、18.2 个、31.8 个百分点。2020 年以来，随着银兰高铁、银昆高速、“宁湘直流”、大型光伏基地、银川都市圈城乡供水工程等重大基础设施项目开工建设，基础设施投资又开始反弹，2022 年增长 19.1%，高于全国平均水平 9.7 个百分点，对稳投资、稳增长发挥了重要作用。（见图 4）

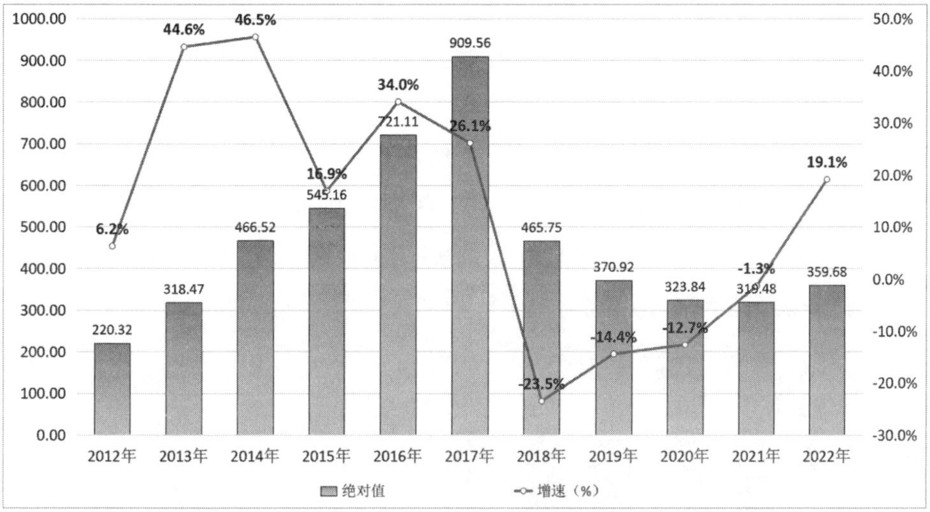

图 4　2012—2022 年宁夏基础设施领域固定资产投资情况

2. 制造业

2000 年以来，宁夏制造业投资主要集中在煤炭加工、石油加工、化工、建材、冶金等传统产业领域。2012 年，宁夏制造业投资增速高达 47.9%，高于同期固定资产投资增速 20.4 个百分点。“十三五”期间，制造业投资逐步放缓，年均增长 4.8%，仍高于全区固定资产投资平均增速 2.5 个百分点。这一时期，制造业投资结构明显改善，2017—2021 年，宁夏六大高耗能产业投资占工业投资比重由 2016 年的 28%下降到 2021 年的 25.3%。工业技改投资占工业投资比重由 2018 年的 20%提高到了 2022 年的 25%。（见图 5）

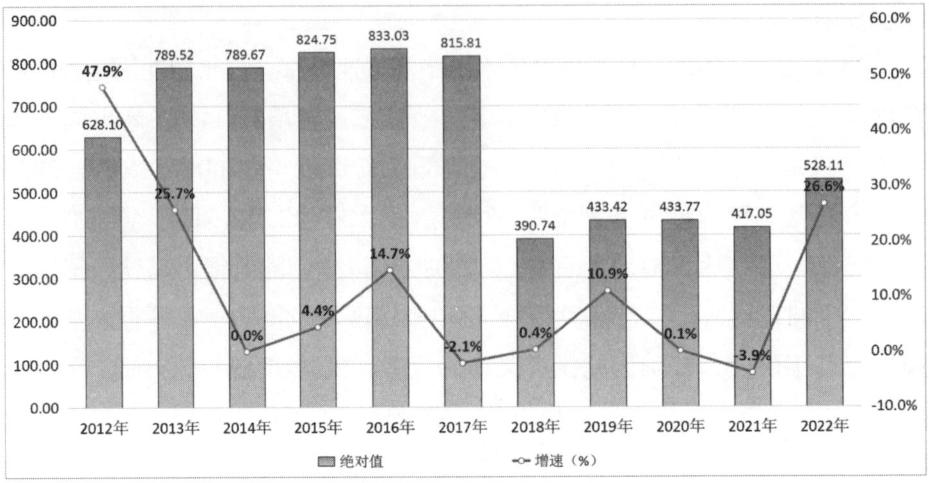

图 5　2012—2022 年宁夏制造业领域固定资产投资情况

3. 房地产

“十二五”时期宁夏房地产投资高位增长，“十三五”开始逐步下降，2017—2019 年增速分别为–10.3%、–31.1%、–10.3%，2018 年是近 10 年的最低点。2020—2021 年，房地产投资短期回暖，分别增长 7.5%、7.8%；2022 年，受全国大环境影响再次下跌（–10.1%）。（见图 6）

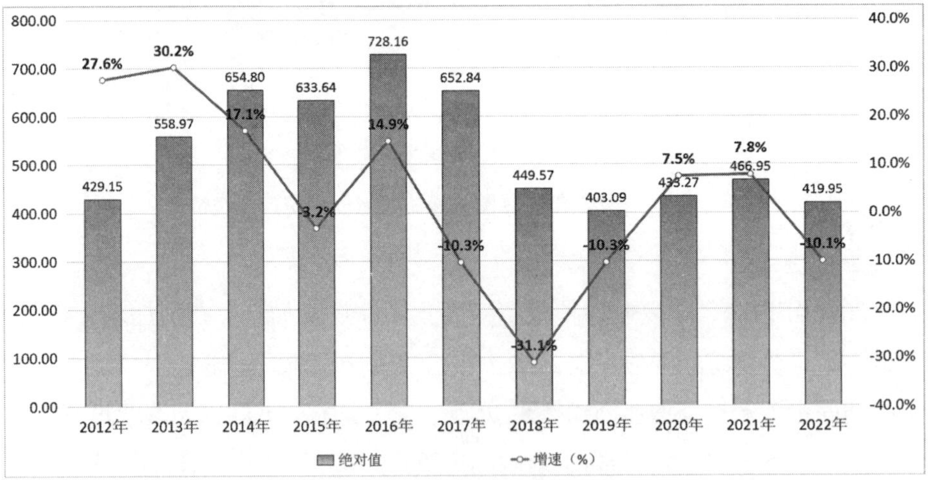

图 6　2012—2022 年宁夏房地产领域固定资产投资情况

4. 电力热力及水生产供应

2014—2015 年，这一投资领域经历了井喷式增长，增速分别达到79%、

59.6%。2016—2019 年，进入负增长阶段，平均增速-21.9%。2020—2022 年，随着“东热西送”供暖工程、银川都市圈城乡供水工程等民生领域补短板项目和宁湘直流配套沙漠光伏基地一期等项目相继实施，带动年均投资增速达到 20.4%。（见图 7）

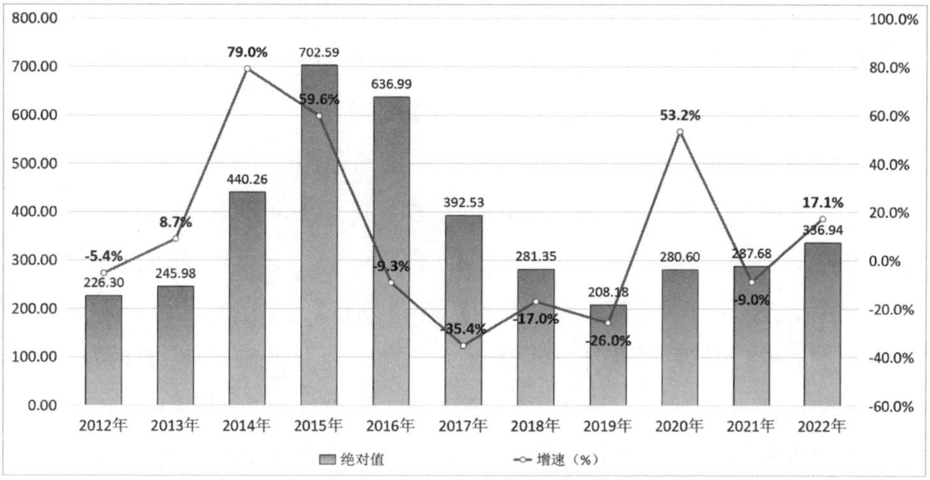

图 7　2012—2022 年宁夏电、热、气、水生产和供应领域固定资产投资情况

二、当前宁夏扩大有效投资存在的问题和短板

这些年宁夏投资取得了长足进步，但也面临着一些现实瓶颈制约，直接影响着扩大有效投资的可持续性，需要在今后工作中重点关注和破解。

（一）传统领域动能衰减，投资空间受“限”

西部大开发初期，宁夏各方面建设刚刚起步，无论是基础设施、房地产，还是传统制造业、电力热力行业，投资需求和空间都很大。经过 20 多年发展，传统领域投资趋于饱和，固定资产投资边际回报率开始递减。一是投资效果系数逐渐回落。“十一五”“十二五”“十三五”期间，宁夏投资效果系数分别为 22.9%、11%、5.8%，投资回报不断下降，也就是说 100 元投资“十一五”期间增加 22.9 元的 GDP、“十二五”期间增加 11 元的 GDP、“十三五”期间仅增加 5.8 元的 GDP。二是投资效率逐年下降。2015 年，宁夏固定资产投资与 GDP 比值为 121.3%，2020 年为 47.6%，2022 年为 39.6%，这说明投资的宏观效率呈下降趋势。三是传统投资空间变窄。从基础设施看，宁夏已成为西部第2个、全国第11个县县通高速的省区，高速公路人口密度为54.2公里/万人，排名全国第3，20户及以上自然村通硬化路达到99%，公路投资增加空间已经不大。从制造业看，受"双碳""双控"限制，电力热力、煤炭加工、石油加工、化工、建材、冶金六大高耗能产业投资逐年下滑。从房地产看，全区城镇居民人均居住面积43平方米，高于全国平均水平6.5平方米，投资高增长时代已经过去。

（二）营商环境短板较多，投资信心受"挫"

营商环境既是发展的竞争力，也是投资的吸引力。这些年，宁夏大力推进"放管服"改革，营商环境明显优化，但与东部沿海发达省区相比还有一定差距。一是审批时间还较长。据了解，宁夏工程建设项目审批平均需要50个工作日，而北京、陕西、内蒙古分别仅需15个、20个、45个工作日。土地手续从项目规划选址、土地征收、报批供应到规划许可，快的需要6个月，慢的则长达1年多，涉及调规的土地审批时间更长。二是融资难度大成本高。宁夏金融市场不发达，项目投资主要依靠银行贷款，直接融资占全社会融资规模比例不到10%。大多数银行风控方式单一，只做传统的土地、房产抵押贷款和担保贷款，许多缺乏抵押物的企业很难贷到款。三是法治环境还不优。一些地方和部门的干部信用意识不强，对一些投资超越规定承诺，项目落地后又兑现不了，透支了政府信用。一些地方和部门执法简单粗暴，"以罚代管"。

（三）项目谋划思路落后，投资接续受"阻"

谋划项目是扩大投资的前提基础。当前宁夏新项目、大项目、好项目储备明显不足，导致投资支撑不够、后劲乏力。一是本领不强不会"谋"。一些地方和部门对中央的政策指向、投资导向、发展方向把握不准，对各领域的产业政策、资金投向、申报要求了解不透，政策信息不敏锐，机遇捕捉不及时，经常是"马后炮"。一些地方和部门不会策划和包装项目，谋出的项目不能"适销对路"，挤不进国家的"大盘子"。二是视野不宽不善"谋"。一些地方和部门思想观念陈旧，只习惯在传统基础设施和传统产业领域谋项目，对5G、工业互联网、算力、物联网等"新基建"项目谋划不熟悉，对现代物流、文化旅游、健康养老、绿色食品等新兴领域不擅长，抓不住新形势下投资的重大机遇。三是动力不足不愿“谋”。有的市县受财力限制，拿不出项目投资配套资金，即使上面安排了也不愿要。有的缺乏跑项目的积极性。有的到上面争项目怕看脸色，不愿意主动去争去跑。

三、精准扩大有效投资的思路和对策

宁夏是典型投资拉动型经济，大抓高质量发展必须大抓高质量投资，以高质量投资带动高质量发展。下一步要做好以下 4 个方面工作。

（一）要解决好“项目怎么谋”的问题

项目谋划是扩大有效投资的前提基础，只有项目谋划的质量高，扩大有效投资才能有保障。一是要把谋大项目作为“压舱石”。从近 20 年宁夏投资运行情况看，投资高速增长期都是大项目接续不断期，缺乏大项目支撑投资增速就会明显回落。必须紧盯国家“十四五”规划和各类专项规划中的重大工程建设项目，抢抓中央适度超前开展基础设施投资的重大机遇，围绕产业升级、水利工程、交通枢纽、城市更新、生态环保等领域，谋划一批百亿级、千亿级的“好高大”项目，全面提升全区大项目储备量。二是要把谋新项目作为“发力点”。这几年 5G 基站、特高压、城际高速铁路和城际轨道交通、新能源汽车充电桩、大数据中心、人工智能、工业互联网等新型基础设施建设项目是国家重点支持的“风口”，必须抓住建设国家新能源综合示范区、国家算力枢纽节点、新型互联网交换中心的机遇，主动谋划实施一批产业耦合度高、契合度好的特高压、大数据、城际高速铁路等“新基建”项目，不断拓展投资新的动力源。三是要把谋准项目作为“硬要求”。针对过去一些部门和地方谋划项目政策对接不紧、投向把握不准、获批率不高的问题，定期组织有关部门和市县对中央最新投资政策、投资重点进行研究分析，按年度编制全区重大项目谋划方案和清单，建好建准重大项目动态储备库，备好项目建议书、可研报告、资金申请报告，完善土地、规划、环评、能评等支撑材料，提高项目申报的获批率。

（二）要解决好“环境怎么优”的问题

投资环境既是发展的竞争力，又是投资的吸引力，企业敢不敢来投资最关心的就是营商环境，扩大有效投资必须高标准打造好营商环境。一是要打造高效便捷的政务环境。针对影响市场主体获得感的堵点痛点问题，进一步优化“互联网+政务服务”“不见面、马上办”审批模式服务流程，全面推行容缺办理、多评合一、多图联审，探索建立重大项目审批绿色通道机制，切实打造效率高、成本低、服务好的一流政务环境。二是要打造诚实守信的信用环境。建立健全政府诚信履约机制和政务诚信诉讼执行协调机制，持续清理政府在民营企业发展中不守合同、拖欠中小企业账款等行为，组织开展“新官不理旧账”专项治理，倒逼各地各部门把对投资者作出的承诺兑现到位，切实增强企业家敢来投的信心、愿意投的决心。三是要打造公平公正的法治环境。建立健全调解、仲裁、行政裁决、行政复议等多元化纠纷解决机制，完善营商环境投诉维权机制，为各类市场主体提供高效便捷的纠纷解决途径。严格区分经济犯罪和经济纠纷界限，依法审慎适用查封、扣押、冻结等强制性措施，给民营企业稳定的市场预期。

（三）要解决好“钱怎么筹”的问题

大规模的投资需要大规模资金提供强有力的保障，在明确投向的前提下，必须解决好“钱从哪里来”这个关键性问题。一是财政预算资金要全力争取。宁夏自身财力有限，支撑重大项目建设、扩大有效投资还需在争取中央转移支付及各部委专项资金上狠下功夫。要在全区组织开展争项目争资金争政策“比学赶超”活动，动员各厅局“全面进部”，确保各领域财政支持资金大幅增加。二是政府专项债要全力协调。精心谋划一批有一定收益的基础设施和公共服务类重大项目，加强与国家发改委、财政部的对接，争取国家部委安排宁夏更大规模新增专项债。三是政策性开发性金融工具要全力跟进。按照国家政策性银行要求，推动更多“红灯”“黄灯”项目转为“绿灯”项目，积极配合国开行、农发行宁夏分行向国家总行争取更多基金项目资金，加快推进基金项目资金合规支付和配套融资，以市场化方式为重大项目建设补充资本金。四是民间资本要全力引导。全面梳理适用于民间投资项目的支持政策，继续拆除妨碍民间投资的各种藩篱，进一步放宽民间投资市场准入，通过设立产业引导基金、基础设施投资基金、政府和社会资本合作等模式，鼓励和吸引更多民间资本参与重大工程和补短板项目建设，持续释放民间资本的投资空间。

（四）要解决好“商如何招”的问题

招商引资是扩大投资的不二法门，新形势下要在各地你争我抢的激烈招商竞争中胜出，必须改变过去仅依靠税收、土地等优惠让利招商引资的思路，坚持以招商对象为中心，以问题为导向，采取更有效的方式吸引优质企业和项目落地。具体可采取以下5种做法。一是资金注入式招商。针对一些有技术、有市场但缺资金的招商对象，尤其是动辄数十亿甚至几百亿元投资的战略性新兴产业项目，借鉴重庆、合肥等地引入京东方的模式，承诺通过银行贷款、股权融资等形式帮其筹集资金，补上招商对象的资金短板，让其看到双方合作的基础，将产业转移到宁夏，实现资源互动、优势互补、互惠互利。二是收购兼并式招商。针对目前宁夏一些国有、民营企业资产利用效率不高的问题，对全区国有、民营企业进行一次大盘点，对发展不好的企业可通过转让部分或全部股权，引进国内外战略投资者进行收购兼并，盘活现有企业资产，带动扩大有效投资。同时，对在区外或国外发展困难但引进后能够完美嵌入宁夏现有产业链的企业，可借鉴上海嘉定引进吉利沃尔沃项目的做法，采取直接买断控股权的方式，将企业整体转移到宁夏来生产。三是PPP合作招商。对诸如高速公路等市场化收费可以平衡投资的项目完全放开由市场主体来做，对诸如供排水、停车场等当期收费暂时无法平衡投资的项目可通过逐步调价等措施最终形成投入与产出基本平衡，以此增强PPP项目对社会资本的吸引力，形成市场主体可投、投资收益可期的共赢招商局面。四是产业引导基金招商。进一步加大年度用于增加产业引导基金规模的财政资金比例，扩大基金规模，提高杠杆比，以基金撬动资本、以资本服务招商、以招商导入产业，切实把更多符合“六新六特六优”产业方向的优质项目带回宁夏，真正发挥引导基金“四两拨千斤”的功效。

宁夏进口贸易发展情况与对策研究

王　瑛　李　博　冉　琳

扩大进口是优化国内供给体系、满足人民需求、实现经济高水平动态平衡的必然要求，也是提高我国开放型经济水平、构建全面开放新格局的重要体现。具体而言，针对消费者，更多进口消费品进入国内市场，加剧产品竞争，降低产品价格，使其拥有更多选择机会，提升了居民福祉；针对生产者，随着关税的下降以及贸易便利化的实施，中间品进口可以帮助企业降低成本、提升利润，也有利于企业所在地区的利税水平上升，而终端产品的进口则会在短期内形成竞争效应，实现国内市场的优胜劣汰，从而提高企业的全要素生产率，推动产业升级。此外，加强进口有助于平衡贸易发展，统筹国内国际两个市场两种资源，缓解资源瓶颈压力，加快科技进步创新。

近年来，宁夏抢抓“一带一路”建设机遇，持续搭建对外合作交流平台，构筑对外开放通道，优化开放发展环境，助力开放型经济行稳致远发展。但宁夏出口商品贸易额明显多于进口，存在一定的贸易不平衡问题。基于此，本文着眼于宁夏进口贸易发展变化趋势，研判宁夏进口贸易发展

作者简介：王瑛，北方民族大学经济学院副院长、教授，研究方向：国际贸易理论与开放型经济；李博，北方民族大学经济学院2021级硕士研究生，研究方向：国际贸易理论与开放型经济；冉琳，北方民族大学经济学院2022级硕士研究生，研究方向：国际贸易理论与开放型经济。

的现状及问题，并对如何促进宁夏进口发展提出建议，以期对推进宁夏开放型经济高质量稳步发展起到重要的参考和决策作用。

一、宁夏进口贸易发展现状

（一）进口贸易规模逐步扩大，发展态势稳中向好

近年来，宁夏狠抓政策落地，积极参加中国国际进口博览会等重要展会，加快拓展线上线下双市场，着力扩大全区进口贸易规模。2019 年，宁夏进口总额为 91.7 亿元，相较于 2018 年的 68.7 亿元，同比增长 33.5%。2020 年，受疫情冲击、企业停产停工等因素影响，全区实现进口总额为 36.5 亿元，同比下降 60.3%。为此，宁夏积极出台稳外贸政策，多方面加大稳外贸支持，完善外贸政策支撑体系，积极推进外贸新业态新模式发展，不断激发市场主体活力，助力宁夏进口贸易实现恢复性增长。2021 年，宁夏进口贸易扭降为升，进口总额达到 39.2 亿元，同比增长 6.8%；2022 年达到 60.6 亿元，同比增长 54.5%，增速全国排名第 6 位；2023 年 1—10月，进口总额 45.1 亿元，同比增长 4%，增速排名全国第 12 位。

（二）进口赋能产业转型升级，牵引促进区域经济发展

宁夏优秀骨干装备制造企业积极打好“进口+科研”组合拳，引领行业发展，参与标准制定。20 世纪 80 年代以来，吴忠仪表有限公司引进日本先进技术和设备，全面进行技术创新，不断推动技术发展。小牛自动化则通过进口光伏串焊机逐渐掌握关键部件的研发和核心技术，如今其生产的太阳能电池全自动串焊机全球市场占有率排名第 2、国内第 1，汇流带焊接机全球及国内市场占有率均为第 1。近年来，宁夏充分用好“本土资源+国外优质奶牛+国际先进设备”的优势，依靠“进口”助力走上奶产业高质量发展的快车道；通过发展跨境电商、服务贸易、数字贸易等贸易新业态新模式，扩大与“一带一路”合作伙伴的贸易规模，增加了高附加值进口货物品类。此外，借助中阿博览会、中国（宁夏）国际葡萄酒文化旅游博览会、中国国际进口博览会等平台，不断有新产品、新技术、新服务进入宁夏，使宁夏对外开放平台能级进一步提升，消费市场更加多元化。2023 年以来，宁夏实体企业发挥外贸增长“稳定器”的

作用，尤其是重点企业相继投产。机电产品进口需求增长 41.1%，综保区加工企业带动农产品进口大幅增长，其中亚麻籽进口增长 257.8%，食用油进口增长 684.5%。新能源产业蓬勃发展，多晶硅进口 75.8%，实现 7 个月连续增长。

（三）进口政策支持力度加大，发展环境持续优化

面对复杂严峻的国际市场，宁夏因势利导，适时推出新举措，为进口贸易发展提供支撑。一是强化政策支撑引领。在充分利用国家稳外贸政策的同时，自治区人民政府先后制定《关于促进全区开放型经济发展的意见》《关于进一步做好外贸外资工作的实施意见》等利好政策，推出了“外资三年外贸五年倍增计划”，鼓励企业扩大先进技术设备、关键零部件、日用消费品、医药和康复、养老护理等产品进口，稳定硅、锰矿石等能源资源型产品进口。二是实施银贸联动。自治区商务厅与各金融机构建立贸易金融联动服务机制，并多次组建调研组深入市县园区为企业送政策送服务，通过设立授信绿色通道，创新业务模式，帮助企业解决融资难、融资贵等问题，有效降低企业资金占用。三是打通物流瓶颈。宁夏充分发挥向西开放独特优势，全面形成“五位一体”立体化开放通道①。“一单到底”“一箱到底”公铁海国际货运班列步入常态化运行，实现了宁夏与世界的无缝对接。②

二、新发展格局下宁夏进口贸易发展存在的问题

（一）进口贸易总量有待进一步提升

近年来，宁夏外贸情况总体向好，但考虑到巨大的国内市场，宁夏进口贸易总量仍有较大提升空间。一是进口额占全区外贸总额的比例较小。如图 1 所示，整体来看，全区进口总额占对外贸易总额的 30%左右，2019 年进口总额占比最高，超过 35%。其后受疫情等多种因素影响，进口总额

---

①“五位一体”立体化开放通道：以银川机场为枢纽的空中通道、以中欧班列为重要节点的陆上通道、以银川市公铁物流“天津港内陆无水港”为连接的海上通道、以大吨位卡车为载体的国际公路运输通道、以银川跨境电商为中心的数字通道。

②宁夏谱写外贸稳增长新篇章［EB/OL］.中国商务新闻网，2022-04-21：https://baijiahao.baidu.com/s?id=1730684972345428684&wfr=spider&for=pc

仅占外贸总额的 20%左右。2022 年，全区进口总额占比恢复上升趋势；2023 年 1—10 月，全区实现进口总额 45.1 亿元，占对外贸易总额的26.37%。二是宁夏进口额占全国进口总额的比重较小。2018—2019 年，宁夏进口总额占全国进口总额的 0.05%左右。2020—2022 年，宁夏进口总额仅占全国进口总额的 0.03%左右；2023 年 1—10 月，占全国进口总额的 0.035%。

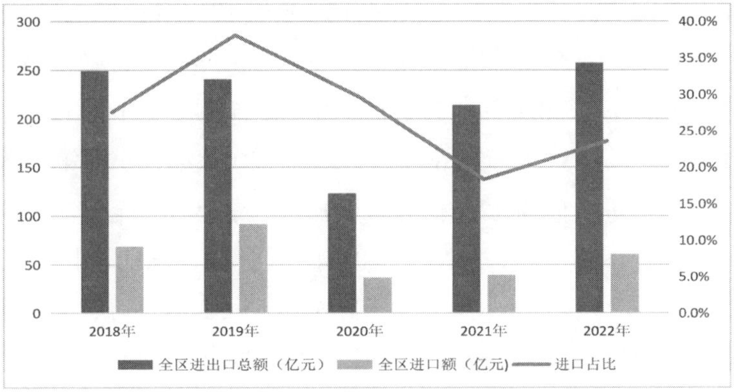

图 1　2018—2022 年宁夏进出口总额及进口占比

数据来源：宁夏回族自治区商务厅网站。

（二）内需不足制约进口规模增长，消费潜力有待挖掘释放

疫情平稳转段后，居民消费仍缺乏足够的消费能力和消费信心，防御性储蓄倾向明显，供给与需求出现不同步，制约进口贸易增长。具体表现为：一是劳动力收入跟不上供给的增长。2023 年上半年，宁夏财政总收入为 443.42 亿元，同比增长 17.2%，在 GDP 中的占比从 2022 年的 16.1%增加到 17.9%。但居民可支配收入仅增长 7.0%，较财政收入增速低 10.2%。对于消费者来说，收入水平是影响消费能力的直接因素，三年疫情推动全区物价水平持续上升，而居民的可支配收入增速较慢，成为制约居民消费能力的重要因素之一。二是居民预期弱、收入增长慢制约消费增长。2023 年上半年，宁夏居民人均可支配收入 13806 元，同比增长 7.0%。但 2020 年以来人均可支配收入增速呈现下降趋势，且 2023 年居民消费价格指数呈现下降趋势，这意味着受市场经济低迷、输入性通胀、收入预期等不稳定因素制约，居民消费依旧保持审慎态度，降低了消费意愿和边际消费率。三是产业发展后劲不足，拉动消费能力较弱。宁夏“六新六特六优”产业，作为

区域优势特色主导产业、在拉动消费、培育新业态方面的作用尚未凸显。

（三）商品结构相对单一，仍有较大改善空间

宁夏进口商品以资源类大宗商品、机电产品、农产品、化工产品为主。2018 年，宁夏锰矿、农产品进口大幅增长，锰矿进口 19.9 亿元，增长 74.8%；农产品进口 3.4 亿元，增长 42.1%。[①]2019 年，宁夏锰矿进口 34.8 亿元，增长 74.2%；黄金进口 34.4 亿元，增长 191.9%；机电产品进口 9.8 亿元，下降 33%；农产品进口 2.3 亿元，下降 33.7%。上述商品进口值占全区进口值的 88.7%。[②]2020 年，进口产品中钽铌矿砂、钢材、仪器装置、硅分别增长 480.8%、23.2%、75.6%、59.4%。[③]2021 年，宁夏第一大进口商品为机电产品，进口值为 12.7 亿元，同比增长 34.9%；金属矿及矿砂进口 12.2 亿元，同比下降 13.8%；农产品进口 2.6 亿元，同比增长 121.7%；多晶硅进口 1.7 亿元，同比增长 45.7%。除金属矿及矿砂下降，其他进口主要商品增幅较为明显。以上商品进口占宁夏进口总值的 74.5%。[④]2022 年，金属矿及矿砂进口 23.2 亿元，同比增长 88.7%；钢材进口 1.6 亿元，同比增长 44.1%；机电产品进口 20.9 亿元，同比增长 65.1%；农产品进口 3.8 亿元，同比增长 47%；多晶硅进口 3.5 亿元，同比增长 109.9%。上述商品进口值占全区进口总值的 87.5%。[⑤]由此可见，近年来宁夏进口产品种类有限，进口商品结构有待进一步优化。

（四）进口贸易来源地相对集中，有待进一步拓展

宁夏进口市场分布相对集中，主要集中在亚洲、欧洲、北美洲。其中，

---

①2018 年宁夏外贸进出口总值达 249.2 亿元［EB/OL］.乐居网，2019-01-23：https://baijiahao.baidu.com/s?id=1623414283275578900&wfr=spider&for=pc

② 2019 年宁夏外贸进出口总值 240.6 亿元［EB/OL］.中国日报网，2020-02-28：https://baijiahao.baidu.com/s?id=1659765415717407191&wfr=spider&for=pc

③2020 年宁夏外贸进出口总值 123.2 亿元［EB/OL］.中国日报网，2021-02-04：https://baijiahao.baidu.com/s?id=1690730357125353417&wfr=spider&for=pc

④2021 年宁夏外贸进出口 214 亿元 出口增速居全国第一［EB/OL］.宁夏广电新闻中心，2022-01-26：https://cj.sina.com.cn/articles/view/7517400647/1c0126e4705902keua

⑤ 2022 年宁夏外贸进出口 257.4 亿元［EB/OL］.银川海关，2023-01-19：http://hefei.customs.gov.cn/yinchuan_customs/531985/zfxxgkzl72/fdzdgknr2/531987/4810449/index.html

欧盟、东盟、美国为前三大贸易伙伴。2014年宁夏便实现了与阿盟22个成员国贸易往来全覆盖，但份额集中在埃及、阿联酋、沙特等少数国家，且进口比重均维持在个位数。进口市场分布相对集中，会导致对外部市场依赖性偏大，抗风险能力相对较弱。

三、新发展格局下宁夏进口贸易发展的利好条件

（一）新型区域贸易规则促进宁夏进口贸易提质增效

随着2022年1月1日RCEP正式生效，15个协议成员国之间货物贸易进口税率将持续调降并最终实现零关税，降税商品范围覆盖成员国之间贸易范围的90%以上，同时全面取消多项非关税约束。进口关税的持续降低以及非关税措施的逐渐取消标志着贸易便利化水平进一步提高，RCEP协定释放的政策红利，成为宁夏壮大开放产业、实现更高水平对外开放的强大动力，将有效促进进口贸易发展。2022年，宁夏共有7家企业享受RCEP协定关税优惠进口货物，合计进口货值1.04亿元，享受进口关税优惠约283万元。此外，原产地区域累积规则也有助于降低宁夏部分工业的原材料进口成本，加之便捷高效的通关服务，推动了宁夏外贸企业产业提升。据银川海关统计，2023年前三季度，宁夏共有8家企业享受RCEP关税减让成果进口货物，合计享惠进口货值1.07亿元，减让税款约354.6万元，主要享惠进口商品有无机氧化物、催化剂、合金钢材和机器零件等。

（二）政策红利转化为宁夏进口贸易发展的新动力

近年来，宁夏主动融入和服务双循环新发展格局，全力打造丝绸之路经济带战略支点，持续扩大对外开放，通过打造“数字政府”、出台优化营商环境“1+16”政策性文件等，与全国实现通关一体化，国际贸易“单一窗口”货物申报业务覆盖率达到100%，内陆开放型经济高质量发展不断取得新突破。目前，宁夏已形成以银川机场为枢纽的空公铁海联运新格局，并将在此基础上进一步支持口岸功能场所运营主体完善设施设备，提升国际货运服务保障能力；积极推广“一单制”“一箱到底”便利化大通关运行；进一步畅通航空物流通道，提升通关便利化水平；推进建设国际贸易

“单一窗口”宁夏版，加强与海关、税务、金融机构合作对接，共建贸易数据大平台，提升贸易综合服务能力。[①]

（三）开放平台建设促进经济稳步发展

借助中央赋予中阿博览会永久举办地的有利契机，宁夏积极抢抓“一带一路”建设重大机遇，立足古丝绸之路战略节点，在持续搭建对外开放合作平台、进一步优化对外开放环境、构筑起对外开放通道的同时，将促进与“一带一路”国家和地区的经贸合作作为开放重点和主攻方向。[②]截至2023年10月，宁夏已成功举办6届中阿博览会，沙特椰枣、也门咖啡、叙利亚玫瑰精油、土耳其阿孜密酱、巴基斯坦特色器皿等来自世界各地独具特色的商品借博览会平台受到宁夏消费者的青睐。银川跨境电子商务综合试验区、银川综合保税区等外贸新业态创新载体的建设，也为推动宁夏进口贸易发展增添了动能。

（四）开放通道建设推动外贸高质量发展

近年来，从空中到陆路到水路，宁夏多式联运服务能力稳步提升，物流与产业融合不断推进，日益密集的对外通道将宁夏与世界紧密连接。

陆海联通方面，东向持续加强与铁路、港口的铁水联运合作，支持银川—天津港“一单制”多式联运班列稳步扩大规模，形成可达日韩、欧美等国际市场的铁海联运物流通道。拓展与重庆、武汉等沿长江港口内河运输合作，宁蒙陕甘毗邻地区联通长三角、珠三角的铁水联运物流通道。西向和北向稳定运行国际货运班列，开发银川至中亚、西亚以及俄罗斯等地的国际班列线路，畅通连接哈萨克斯坦、吉尔吉斯斯坦、伊朗等国家的中亚—西亚经济走廊，连接蒙古、俄罗斯等中蒙俄经济走廊的国际公铁联运物流通道，实现铁矿、锰矿、木材、亚麻籽等大宗产品进口。南向加强与北部湾港、磨憨等口岸合作，开发联通越南、老挝等东南亚市场的贸易通道，以更加畅通的物流通道，带动宁夏及周边地区贸易、货物、资金、人才等向枢纽聚集，促进枢纽经济发展壮大。目前已形成西北向出境、东南

①宁夏启动外资三年外贸五年倍增计划.宁夏回族自治区商务厅官网，2023-05-29

②宁夏搭建平台创造不竭动能.腾讯网，2022-03-02

向出海的口岸通道网络，四向通道服务保障能力持续提升。[①]

航空枢纽方面，成功争取获准银川河东机场开放第三、第四、第五航权，通航城市 80 余个，航线 100 余条，推动银川至香港、迪拜等国际（地区）航线复飞，推动中欧、中亚班列和陆海新通道宁夏国际货运班列稳定运行，先后开行惠农—越南胡志明、银川—老挝万象等点对点国际铁路货运班列。[②]截至 2022 年底，银川河东国际机场已开通 86 个通航城市的 140 条航线，形成了以银川机场为中心，辐射全国省会和主要经济、旅游城市，面向中东，连接东亚和东南亚的航空运输格局。2023 年上半年，宁夏不断加快开放通道建设，共实施基础设施、多式联运、仓储、应急储备、循环经济等领域项目 7 个，完成投资 1000 万元。[③]

四、新发展格局下宁夏进口贸易进一步发展的建议

（一）发挥政府有为之手，厚植进口贸易新生态

一是培育引进龙头企业。精准招引各类头部企业，特别是海关高级认证（AEO）企业。鼓励外贸企业设立或者参与设立区域综合性、专业性的国际分拨中心。二是提升进口贸易服务能力。推进“一企一策”孵化培育，助力中小企业开拓国际市场。加大进口企业财政补贴力度，缓解企业融资难题，引导企业建立进口贸易应急预案，并及时根据国际市场要求调整生产与经营方向。通过深化科技创新、制度创新、模式和业态创新，培育一批具备区域影响力的消费品进口平台、大宗商品进口供应链运营中心。三是开展进口贸易促进活动。集聚整合贸促会、行业协会等多方资源，积极开展进口贸易促进活动以及线上线下展会等，鼓励区内企业积极参加进博

①宁夏融入共建“一带一路”,“走出去”“请进来”的步伐铿锵［EB/OL］.宁夏日报客户端，2023-10-18，https://mp.weixin.qq.com/s?__biz=MzIwODg1NjYyMw==&mid=2247591202&idx=1&sn=cf534af093472c7096769a6b7a16b285&chksm=977f9662a0081f7499a5d231bdfb3fc55ea36c56d29fead198cc17c000dd09640713638ee0eb&scene=27

②宁夏与“一带一路”沿线国家和地区累计实现进出口 756 亿元［EB/OL］.中国新闻网，2023-08-22.https://baijiahao.baidu.com/s?id=1774936724775919211&wfr=spider&for=pc

③共建“一带一路”十年“宁夏故事”正精彩［EB/OL］.宁夏回族自治区商务厅，2023-10-12.https://dofcom.nx.gov.cn/xwzx_274/swdt/202310/t20231012_4307570.html

会、服贸会等国际性展会，充分发挥展会平台的集聚效应、外溢效应、示范效应，吸引国内外优秀企业入宁，实现国内外优质进口资源对接，为宁夏进口贸易发展注入活力。四是搭建国际合作平台。深度融入“一带一路”建设，加强与 RCEP 成员国、欧洲，以及中国港澳台等地区经贸合作，搭建高水平对外交流合作平台。

（二）拓展进口贸易发展新空间，促进重点产业提质增效

一是利用中国国际进口博览会、中国国际服务贸易交易会等进口展会的平台作用，积极拓展进口贸易发展新空间。二是加强企业、高校、科研机构等资源共享，支持研发所需高精尖设备进口，加大科研设备仪器税收优惠力度与范围，并支持发展进口设备以及物料代理商，助力科技研发。三是促进服务贸易发展。鼓励企业开展符合《鼓励进口服务目录》要求的研发设计、节能环保、环境服务、管理咨询等生产性服务进口，积极发展数字文化贸易，促进产业转型升级。四是利用进口手段为促进产业发展降本增效。例如，利用税收优惠政策①，在饲料进口上谋划降低奶牛养殖成本产业；在保障进口动物健康的前提下，积极拓展进口种牛来源国，增加高质量牛冷冻精液和胚胎进口，为宁夏奶牛种质资源引进提供更多选择。

（三）优化进口商品结构，促进消费提档升级

一是扩大进口关键技术、设备和零部件，以充分发挥进口商品的技术溢出效应和产业升级效应，以进口促出口，推动产品优化、产业结构升级。二是扩大优质消费品进口。适度增加具有国外特色的日用消费品、养老护理设备等产品进口；并依托核心商业区，积极吸引知名品牌旗舰店、体验店等入驻，扩大高端消费品进口，落实诸如汽车等消费品的进口税收政策，以更好满足人民群众生活需求。三是释放跨境电商进口潜力。制定支持跨境电商发展政策，特别是要针对每一类重点商品进口所需的境外选品、口

---

①2020 年底印发的《关于 2021 年关税调整方案的通知》（税委会〔2020〕33 号）规定，自 2021 年 1 月 1 日起，继续对部分饲草、饲料实施进口暂定优惠税率。其中，油菜籽粕、葵花籽粕、棕榈粕等蛋白饲料税率由 5%降至 0，混合天然饲草（以禾本科和豆科为主）税率由 9%降至 4%，紫苜蓿草税率由 9%降至 7%，牛、羊的配制动物饲料税率由 6.5%降至 4%，动物饲料用的其他植物原料（如脱粒玉米芯、胡萝卜叶等）税率由 5%降至 0。

岸设施、报关检验、物流仓储、贸易平台、展览销售、鼓励政策等环节提出针对性促进举措。加快跨境产业园区建设，打造跨境电商直播基地，培育龙头企业，支持企业通过保税仓开展跨境电商进口业务。同时围绕本地优势资源，积极探索跨境电商 B2B 环节创新，通过出台跨境电商支持政策，打造特色跨境电商 B2B 生态模式。

（四）推进市场多元化布局，增强外贸发展韧性

一是抓住“一带一路”倡议、RCEP 协定等重大协议，积极探索新兴进口市场，丰富进口产品来源地结构，增加替代性产品进口，进而分散进口风险。同时发挥企业市场主体作用，不断巩固与其他贸易伙伴经贸关系，切实实施进口多元化战略。[①]二是将共建“一带一路”国家和地区作为重点进口来源地，充分发挥与有关国家和地区的双边和多边经贸合作机制，依托银川综合保税区等载体，吸引特定产业集聚发展，培育和打造一批进口商品集散和分拨中心，支持企业进口适应国内消费升级需求的特色优质产品。三是进一步发挥外资在引进先进技术设备、优化进口结构等方面的作用。

（五）建立进口风险预警机制，增强进口贸易发展稳定性

一是建立进口风险预警机制。各相关部门通力合作，制定进口产品风险研判与评价体系，根据进口来源地产业政策变化研判我国进口产品发展趋势及其对宏观经济运行所带来的负面冲击[②]，并提醒相关企业及时了解来源地相关产业动态，提前做好进口贸易应急方案；同时及时发布国际航线、港口运输等相关信息，降低企业运输成本和进口市场信息不对称。[③]二是提高进出口商品质量安全风险监测系统的数字化水平，加强与电子口岸、商检、物流等系统的互联互通、信息共享，提高数据分析整理能力，对进口商品质量安全进行事前预测、事中监测、事后分析的多角度、全流程、数

①魏浩.中国进口发展的新机遇、新挑战与应对策略［J］.人民论坛·学术前沿，2022（1）：46-64

②赵新泉，卫平东，刘文革.新时期主动扩大进口的理论机制及政策建议［J］.国际贸易，2020（7）：47-54

③魏浩.中国进口发展的新机遇、新挑战与应对策略［J］.人民论坛·学术前沿，2022（1）：46-64

字化管理。配套建立进口商品来源地检测，探索应用区块链技术建立原产地溯源系统，全流程信息上链，以区块链数据的不可篡改性保证进口商品原产地信息可靠安全，为进口贸易发展保驾护航。①

（六）完善基础配套设施建设，保障进口通道顺畅

一是畅通国际物流通道。着力疏通重点进口来源地运输通道，例如借助银川河东国际机场优势，完善航向布局，挖掘客机腹舱功能，加强与北美、欧洲、日本等的贸易往来；提升中欧班列利用水平，积极融入西部陆海新通道，常态化运行直达欧洲、中亚铁路干线，并加盟东盟干线，借助RCEP协议优势，加快推进东盟合作。二是加强物流配套建设。依托重要交通枢纽、物流集散地，规划建设或者改造升级一批集运输、仓储、配送、信息交易于一体的综合物流服务基地，促进干线运输与城市配送有效衔接。三是提升开放平台能级。发挥综保区“保税+”载体功能，优先布局特色产业进口线，打造供应链仓储。同时针对特色大宗商品建立进口集散地，例如建立高端消费品展示区、进口药品仓储等，不断开拓进口贸易新业态新模式。四是加强平台数字化建设。积极推进进口贸易信息展示平台建设，例如“一带一路”进口贸易平台等，并利用智能化系统实现从海外采购到进口仓储的全流程数字化监管和市场分析，缓解进口企业信息不对称，提升企业进口效率和市场敏锐力，同时鼓励区域内贸易企业充分利用物联网、大数据、人工智能等实现企业数字化转型。

①王冠，刘为，李辉.新发展格局下大连进口贸易发展的路径思考［J］.对外经贸，2022（12）：150-153

新时代西部大开发新格局下的宁夏经济发展战略思考*

田晓娟

一、问题的提出

2019年3月19日，习近平总书记在中央全面深化改革委员会第七次会议审议《关于新时代推进西部大开发形成新格局的指导意见》时明确提出“三个更加”，即更加注重抓好大保护，更加注重抓好大开放，更加注重推动高质量发展，推进西部大开发形成新格局。“十四五”时期，我国正处于“两个一百年”奋斗目标的历史交汇期和重要的战略机遇期，机遇和挑战都有新的发展变化，宁夏发展的内外部环境也随之发生深刻变化，其中宁夏面临的机遇之一是国家加快建立区域协调发展新机制，推进新时代西部大开发形成新格局，有利于宁夏更大范围更高层次承接产业转移、吸纳高端要素，缩小与东部地区发展差距。这预示着西部地区将站在新的历史起点上。在当前经济高质量发展的背景下，中央提出推进西部大开发形成新格局，需要研究新格局下如何推动新一轮经济高质量发展？支撑过去宁夏经济快速增长的战略有哪些？随着我国经济进入新常态以来，未来宁夏经济发展的战略方向是什么？宁夏要实现高质量发展就必须要找准经济发展

作者简介：田晓娟，宁夏社会科学院综合经济研究所副研究员，研究方向为区域经济史。

* 本文系国家社科基金一般项目（项目编号：19BJL011）的阶段性成果。

战略的路径。这将是在新格局下促进宁夏经济可持续发展的重要课题，对这些课题的研究具有重要的理论和实践意义。

二、改革开放以来宁夏经济发展战略回顾

习近平总书记强调，战略具有前瞻性、全局性和稳定性，在经济发展的不同阶段表现为不同的经济发展战略，宁夏经济发展的过程也是新旧战略不断交替转换的过程，这是经济社会发展战略的客观规律。每个省区的中长期经济发展战略的选择，与其所处的社会历史环境、国家的宏观战略布局，以及党中央赋予它的独特使命密不可分。作为全国的几何中心，宁夏在全国改革开放的战略布局中具有非常重要的地位。回顾宁夏经济发展战略历程，可以看出，宁夏经济发展阶段的变化与不同时期制定和实施的经济发展战略息息相关。依据改革开放以来宁夏经济发展历程，宁夏经济发展战略的变革分为以下 3 个阶段。

（一）改革开放探索期：从 1978 年中共十一届三中全会到 1992 年中共十四大召开前夕

1978 年 12 月，召开具有划时代意义的中共十一届三中全会。在这次全会上，党中央作出“把全党工作的重点转移到社会主义现代化建设的轨道上来”的战略决策，并明确提出要对经济管理体制实施改革。在这一精神的指引下，宁夏经济学者开始着手梳理总结宁夏改革开放前经济建设的经验教训，为进一步明确宁夏经济发展战略研究方向奠定基础。党的十二大召开前夕，宁夏理论经济学界召开年会，广泛探讨了有关宁夏乃至西北地区经济发展、宁夏农林牧副渔各业及山川发展等战略问题。1982 年 9 月，中共十二大提出“计划经济为主，市场调节为辅”的改革思路，并“从 1981 年到 20 世纪末的二十年，力争使全国工农业的年总产值翻两番”。宁夏围绕这一奋斗目标，进一步讨论并制定总体的和部门的经济发展战略。1983 年 7 月，宁夏回族自治区第五次党代会提出了到 20 世纪末实现全区工农业年总产值翻两番和今后 5 年实现财政经济状况、社会风气和党风根本好转的目标和任务。基于此，1983 年 8 月正式成立以研究宁夏带有全局性、综合性、长远性的经济社会发展重大问题为己任的经济研究中心。

1984年1月，胡耀邦在视察广西壮族自治区时提出，“广西、宁夏要先翻身，起码搞到全国中等水平或中等水平以上”。为此，宁夏围绕什么是中等水平、如何达到全国中等水平或中等水平以上等重大问题展开了深入研究，并初步拟订了《宁夏回族自治区1981—2000年经济社会发展战略草案》。与此同时，宁夏各地主要经济部门也深入研究自身的发展战略，使该发展战略具有一定的可行性和适用性①。可以说，这一时期宁夏坚定不移地把工作重点转移到经济建设上来，集中力量提高了社会生产力。改革开放的潮流从农村蔓延到城市，从经济领域逐渐扩展到政治、教育和文化等领域，宁夏全域经济发展水平实现历史性的跨越。

（二）改革开放初创期：从1992年中共十四大确立“社会主义市场经济体制”的改革目标到1999年西部大开发战略实施前夕

1992年初，我国改革开放和现代化建设走到了具有历史意义的十字路口。邓小平明确提出了有关“计划”和“市场”的精辟论断，认清了问题的本质。1992年10月，中共十四大报告明确提出“建立社会主义市场经济体制”的改革目标。至此，社会主义市场经济制度的基本框架基本确立。在这一时期，宁夏依据中共十四大确立的社会主义市场经济体制的改革目标，坚持以经济建设为中心，以建立社会主义市场经济体制为契机，以工业化进程为突破口，经济发展走出低潮期，得到恢复和发展。1992年，包括银川市等内陆省会城市获得开放城市资格和优惠政策，这是内陆经济特区设想的一个努力的结果②。1993年，宁夏回族自治区党委和政府提出了“以大开放促进大发展，实行全方位、宽领域、多层次、全面推进对外开放”的对外开放带动战略。这一战略是“三点一线”开放战略③与向西开放战略的结合。1998年，宁夏回族自治区党委七届七次全会把银川市、吴忠市、灵武市、青铜峡市这一引黄灌区的精华地带确定为宁夏的经济核心区，

①朱运涛，叶墨.宁夏经济发展战略研究述评[J].宁夏社会科学，1985(4):35-41

②段庆林.城与乡：宁夏二元结构变迁研究[M].宁夏人民出版社，2011

③“三点一线”开放战略，即宁夏—东部沿海—海外。其目的在于加强宁夏与东部沿海港口城市的合作，将沿海城市作为跳板和基地，扩大宁夏与海外的经济技术交流，增加宁夏产品出口和吸引外商投资。当时宁夏出台了鼓励利用外资、出口创汇、建立出口商品基地等政策措施。

随即提出“宁夏经济核心区”战略构想。这一构想反其道而行之，转变了以往“以川济山”的战略思路，提出了“兴川促山”的思路。

（三）改革开放建设期：从 1999 年实施西部大开发战略到 2012 年党的十八大召开前夕

进入 21 世纪以来，随着中国改革开放的进一步深化，国际政治经济形势也有了新的变化，国家的宏观经济发展战略也相应进行了重大调整。特别是 2002 年 11 月中共十六大的召开，自此中国进入以全面建设小康社会和构建社会主义和谐社会为主题的建设时期。在 2003 年 10 月召开的中共十六届三中全会上，党中央遵循经济发展客观规律，提出了“树立和落实科学发展观”的战略思想。在这一时期，宁夏根据国家的宏观战略适时地作出了相应的规划调整，在不同时期分别制定了适合全区区情的经济发展战略。工作重点主要是围绕西部大开发、可持续发展等一系列国家宏观战略的统一部署及战略导向，结合宁夏的实际发展情况以及战略定位，规划实施了独具宁夏特色的“工业强区”战略、沿黄经济区战略、内陆开放型经济试验区战略和空间发展战略等。

（四）改革开放深化期：从 2012 年党的十八大召开至今

2012 年 11 月 8 日，党的十八大胜利召开，全面部署了决胜全面建成小康社会的伟大战略。在继续落实自治区第十一次党代会精神的基础上，自治区党委全面贯彻落实党的十八大和十八届三中、四中、五中、六中全会精神，决定把宁夏发展置于全国发展的总体格局，把宁夏发展融入改革开放的潮流中，砥砺前行。2016 年，在“十三五”规划实施的开局之年，习近平总书记视察宁夏，发出了“社会主义是干出来的”伟大号召，激励宁夏人民砥砺奋进。2017 年 6 月，自治区第十二次党代会召开，认为宁夏“受历史条件、资源禀赋、区位等影响，经济基础薄弱、产业层次较低、综合实力不强，目前正处于经济转型发展的重要关口”，并提出“三大战略”和“五个扎实推进”，凸显了宁夏发展的主战场和主阵地，进一步廓清了宁夏未来的奋斗目标。2018 年 9 月自治区成立 60 周年，习近平总书记为宁夏题词“建设美丽新宁夏　共圆伟大中国梦”。2022 年 6 月 10 日，自治区第十三次党代会召开。这次大会提出全面建设经济繁荣、民族团结、环境优美、人民富裕的社会主义现代化美丽新宁夏。宁夏作为西部地区重要的生态屏障，承担着维护西北乃至全国生态安全的重要使命，生态环境保护是宁夏回族自治区之大计。再者，宁夏依黄河而生，也因黄河而兴，保护黄河安澜是宁夏责无旁贷的使命，加快建设黄河流域生态保护和高质量发展先行区刻不容缓。结合宁夏的实际来看，要深化改革开放，贯彻新发展理念，主动服务和融入新发展格局，大力实施生态优先、创新驱动、产业振兴、共同富裕等战略，全面建设社会主义现代化美丽新宁夏。

总体来看，改革开放以来，宁夏经济发展战略的变革历程，集中体现了从综合性发展战略向重点领域、重点区域发展战略转化，从内敛型发展战略向开放型发展战略转化，从单向开放战略向双向开放战略转化的三大特点。在这样的转化过程中，不断实施新的更具有发展潜力和影响力的经济战略，引导宁夏经济向高质量发展迈进。

三、新时代西部大开发新格局下宁夏经济发展的战略选择

何为新格局？新时代西部大开发形成新格局有三个核心内涵：一是大保护，加强生态保护和建设；二是大开放；三是高质量发展。因此，生态保护和高质量发展对于新格局下宁夏经济发展战略选择具有严格的约束条件。宁夏地处西北内陆腹地，其经济发展往往面临着交通不畅带来的困境。在新时代西部大开发新格局影响下，宁夏经济发展应从以下几个方面选择战略路径。

（一）坚持“两山”发展理念，持续实施生态优先发展战略

新时代推动西部大开发形成新格局，加快建设美丽新宁夏，必须要深入贯彻习近平总书记对宁夏生态环境保护的重要指示批示精神。总书记明确要求宁夏担当起黄河流域生态保护和高质量发展中先行区建设使命任务，以实际行动坚定拥护“两个确立”、坚决做到“两个维护”，始终坚持绿水青山就是金山银山的理念，将生态环境保护放在战略首位，共同抓好大保护、协同推进大治理。宁夏是全国唯一全境属于黄河流域的省区，保护好黄河安澜事关宁夏的长远发展，事关维护西北乃至全国生态安全的特殊使命，也是破解宁夏生态环境领域突出问题的现实要求。因此，宁夏要全面

筑牢西北地区重要的生态安全屏障，打造人与自然和谐共生的绿色生态宝地，高水准建设天蓝、地绿、水美的美丽新宁夏。建设黄河流域生态保护和高质量发展先行区，必须持续实施生态优先战略，重点提升生态环境治理体系和治理能力现代化水平，空气质量优良天数保持在300天以上，黄河宁夏段水质总体呈良好水平。积极创建和美宜居宜游乡村，推动人与自然和谐之美、城与乡协调之美整体提升。打造西北内陆绿色低碳的发展小高地，聚焦减污治污、植绿增绿、降碳减碳，壮大绿色低碳产业，大力推进绿色转型，主要围绕“六新六特六优”产业，构建绿色低碳安全低效能源体系，倡导绿色低碳生活方式。深入推进“六权”改革，进一步完善生态保护补偿机制和生态环境损害赔偿制度，树立“谁保护谁受益，谁污染谁赔偿”的导向机制。

（二）坚持绿色发展理念，持续实施对内对外“双开放”带动发展战略

新时代推动西部大开发形成新格局背景下，宁夏应积极对接国家区域重大战略和区域协调发展战略，主动融入“一带一路”建设。一是发挥区域比较优势，进一步深化与京津冀、长三角、长江经济带、粤港澳大湾区、中原城市群等东中部地区的产业链互补合作，通过加强9个产业领域的创新发展，带动宁夏产业发展，实现内外联动加快产业结构转型和经济发展转变，成为东中部地区加工贸易梯度转移重点承接地。二是重点加强与宁夏沿黄城市群、呼包鄂榆城市群以及山西中部城市群等黄河“几字弯”地区协同合作。三是加强西部陆海新通道省区级合作，利用这一通道的带动作用，扩大与兰州—西宁城市群、关中平原城市群、成渝地区双城经济圈及广西北部湾经济区的产业对接和贸易合作。四是拓展陆海、空中、数字对外开放通道，利用东西双向互济、内外联动的中国东西部与对外通往中亚、西亚的特殊陆海、空中优势，推动陆海多式联运，实现西向中亚、北向俄罗斯、南向西部陆海新通道、东向天津港货运班列的开行，并加强数字化贸易平台建设和跨境电商国际合作，形成线上线下一体化网上通道。五是强化对外开放平台，推进中阿博览会数字化转型，争取国家支持设立中国（宁夏）自由贸易试验区。

（三）坚持新发展理念，深入实施科教兴宁、创新驱动、人才强区发展战略

党的二十大报告指出，教育、科技、人才是全面建设社会主义现代化国家的基础性、战略性支撑。宁夏作为西北内陆省区，实施科技创新和人才强区战略是缩小与西部各省区之间发展差距的必然选择。因此，坚持创新在宁夏现代化建设全局中的核心地位，把科技创新作为美丽新宁夏建设的战略支撑。从西部大开发战略实施的效果来看，尽管宁夏产业发展持续保持较快的增速，但由于经济基础较薄弱、生产方式较为粗放、经济结构较单一、产业结构关联性不高，总产值低于中东部地区。可以看到，宁夏经济增长主要得益于东部地区产业的梯度转移，其所承接的产业主要是准入门槛较低的资源密集型产业与劳动密集型产业。一是新时代重塑宁夏科技创新体系，加快建设具有西北地区影响力的科技创新中心。二是进一步优化科技创新驱动战略布局，积聚力量打造新材料、健康医疗、绿色低碳等科创小高地，加快发展云计算、大数据等重要战略领域，全面提升高质量发展的创新新动能。三是依靠创新研发提高资源利用率，依靠高等教育提高劳动者技能素质，全力打造高素质人才队伍，深入实施人才引进，完善人才创新创业机制，营造宜居宜业的人才生态体系。

（四）坚持创新理念，深入实施数字经济发展战略

党的二十大对加快建设网络强国、数字中国，加快发展数字经济作出明确部署。数字化是通向现代化的关键“钥匙”，具有举足轻重的作用。宁夏始终坚持以数字化引领现代化建设，大力实施数字经济战略，推进数字产业化和产业数字化，建设数字宁夏。在推进中始终坚持全面深化改革工作，勇当西北内陆省份改革开放的“试验田”。一是要重视新型数字基础设施的建设和完善。在数字经济建设初期，可能更多地需要政府的投入与支持。二是要注重新型数字基础设施对物流基础设施的改造和协同发展。三是加快建设全国一体化算力网络宁夏枢纽数字经济创新总部核心，推动数字信息产业高质量发展，全面推进宁夏五市数字化转型，不断深化“互联网+宁夏”建设高质量推进。四是通过产业数字化和数字产业化形成新的产业。数字经济可以打破区域和空间障碍，使生产要素过程上的每一个点都能够连接起来，把我们工作生活中的行为场景在线上全部打通，不断形成信息积累，形成高度互联互通网络化结构。五是加大数字人才引进和培育力度，不断完善数字经济的人才培养机制，从而提升数字经济人才吸引力，为宁夏数字经济领域打造一批建设技能型人才。六是要加强关注在数字经济建设过程中的监管问题，进一步推进数字宁夏建设。

（五）坚持协调理念，支持固原建设宁夏副中心城市，实施沿黄城市群发展战略

城市是现代经济社会活动的主要载体，地区竞争即城市竞争。支持银川建设区域中心城市、固原建设宁夏副中心城市，这是宁夏推动区域经济高质量发展的重大战略布局。沿黄城市群战略是打造带动宁夏乃至西北高质量发展的重要增长极和新的动力源。一是充分发挥宁夏的比较优势，增强宁夏沿黄城市群的经济和人口承载力，打造首府银川的领头雁增长极，加快推动高质量发展的动力系统。二是充分利用石嘴山市新材料及先进制造业基地的优势，将石嘴山市建成宁夏沿黄城市群北部重要城市、辐射内蒙古西部的枢纽城市和物流中心、宁夏大健康和旅游度假城市。三是着力将吴忠市建设成为绿色发展先行市、能源综合示范市、特色食品产业和先进装备制造业基地及宜居宜业宜游的黄河金岸生态休闲城市。四是将中卫市建设成为大数据产业中心市、国家综合交通枢纽节点城市、休闲度假旅游目的地城市。五是充分释放六盘山天然水塔、生态绿岛、绿色屏障作用，提升固原绿色发展能力和引领带动能力，坚持生态立市，实施“绿色经济圈”战略，将固原市建设成为宁夏副中心城市、生态文旅特色城市、区域公共服务供给中心、宁夏南部地区高品质宜居中心城市，有效衔接宁夏沿黄城市群战略，成为构建“一主一带一副”发展新格局的重要支撑。

（六）坚持共同富裕理念，实施乡村振兴战略

宁夏应深入实施区域重大战略和区域协调战略，全面推进乡村振兴。坚持顺势而为，重视区域发展的均衡性和协调性，注重城乡发展的平衡性和包容性，主动解决日益扩大的南北地区差距、城乡差距和收入分配差距等问题，逐步缩小与中东部地区的差距，突出保障和改善民生，进一步完善收入分配制度，统筹做好就业工作，着力扩大中等收入群体，持续提高低收入群体收入，推进基本公共服务均等化，多元扩大普惠性公共服务供给，努力增进全体人民的获得感、幸福感和安全感，向推动全体人民共同富裕迈出坚实步伐。一是把推动高质量发展的主攻点放在产业上，加快转变经济发展方式，加快产业转型升级，加快新旧动能转换，集中资源打造特色优势产业，推进互联网、大数据、人工智能同产业发展深度融合，统筹推进产业基础高级化与产业链现代化，加快构建具有宁夏特色的现代化产业体系。二是健全防止返贫动态监测机制，健全农村低收入人口常态化帮扶机制，持续深化闽宁对口协作，加强东西部产业合作（关键技术攻关项目）、资源互补、人才交流等公共服务领域协作，利用东部地区（福建）推进区域协调发展，全面推动巩固拓展脱贫攻坚成果同乡村振兴有效衔接。三是坚持以人民为中心的发展理念，实施惠及民生的项目，率先实现基本医疗保险等“四个全覆盖”，建设乡村全面振兴样板区，促进脱贫攻坚成果同乡村振兴有效衔接。

（七）坚持系统观念，实施扩大内需发展战略

坚定实施扩大内需发展战略，培育完整内需体系，是加快构建以国内大循环为主体、国内国际双循环相互促进的新发展格局的必然选择，是促进我国长远发展和长治久安的战略决策，也是加强前瞻性、全局性、战略性、整体性的系统的、可持续的发展历史过程。当前宁夏必须坚定不移地实施扩大内需战略，主动服务全国统一大市场建设，以满足人民群众日益增长的美好生活的需要。一是围绕畅通国内国际双循环，加快建设宁夏现代物流体系，立足宁夏特色优势产业，积极推进贸易优化升级，从而提高产品和服务竞争力。二是强化消费对经济发展的基础性作用，要把恢复和扩大消费放在首要位置，发挥好消费基础性和投资的关键作用，做到两方面相结合：一方面是扩大消费需求和投资需求相结合，另一方面是坚持扩大内需战略和深化供给侧结构性改革相结合，进而促进消费提质升级。三是强化投资对稳增长、调结构、惠民生的关键作用，充分发挥政府投资引导撬动作用和市场投资主体作用，持续拓展投资空间。四是强化科技创新驱动、高质量供给引领和创新需求，尽快融入和服务国内统一市场建设，提升生产要素流动和配置水平。四是将经济发展更紧密地与区内居民收入等挂钩，依靠共同富裕来提高城乡居民消费和生活水平。

专题研究篇

ZHUANTI YANJIU PIAN

中国式农业现代化实践探索

——宁南山区乡村振兴实践思考*

刘天明

乡村振兴战略吹响了中国式农业现代化的号角。宁夏南部山区在打赢脱贫攻坚战役，全面建成小康的同时，接力奋进，大力实施乡村振兴战略，努力为实现中国式农业现代化而奋斗。经过几年努力，已在实践上有了新的探索，呈现良好开局。

宁夏乡村振兴的重点与难点在南部山区，乡村振兴的重点帮扶县均在南部山区。近年来，宁夏南部山区在巩固拓展脱贫攻坚成果同乡村振兴有效衔接、乡村特色产业发展、高效节水灌溉、规模化种植养殖等方面采取了许多有力举措，创造出一些先进典型经验，取得了显著的进步。一些精准推进乡村振兴先进典型经验符合实际，效果明显，值得推广；但也存在一些问题，值得关注。

一、实践经验与亮点

（一）改革创新，探索建立"三统三分"机制，构建现代农业发展的四梁八柱

山区市县坚持以稳定家庭联产承包责任制为基础，以实施高效节水灌

作者简介：刘天明，宁夏政府参事，宁夏社会科学院研究员。

*本文相关资料数据除引注，大多为在宁夏政府参事室组织的调研中所获得的，由固原市农业农村局、固原市乡村振兴局、西吉县人民政府提供，在此表示衷心感谢！

溉为保障，以深化农业经营体制机制改革为核心，以发展现代农业产业体系为目标，探索建立“三统三分”机制。

一是高效节灌设施统一建设与分业配套机制。在政府的有力推动与统一组织下，对旱作耕地实施高标准农田建设，充分利用水利设施，配套高位蓄水池和田间供水管道，实现“低水高用”“引水上山”，将旱地变成水浇地，并科学配置滴灌、喷灌等节水灌溉设备，核定灌溉定额，有效提高水资源利用效率和土地产出效益。

二是建立农村土地统一经营与农民分项获利机制。完善“土地流转及务工收入保底+农户入股分红+出租机械获利”基本利益分配机制，农户通过流转土地、就近务工、农机租赁、参与分红等方式，与经营实体建立稳固的联农带农机制，实现了农户土地流转赚租金、就近务工赚薪金、入股分红赚股金，农民收益有较大增长。

三是构建农业经营体制改革统一组织与分工协作机制。打破农户以往零散小规模低效种植方式，通过“党支部+村集体+合作社+农户”模式，将耕地经营权全部流转到村集体，由村党组织牵头，村集体统一管理，合作社按照产业布局区域化、经营规模化、灌溉高效化，形成村集体、合作社、农户一体发展、分工协作、风险共担、利益共享的联结机制。

体现土地集约高效利用“三统三分”的建设、分配、组织机制，实现了农村改革增能、农业发展增效、农民获利增收。截至2022年7月，固原全市培育合作社971家、家庭农场1032家，复耕复种撂荒地5.25万亩，土地流转规模经营面积达到83.8万亩，土地规模化经营占比达到16.9%。

“三统三分”破解了规模化土地经营与保障农民土地收益的矛盾，有效解决了农村“空心化”、农民“老龄化”、土地“撂荒化”、农业“边缘化”难题。

（二）发展现代高效节水灌溉，破解山区干旱缺水瓶颈

缺水仍然是南部山区乡村振兴的瓶颈问题。山区市县从实际出发，推进区域内水库联蓄联调，大力促进高效节水灌溉农田建设，发展现代节水型农业。据了解，固原市高效节水灌溉面积已达到70万亩，规划到2025年，累计达到153.5万亩，使山区农业具有更强的抗旱能力。西吉县对旱作耕地实施高标准农田建设，充分利用水利设施，配套高位蓄水池和田间供水管道，实现“低水高用”“引水上山”，将旱地变成水浇地，并依此打造冷凉蔬菜、玉米等种植示范基地12个，亩均收入从原来300元左右提高到现在3000元以上，翻了约10倍，走出了山区现代节水农业发展新途径。

高效节水灌溉一定程度上破解了山区乡村振兴缺水的难题，为现代农业发展打下坚实基础，提供了有力支撑。

（三）大力引进龙头企业，促使传统农业迈上现代农业产业发展的快车道

坚持把龙头企业作为产业发展的“引领者”、市场开拓的“先锋队”和产品品牌的“代言人”。固原市先后引进培育了润侨丰霖、水发浩海、雪川农业、宁夏凤集、长江医药、众天蜂业等大型农业产业化龙头企业，建立了“龙头企业+合作社+基地+农户”的规模经营模式，构建了龙头引领、链条延伸、集群共进的现代农业产业体系，连接了生产、加工、销售、品牌产业链条，走出了一条多龙头带动、多链条拉动、多产业支撑的特色农业全产业链高质量发展的现代化新路子，实现了引一个企业、兴一个产业、富一方百姓的良好效果。如以融侨丰霖等龙头企业为引领，抓良种繁育、规模养殖、精深加工等，建成“出户入园”规模养殖场18个，培育千头肉牛养殖示范村224个、万头肉牛养殖示范镇23个；以雪川农业、水发浩海等龙头企业为牵引，打造商品薯标准化生产和种薯繁育基地30个、冷凉蔬菜标准化生产基地20个、供港蔬菜生产示范基地5个。2022年，固原市马铃薯、冷凉蔬菜种植面积分别约达110万亩和40万亩。

“龙头企业+合作社+基地+农户”经营模式，使小农经济一举跃升为现代化、规模化、集约化现代农业经济。

（四）推动“出户入园”，促进肉牛产业转型升级和乡村环境改善

一家一户肉牛养殖方式，不仅规模小、环境差，而且效益比较低，养殖方式难以科学、规范。山区市县坚持把“出户入园”作为推进乡村环境整治、规模化经营、促进农民增收和肉牛产业转型升级的重要举措，建立统一良种供应、统一饲料配方、统一喂养技术、统一疫病防治、统一订单收购“五统一”管理模式。2022年，固原市肉牛饲养量达到100.8万头，建成“出户入园”养殖园区 53 个，集中养殖率提高 5 个百分点，达到 20%。配套建设粪污有机肥加工厂 19 个、饲料加工配送中心 14 个[①]，使肉牛产业逐步迈入规范化、规模化的现代化发展轨道，走出了一条肉牛集约化养殖、全产业链高质量现代畜牧业发展的新路子。

肉牛产业“出户入园”破解了一家一户畜牧养殖规模小、标准低、环境差、发展慢的难题，既实现了畜牧业规模化、现代化发展，又充分照顾了农民的利益，还改善了乡村的环境，可谓一举三得。

（五）推进农业深加工产业项目建设，引领特色农业产业高质量发展

山区市县加大招商引资力度，开展线上线下招商，引进大型加工企业，延长产业链，建设农业产品深加工项目，提高农业产品的附加值，取得良好效益。

2019 年，固原市招商引进福建融侨丰霖集团，投资 10 亿元建设固原融侨（丰霖）肉牛生态产业园。“产业园涵盖饲草种植、肉牛养殖、屠宰加工、冷链物流、产品销售等全产业链，改变以往固原肉牛产业屠宰加工技术落后、产品加工转化率低等问题”[②]，使固原肉牛产业迈入现代化的快车道。2022 年，10 万头肉牛精深加工项目建成投用，屠宰加工厂投产。2020 年，大型蛋鸡龙头企业——凤集食品集团有限公司与固原市合作建设运营原州区高品蛋鸡产业园正式投用。“作为西北地区单体规模最大的蛋鸡项目，秉持绿色产业循环发展理念，形成种植—养殖—加工—销售一体化建设”，助推固原畜禽产业高质量发展，交出宁南山区迈向农业规模化、集约化、现代化征程上的又一亮眼答卷；“雪川农业固原马铃薯全产业链加工项目总投资 20 亿元，年产 80 万吨马铃薯原料薯种植基地及 40 万吨马铃薯综合加工全产业链项目”建成后，对提升固原市马铃薯产业、调整产品结构，促进特色农业产业高质量发展具有十分重要的意义。

---

①杨青龙.固原市人民政府工作报告——2022 年 12 月 19 日在固原市第五届人民代表大会第三次会议上.固原市政府网，2023-01-15

②鹏程万里风正劲——固原市招商引进龙头企业带动产业高质量发展［N］.固原日报，2021-09-07

引进大项目，发展特色农产品深加工产业，延伸产业链，提高了特色农业产品的附加值，破解了农业产业效益较低的难题，是宁夏实现特色农业产业高质量发展的重要途径。

（六）持续加大劳动力转移就业力度，使“铁杆庄稼”成为农民增收有力支撑

多年来，山区市县大力组织农村剩余劳动力转移就业，成为提高农民收入的重要途径。实践证明，劳动力转移就业成为宁南山区旱涝保收的“铁杆庄稼”，是宁南山区脱贫攻坚、乡村振兴的有力抓手。2023 年，山区市县继续“围绕特色产业、新业态和创业需求，开展职业技能培训 1.16 万人，促进人岗匹配。同步落实创业担保贷款、创业培训、创业补贴、一次性求职创业补贴等政策，激励稳岗创业，提升就业水平”①，“点对点”向福建、浙江、江苏、新疆、银川等地输送了大批务工人员，大幅增加了农民的收入。2022 年，固原输转农村劳动力 31.3 万人，年劳务总收入 73.96 亿元②。

大幅提高农民收入是实现农业现代化的重要目标。对于干旱少雨、资源禀赋并不十分优越的宁南山区，意图从域内农业上完全解决当地农民增收问题是不现实的。通过促进劳动力转移就业，既能实现农民收入的大幅度增长，又可培养新市民，逐步提升城镇化比率，成为实现城乡一体化、现代化发展的重要途径。

（七）巩固拓展脱贫攻坚成果同乡村振兴有效衔接工作举措有力，更加精准

一是工作推进有力。山区市县普遍结合实际，提出主要目标，突出重点任务，建立“领导包抓+专班推进+驻村帮扶”乡村振兴推进机制，成立市县实施乡村振兴战略工作领导小组，下设产业、人才、文化、生态、组织等振兴工作专班，由分管领导任组长，明确牵头部门和成员单位，分工负责、上下贯通、协调联动。

二是工作落实精准。固原市建立“1+5+38+281+X”移民致富提升行动

①刘文鑫.固原 31 万农村劳动力转移就业创收 71 亿元［N］.宁夏日报，2023-10-09

②固原市统计局，国家统计局固原调查队.固原市 2022 年国民经济和社会发展统计公报.固原市人民政府官网，2023-04-29

推进机制：制定1个总清单、5县区具体落实清单、38个千人以上移民安置区实施规划、281个千人以下移民安置区推进计划、X个精准到户帮扶措施，使移民致富行动精准到人。

三是管理办法精细。出台《固原市健全防止返贫致贫动态监测和精准帮扶管理办法》《固原市巩固拓展脱贫攻坚成果同乡村振兴有效衔接动态督导考评工作方案》《固原市巩固拓展脱贫攻坚成果全面推进乡村振兴工作清单》和城乡居民收入、移民致富提升、基础教育质量、全民健康水平、社会保障服务工作任务清单，建立健全上下贯通、精准施策、一抓到底的巩固拓展脱贫攻坚成果同乡村振兴有效衔接责任包抓和监督管理体系，突出巩固、拓展、衔接、融合、振兴等工作重点，细化措施，明确任务，推动落实。

以西吉县为例，出台《西吉县2022年全面推进乡村振兴工作要点》等25个政策性文件，紧抓各部门、乡镇、村级3个层面4类28方面134项目标任务，推进政策项目化、项目清单化、清单责任化，使巩固拓展脱贫攻坚成果重点工作任务落实落细。

这些工作机制与举措，避免了一刀切、简单化、粗放式工作方式，走出了一条精准巩固拓展脱贫攻坚成果与推进乡村振兴的新路径。

二、存在的问题

一是人才缺乏是乡村振兴面临的难题。现代特色农业产业发展需要有文化、懂技术的人才队伍支撑。笔者在调研过程中听到一些基层干部和企业负责人反映，乡村振兴急缺技术人才、经营人才和管理人才。近年来，南部山区市县出台相关文件，采取了许多措施，吸引有文化有能力的青年返乡创业，还加大培训力度，培养乡村实用人才。但总体来说，有文化的青年人大都到外地上学、就业、务工，一些乡村老龄化、空巢化比较严重，有文化、有技术、会经营的青壮年职业农民比较缺乏。

二是乡村振兴缺乏常态化精细化管理、监测、评价、考核、服务、激励机制。调研中，有的返乡创业青年反映遇到的问题难以解决。如温棚墙体太薄（保温效果差）、金融支持力度不够等。动员回乡时，热情满满，条件优惠，支持力度很大，承诺令人满意。但正常经营过程中遇到问题，有些基层和相关部门负责人则推诿扯皮。

巩固脱贫攻坚成果、防范返贫致贫已有一套精细化监测评价体系和机制，“月排查、月报告、常态管、动态帮”防返贫动态监测体系和精准帮扶措施，推动农户自主申报、基层干部排查、部门筛查预警互为补充、相互协同的监测预警机制持续落实，做到了心中有数、问题有解、办法精准有力，能够兜住底线、及时补齐短板、迅速解决问题。而乡村振兴则尚未建立这样一套系统的精细化的管理与监测评价体系和机制，以及时发现问题、解决问题，致使有些特色农业产业发展过程中遇到的问题得不到及时解决。

三是缺水问题仍然是制约高质量发展特色农业产业的瓶颈。多年来，党和政府为解决南部山区干旱缺水问题采取了一系列举措，建设了一批水利工程，如建成固海扬水工程、中南部城乡饮水安全工程等，基本解决了人畜饮水问题，但靠天吃饭的格局仍未完全改变。近年发展高效节水灌溉面积占全部耕地面积比例已达 1/7，但旱地面积尚大，缺水仍然是实现农业高质量发展的拦路虎。如 2021 年夏季宁南山区旱情严重，200 多万亩耕地缺水，市县党委、政府组织群众抗旱，取得显著成效，但也避免不了种植业较大面积减产损失。

四是土地规模化经营比例还比较低。固原市耕地保有量为 495 万亩，土地流转规模经营面积达到 83.8 万亩，土地规模化经营占比达到 16.9%，与全国土地流转率达 36.97%相比，差距还比较大。一家一户小农经济规模小、效益低，成为发展现代化农业的瓶颈，难以实现产业兴旺、农民富裕的乡村振兴目标。土地规模化经营比率低反映出南部山区现代农业产业发展的差距还比较大。

五是绿色农业发展还不够快。据了解，经过努力，固原市农药化肥使用量实现“负增长”，但从建设国家农业绿色发展先行区要求和外省区绿色农业发展的热潮来看，还有相当差距。农业有机化绿色化正逐步成为我国农业发展的趋势，一些有条件的省市正在大力推进绿色农业、有机农业的发展，如东北黑土地保护与有机农业推进的经验，青海打造绿色有机农畜产品输出地的经验，甘南全域发展有机农业，打造全域无垃圾、全域无化肥、全域无塑料、全域无污染、全域无公害的“五无甘南”的经验等，值得学习。宁南山区工业污染少，生态环境相对优良，发展绿色农业、有机农业的条件较好，应该在国家农业绿色发展先行区建设上先行一步。

三、对策建议

（一）总结“低水高用”“引水上山”、高效节水灌溉、“三统三分”等经验做法，选树典型、立法保障、全域推广

逐步解决宁南山区干旱缺水、靠天吃饭和小农经济及土地规模化经营比例低、乡村“空心化”、农民“老龄化”、土地“撂荒化”、农业“边缘化”难题。将西吉县设立为南部山区乡村振兴试验区与样板县区，给予政策支持和资金扶持。积极探索法律保障，依法推进，使改革成果法治化。在此基础上向全区推广。

（二）进一步加大对乡村人才的支持力度

习近平总书记强调：让愿意留在乡村、建设家乡的人留得安心，让愿意上山下乡、回报乡村的人更有信心，激励各类人才在农村广阔天地大施所能、大展才华、大显身手，打造一支强大的乡村振兴人才队伍。

乡村振兴，关键在人。人才既是活力源泉，也是创新引擎。随着全区农村道路、通信、医疗等基础设施不断完善，乡村振兴全面推进、农业农村现代化步伐加快，生态农业、机械化农业、智慧农业、农村电商等新业态纷纷涌现，农业发展和农村建设都亟须一批见识广、头脑活、技术精的高素质人才。因此，全面推进乡村振兴的当务之急是想方设法补齐农村发展人才的短板，激发人才活力，培养造就一支懂农业、爱农村的“三农”优秀人才队伍，为加快农业农村现代化夯实人才基础。

（三）进一步招商引资，持续加大引进龙头企业的力度，并制定长期稳定的支持政策，使其吃上定心丸、扎下坚实根

实践证明，引一个企业、兴一个产业，可以使小农经济一步迈上现代化农业发展快车道，实现乡村产业兴旺、农民大幅增收的目标。

（四）努力建设绿色农业、有机农业先行区

发展绿色、有机、地理标志和达标合格农产品是供给适配需求的必然要求，是提高农产品质量品质的有效途径，是提高农业竞争力的重要载体，是提升农业安全治理能力的创新举措。建议学习甘南藏族自治州农业全域有机化的经验，逐步推进有机肥种植规模，率先实现绿色农业建设。一是全域逐步提高农业质量标准，分类推进，不断向有机农业靠近。如可先在水果、蔬菜种植中提高质量标准，逐步率先实现有机化、绿色化，使水果、蔬菜品牌亮起来。二是选择试点县，先打造一个全县域的有机农业、绿色农业样板县，探索路径与总结经验，逐步全域推广。

（五）建立乡村振兴常态化精细化管理、监测、评价、考核、服务、激励机制

可先从现代特色农业产业入手，先行试点，制定精细的监测指标、标准，动态监测龙头企业、合作社、返乡青年、农业技术人员、基层组织在发展现代特色农业产业过程中遇到的问题，及时发现问题、解决问题。取得试点经验后，逐步推广。

建设国家（银川）商贸服务型物流枢纽的路径研究*

陈　蕾

新发展格局下，物流业在促进国内市场供需匹配、支撑现代化产业体系、降低国内市场交易成本、创造新市场需求等方面承担发挥更加重要的作用，是地区融入双循环的有力支撑。银川虽然地处西北内陆地区，发展受高额物流成本制约，但通过建设国家商贸服务型物流枢纽，以物流作为带动产业发展的载体，发挥其辐射、集聚、增值功能，为地区经济转型升级培育发展新动能。

一、银川市商贸服务型国家物流枢纽建设情况

银川市作为“一带一路”重要节点城市、建设沿黄生态经济带“一主一带一副”中心城市，通过建设商贸服务型物流枢纽，支撑构建双循环新发展格局。

（一）国家商贸服务型物流枢纽建设情况

“通道+枢纽+网络”是现代综合物流体系的基本框架，物流枢纽作为协同推进“点”“线”“网”“面”的核心，能够带动制造业、地区特色产业与商贸等产业集聚，与物流融合创新发展，培育经济发展新动能。

作者简介：陈蕾，宁夏社会科学院综合经济研究所研究实习员，研究方向为经济统计。

*本文系宁夏哲学社会科学规划项目“宁夏‘六特’产业品牌建设效果评估与提升研究”（23NXCYJ04）的阶段性成果。

1. 国家物流政策

2022 年 1 月，国务院办公厅印发我国现代物流领域第一份国家级五年规划——《"十四五"现代物流发展规划》，提出建设以国家物流枢纽为重要节点的物流网络、完善与产业深度融合的现代物流服务体系、建成与新发展格局相适应的物流保障体系。

2. 国家物流枢纽布局和建设规划

物流枢纽作为现代综合物流体系的框架核心，国家发展改革委先后下发《国家物流枢纽网络建设实施方案（2019—2020 年）》《国家物流枢纽网络建设实施方案（2021—2025 年）》，结合京津冀协同发展、长江经济带发展、共建"一带一路"、粤港澳大湾区建设、长三角一体化发展国家重大战略实施需要，打造"通道+枢纽+网络"现代物流运行体系，整合优化存量物流设施，强化多式联运组织能力，适时调整优化国家物流枢纽承载城市布局，重点补齐内陆地区短板，推动国家物流枢纽网络区域均衡布局。截至 2023 年，共 5 批次 125 个城市入选国家物流枢纽，其中商贸服务型枢纽 23 个，占比 18.4%，数量仅次于生产服务型枢纽。

商贸服务型国家物流枢纽依托商贸集聚区建立，主要为区域性商贸活动、城市大规模消费需求提供商品仓储、干支联运、分拨配送、供应链管理等服务。依托商贸服务型枢纽，可以推进区域传统商贸向平台化、网络化转型，带动关联产业集群发展壮大。建设物流枢纽，将物流与产业链、供应链和价值链深度融合，实现"物流+商贸+制造"三位一体的产业链和供应链创新，使产业创造新价值带动区域可持续高质量发展。现有的 23 个商贸服务型物流枢纽呈现"东密西疏"的局面，西北地区仅西安、呼和浩特、银川入选商贸服务型国家物流枢纽。在新发展格局下，西北内陆地区借助物流枢纽建设，将成为东西双向开放的前沿，直接参与国内国际市场，市场潜力大大增加。

3. 国内商贸服务型物流枢纽经验集萃

自 2019 年起，国家发展改革委先后分 5 批次确定了 23 个商贸服务型国家物流枢纽。经过 5 年的发展，前期入选的物流枢纽在建设与运营等方面已经形成创新经验。

⑴ 金华（义乌）：大物流联通世界，小商品买卖全球。金华（义乌）商贸服务型国家物流枢纽依托义乌世界级商贸产业集群而建，由国内贸易物流片区（主体功能区）和铁路口岸国际物流片区（功能拓展区）构成。枢纽采用“市场主导、政府推动、企业建设”的多元化综合开发建设模式。通过中欧班列（义新欧）、“义甬舟”多式联运组织、“义乌好运”城市物流配送平台等模式创新，对外提升了铁海联运和联通能力，对内提高短驳效率，降低短驳物流运营成本。

⑵ 温州：“智慧物流+”引领内外贸一体化发展。温州商贸服务型国家物流枢纽由乐清湾物流园（以时效要求低的日用产品为主）与温州机场航空物流园（以时效要求高的高附加值产品为主）构成。枢纽根据产品需求差异化发展园区，构建信息平台互联互通，实现干支仓配一体化、供应链上下游对接和运行，建成了以“智慧物流+”为引领、以多式联运无缝衔接为核心、以内外贸一体化联动为特色的商贸服务型国家物流枢纽。

⑶ 福州：构建物流大枢纽平台，助力福州强省会战略。福州商贸服务型国家物流枢纽分为南通片区（海峡农副产品物流中心、永辉物流仓储中心）和连江片区（肉品交易冷链物流中心、国际商贸物流中心）。枢纽通过与永辉超市开展战略合作运营，发挥区位优势，促进商贸与制造业物流集成发展，优化存量片区设施，发展增量补短板。借助信息化建设促进供应链生产交易一体化，加强服务专业物流增值服务等延伸功能，助力福州强省会战略。

⑷ 呼和浩特：打造商贸服务物流枢纽，助推向北开放桥头堡。呼和浩特商贸服务型枢纽由伊利现代智慧健康谷物流片区和铁通物流片区组成。枢纽借助快递配送区域物流总部集聚和综合保税区优势，建设呼包鄂榆城市群商贸集成、区域分拨、末端配送中心；发挥本地农畜产品龙头企业示范引领作用，打造绿色农产品冷链物流中心；针对特色产业推进“乳业+物流”融合发展及一体化标杆型粮油物流产业园，助力呼和浩特融入双循环新发展格局与呼鄂榆城市群建设。

（二）银川建设商贸服务型物流枢纽基础

1. 交通基础设施发展情况

交通基础设施日趋完善，对外运输通道不断强化。银川是西部陆海走廊、京藏走廊、福银通道上的重要节点城市，也是西部陆海新通道的沿线枢纽。公路方面，2021年银川市公路通车总里程5635.16千米，其中，高速公路9条448.93千米，公路密度62.32千米/百平方千米，“三纵两横一环”高速公路网络加速形成。铁路方面，以包兰、太中银2条干线铁路为骨架，宁东铁路等地方铁路为补充的普速铁路网逐步成形，包头至银川、中卫至兰州、银川至西安等高速铁路纳入国家“八纵八横”高铁网规划。航空方面，以银川河东国际机场为中心［河东机场通航城市87个（国内76个），与银川综合保税区协同“空港+保税产业”融合发展］，以中卫沙坡头、固原六盘山支线机场为补充的“一干二支”航空运输服务网络日益完善。

2. 物流基础设施发展情况

物流网络体系初步建成。“十三五”期间，以银川为中心枢纽覆盖全区、辐射周边、联通全国的区域性商贸物流网络已经初步建成。宁夏现有主要物流园区21个，占地面积44775.52亩，其中银川11个，占地面积33151亩，占全区的74.04%。银川市物流园区功能以商贸服务型为主，建成仓储设施50万平方米以上，现有冷库面积约5万平方米。银川公铁物流园是宁夏最大的综合物流园，入驻企业62家，集聚了包括美团、拼多多、日日顺等企业物流区域中心仓及国药、德邦物流、京东物流大件货物区域配送中心，开通中欧班列、西部快线班列和“一带一路”国际卡车班列。新华百货现代物流园区已建成常温、冷链、果蔬仓储中心，同时涉及蔬菜净加工中心、分销，配送半径达800公里。

3. 国家物流枢纽发展基础

银川商贸服务型国家物流枢纽依托银川公铁物流园、银川铁路南站货场建设，覆盖范围商贸物流需求规模大、现有存量物流资源集聚度高、多式联运转运基础好。

银川公铁物流园作为区域中心仓、配送中心，商贸物流涵盖农副产品、服装、小百货、建筑建材、装饰材料、家具、酒店用品，辐射宁蒙陕甘毗邻地区 500 公里范围。银川铁路南站货场接轨 13 条专用线和 1 条专用铁路，配备有货物装卸线 7 条，规划货运能力 1500 万吨，运输货物主要来源为银川周边企业、宁蒙陕甘毗邻地区，涉及石油、煤炭、化工、化肥、焦炭、粮食、钢材、集装箱等，货物去向为成都、重庆、上海、天津、昆明等地区。枢纽周边已形成银川—德黑兰、银川—天津港、银川—二连浩特—蒙古—俄罗斯、银川—重庆—钦州港、银川—老挝等面向国际的多式联运线路。

4. 重点产业发展潜力

商贸服务型国家物流枢纽依托商贸中心建立，借助枢纽建设不仅能促进商贸与物流产业转型发展，也能带动关联产业集群发展壮大，物流、商贸、产业协同开发，具有放大、叠加、倍增的作用。

升级供应链系统服务，促进产业集群发展。银川作为宁夏经济增长的主引擎，一直走在区域产业转型升级的前列，物流枢纽可以服务“三新”产业，优化供应链，协同产业链，再造价值链，有助于银川市打造世界葡萄酒之都、中国新硅都、新型储能电池制造基地、智能终端和半导体材料生产基地、枸杞产业精深加工基地、高端奶产业基地、“互联网+医疗健康”示范基地的“两都五基地”。

拓展业务发展渠道，延长枢纽服务链条。银川市具有中国（银川）跨境电子商务综合试验区、内陆开放型经济试验区、国家葡萄及葡萄酒产业开放发展综合试验区、综合保税区等开放平台优势和一批大型专业市场集聚中心及区域性商贸活动中心，围绕商贸服务、专业市场、消费市场等，在宁陕甘蒙毗邻地区建设区域性中心。

打造“干支配”服务平台，提高区域物流运作效率。枢纽建设能有效整合国家物流枢纽与周边物流设施、外部中转物流与内部配送，打造“干支配”综合物流服务平台。借助美团、拼多多、日日顺、国药物流、德邦物流、京东物流等区域中心仓或区域配送中心集聚的优势，提升区域分拨配送能力，激活县乡生活性服务消费需求，加快贯通县、乡、村三级电子商务服务体系和快递物流配送体系，积极开展电商、快递进农村工作。平台既是对接外来干线运输的节点，又是整合城乡的集散地，彻底打通快递配送“最后一公里”瓶颈，降低快递运输成本，加快推动宁夏加入“全国包邮”范围，提升生活消费服务质量。

（三）银川建设商贸服务型物流枢纽情况

2022年11月，银川入选第4批国家物流枢纽建设名单，枢纽建设和运营模式为“基础设施政府主导、项目建设市场主导、枢纽运营企业联盟”，目标是将银川商贸服务型国家物流枢纽建设成为宁蒙陕甘毗邻地区核心商贸物流枢纽、链接“一带一路”国际多式联运枢纽、大宗物资及跨境商品供应链组织枢纽和宁夏开放型枢纽经济新增长极。枢纽建设项目29个，总投资86亿元。其中已建成项目12个；在建项目2个，完成投资49亿元；谋划储备增量补短板项目15个，总投资37亿元。2023年7月，银川与西安联合申报入选国家综合货运枢纽补链强链支持城市，两市跨区域建设以“陆海陆空引领、跨国跨区协同、港产港贸融合、绿色智慧安全”为特色的国家综合货运枢纽服务体系，其中银川市依托银川经济技术开发区等枢纽设施建设、银川河东国际机场、银川综合保税区打造“辐射西部、连接全国、通达亚欧美”的公铁（水）联运型和“服务宁夏、辐射西北”的陆空联运型国家综合货运枢纽。同年9月，银川市印发《银川商贸服务型国家物流枢纽建设实施方案（2023—2025年）》，成立银川商贸服务型国家物流枢纽工作专班，并围绕枢纽布局、运行体系、基础设施建设、产业融合发展、市场主体培育、信息化建设、区域协同、要素保障等方面布置任务及重点项目。

二、问题与挑战

（一）“硬件”基础需强化，“软件”水平待提升

银川现有的物流基础设施规模小、技术水平低，存在存量基础设施布局分散、交通和物流基础设施配套和兼容性不足等问题。市内大部分仓储多以露天堆场、半开放型零担仓或老旧仓库、小仓库为主，其中有70%左右是简易仓，占地面积大，利用效率低，支持电商、流通加工、即时配送等有高附加值的高标准仓库紧缺。围绕重要物流节点的集疏运系统缺乏规划，大型物流节点周边的货运交通不够顺畅。多式联运基础设施投入不足，陆空联运、公铁联运等衔接不畅，无缝衔接的综合物流运输网络体系尚未形成，交通、物流与产业的融合不足。虽然《银川商贸服务型国家物流枢纽建设实施方案（2023—2025年）》已经出台，但方案的重点仍集中在基础设施建设、功能区完善等“硬件”领域，在产业聚集运行、供应链延伸、区域空间拓展等“软件”方面较少，枢纽引流、驻留能力不足，对于经济要素的集聚、转化与价值创造能力不突出。

（二）节点已有但支点未成，外联内通衔接水平不足

银川物流以公路、铁路运输为主，各种运输方式均衡发展，但枢纽节点仅有银川公铁物流园、银川铁路南站货场两处，且能级较弱。银川市高速公路网密度为5.08公里/百平方千米，高于全国平均水平，但位于国家高速公路网络末端。宁夏铁路网密度达到249.4公里/万平方公里，西部排名第3，但铁路枢纽仅有3个方向直通，不及中卫（4个）、西安（4个），2022年中欧班列仅开行1列，累计发送箱96TEU，与兰州相当（1列），低于西安（532列）。河东国际机场开通国际货运航线仅13条，西安咸阳机场运营国际航线20条。枢纽仍存在与城市主干道、国家干线交通网、重点枢纽衔接不便捷等问题，立体化、高效率的集疏运体系尚需完善，交通拥堵和“最后一公里”衔接问题仍然存在，对枢纽经济的发展产生制约。此外，枢纽内部统筹规划与一体化衔接水平不足，各种交通方式间便捷化换乘、换装水平不够，枢纽内部运行效率整体仍需提升，枢纽对于人流和物流的吸引力下降。

（三）物流和支撑产业发展不足，枢纽偏好型产业体系亟待培育

银川物流量较大的产业主要是石油、煤炭、化工、化肥、焦炭、粮食、钢材等，由于物流基础设施相对落后，资源较为分散，物流集约化、规模化发展有待提升，物流项目建设同质化严重。其次，城市物流体系与供应链融合程度不深。城市物流与主导产业有待深入融合，尤其是物流供应链短链、弱链问题突出，导致物流协同产业发展的能力不足，特别是高端装备制造业、新能源、新材料、绿色食品加工、葡萄酒等主导产业缺乏配套物流系统支撑，不能为企业提供便捷、高效的物流服务，造成枢纽经济对本地优势产业的实际带动作用有限。

（四）物流主体“多而不优”，数量众多但质效不彰

银川市的市场化运营能力较弱。截至“十三五”末，银川市物流企业1700多家，其中，4A级物流企业9家，占全区的60%；3A级物流企业20家，占全区的74%；2A级物流企业8家，占全区的80%。银川市物流企业整体水平与规模高于周边地区，但尚未有5A级物流企业，缺乏具备供应链整合和平台组织能力的“链主型”企业，导致地区物流组织效率不高，不能充分发挥枢纽应有的带动作用。

物流平台规模小，功能发挥不充分。大部分物流平台是各地建设的服务于本地的小型物流平台，规模小、功能少，有的甚至没有仓储功能，缺乏规范的物流场地。物流成本仍然较高。银川物流以公路物流为主，成本较低的水运和铁路运输所占比重较少，虽然通过公铁联运等方式可以降低部分成本，但由于现阶段银川市与国内其他城市间双向市场需求较弱，存在运输车空返现象，物流成本相较外省仍然较高。

（五）物流产业数字化水平较低，货运和运输效率难提升

银川市物流企业与园区数字化转型潜力有待提高，数字化、智能化水平还相对较低，目前创新型数字化物流企业仅有梦驼铃形成一定规模。大型企业以自营物流为主，地区剩余部分物流需求较为分散，虽然“宁夏共同配送联盟”初步成立，但仍存在中小物流企业对地区分散的物流需求信息获取不通畅等问题。物流企业难以实现规模效益，导致企业自动化分拣、自动导向系统、自动化仓储等先进物流技术应用较少，信息化水平较低。

三、银川高质量建设国家级物流枢纽的对策建议

（一）推进国家级物流枢纽城市建设

根据国家规划要求和宁夏实际，全面推进交通强国试点建设，打造高质量物流基础设施，合理布局不同类型的国家物流枢纽承载城市和国家物流枢纽，做到类型清晰、分工明确、功能定位准确。一是全面建成银川国家商贸服务型物流枢纽承载城市，打造宁夏高质量发展国家级物流枢纽的引擎和示范。促进交通干线与物流通道、交通枢纽与物流节点、多式联运与供应链物流融合发展。二是加强银川与周边石嘴山、中卫、吴忠等城市间综

合交通枢纽建设，强化多式联运，构建区域物流中心，形成错位发展、特色突出的区域性国际性公铁联运枢纽。三是将银川打造成为覆盖宁夏五市及周边内蒙古阿拉善左旗与乌海、甘肃庆阳等地的区域物流集散中心。中卫、石嘴山大力发展煤炭、建材、铁矿石、农产品等大宗商品物流，固原成为以中草药、农产品、机械等物流集散为特色的区域性物流节点，吴忠大力发展与制造业、轻工纺织业、牛奶等支柱产业相配套的物流服务体系建设。

（二）搭建枢纽经济发展的核心平台

强化“枢纽+平台”，加强建设四大平台，提升综合服务保障水平，促进“流量”变“留量”，使枢纽经济成为推动银川及宁夏经济转型升级的重要抓手。一是搭建国家级物流枢纽承载和运营平台。高标准布局建设现代化物流枢纽，加强与区域物流节点间联系。以银川国家商贸服务型物流枢纽为核心，与中卫市在物流通道建设上互补协同合作，带动石嘴山、吴忠、固原结合地区主导产业和物流发展需求，搭建国家级物流枢纽承载和运营平台。二是加快建设银川物流综合信息平台。推动物联网、云计算、大数据、区块链等现代信息技术在物流领域的集成应用，建设与省级物流信息互联互通的区域物流信息平台，整合干支仓配、供应链上下游等诸多领域信息平台数据。

（三）培育发展现代物流体系

通过建立集成化一体化的物流管理体系、推进特色物流发展、构建高效衔接的多式联运体系等路径，打造现代物流体系，夯实国家级物流枢纽高质量发展基础。一是建立全流程物流管理体系。建立全流程物流管理体系，构建海关、税务、商务、交通、科技、银行、市场监管等部门共同参与的“大物流信息”平台和物流管理系统，通过区块链技术应用在集成一体化的物流管理体系下，按照集约、统一、协同的方式开展现代物流作业，实现全流程物流管理一体化。二是进一步推进特色物流发展。大力推进发展现代冷链物流、大宗商品物流和电商物流，推动保税物流发展。三是加快构建高效衔接的多式联运体系。壮大多式联运经营主体，推进多式联运组织和服务模式创新，强化多种运输方式的融合衔接，构建便捷高效的集疏运体系，努力拓展海铁联运班列线路，加快构建高效衔接的多式联运体系。

（四）培育构建枢纽偏好型产业体系

加快枢纽经济与产业链、价值链深度融合，提升综合交通枢纽经济的影响力、辐射力，形成枢纽偏好型产业体系。一是打造各类交通枢纽偏好型产业集群。制定交通枢纽偏好型产业目录，推动各类要素资源向交通枢纽集聚布局，打造各类交通枢纽偏好型产业集群。二是推动传统产业与物流枢纽耦合的转型升级。强化“枢纽+产业”，加快综合交通枢纽经济与实体经济的融合互通发展，建立交通枢纽与产业园区、物流园区之间的业务关联、功能对接，推动传统产业与物流枢纽耦合的转型升级。三是依托交通枢纽积极培育发展特色新兴产业。通过“互联网+交通枢纽”，积极培育发展平台经济、数字经济、跨境电子商务、供应链服务等特色新兴产业，形成线上线下有机衔接的智慧型枢纽经济新形态。

宁夏科技基础条件建设现状与对策建议

孔炜莉

基础研究是科技创新的源头活水。科技基础条件建设是基础研究高质量发展的物质基础和重要平台，是科技创新能力提升的重要保障，其发展状况是衡量区域科技水平的重要标志之一。自治区第十三次党代会明确提出："积极争创全国重点实验室，建设自治区实验室，布局一批基础学科研究中心、工程技术研究中心"，推进科技基础条件建设，为促进基础研究发展，提升科技创新保障能力，为支撑宁夏社会经济高质量发展提供基础条件和保障。

一、宁夏科技基础条件建设现状及显著成效

（一）健全完善科技基础条件建设

宁夏科技基础条件建设旨在聚集自治区生态环保、生命健康、民生保障等领域创新发展需求，支持科技创新平台、重点实验室、野外科学观测研究站等科技创新基地，优化科研基础条件、增强服务水平、提升创新能力，保障宁夏社会经济高质量发展。为了加强全区科技创新体系建设，提升科技创新保障能力，进一步优化和规范自治区科技基础条件建设，自治区修订完善了各类创新平台管理办法，先后出台了《宁夏回族自治区工程

作者简介：孔炜莉，宁夏社会科学院社会学法学研究所研究馆员。

技术研究中心管理办法》(2019)、《宁夏回族自治区临床医学研究中心管理办法》》(2019)、《宁夏回族自治区重点实验室管理办法》(2019)、《宁夏回族自治区技术创新中心管理办法》(2019) 等文件，优化科技基础研究政策环境，着力构建国家、自治区、市三级科技创新平台培育体系，组建工程技术研究中心、重点实验室、企业（集团）技术中心、临床医学研究中心、技术创新平台等一批科技创新平台。为深入贯彻国家基础研究十年规划，全面落实自治区第十三次党代会决策部署，增强基础条件支撑保障能力，先后制定《宁夏回族自治区科技基础条件建设项目管理办法》(2022)、《宁夏回族自治区基础学科研究中心建设管理办法》(2022)、《宁夏回族自治区野外科学观测研究站建设管理办法》(2022) 等政策文件，明确构建科技创新平台主要任务，布局建设一批科技创新基础条件平台，不断健全完善基础研究平台体系。实施科研基础设施建设项目，支持重点实验室、基础学科研究中心、野外科学观测研究站等提升原始创新能力，聚焦自治区生态环保、生命健康、民生保障等领域创新发展，进一步提升科技创新能力和发展水平。

（二）科技创新平台规模不断扩大

截至 2022 年底，宁夏有自治区级以上重点实验室、工程技术研究中心等 6 类科技创新平台共计 844 家（见表 1），比 2020 年增加 54.01%，平台规模不断扩大，数量呈现递增趋势。其中，自治区技术创新中心数量增长最快，增加了 261 家，增幅达 85.86%。而自治区重点实验室增长较缓，增幅为 7.89%；国家级企业（集团）技术中心增长率为-8.33%。按照区域分布看，受政治、经济、教育因素影响，银川市聚集了大部分创新资源。以工程技术研究中心为例，2022 年全区共有工程技术研究中心 95 家，其中国家级工程技术研究中心有 3 家，银川占 2 家；自治区级工程技术研究中心有 92 家，其中银川市 59 家，吴忠市 5 家，中卫市 8 家，石嘴山市 10 家，固原市 4 家，六成以上集中在银川市。按照行业分布看，工业类主要分布在能源化工、新材料、装备制造、生物发酵与食品制造、信息技术等领域，农业类主要分布在现代农业、畜牧业和林业领域，社会发展类主要分布在医疗健康、安全、交通运输领域。按照依托单位分布看，主要分布在企业、高等院校、科研院所和事业单位。这些平台在宁夏重大科研成果产出、高水平人才集聚、推动创新成果产业化等方面都发挥了积极作用，为经济社会发展作出了重要贡献。

表 1　2020—2022 年宁夏科技创新平台基本情况

单位：个

		2020	2021	2022	增幅(%)
工程技术研究中心	国家级	3	3	3	0
	自治区级	72	83	92	27.78
重点实验室	国家级	3	3	3	0
	自治区级	38	40	41	7.89
企业(集团)技术中心	国家级	12	12	11	-8.33
	自治区级	86	83	95	10.5
自治区级产业技术协同创新中心		5	5	5	0
临床医学研究中心		25	25	29	16
自治区技术创新中心		304	404	565	85.86
合　计		548	658	844	54.01

数据来源：《宁夏科技统计公报》（2020—2022 年）。

（三）重点实验室建设进一步优化

1. 推动现有国家重点实验室重组优化

重点实验室是国家科技创新体系的重要组成部分，是组织开展高水平基础研究、应用基础研究和前沿技术研究，聚集和培养高层次科技人才，开展高水平学术交流，促进科技成果转化的重要科技基础条件建设平台。其主要任务是围绕自治区经济社会发展和优势特色学科建设需求，开展以基础研究和应用基础研究为主的创新性研究。目前，宁夏共有国家级重点实验室 3 家，分别为林木资源高效生产全国重点实验室、稀有金属特种材料国家重点实验室、省部共建煤炭高效利用与绿色化工国家重点实验室，分别依托宁夏林业科学院股份有限公司、西北稀有金属材料研究院宁夏股份有限公司、宁夏大学 3 家单位组建，其中银川市 2 家，石嘴山市 1 家。根据国家重点实验室优化重组方案，按照全国重点实验室建设新标准、新要求，宁夏加强实验室研究团队队伍建设，推进种苗生物工程国家重点实验室重组为林木资源高效生产全国重点实验室，积极推进稀有金属特种材料国家重点实验室和省部共建煤炭高效利用与绿色化工国家重点实验室的重组优化工作，提升现有国家重点实验室综合创新能力。

2. 自治区重点实验室学科布局进一步优化

近年来，宁夏强化“六新六特六优”产业，瞄准科技前沿研究和国家重大战略需求，以突出基础研究和原始创新为重点，加强自治区级重点实验室建设，根据专业、区域、依托单位进行统筹组建。充分发挥马玉山院士、何季麟院士战略引领作用，加强自治区装备制造、新材料、生命健康、黄河流域生态保护等领域重点实验室建设。①2022 年，自治区重点实验室由 2020 年的 38 家增加到 41 家。从区域划分看，自治区重点实验室主要分布在银川、石嘴山和固原三市，其中银川市 37 家，占 90.24%；石嘴山市和固原市各有 2 家，分别占 4.88%。石嘴山市依托企业主要集中在装备制造、材料等领域，固原市在现代教育、绿色催化材料与技术领域。从行业分布看，工业类 11 家，占 26.83%，主要涵盖能源化工、新材料、装备制造等领域；农业类 10 家，占 24.39%，主要包含农业生物、林业、土壤与植物、作物育种等领域；卫生医疗类 11 家，占 26.83%，主要包括医药、人口与健康等领域；社会发展领域 9 家，占 21.95%，主要包括生态环境、信息化、现代教育等领域。

自治区重点实验室依托单位主要包括高等院校、科研院所、医疗机构、企业等。（见表 2）依托高等院校组建的有 27 家，占 65.85%，包括宁夏大学、宁夏医科大学、北方民族大学、宁夏师范学院等；依托科研院所组建的有 6 家，占 14.63%，主要有宁夏农林科学院、宁夏气象科学研究所等；依托医疗机构有 3 家，占 7.32%，分别为宁夏医科大学总医院、自治区人民医院；依托企业组建的有 3 家，占 7.32%，分别为西北稀有金属材料研究院宁夏股份有限公司、宁夏共享集团有限责任公司、宁夏天地奔牛实业集团有限公司；依托银川海关检验检疫综合技术中心组建的有 2 家，占 4.88%。

---

①银川市聚力打造高水平科技创新平台.银川市科学技术局网，2023-08-07

表 2　自治区重点实验室依托单位情况

依托单位	数量（个）	占比（%）
宁夏大学	12	29.27
宁夏医科大学	8	19.51
北方民族大学	5	12.19
宁夏师范学院	2	4.88
宁夏农林科学院	5	12.19
宁夏医科大学总医院	2	4.88
自治区人民医院	1	2.44
宁夏气象科学研究所	1	2.44
银川海关检验检疫综合技术中心	2	4.88
西北稀有金属材料研究院宁夏股份有限公司	1	2.44
宁夏共享集团有限责任公司	1	2.44
宁夏天地奔牛实业集团有限公司	1	2.44
合　计	41	100

数据来源：《国家、自治区重点实验室名单》，自治区科技厅官网，2023 年 9 月。

（四）完善基础研究平台布局

2022 年，宁夏启动基础学科研究中心建设，统筹布局建设自治区基础学科研究中心，明确了基础学科研究中心的功能定位、布局建设的重点领域、建设原则、建设主体、建设方式及经费支持渠道等，从基础学科建设、基础研究能力、基础研究人才、体制机制保障等方面明确了建立的基本条件。基础学科研究中心立足宁夏基础学科建设优势和特色，打造有一定影响力的基础学科高地，实现更多“从 0 到 1”原始创新成果。基础学科研究中心依托高等院校、科研院所，围绕数学、物理、化学、生物、基础医学等领域，开展前瞻性、引领性、原创性基础研究和前沿学科探索，培养和稳定一批基础学科理论研究人才，打造基础研究人才高地。推动野外科学观测研究站建设，组织气象、地质、地震等研究团队形成大量的综合数据采集和研究体系，为推动学科发展和经济社会发展提供支持，为我国防灾减灾、农业生产、生态安全等方面提供科技支撑。结合全区行政事业单位闲置国有资产盘活工作，进一步推动全区大型科研仪器开放共享。

2023 年 6 月，宁夏首家自治区基础学科研究中心——宁夏数学基础学科研究中心成立，研究中心依托宁夏大学，联合北方民族大学、宁夏师范学院和宁夏医科大学共同建设，标志着宁夏基础学科研究中心建设工作进入实质性阶段。宁夏数学基础学科研究中心对宁夏数学学科的良好发展、人才培养以及解决自治区“卡脖子”基础问题都具有促进和提升意义。自治区给予 100 万元经费支持理论基础研究，连续支持 5 年，每 3 年开展一次中期检查，自治区将根据绩效评估结果给予一定的支持力度。①

（五）基础研究经费投入状况

2022 年，宁夏研究与试验发展（R&D）经费投入总量达到 79.38 亿元，比上年增长 12.69%，高于全国平均水平（10.11%）2.58 个百分点。R&D 经费投入强度（与地区生产总值之比）为 1.57%，比上年（1.56%）提高 0.01 个百分点，低于全国平均水平（2.54%）0.97 个百分点，全国排名第 19 位，西北五省区居第 2 位。2020—2022 年，宁夏基础研究经费共投入 10.92 亿元。2022 年，宁夏基础研究经费投入比 2020 年增长 28.27%，基础研究经费投入总量呈现逐年增长态势。

从宁夏本级一般公共预算支出决算看，2020—2022 年，基础研究经费共投入 23425 万元，宁夏基础研究经费占财政科技支出比重由 5.56%提高到 8.37%，增长 2.81 个百分点，尤其是 2020 年比上一年增加 4.08 倍，基础研究经费投入总体上呈现上升状态。基础研究经费除了 2020 年、2021 年有少部分资金用于重点实验室建设，绝大部分用于自然科学基金。根据自治区科技厅数据，2020—2022 年，宁夏获得国家自然科学基金项目由 157 个增加到 172个，增长了 9.55%；获得资助经费由 6644 万元增加到 6914 万元，增长了 4.06%。立项自治区自然科学基础项目由 549 个增加到 914 个，增长 66.48%；获得资助由 5849 万元增加到 11522 万元，增长了 96.99%。

二、宁夏科技基础条件建设存在的问题

（一）科技基础条件建设分布不均衡现象突出

一是区域分布不均衡。银川市是宁夏的经济发展中心和高科技产业基

①王迎霞. 宁夏首家基础学科研究中心获批建设［N］.科技日报，2023-05-09

地，为全区的科技创新发展提供了强有力的支撑。因此，宁夏基础研究平台主要集中在银川市，自治区重点实验室九成以上在银川市，银川市在科技基础条件建设上处于绝对优势，而吴忠市和中卫市尚无基础研究平台建设，科技基础条件建设地域分布的不均衡性制约了区域特色产业和学科发展。二是行业分布不均衡。总体上医学领域重点实验室数量占比大，涉及食品安全、环境治理、现代教育领域偏少，行业领域分布不均不利于自治区优势学科的均衡发展。三是依托单位分布不均衡。自治区重点实验室主要以高校和科研院所为依托单位，占比达到80%，依托创新能力强的大中型企业的明显偏少，不足10%，阻碍了科研成果的转化和落地。

（二）重点实验室总体数量偏少且增长缓慢

全国共有国家级重点实验室542个，其中宁夏有3家，仅占0.55%，在国内排名仅高于广西和西藏。在西北五省区中，陕西有国家级重点实验室24家，甘肃有11家，新疆有4家，宁夏和青海分别有3家。无论在全国还是在西北，宁夏拥有国家级重点实验室的数量均偏少。自2017年以来，宁夏再未获批国家级重点实验室，国家级重点实验室建设处于停滞状态。自治区级重点实验室数量增长缓慢。近3年来，宁夏科技创新平台规模持续扩大，数量呈现递增趋势。尤其是自治区级产业技术协同创新中心和工程技术研究中心，增长比例分别达到85.2%和27.78%。作为基础性、原创性较强的科研创新平台，自治区级重点实验室数量增长较缓，增幅仅为10.5%。全区科技创新平台中，有94.08%是技术创新中心、企业技术中心、工程技术研究中心、临床医学研究中心等，而基础性研究平台占比仅为5.33%，比2020年下降2.15个百分点，占比呈下降趋势，全区科技创新平台整体呈现“倒金字塔”形。

（三）基础研究经费持续性投入不足

一是宁夏五市研究与试验发展（R&D）经费投入不均衡现象明显。2022年，研究与试验发展（R&D）经费投入由高到低依次为银川市、石嘴山市、吴忠市、中卫市、固原市，所占比重分别为59.1%、15.5%、12.6%、10.2%和2.6%。R&D经费投入强度超过全区平均水平的是银川市和石嘴山市，银川市最高。银川市研究与试验发展（R&D）经费和投入强度明显领先。二是基础研究经费比重逐步递减，与全国平均水平差距逐年加大。近3年来，宁夏基础研究经费年均增长率为13.25%，比同期研究与试验发展（R&D）经费投入的年均增长率（15.36%）低2.11个百分点，比全国平均水平（17.45%）低2.09个百分点。宁夏基础研究经费占全区研发经费比重由5.52%下降到5.32%，减少0.2个百分点；而全国基础研究经费比重由6.01%上升到6.57%，增加0.56个百分点。宁夏基础研究经费所占比重与全国平均水平差距由0.49个百分点提升到1.25个百分点，说明宁夏基础研究经费占研发比重与全国平均水平差距持续加大。虽然宁夏科技基础研究投入力度不断加强，但在投入总量和投入强度上仍然与全国水平存在较大差距。三是科技基础条件建设经费稳定性投入不足。宁夏科技研究经费投入虽然总体上逐年增加，占财政科技支出比重也有所提升，但是用于科技基础条件建设经费额度少且比重持续下降。从本级一般公共预算支出决算看，3年来宁夏科技基础研究经费绝大部分用于自然科学基金，有少部分资金用于重点实验室建设，2020年、2021年重点实验室分别投入492万元和500万元，2022年尚无重点实验室经费。

三、加强宁夏科技基础条件建设的对策建议

（一）做好顶层规划设计，推动创新管理机制

顶层规划设计是科技基础条件建设的重要前提与顺利发展的根本保障。自治区在谋划布局科技基础条件建设时，要基于国家科技战略需求、宁夏创新驱动发展战略需求、区内学科领域和产业发展需求，以打造全区战略科技力量为目标，综合考虑科技基础研究平台建设各方面因素，做好科技发展战略决策和优势学科布局。深化自治区科技创新“十四五”规划和中长期科技发展需要，完善科技基础条件平台建设管理机制。实施“开放、联合、协同”的运行机制，共建共享科技基础研究平台，加强科技基础研究相关部门在基础设施运营管理服务、升级换代等方面的沟通交流与合作，从而使区域内基础条件建设谋划布局更加合理。完善大型仪器服务管理系统机制，提升大型仪器设备的使用效率和开放共享程度，提高科技资源开放共享水平，满足各类科研人员科技知识需求。

（二）统筹推进科技基础条件建设布局

宁夏科技基础条件建设应围绕全区产业发展和高校学科建设需求，重视各地之间的协同发展，尽可能选择差异化、突显地方特色的布局建设。借助国家自然科学基金、自治区自然科学基金等各类基础研究项目，汇聚高校、国家重点实验室、自治区级实验室、技术创新中心等创新力量，联合各个区域、企业、行业，搭建基础研究合作平台。加强银川科技基础条件平台与其他城市的协同合作，将银川市经济发展和高科技产业优势与中南部资源区位优势相结合，带动提升基础条件建设薄弱地区的科技创新能力，填补基础研究空白，促进科研成果的产业转化，引领全区整体科技创新以及推动区域联合发展。支持区内大中型企业与区内外高等院校及科研院所开展联合攻关合作，依托单位不仅是单位内部的机构整合，也可以整合外部科研机构和企业共同组建，拓展和深化基础研究主体，进而将宁夏特色产业、学科建设做大做强。

（三）加强国家和自治区重点实验室建设

加强重点实验室建设有利于提升科研创新能力，有利于高科技创新平台的建设和高端科研团队的聚集。协同推进国家和自治区重点实验室建设，将会更进一步发挥科技基础条件建设效能，夯实宁夏科技基础研究的物质基础。按照国家标准加大对现有国家重点实验室的培育力度，大力支持区内有条件的高等院校、科研院所争创国家重点实验室，争取宁夏更多项目进入国家重点实验室梯队，打破自治区国家重点实验室建设停滞不前困境。围绕全区经济社会重点领域，根据基础学科、优势学科、交叉学科的发展需求，加大自治区重点实验室组建力度。布局新建一批区内急需的重点实验室，尤其要优先支持尚未组建重点实验室的区域和领域。打造更多体系化、高层次基础研究人才培养平台，提高重点实验室在全区科技创新平台比重，真正实现重点实验室在科技创新平台体系中的基础原创功能。对于不同层级的重点实验室，要有一定的运行维护费，以改善和维护重点实验室的基础条件。

（四）创新投入机制，加大经费投入力度

政府要创新财政资金投入方式，建立持续稳定的经费投入与保障机制。目前，宁夏基础研究经费投入以政府资助为主，应优化研究与试验发展

（R&D）经费研发投入结构，逐步向基础研究倾斜，不断提高基础研究的投入比重，努力缩小宁夏和全国的差距，是推动宁夏基础研究发展的关键。强化对高校、科研院所重点实验室、基础学科研究中心的长期稳定支持。尽可能提高自然科学基金及其联合基金资助力度，持续扩大自治区自然科学基金规模，鼓励更多的基础研究人员积极争取国家自然科学基金支持。鼓励高校、科研院所、国有企业等设立自治区自然科学基金联合基金，并且向吴忠、中卫、固原等地倾斜，不断扩大自然科学基金支持面，开展有特色、有目标的基础研究。加强宣传力度，采用多元化、多层次的科技投入模式，吸引企业、社会力量参与基础条件建设，加大重点实验室的支持力度。通过财政、金融、税收政策，加大各项优惠政策落实力度，发挥国有企业在公益性设施建设领域的主体作用，建设过程及后续运行中优先支持企业成果转化。

宁夏实现碳达峰碳中和目标路径研究

王晓娟

2021年9月，《中共中央 国务院关于完整准确全面贯彻新发展理念做好碳达峰碳中和工作的意见》出台，指出，力争2030年前实现碳达峰、2060年前实现碳中和“是以习近平同志为核心的党中央统筹国内国际两个大局作出的重大战略决策，是着力解决资源环境约束突出问题、实现中华民族永续发展的必然选择”。党的二十大报告强调，要“积极稳妥地推进碳达峰碳中和”，并从碳排放“双控”、能源革命、健全碳排放交易市场、提升碳汇能力等方面作出了全面部署。自治区第十三次党代会报告强调，要抓住“双碳”战略机遇，按照“五个区”战略定位和“一带三区”总体布局，在推进黄河大保护上先行先试、作出示范。自治区党委十三届五次全会审议通过的《关于深入学习贯彻习近平总书记重要讲话精神 全面推进新征程生态文明建设 加快建设美丽宁夏的意见》提出“打好稳妥降碳持久战，积极有序推进碳达峰碳中和”“有计划分步骤实施碳达峰行动、多层次多领域开展减污降碳协同创新”。积极稳妥推进碳达峰碳中和是贯彻落实党的二十大精神和习近平生态文明思想，全面落实习近平总书记视察宁夏重要讲话和重要指示批示精神、自治区第十三次党代会及自治区党委十三届四次、五次全会精神的重要举措，是心怀“国之大者”、推动宁夏经济

作者简介：王晓娟，宁夏社会主义学院讲师，研究方向为统战理论、数字经济等。

社会发展绿色低碳转型的具体行动，是努力建设黄河流域生态保护和高质量发展先行区的必然要求。

一、宁夏实现碳达峰碳中和目标的现实意义

（一）摆脱能源依赖

宁夏煤炭储量较多，居全国第 9 位，煤炭消费占比达 80%左右，经济发展长期“倚重倚能”，能耗高，碳排放量大。2022 年，宁夏碳排放量居全国前十位，单位地区生产总值能耗、水耗分别是全国平均水平的 4.1 倍、2.6 倍。2022 年，全区实现生产总值 5069.57 亿元，占全国地区生产总值的比重约为 0.42%，居全国第 29 位、西部第 10 位、西北第 4 位，按常住人口计算，人均地区生产总值 69781 元。宁夏经济总量在全国占比小、排名靠后，但碳排放量占比不小、排名靠前。碳达峰碳中和有利于宁夏深入推进产业结构调整，减少能源消耗，从根本上摆脱“倚重倚能”依赖。

（二）增强发展动能

国务院《2030 年前碳达峰行动方案》明确提出“产业结构偏重、能源结构偏煤的地区和资源型地区要把节能降碳摆在突出位置，大力优化调整产业结构和能源结构”，并明确“节能降碳增效行动”是碳达峰十大行动之一，为宁夏深入推进减污降碳提供了有力支撑。自治区第十三次党代会报告提出“大力探索以绿能开发、绿氢生产、绿色发展”为主的能源转型发展新路，加快建设国家新能源综合示范区，为全区全面开启能源产业绿色低碳转型行动指出了路子。国家发展改革委、国家能源局出台的《关于支持宁夏能源转型发展的实施方案》确定了“绿色发展、低碳转型、节约优先、创新引领”4 条工作原则，为宁夏加快推动碳达峰碳中和目标实现提供了行动指南，进一步增强了宁夏绿色发展动能。

（三）调整产业结构

碳达峰碳中和的过程，是一个不断调整产业结构、培育壮大新兴产业的过程。为落实国家发改委《关于支持宁夏能源转型发展的实施方案》，充分利用全区丰富的风能、太阳能资源，自治区党委和人民政府印发了《关于推动能源转型发展　高水平建设国家新能源综合示范区的实施意见》，提

出“有序推进新能源规模化、园区化、集约化开发，加快推动‘光伏+’融合发展、‘源网荷储’一体化和多能互补发展”，这有利于在降碳行动中催生孵化一批嵌合深、链条深、竞争力强的新兴低碳产业，助推宁夏传统产业转型升级和新兴产业衍生壮大，培养新的经济增长极。绿氢、储能、新能源装备制造、新能源汽车、电池项目等，都是适合宁夏的新项目，未来还会有许多新产业、新业态不断出现。

二、制约宁夏碳达峰碳中和目标实现的主要问题

（一）在碳达峰的认识上存在差距

当前，宁夏经济发展和民生改善任务还很重，能源生产结构及能源消费结构调整缓慢，能源消费仍将保持刚性增长。同时，宁夏受产业结构偏重、能源结构偏煤等因素影响，近年来能耗强度、碳排放强度仍然较高，能耗高、产出低，技术储备不足，碳排放法律法规、交易机制尚不健全，技术、标准、人才等基础支撑薄弱，碳达峰碳中和的形势严峻、任务艰巨。必须深入推进碳达峰碳中和，有的放矢地推动“双碳”工作取得实绩、发挥实效。

（二）产业结构亟待调整优化

宁夏三产比例 2012 年为 8.9:46.6:44.5；2019 年为 7.5:42.3:50.2；2022 年为 8.0:48.3:43.7。一产、二产平稳，三产略有增加，说明三产结构正趋于优化，但是宁夏以化工为主的产业结构、以煤为主的能源结构和以公路货运为主的运输结构尚未根本改变。2022 年统计数据显示，宁夏二产、三产比重与全国平均水平相比较仍有差距。研究表明，第三产业占比达 70%，会自然实现碳达峰。宁夏计划于 2030 年实现碳达峰目标，意味着全区必须加大产业结构调整力度，加快产业结构优化。

（三）能源消费结构调整缓慢

近年来，宁夏能源消费总量呈不断增长态势，倚重倚煤特征明显。从构成来看，“十三五”末，宁夏非化石能源消费占比 10.4%，低于全国平均水平 5.5 个百分点，煤炭消费占比高达 81.7%，高于全国平均水平 24.9 个百分点。从增速来看，从“十一五”到“十三五”，宁夏能源消费总量年

均增速分别为5.4%、5.0%和7.2%，全国年均增速分别为4.7%、2.3%和2.5%，超过全国年均增速且增幅逐渐扩大，“十三五”期间增速甚至超过全国平均水平4.7个百分点。宁夏能源生产结构及能源消费结构调整的任务还很重。

(四) 降碳攻坚缺乏有力支撑

一是缺乏复合型人才支撑。“双碳”涉及自然科学、工程科学和社会科学，需要复合型人才。人才培养是未来“双碳”行动的关键之关键，而宁夏人才储备是远远不够的。宁夏高校、科研院所、重点实验室数量少，缺少培养“双碳”人才的温室和产床。同时，宁夏工资水平与东部沿海地区差距较大，吸引人才的优惠政策与海南、浙江等地相比含金量还不够高，优质教育、医疗等资源配套不够，人才吸引力不足，人才凝聚力较弱。企业中高层次研发及管理人才流失比较严重，技术工人流动也比较频繁，对绿色低碳产业发展形成严重人才制约。二是缺乏金融大力支持。目前，宁夏金融市场发展还不完善，外资银行、民营银行、法人证券公司等金融机构空缺，企业融资单纯依靠银行贷款，缺少信托、债券、商业保理等方式补充。同时，企业贷款信用服务体系不健全，银行信用贷款比重小，缺少支持绿色低碳产业发展的专项基金，企业贷款融资成本高、难度大、耗时长，成为阻碍绿色低碳产业发展壮大的重要因素。

三、宁夏碳达峰碳中和目标实现过程中需注意把握的关系

(一) 时间层面：远期目标与短期行动的关系

把握系统观念，建章立制。一方面明确短期行动，打好攻坚战；另一方面实现远期目标，打好持久战。从长期看，应立足宁夏全社会低碳发展，深化改革，调整产业和能源结构，建立长效机制，完善制度体系，推广普及强化低碳安全的生活方式和理念，促进实现碳达峰碳中和。从短期看，应立足宁夏加快建设黄河流域生态保护和高质量发展先行区及生态文明建设实践，整体布局、统筹谋划，实现减碳与安全、节能、控污协同推进，确保安全降碳。结合各市县、各行业、各园区实际情况，明确全区碳达峰碳中和的时间表、路线图、施工图。当前，最急迫的是锚定“3060”目标，

全面落实自治区碳达峰碳中和《实施意见》和碳达峰《实施方案》，完善各市县、各行业、各园区的碳达峰行动方案，将远期目标分解为具体行动。宁夏从南到北、从西到东，产业结构、经济基础、生态环境等都有很大不同，碳排放特征和减排手段也有所不同，应分时序、有侧重地实施差异化的减排策略。

（二）空间层面：总体达峰与局部达峰的关系

从区域层面，需科学谋划各市县、各园区碳达峰的优先次序，以最优路径实现全区碳达峰碳中和目标。应充分考虑5个地市及宁东的产业结构及用能情况，制定同向但不同步的碳达峰路线图。支持和鼓励固原市、吴忠市尽早达峰，银川市率先达峰，对先达峰的市（县、区）在低碳产业和低碳能源布局上予以倾斜。允许宁东同步达峰，中卫市和石嘴山市不晚于自治区达峰，但要合理控制碳排放峰值总量，支持和鼓励这些地区通过淘汰落后产能、传统产业低碳化改造和大力发展低碳能源来减缓经济规模扩张带来的增碳压力。同时，在产业转移、低碳能源利用等领域，加强先达峰地区和后达峰地区之间的交流与合作，促进产业有序衔接和能源资源使用合理配置，形成全区低碳转型与经济增长协同推进的双赢局面。从行业层面，明确重点行业的达峰目标，在产业结构调整目录中增加碳排放控制相关要求，研究制定高碳产业名录，构建低碳产业链和供应链；实施绿色低碳交通行动计划和推广绿色建筑，促进建筑、交通等尽早达峰。

（三）手段层面：行政机制与市场机制的关系

由于市场机制存在明显的市场失灵问题，需要政府通过采取规划引领、政策扶持、公共服务、市场监管等措施发挥作用。同样，政府制定的很多政策目标，也需要通过竞争性市场机制加以落地。在“双碳”目标背景下，要进一步推动有效市场和有为政府有机结合，加大激励和约束力度，统筹有序实现经济社会绿色低碳转型发展，通过“两手并用”发挥出最大效能。

（四）路径层面：技术驱动与结构驱动的关系

探索构建碳减排动力机制，大力应用及推广碳减排关键技术，让技术驱动先行，同步带动结构驱动，调整产业和能源结构，释放结构降碳的空间，淘汰落后产能，促进低碳产业发展，切实达到“绿色”“长效”“降碳”。

（五）效率层面：减排投入与产出效益的关系

在确保实现“3060”目标前提下，探索宁夏最优成本的碳达峰方式和路径。以较小的投入实现较高的产出，是宁夏经济发展质量和效率的基本要求，也是宁夏实现碳达峰碳中和应遵循的原则。应进一步完善环境价值核算方法，注重研究经济发展与减污降碳之间的作用机制，开展不同行业减排成本核算、低碳项目建设成本效益分析等工作，以期实现环境效益、经济效益和社会效益相统一。

四、宁夏实现碳达峰碳中和目标路径选择

（一）发挥立法引领和推动作用

国内现有相关法律如《中华人民共和国大气污染防治法》《中华人民共和国环境保护法》《中华人民共和国可再生能源法》《中华人民共和国森林法》等虽然涉及“双碳”内容，但较为分散，缺乏对“双碳”愿景的统筹考虑，法律针对性、内容完整性和制度精准性有待提升。2022 年 9 月，《天津市碳达峰碳中和促进条例》率先出台，以法规形式明确管理体制、基本制度和绿色转型、降碳增汇的政策措施，这是全国首部以促进实现碳达峰碳中和目标为立法主旨的省级地方性法规，为宁夏探索适时立法提供了有效借鉴。建议宁夏及时跟进全国人大常委会关于“双碳”立法工作的部署，因地制宜，结合自身特色和实际，加快推进《宁夏回族自治区碳达峰碳中和促进条例》立法进程，从制度政策的层面确保绿色转型、降碳增汇的法治效力，明确碳排放的相关要求和法律责任，碳排放的监测管理和履约机制等，为推动实现“双碳”目标提供坚强法治保障。

（二）争取国家政策有力支持

自治区第十三次党代会指出：“宁夏是欠发达地区的基本区情没有变、滞后于全国发展水平的历史方位没有变，发展不足是最大实际，质量效益偏低是最大难题”，能源资源利用率低，增长方式较为粗放，面临的碳减排压力较大，实现“双碳”目标难度较高。按照中央部署，在扎实开展“碳达峰十大行动”的基础和前提下，在西电东送、西气东输等项目实施的大背景下，一是积极争取在国家层面构建更为科学公正有效的碳排放标准计

量体系。西部欠发达地区工业领域大部分行业处于供应链的前端、产业链的低端，有色、冶金、化工等行业80%左右的企业从事初级产品加工，比如电解铝、电石等高耗能行业碳排放大，为国家发展作出了应有贡献。建议建立更加合理、公平的碳排放核算体系，参考“西电东送中送出去一度电，由需求方承担682克标准煤”的做法，由供需双方共同合理承担碳排放的指标。目前应用大数据技术分析已较为成熟，运用现代技术分析和解决供需双方碳排放指标完全可行。二是对国家相关政策进行系统分析，精准明确国家“双碳”目标的政策导向、投资方向、项目投向，打造能源转型示范区，在大力发展新能源电池储能产业、扩大新能源制氢储能及应用规模、推进源网荷储一体化和多能互补等方面，结合本地优势和特色，争取更加有利的政策倾斜。

（三）发挥东西协作优势

推进东西区域要素禀赋深度融合，充分发挥低碳协同发展的优势。闽宁协作由脱贫攻坚为主拓展到乡村振兴等诸多领域，碳达峰碳中和为深化两地协作提供了新机遇，降碳增汇应成为两地深化协作中新的重要内容。一是充分发挥福建是我国首个国家生态文明试验区优势，以降碳增汇、推进“三绿”为重点，有力促进闽宁两省区资源、人才、科技、金融等要素有机融合，推动闽宁协作迈上新征程、跨上新台阶。二是发挥闽宁协作优势，出台鼓励碳汇交易的制度，规范交易程序，激发市场主体活力。三是借鉴福建省做法，通过运用市场机制，引导社会资本投入林业碳汇项目，带动碳汇金融，为绿色低碳发展注入持久内生动力，增强绿色发展新动力。四是探索林业碳汇多重效用拓展到经济社会发展和生态环境保护的方方面面。

（四）健全管理体制机制

“双碳”目标实现，要与自治区各区域、各行业的改革创新深度结合起来，探索构建适宜的体制机制和制度机制。一是发挥财政资金的引导和撬动作用，建立健全市场化、多元化投入机制。一方面通过转移支付、政府投资、财政补贴、税收优惠等多种财政支持方式，加强对“双碳”的资金保障和投入力度；另一方面创新财政支持方式，强化引导和杠杆作用，推动绿色政府债券发展等多元化投入方式，加强财政与金融的协调配合，大力发展绿色信贷、绿色债券、绿色保险等绿色金融市场。二是加强顶层设计，战略引领，分类施策，因地制宜，精准发力。坚定不移走绿色低碳高质量发展之路，认真研究分析宁夏经济、能耗及碳排放现状，指导各地区、各行业编制具体实施方案，鼓励和支持有条件的地区和重点行业、企业积极探索实践路径，探索形成可广泛复制和推广的经验与模式，将优先发展与统筹发展兼顾，通过点面结合、以点带面的方式持续优化调整产业结构和能源结构，逐步实现碳排放增长与经济增长脱钩，力争2023年同步实现碳达峰，有效促进宁夏整体如期实现“双碳”目标。三是打好组合拳。结合运用法律、规划、规则、标准等方式，强化统筹协调和督察考核。建立健全“双碳”工作激励约束机制，将“双控”“双碳”工作纳入各级党政领导干部培训和考核内容，加大培训力度、强化考核约束，有效提升领导干部履职能力。同时加强宣传，建立健全相关领域、行业的政策奖励机制，动员社会各界、公众广泛参与，积极行动，汇聚起实现“双碳”目标的全民力量。

宁夏绿色生产力发展要素协同创新机制研究*

张学倩

绿色生产力是一种可同时提高生产力水平和环境绩效、实现社会与经济全面发展，从而持续提高人类生活水平的策略。与传统的发展模式相比，绿色生产力可以提高资源的利用效率，最大限度地减少废物排放，保护生态环境，在不同层面上将生产和消费纳入一个有机的可持续发展的框架中，实现自然、经济和社会发展的多赢局面。绿色生产力应该由通晓绿色科技的绿色劳动者、清洁地进行无污染生产的现代化动力系统为主的绿色劳动资料（主要是劳动工具）、无公害的绿色原材料（劳动对象）、绿色科学技术和绿色管理等要素组成。①它综合应用适当的生产力和环境管理工具、技术和科技，既可减少组织活动、产品和服务对环境的影响，又可提升经济收益和竞争优势，提高人类生活质量，实现经济社会健康全面发展。②自治区第十三次党代会和自治区党委十三届五次全会强调要抓高质量发展，加快走出转型发展的"绿色路"。宁夏作为欠发达地区，生态环境脆弱、发展质

作者简介：张学倩，宁夏社会科学院马克思主义研究所研究实习员，研究方向为马克思主义理论与生态文明。

*本文系宁夏哲学社会科学规划项目青年项目"习近平生态文明思想的理论创新与方法论研究"（23NXCKS01）的阶段性成果。

①沈典妹. 绿色生产力本质及其发展机制研究 [D]. 合肥工业大学，2009

②李金算. 国内外绿色生产力的理论与实践综述 [J]. 中国科技论坛，2005（5）

量效益偏低、人才创新动力不足都是最大的现实问题，是制约宁夏经济社会高质量发展的重要因素。解决这些问题，迫切需要注重全领域转型，建立健全绿色生产力发展要素协同创新机制，协同推进绿色生产力发展要素提质增效，同向发力，提高绿色生产力质效。

一、宁夏绿色生产力发展要素协同创新情况

党的十八大以来，宁夏深入学习贯彻落实新发展理念，积极调动绿色生产力发展要素协同创新，通过新能源新材料综合开发利用，数字化应用联动多领域产业发展，绿色园区建设集聚标准化示范引领，科技创新、人才培养和政策支持为内生动力，聚焦延链补链融合发展一二三产，加速产业结构优化升级，推动宁夏经济社会高质量发展。

（一）新能源新材料综合开发利用

新能源新材料综合开发利用是实现绿色发展的重要手段，具有基础性、战略性、先导性作用。宁夏以新能源新材料作为经济社会高质量发展的重要抓手，整合资金、技术、人才等要素向高新技术产业聚集。目前，宁夏以国家新能源综合示范区建设为契机，通过推进“新能源+储能”项目工程，助力从煤炭、煤电、煤化工向风光电、储能、绿氢转变，推动经济社会绿色高质量发展。2023 年上半年，新能源装机占全区统调电力装机容量的比重达 46.3%，新能源利用率 98.01%，位居西北前列。全区新能源发电量 281.2 亿千瓦时，增长 13.9%。此外，宁夏聚焦高性能金属材料、化工新材料、先进无机非金属材料、电池材料、电子信息材料 5 个重点领域，不断优化布局、补链强链、创新发展，新材料产业规模不断壮大、产业链条不断延伸、产品优势不断凸显。2023 年 1—4 月，全区新材料规上企业完成产值 584.5 亿元，同比增长 9.1%，高于规上工业产值增速 10.2 个百分点，产业项目完成投资占全区制造业投资的 68%，成为推动工业转型与提质增效的主引擎。

（二）数字化应用联动多领域产业发展

数字化发展能够不断优化资源要素配置，推动形成绿色的生产生活方式。宁夏凭借得天独厚的“风光”条件，积极推进数字化应用，加快推动

数字产业化和产业数字化发展，将数字技术与各领域产业相结合，促进资源、人才、资金等要素精准管控与高效配置，进一步推动产业优化升级。目前，宁夏已经成为全国首个“互联网+医疗健康”“互联网+教育”“互联网+城乡供水”示范区。“十三五”期间，宁夏电子信息制造业与软件和信息技术服务业年均增速超过20%，信息通信业累计收入314亿元。2023年，银川举办第二届西部数谷算力产业大会，公布宁夏算力分指数全国排名第8，位居西北第1，算力质效位居全国第4、西北第1。数字化建设已成为宁夏高质量发展的新动力。

（三）绿色园区建设集聚标准化示范引领

自2015年国务院首次提出发展绿色园区以来，宁夏把园区发展绿色化、服务化和高端化作为重要任务，制订出台《开发区整合优化和改革创新实施方案》，努力发挥园区的集聚效应，优化资源配置，提升产业竞争力。截至目前，全区累计建成绿色园区12家，其中，银川经济技术开发区以新能源及战略新材料、高端装备制造、大健康三大产业为主导，引进西安隆基、中环股份、蓝思科技、浙江天通、浙江晶盛等企业。通过建立绿色园区标准，提供政策咨询、技术支持、金融服务等引导园区企业发展绿色产业。银川经济技术开发区被评为国家新型工业化产业示范基地、国家双创示范基地、国家“绿色园区”，是银川市经济发展“主战场”和“排头兵”。

（四）政策支持激发绿色产业内生动力

2021年，出台《自治区人民政府关于加快建立健全绿色低碳循环发展经济体系的实施意见》，指出要推动能源体系绿色低碳转型，鼓励绿色低碳技术研发和成果转化，加大财税扶持力度，大力发展绿色金融。2022年12月，自治区发改委印发了《宁夏回族自治区可再生能源发展“十四五”规划》，要求以加快推进绿能开发、绿氢生产、绿色发展为路径，着力加快推动可再生能源开发建设，壮大可再生能源配套服务能力，着力促进可再生能源与新技术、新业态融合发展，加快构建清洁低碳、安全高效的现代能源体系。2023年3月，自治区人民政府办公厅印发的《数字宁夏“1244+N”行动计划实施方案》，要求自治区发展改革委、财政厅、人力资源和社会保障厅、科技厅、工业和信息化厅、教育厅和宁夏税务局抓好全国一体化算力网络宁夏枢纽节点建设32条优惠政策落实，对注册本地数据中心企业给予资金、人才、税收等方面支持，积极推进技术创新，完善科技成果转化与激励机制，提高科技成果转化能力。这些政策统筹协调规划各要素发展，对绿色生产力发展要素协同发展具有基础保障作用。

二、宁夏绿色生产力发展要素协同创新机制存在的问题

宁夏积极推动绿色生产力发展要素提质增效和融合化发展，充分发挥各要素在产业绿色低碳转型和经济社会高质量发展中的作用，取得了良好成效，但还存在绿色生产力发展要素供给不平衡的问题，如新能源开发利用与消纳不足、绿色科技创新动力不足、人才队伍建设不足等。

（一）新能源开发利用与消纳不充分

宁夏大力推进新能源新材料综合开发利用，但仍存在新能源开发利用与消纳不充分的问题。一是农村农业能源由于缺少企业投资运营拉动，收储运体系建设不足，对农业废弃物的清洁循环利用不足。二是新能源消费市场机制不完善，跨区域消纳还存在诸多障碍，宁夏风光电能产能相对过剩和消费侧负荷不足的矛盾突出。三是光热发电、储能电站以及电力辅助交易市场机制仍处于试点探索阶段，尚未形成促进和支撑清洁能源消纳的成熟模式。四是新能源装机增长太快，水电等常规电源建设严重滞后，电源结构失衡，电网电力平衡控制的难度越来越大，调峰难问题突出。

（二）数字化建设与转型动力不足

宁夏依托“西部数谷”大力推进数字经济发展，但其核心数字技术基础薄弱，关键数字技术掌握不足，企业数字化转型自主性不高，数字化建设与发展动力不足，同时有些传统产业也存在“不想转、不会转、不能转”的问题，与东南部发达地区相比较还有很大的差距。一是宁夏现阶段对数字技术的应用大部分还停留在复制和模仿的阶段，数字核心技术研发能力较弱，缺少二次创新和逆向研发。数字化转型还处于低效式、零星式的尝试阶段，难以与绿色发展动力形成有效融合。二是企业作为创新活动的重要主体，缺乏利用数字技术对绿色技术进行升级改造的内在动力，数字技

术与绿色技术融合发展动力不足，在数字技术创新领域未能充分发挥创新主体的引领和示范作用。三是传统产业在数字化转型的过程中还普遍存在发展理念滞后、组织规划不清、数字化人才队伍建设和管理缺失等问题。且数字化技术的研发应用，具有强度高、周期长、资本投资密集的特征，传统产业因其高资金投入与不确定的效益产出的高风险，不愿意，也没有能力进行数字化转型，故转型步伐相对滞后。

（三）科技创新与成果转化水平不高

宁夏实施创新驱动发展战略，取得显著成效，据自治区科技厅统计，2023 年 1—10 月，科技成果登记数量达到 984 项，登记成果同比增长 111.2%。全区登记成果中共有应用技术成果 691 项，占登记成果总数的 70.22%，同比增长 113.27%。尽管宁夏科技创新成果实现了历史性突破，但还缺少在能源化工、新材料、装备制造、信息技术、生态环境等领域的重点基础研究和对关键技术的研发创新，在应用基础研究和关键技术研发创新方面仍有待进一步加强和提高，如煤炭智能绿色开采技术、智慧电厂运行控制技术、光伏材料电池制备技术、风力发电运维技术、可再生能源电解水制氢、电网仿真分析与优化控制技术、储能材料制备与储能系统集成等关键核心技术。

（四）专业技术人才队伍建设不足

发展生产力，人才是关键。宁夏在推动经济社会高质量发展的过程中，不断推出新的引才政策招贤纳士，譬如“才聚宁夏 1134”行动和“15 条”人才政策。然而就目前宁夏的发展而言，无论是专业技术人才还是管理人才都存在很大的缺口。宁夏发展“六新六特”产业，需要关键技术领域的专业技术人才和管理人才，例如新能源新材料方面的技术研发，数字经济方面的数据分析师、算法工程师、IT 工程师等复合型高端人才，但目前这些方面的高新技术人才十分短缺。一是本地高校缺乏相关专业的高端技术人才，难以开设相关课程，不能大规模培养相关技术人才。化石能源绿色智能开发、新型电力系统、大数据、云计算和人工智能等领域的人才引进和自主培养还远不能满足市场需求。二是高校偏重理论教学，应用实践较少，培养的学生无法很好地适应市场需要，还需要企业进一步培养，无法满足企业发展的需要。三是数字经济的发展还需要大量高素质的产业工人的协同，但因为企业数字化转型意识模糊，激励机制不完善，数字化管理人才队伍建设滞后，协同效率不高。

（五）政策细化落实不到位

尽管自治区党委、政府研究出台了很多关于推动经济高质量发展的政策措施，但在具体的操作执行过程中，相关政策制定缺乏阶段性、连续性、针对性和有效性，不能很好地规范和引导企业绿色生产，解决企业追求经济效益与生态环保之间的矛盾。在政策落实方面，相关工作人员绿色生产力发展相关理论与实践能力不足，在产业发展总体布局上对绿色生产力发展统筹规划不够，未能形成有效的监督管理体系，在政策下发后，缺少对政策的深入宣传解读和对落实情况的及时同步跟进，因此，存在未能及时有效地发现和解决政策实施过程中可能存在的和已经存在的一些问题，影响政策实施效果。

三、推动宁夏绿色生产力发展要素协同创新发展的路径选择

聚焦降碳减碳，围绕做优做强“六新六特六优”产业，推动绿色生产力发展要素协同创新发展，促进产业数字化智能化同绿色化的深度融合，走出全领域转型的绿色之路。

（一）加强农业能源开发利用，实现多能互补

加强农业能源开发利用，形成多能互补、循环发展格局。一是学习“气、电、热、肥”联产的京安模式。通过畜禽粪污沼气发电、秸秆沼气提纯生物天然气、沼渣沼液生产有机肥、生物质热电联产，按照“废弃物+清洁能源+有机肥料”三位一体的技术路线，将养殖、沼气、沼渣、沼液和种植技术进行优化组合，做到资源多级利用和物质良性循环，形成可持续发展的循环农业。二是建立完善的收储运体系。积极引导和鼓励各类社会资本投入秸秆收储运体系建设；探索建立秸秆收储点建设列入村集体财产、企业租用支付费用、收储利润村民共享的利益联结机制；积极吸纳农村剩余劳动力参与收储点运营管理，确保秸秆收储点建设“依法建设、持续利用、一次建成、长久获益”。

（二）构建新型电力系统解决新能源消纳

构建新型电力系统，着力解决新能源消纳问题。一是加快电力系统数字化升级和新型电力系统建设迭代发展，全面推动新型电力技术应用和运行模式创新，深化电力体制改革。要强化电网基础平台建设，优化电力系统资源配置能力，提升电网智能化水平，推动电网主动适应大规模集中式新能源和分布式能源发展；全力布局谋划建设以大型风光电基地为基础，以周边清洁高效节能煤电为支撑、以安全稳定的特高压输变电线路为载体的新能源供给消纳体系。此外，未来新型电力系统还需要建设智能高效的调度运行体系，探索电力、热力、天然气等多种能源联合调度机制，促进协调运行。以用户为中心，加强供需双向互动，积极推动源网荷储一体化发展。二是加快对配电网的升级改造，加快推动智能型配电网、主动型配电网建设，提高配电网新能源接纳和多元化负荷的承载力、灵活性，推动实现新能源就地开发利用。积极发展以消纳新能源为主的智能微电网，实现与大电网兼容互补。区域电网主网架结构也需要进一步完善，推动电网之间柔性可控互联，构建规模合理、分层分区、安全可靠的电力系统，提升电网适应新能源的动态稳定水平。要稳步推广柔性直流输电，优化输电曲线和价格机制，加强送受端电网协同调峰运行，提高全网消纳新能源能力。此外，还要提高风光发电功率预测水平，完善并网标准体系，加快建设友好型新能源场站，提高电源协调优化运行能力；全面实施煤电机组改造，优先提升30万千瓦级煤电机组深度调峰能力，协同推进企业燃煤自备电厂参与系统调峰，因地制宜发展新能源发电，推动风、光、水电同煤电融合发展、联合运行。

（三）依托“东数西算”加快数字化建设转型

一是加强人工智能、物联网和算力中心等数字基础设施的循环联通和数据共享，打造先进泛在、全域感知、数智赋能、绿色高效的数字软硬件生态系统，夯实现代化产业体系“数字+绿色”底座。利用数字孪生技术、互联网公共服务平台等实现数字节能降碳，同步提升基础设施能效及可再生能源使用比例，加速建立电子垃圾等废弃物绿色循环回收产业链，有效破解数字基础设施建设带来的能耗大、碳排放高、废弃物处理烦琐等“绿色困境”。拓宽科技创新、现代金融、人力资源等多重要素协同通道，利用绿色技术创新、数字技术创新的交融耦合驱动产业数智生态转型。二是加快产业互联网平台体系建设。发挥平台企业技术、流量和数据优势，支持建立跨行业、区域性、专业型产业互联网平台，开展协同采购、制造和配送等现实应用。推动制造业数字化转型新模式应用，推进重点行业、园区数字化转型。鼓励大型制造企业、行业龙头企业搭建企业级互联网平台，推动企业内部应用系统的综合集成和云化改造迁移，实现数据全面采集和实时处理，增强企业信息共享、业务协同。

（四）进一步推动绿色科技创新与成果转化

科学技术是第一生产力，在生产力绿色发展中起着至关重要的作用。促进绿色科技创新及人才队伍建设，提高各领域智力支撑。一是加强和深化应用基础研究。聚焦可再生能源综合开发利用、化石能源绿色智能低碳开发利用、二氧化碳捕集利用与封存、新型电力系统等重点，深入开展应用基础研究。二是加强减污、降碳协同的关键技术研发和创新。积极开展氢能冶金、低温脱硫、VOC_S源头替代、新型电力系统等关键技术的研发，推动低温室效应制冷剂替代、炼化系统能量优化和碳捕集与利用等技术的试点应用。三是加强成果转化。充分利用国家生态环境科技成果转化综合服务平台，实施百城千县万名专家生态环境科技帮扶行动，提升减污降碳科技成果转化力度和效率。通过产学研用一体化模式，让科学研究与经济生产双向互动、互为动力，增强科学研究的实用性，减少技术创新的盲目性，缩短产品研发到商品化、市场化的周期。提高经济生产质效。

（五）进一步加强高质量人才队伍建设

加强人才队伍建设，既要外引，更要内育，加强专业技术人才自主培育。根据宁夏目前产业经济发展趋向，培养适合宁夏产业发展岗位的专业技术人才，为宁夏经济社会发展补足人才动力。一是加强对专业技术人才的认定和奖补，进一步激发专业技术人才干事创业的信心与动力，主动为宁夏经济社会发展提供更多的技术支持。二是运用“学徒式”专业技术人才教育培养机制，充分发挥好“传帮带”的作用。三是根据村、乡镇、市县等各级能源服务的特点进行人才培训和引进，充实农村能源服务的技术力量，积极推行技术人员培训制，因材施教、因地施教，提高技术服务人员的整体素质和业务水平。四是构建“产、学、研、企”一体化联合体，通过校企协同，实施“订单式”人才培养，加强专业技术人才的专业性、系统性、导向性，为关键领域注入源源不断的“人才活力”。

（六）进一步加强政策引导和落实

加强对相关产业经济政策的研究和解读，推动政策落地生效，发挥政策引领与服务保障作用。一是制定完善各项相关产业发展政策。在积极落实《自治区工业经济稳增长36条政策措施》的基础上继续深化研究，针对区域产业发展实际，分阶段制定更加有针对性和有效性的促进绿色产业经济发展的相关政策措施，推动相关产业政策落地、落实、生效。二是各地区各部门根据自治区相关政策要求，结合实际情况，深入研究解读细化政策，制定区域性产业发展政策措施，主动为企业宣传解读政策，引导符合条件的企业积极申报相关产业项目，各部门协同配合解决好企业发展过程中遇到的困难与瓶颈，做好政策引导，落实政策服务保障工作。

区域发展篇

QUYU FAZHAN PIAN

2023年银川市经济发展报告

张保君

2023年以来，面对复杂严峻的宏观形势，银川市深入学习贯彻党的二十大精神，全面落实党中央、国务院和自治区党委、政府各项决策部署，坚持稳中求进工作总基调，完整、准确、全面贯彻新发展理念，坚持安全为先、平稳为基、产业为要、项目为王、创新为魂、民生为本，全力以赴抓项目、强产业、优环境、拼经济，全市经济运行总体平稳、稳中有进、稳中向好，为实现全年经济社会发展各项目标奠定坚实基础。

一、2023年银川市经济运行情况

（一）高效统筹发展和安全，经济运行稳中向好

1. 经济运行持续提效

全市前三季度实现地区生产总值1897.76亿元，按可比价计算，同比增长7.3%，高于全年预期目标0.8个百分点。纵向比较，增速高于全国2.1个百分点，高于全区0.9个百分点，增速分别位居全区五地市、西北五省会（首府）城市、沿黄九省区省会（首府）城市第1位、第2位和第3位。占全区经济的比重为50.6%。第一产业快速增长。第一产业实现增加值68.61亿元，同比增长7.0%，增速高于全国3.0个百分点，位居沿黄九省区

作者简介：张保君，银川市统计局副局长。

省会（首府）城市第 1 位。第二产业强劲支撑。第二产业实现增加值 904.84 亿元，同比增长 10.6%，比上半年加快 1.6 个百分点，增速分别高于全国、全区 6.2 和 2.6 个百分点。占全市经济比重分别比一季度、上半年提高 1.0 和 0.3 个百分点，对全市经济增长的贡献率分别比一季度、上半年提高 7.2 和 11.1 个百分点。其中，工业增加值 777.21 亿元，同比增长 13.1%，分别比一季度、上半年加快 0.9 和 1.9 个百分点，占第二产业比重高达 85.9%，对第二产业增长的贡献率高达 102.5%；建筑业增加值 12.79 亿元，同比下降 1.6%，降幅比上半年扩大 0.3 个百分点，下拉第二产业增速 0.3 个百分点。第三产业逐步回暖。第三产业实现增加值 924.30 亿元，同比增长 4.6%。三次产业增加值占生产总值的比重分别为 3.6%、47.7%和 48.7%，拉动经济增长分别为 0.3、4.6 和 2.4 个百分点，对经济增长的贡献率分别为 3.5%、63.0%和 33.5%。

2. 市场信心持续提振

累计为企业减免各类税费 105 亿元，降低企业社保费 9.42 亿元，兑现各类奖励补贴资金近 2 亿元，新增贷款 462.2 亿元。1—11 月，全市新增各类经营主体 6.52 万户，同比增长 13.9%。截至 11 月底，全市累计在册经营主体 39.17 万户，同比增长 8.3%。每千人拥有市场主体 135.23 户。

3. 粮食能源保供总体稳定

主要粮食作物农业主推技术到位率达到 100%以上，良种覆盖率超过 97%，粮食面积稳定在 121.4 万亩以上，超额完成自治区下达目标任务。1—11 月，全市规上工业原煤产量 6884.47 万吨，同比增长 3.1%。焦炭产量 642.94 万吨，同比增长 11.8%。规上工业发电量 991.66 亿千瓦时，同比增长 1.3%。规上工业企业用电量 384.98 亿千瓦时，同比增长 9.3%。

（二）生产形势稳中向好，产业发展不断提速

1. 农业发展扩规增效

聚焦“六特”产业，以“稳粮食、增蔬菜、优奶业、扩水产”为重点，持续促进农业高质高效发展。前三季度，全市农林牧渔业实现总产值 147.21 亿元，同比增长 7.1%，增速比上年同期加快 0.3 个百分点。农林牧渔业实现增加值 72.96 亿元，同比增长 7.0%。粮食重点农产品供应充足。

前三季度，全市蔬菜及食用菌产量106.53万吨，同比增长4.6%；瓜果类产量43.58万吨，同比增长45.9%。猪牛羊禽肉总产量4.82万吨，同比增长11.8%；牛奶产量112.19万吨，同比增长29.3%；水产品产量5.57万吨，同比增长3.1%；禽蛋产量1.75万吨，同比增长1.0%。畜牧业发展提质增效。前三季度，全市畜牧业实现产值55.55亿元，同比增长12.1%，拉动农林牧渔业总产值增长4.5个百分点。全市牛、羊、禽分别出栏8.83万头、100.57万只和231.85万只，同比分别增长18.0%、30.2%和35.5%，奶牛存栏30.89万头，同比增长16.6%。特色作物增势良好。在消费升级带动下，花卉种植面积和盆栽观赏植物产量保持高速增长，同比分别增长了176.1%和36.1%。

2. 工业经济持续领跑

扎实落实工业稳增长各项决策部署，坚持先谋快动、精准施策、稳中求进，狠抓项目、产业、园区等重点工作，全市工业经济活力走强。1—11月，全市规上工业增加值同比增长15.1%，分别高于全国、全区10.8和3.6个百分点。轻、重工业全面增长。规上工业中轻、重工业保持全面较快增长，分别同比增长20.0%和14.8%，重工业对规上工业增长的贡献率高达90.6%，拉动规上工业增长13.8个百分点。各经济类型企业同步增长。国有控股企业增加值同比增长9.5%，外商及港澳台商投资企业增长27.6%，私营企业增长18.2%。股份制企业同比增长13.9%，拉动规上工业增长11.9个百分点。大中型企业贡献显著。大中型企业增加值同比增长17.0%，快于规上工业1.9个百分点，占规上工业比重高达83.0%，拉动规上工业增长14.3个百分点。制造业强劲支撑。三大门类中，采矿业同比增长21.4%，电力、热力、燃气及水生产和供应业下降0.2%，制造业增长17.3%，高于规上工业平均水平2.2个百分点，拉动规上工业增长12.8个百分点，占规上工业比重高达72.7%，对规上工业增长的贡献率高达83.5%。重点行业稳定增长。全市32个行业大类中，20个行业增加值呈现增长态势，增长面62.5%，13个行业呈两位数以上增长，占40.6%，其中煤炭开采和洗选业、化学原料和化学制品制造业、电气机械和器材制造业、计算机通信和其他电子设备制造业等重点行业分别增长21.4%、14.4%、20.0%和44.7%。近六成产品产量实现增长。全市列统的 91 种工业产品中 54 种产品呈现增长态势，增长面 59.3%，其中单晶硅同比增长 1.8 倍，工业仪表增长 60.2%，乳制品增长 19.3%。

3. 第三产业扩容发展

大力发展“六优”产业，实施现代服务业扩容行动和服务业高质量发展三年行动，银川文化城改造、中通快递产业链等项目加速推进，交通运输、住宿餐饮、文化娱乐等服务业行业加速回暖。1—10 月，全市规上服务业实现营业收入 292.57 亿元，同比增长 13.2%，增速比前三季度加快 0.4 个百分点。生产生活性服务业同步向好。1—10 月，生产性服务业实现营业收入 199.53 亿元，同比增长 12.1%；生活性服务业实现营业收入 82.00 亿元，同比增长 15.5%，生产性和生活性服务业均呈现较好发展态势。文旅产业规模加速壮大。先后培育国家级夜间文化和旅游消费集聚区 3 个，国家 A 级旅游景区增至 58 家，乡村旅游示范点（星级农家乐）69 家，国家级夜间文化和旅游消费集聚区 3 个，特色文化旅游街区 12 条，各类精品旅游线路 54 条，文化旅游市场经营主体总量达 3154 家，占全区比重近 60%。1—10 月，全市接待游客 3772.41 万人次，同比增长 93.9%；实现旅游收入 341.72 亿元，同比增长 176.9%。交通运输业加速回暖。1—11 月，全市旅客周转量同比增长 83.0%，高于全区平均水平 38.8 个百分点。货物周转量同比增长 9.9%，公路客货运输周转量同比增长 10.2%。

（三）需求活力持续激发，增长基础不断夯实

1. 有效投资稳步增长

1—11 月，全市固定资产投资同比增长 6.4%，分别高于全国、全区 3.5 和 2.1 个百分点。第二产业投资同比增长 18.7%，拉动全市投资增速 9.3 个百分点，占全部投资的比重较上年提升 5.9 个百分点；第一产业投资下降 42.0%，第三产业投资下降 4.3%，分别下拉全市投资增速 0.8 和 2.1 个百分点。三次产业投资占比为 1.0:55.3:43.6。工业投资持续发挥主体支撑作用，同比增长 18.7%。其中，采矿业增长 20.3%，制造业增长 6.0%，电力、热力、燃气及水生产和供应业增长 58.0%，分别拉动全市投资增速 0.8、2.1 和 6.3 个百分点。房地产投资降幅持续收窄，同比下降 2.4%，降幅较上月收窄 2.1 个百分点。实现商品房销售额 279.25 亿元，同比下降 10.0%，降幅较上月扩大 0.1 个百分点。完成商品房销售面积 322.69 万平方米，同比下降 12.5%，降幅较上月收窄 0.8 个百分点。

2. 市场消费保持增长

组织开展第七届“欢乐购物季”“浪宁夏·品味道”“青春集结令”“欢乐国庆”等主题促消费活动，全面点燃城市“烟火气”。累计发放汽车、家电、百货、超市、餐饮、小微商户等多业态消费券近 84.03 万张，补贴 6245.06 万元，进一步提振市场消费热情。前三季度，全市完成社会消费品零售总额 587.68 亿元，同比下降 2.2%，高于全区 0.1 个百分点。1—11 月，全市实现限额以上消费品零售额 333.03 亿元，同比增长 6.7%，较 1—10 月加快 0.6 个百分点，为 2023 年以来最高增速。全市消费态势有所好转。从消费区域看，城镇依然是消费主战场，限额以上零售额同比增长 7.0%，快于乡村 63.9 个百分点。从消费形式看，餐饮消费热度持续，餐饮收入增长 22.2%，占限额以上零售额的比重较上年同期提升 0.3 个百分点。商品零售持续好转，同比增长 6.4%。从消费品类别看，起主要支撑作用的消费品增势较好，在列统的 21 个消费品类中，14 类商品零售保持增长，占全市限额以上商品零售额 46.4%的汽车类零售额同比增长18.0%。

3. 对外贸易稳步提升

1—11 月，全市实现进出口总额 116.5 亿元，同比增长 11.2%。其中，出口总额 80.7 亿元，增长 0.6%；进口总额 35.8 亿元，增长 45.9%；进出口相抵，贸易顺差 44.9 亿元。

（四）经济结构持续优化，转型升级加快推进

1. 产业结构持续优化

聚焦“一产抓特色，二产抓集群，三产抓扩容，整体抓提升”，建设具有区域竞争力和影响力的“两都五基地”，三次产业结构调整为3.6:47.7:48.7，第二产业比重比上年同期提高 1.1 个百分点。工业分别占全市经济、第二产业比重的 41.0%和 85.9%，比上年同期提高 0.5 和 0.9 个百分点，对第二产业、全市经济贡献率分别达到 102.5%和 64.6%，成为全市经济增长的稳定器，分别拉动全市经济、第二产业增长 4.7 和 10.8 个百分点，是拉动全市经济增长的主引擎。

2. 投资结构持续优化

1—11 月，项目投资平稳支撑全市投资发展，同比增长 11.2%，占全部投资的比重为 70.0%，拉动全市投资增速 7.5 个百分点。与此同时，全市房地产投资呈下降趋势，同比下降 3.4%，占全市投资比重的 30.0%，比上年同期下降 3.1 个百分点，全市投资不断减少对房地产投资的依赖。坚持大抓产业、大抓工业，推动环欧 35GW 太阳能单晶硅等 202 个产业项目落地建设、提速上量，带动全市工业投资持续保持两位数高速增长。全市工业投资同比增长 18.7%，拉动全市固定资产投资增长 9.3 个百分点，占投资比重 55.3%，比上年同期提高 5.7 个百分点。高技术产业投资同比增长52.0%，占投资比重 21.1%，比上年同期提高 5.4 个百分点。高技术制造业投资同比增长 61.9%，其中，电子及通信设备制造业增长 68.1%，计算机及办公设备制造业同比增长 112.5%。高技术服务业中研发与设计服务、科技成果转化服务分别同比增长 46.3%和 62.1%。

3. 消费结构持续优化

全市城镇居民人均可支配收入提高，居民更加追求高质量的生活品质，用于居住、生活用品及服务、交通通信、教育文化娱乐、其他用品和服务的消费不断提高，前三季度分别同比增长 13.9%、7.5%、6.6%、9.6%和 15.2%，均快于城镇居民人均生活消费支出。城镇居民人均食品烟酒消费支出同比下降 0.6%，恩格尔系数为 26.8%，同比下降 1.3 个百分点。限额以上单位金银珠宝、体育娱乐用品、通信器材类等升级类商品零售额分别同比增长 19.6%、19.8%和 35.9%，分别快于限额以上商品零售 13.8、14.0 和 30.1 个百分点。

（五）新兴动能积聚增强，发展质量稳步提高

1. 民营经济增势强劲

1—11 月，全市民营经济增加值占地区生产总值比重为 42.5%，对全市经济增长的贡献率为 50.3%。民营工业企业快速增长。全市规上民营工业占比高达 75.9%，实现增加值同比增长 22.2%，快于规上工业平均水平 7.1 个百分点，贡献率为 62.8%。民营服务业加快发展。规上服务业民营企业实现营业收入151.28亿元，同比增长5.9%，拉动全市规上服务业营业收入增长3.3个百分点，贡献率为24.7%。民间固定资产投资同比增长1.4%，占固定资产投资的比重为66.4%，贡献率为9.4%。其中，制造业和房地产业投资是民间投资的主体，占民间投资的比重分别为47.7%和40.8%。高技术产业民间投资同比增长64.6%，占民间投资比重29.2%，提高11.2个百分点。

2. 新兴动能增势强劲

1—11月，高技术制造业增加值同比增长37.6%，对全市规上工业增加值贡献率为38.5%，占全市工业比重为15.5%，较上年同期提升0.3个百分点。装备制造业增加值同比增长34.8%，快于规上工业平均水平19.7个百分点，拉动规上工业增加值增长6.2个百分点。占全市规上工业比重为18.4%，较上年同期提升0.5个百分点。1—11月，限额以上单位中通过公共网络实现的商品零售额22.51亿元，同比增长31.1%，比限额以上零售额增速高24.4个百分点，占限额以上零售额的比重为6.9%，同比提高1.3个百分点。新能源汽车实现零售额34.32亿元，同比增长78.5%，占限额以上汽车类商品的比重为22.8%，比上年同期提高7.7个百分点。1—10月，全市电信业务总量实现47.61亿元，同比增长19.1%。邮政行业寄递业务量同比增长11.0%。

3. “三新”产业势头强劲

立足资源禀赋和比较优势，聚力发展新材料、新能源、新食品“三新”产业。1—11月，规上新材料实现产值457.05亿元，同比增长11.6%；规上新能源实现产值148.01亿元，与上年持平；新食品产业实现产值147.74亿元，同比增长10.5%。“三新”产业产值占全市（不含宁东）制造业产值比重较上年同期提高3.3个百分点。

4. 绿色发展成效显著

高标准打好污染防治攻坚战。截至11月23日，银川市优良天数为251天，优良天数比例为76.8%。空气优良天数比例达80%，扣除沙尘天气，PM_{10}平均浓度为69g/m^3，同比上升6.2%；$PM_{2.5}$平均浓度为30μg/m^3，同比下降3.2%。黄河干流银川段持续保持Ⅱ类进出，土壤安全情况总体平稳，营造林7.6万亩，恢复湿地4.3万亩。绿色发展加快推进。1—11月，规上六大高耗能行业占全市规上工业增加值比重59.6%，较上年同期下降2.2个百分点。全市、全市（不含宁东）单位工业增加值能耗分别同比下降2.7%和8.7%，能耗下降强度分别好于全区2.4和8.4个百分点。清洁能源发电继续壮大，1—11月，规模以上风力、太阳能等清洁能源发电量分别同比增长17.8%和50.0%，分别快于火力发电19.5和51.7个百分点，合计占全部发电量比重为10.3%，比上年同期提高2.7个百分点。

（六）要素保障有力支撑，先行指标持续向好

1. 财政收入稳定增长

1—11月，全市完成一般公共预算收入178.35亿元，同比增长15.3%，完成预算数的92.6%，快于序时进度1.0个百分点。完成税收收入135.19亿元，同比增长21.1%，占一般公共预算收入的75.8%，比上年同期提高3.7个百分点。其中，增值税增长39.7%，耕地占用税增长381.9%，契税增长22.5%。

2. 金融存贷有力支撑

11月末，全市金融机构人民币各项存款余额6038.30亿元，同比增长11.5%，其中，住户存款增长16.1%。全市金融机构人民币贷款余额6934.92亿元，同比增长7.6%，其中，中长期贷款增长8.0%。

（七）民生福祉持续改善，社会大局平稳有序

1. 居民收支稳步增长

前三季度，全市实现居民人均可支配收入27661元，同比增长7.1%。其中，城镇居民人均可支配收入33935元，同比增长6.1%，增速快于上半年0.2个百分点；农村居民人均可支配收入16228元，同比增长8.0%，增速快于上半年0.6个百分点，快于城镇1.9个百分点。城乡收入差距进一步缩小，收入比为2.1:1.0，较上半年缩小0.2个百分点。居民消费平稳增长。前三季度，全市城镇居民人均消费23325元，同比增加1002元，增长4.5%；全市农村居民人均消费支出11907元，同比增加655元，增长5.8%。

2. 就业形势持续向好

截至11月底，城镇新增就业5.4万人，失业人员再就业4.24万人，就业困难人员实现就业6070人，农村劳动力转移就业10.82万人，分别完成年度目标任务的122%、135%、171%、108%。培育创业实体5886个，创造新岗位

9346个，创业带动就业15953人，分别完成目标任务的226%、187%、122%。

3. 物价水平整体平稳

1—11月，全市居民消费价格总指数（CPI）同比上涨0.7%，较上月回落0.1个百分点，继续处在温和增长区间。其中，服务价格指数上涨1.8%，消费品价格指数上涨0.1%。

4. 民生投入持续加大

1—11月，全市民生支出289.75亿元，同比增长11.8%，高于一般公共预算支出3.8个百分点，占一般公共预算支出的比重为76.8%，比上年提高2.6个百分点。其中：公共安全支出同比增长15.7%，教育支出增长21.4%，卫生健康支出增长19.2%。全市交通运输仓储和邮政业、教育、卫生、生态保护和环境治理业投资分别同比增长45.3%、40.9%、14.8%和11.2%。

二、经济发展中存在的主要问题

（一）从整体上看，经济下行压力依然较大，复苏势头明显放缓

市场需求依然不足、市场信心依然不振的态势仍未得到根本性扭转，房地产业、建筑业等行业低位运行趋势仍将持续，规上工业增加值、固定资产投资等指标保持较快增长面临压力，经济增长存在一定不确定性。2023年11月，全区制造业采购经理指数（PMI）再次低于临界点，仅为48.0%，比上月下降0.8个百分点，而且是年内连续4个月出现下滑、连续3个月位于荣枯线之下，显示制造业景气水平持续回落，产需两端均有明显放缓，制造业市场总体需求疲弱。PMI的持续回落反映经济复苏势头出现了明显放缓。从分类指数情况看，生产指数比上月下降1.9个百分点，新订单指数比上月下降2.8个百分点，原材料库存指数比上月下降1.1个百分点，从业人员指数比上月下降0.3个百分点，表明制造业生产步伐有所放缓、市场需求放缓、主要原材料库存量减少、企业用工景气度回落，需求不足仍是制约经济恢复的突出矛盾，当前经济趋稳基础还需进一步巩固。随着四季度部分行业生产淡季来临，企业对市场预期进一步下降，生产经营活动预期指数比上月下降2.2个百分点，是2023年首次进入紧缩区间，企业生产经营预期趋于谨慎。从行业情况看，有10个行业生产经营活动预

期指数位于收缩区间，其中化学原料及化学制品、橡胶和塑料制品、非金属矿物制品、金属制品等行业生产经营活动预期指数比上月下降超 10 个百分点。

（二）从生产上看，服务业恢复不及预期，企业经营压力加大

2023 年前三季度，全市服务业实现增加值 924.30 亿元，同比增长 4.6%，虽然全市服务业在规模和质量上取得长足的发展，但对标先行区示范市目标任务、对比全国及各地服务业发展，仍存在一些明显短板。从增速看，一季度、上半年和前三季度服务业增速分别低于全市经济增速 2.3、1.2 和 2.7 个百分点，并且服务业增速低于第一产业、第二产业。对比前三季度沿黄九省区和西北五省区省会（首府）城市增速，都位列倒数第 2。服务业内部七大行业中，批发和零售业、住宿和餐饮业、金融业、房地产业、非营利性服务业增速分别比上半年回落 1.5、0.7、1.8、0.3 和 4.2 个百分点。从贡献率看，前三季度服务业对全市经济增长的贡献率为 33.5%，低于一季度、上半年 8.5 和 12.3 个百分点，亦低于第二产业贡献率 29.5 个百分点。从占全市经济比重看，2023 年以来服务业占全市经济比重呈现逐季下降的趋势，前三季度为 48.7%，与全国相比低 6.4 个百分点，与 2019 年相比占全市经济比重下降了 4.2 个百分点，这既与第二产业快速发展有关，也从侧面说明三产速度不及二产。这些数据都充分说明，全市第三产业规模体量偏小，增长恢复不及预期。同时，全市服务业结构层次还不高，高端化、专业化的生产性服务业发展明显滞后，高品质多样化的生活性服务业供给不足。工业生产者出厂价格环比增幅回落、同比降幅扩大。11 月，受国际原油、有色金属价格波动及上年同期对比基数走高等因素影响，全区工业品出厂价格（PPI）环比下降 0.9%，降幅比上月扩大 1.4 个百分点；同比下降 8.3%，降幅扩大 0.8 个百分点。煤炭开采和洗选业、化学原料和化学制品制造业、石油煤炭及其他燃料加工业等重点领域产品价格持续走低，严重挤压企业盈利空间。企业经营压力加大。牛羊肉、乳制品等畜产品价格有所回升，但相比近年平均价格，仍处在低位；建材、医疗等行业受市场需求减弱影响，经营较为困难；房地产市场依旧低迷，商品房销售面积降幅仍呈两位数，短期内恢复迹象还不明朗。全市规上工业生产虽呈现持续向好的发展态势，但是效益水平仍为负增长，1—10月利润总额同比下降7.7%。全市规上工业企业每百元营业收入中的成本83.10元，虽同比降低0.30元，但比2022年全年提高0.18元，单位成本仍处在较高水平，加大了企业经营压力，影响了企业盈利能力。与此同时，企业应收账款增速较快，回收期增加，资金周转仍有困难。全市规上工业企业应收账款同比增长15.8%，增速快于营业收入19.9个百分点；应收账款平均回收期为52.6天，同比增加10.1天。

（三）从需求上看，消费对经济增长的拉动减弱，项目储备体量还有差距

2023年以来，消费对经济增长的拉动作用较往年有下降趋势，一季度、上半年、前三季度全市社会消费品零售总额分别同比增长0.6%、下降1.0%和2.2%，位居沿黄九省区省会（首府）城市末位。全市社会消费品零售总额增速自一季度以来呈现逐季度下降趋势，不仅低于全国平均水平，而且趋势与全国相反，是全国省会（首府）城市中唯一负增长的，排名末位，与第1名的西宁相差15.5个百分点，说明消费对经济增长拉动减弱。此外，消费需求不足还体现在房地产市场依然不振，全市房地产开发投资同比下降2.4%，房屋施工面积同比下降8.7%，商品房销售面积、销售额分别同比下降13.3%和9.9%。受收入增长较慢等因素影响，居民储蓄意愿持续走高，对未来预期逐渐转差，消费支出以生活刚需品为主，消费能力和消费热情仍需巩固提升。商品零售结构仍需优化。全市限额以上商品零售额占社会消费品零售额比重42.6%，分别比全国、全区高5.1和6.9个百分点，反映出限下商品零售弱于全国和全区平均水平，发展相对缓慢。全市限上零售类值中，石油及制品类、汽车类等大宗消费占比分别为15.6%、44.7%，分别高于全国平均水平2.2和17.8个百分点，化妆品类、体育娱乐用品类、家用电器和音像器材类、文化办公用品类等均低于全国。项目储备体量还有差距，仍需加力谋划。从当前全市项目储备情况看，按照2024年固定资产投资增长6%测算，还有125亿元缺口（如除去市本级还有180亿元左右缺口），储备项目投资较上年同期少9亿元。同时，截至10月底，全市各类活动签约项目资金落地率仅为8.85%，现有储备项目中新建项目投资占比仅43%，较上年同期少近53亿元。

三、促进经济增长的建议

（一）持续促进农业高质高效发展

聚焦“六特”产业，以“稳粮食、增蔬菜、优奶业、扩水产”为重点，推动发展乡村特色产业高质量发展。压紧压实粮食生产主体责任，加大粮食生产补贴力度，集成推广绿色高产高效技术模式，推广“粮粮、粮菜、粮饲”等麦后复种模式，稳定粮食播种面积和产量。加强冬季设施农业田间管理，做好病虫害监测预警和预防控制，抓好冬春季农作物种植生产。紧盯元旦、春节等重点节日，设施农业采取分批定植、分批上市的方法，优化种植品种和结构，确保“菜篮子”农产品有效供给的同时能够提高种植户的收益。稳定畜牧业发展，落实好财政补贴政策，加强市场对接和服务指导，引导养殖户抓住当前畜产品价格回升和冬季畜产品市场需求增加的实际，合理安排猪、牛、羊、禽等出栏补栏。注重有效解决饲草料价格上涨的问题，提高抗市场风险能力。加强农产品产销对接，增加养殖效益，避免出现奶贱伤农、肉贱伤农的现象。

（二）持续夯实工业经济发展后劲

2023 年前三季度，工业对全市经济增长的贡献率高达 64.6%，是拉动全市经济增长的强劲引擎。坚持把稳增长作为推进新型工业化的重中之重，优化运行监测体系，密切关注工业用电量、货运量、大宗商品价格等指标，紧盯产业、行业趋势和企业发展需求，增强预测预判的精准性、时效性。抓住当前市场需求改善、工业生产者价格回升的有利时机，抓好全市重点规上工业企业经营生产， 一企一策、精准施策、提前预警，及时解决重点企业存在的困难和问题，努力实现稳运行、稳产业、稳企业、稳外贸、稳产业链。夯实产业发展基础。在数字化转型上加大力度。把智能化作为推进新型工业化主攻方向，以创建国家中小企业数字化转型试点城市为契机，实施中小企业数字化转型专项行动，推动一批重点（细分）行业中小企业数字化转型升级，开发集成一批“小快轻准”的数字化解决方案和产品，打造一批数字化转型“小灯塔”企业，建成一批智能工厂、数字化车间。在高端化转型上加大力度。进一步加速汇聚制造业产业创新资源，强化企业科技创新主体地位，有效支撑关键核心技术攻关和产业化应用，支持轻工纺织、装备制造、生物发酵等传统优势产业企业实施能够显著提升产业核心竞争力、社会经济效益明显的“揭榜挂帅”项目，推动企业在核心技术产业化、先进装备更新、智能化改造、产品品质提升、产业链优化整合等主要环节升级突破。在提升算力产业链制造“硬”支撑上加大力度。抢抓“东数西算”战略机遇，谋划布局产业链项目，推进同泰怡、算能科技等高性能服务器生产项目落地建设，推动形成“本地部件生产—本地服务器整机生产基地—宁夏枢纽—周边枢纽”的供应链体系。

（三）持续推动服务业发展加快恢复

当前，服务业业态正由“单产突破”向“跨界融合”转变，居民消费结构正由“商品型消费”向“服务型消费”转型，服务业已成为提升经济韧性与活力的重要引擎，未来服务业必将保持扩张态势。做大数字服务业。以打造中国“算力之都”为契机，加快发展数字经济，引进国内外数字经济企业在银川设立功能型总部、研发中心和创新平台，扶持人工智能、区块链、大数据及云计算、物联网、北斗等新一代信息技术产业发展，攻关一批行业应用软件、新型工业软件、嵌入式软件等创新应用，做长做强数据中心产业链，加快建设数字经济创新总部核心和信息技术应用创新基地、区域算力产业基地、绿色能源供给保障基地。做大现代物流业。推进现代物流业与制造业、商贸业深度融合发展，重点建设银川空港物流园区、公铁物流园区、新华百货现代物流园区，大力发展制造业、农产品冷链、快递物流、公路货运、公铁空海多式联运五类专业物流，打造智慧物流体系，加强数字物流基础设施建设，促进物流业线上线下融合发展。推进物流设施和服务全流程绿色化、智能化、标准化、一体化提升改造，高水平建设国家商贸服务型、空港型物流枢纽和骨干冷链物流基地，加快建设商贸服务型国家物流枢纽。做大文化旅游业。聚焦创建国家全域旅游示范市和国家公共文化服务体系示范区，深度挖掘“贺兰山下”“黄河两岸”“长城内外”“葡萄酒堡”“塞上田园”和“国家历史文化名城”等文旅资源，统筹推进“一山一河一城、一核两带全域”建设，加快构建“全域+全业+全季”旅游格局，持续打响“塞上湖城·大美银川”城市品牌。

2023年石嘴山市经济发展报告

朱莹莹

2023年，面对复杂严峻的外部环境，石嘴山市深入贯彻落实习近平总书记视察宁夏重要讲话和重要指示批示精神，全面贯彻落实党的二十大精神，坚决落实中央和自治区决策部署，持续用力大抓发展、抓大发展、抓高质量发展，推动全市经济运行保持总体平稳发展态势，各项事业取得了新的进步。1—11月，全市规上工业增加值同比增长3.4%；固定资产投资增长5.4%；实现一般公共预算收入25.54亿元，增长5.1%；实现一般公共预算支出118.71亿元，同比增长5.5%。主要经济指标增长逐月向好，经济总体呈现逐步恢复增长态势。

一、2023年石嘴山市经济运行情况

（一）坚持抓调度强统筹，政策落实有力有效

精准落实惠企政策。出台推动民营经济高质量发展、市场主体梯度培育提质升级、服务业扩容提速等政策措施，争取到位各类资金103.8亿元，政银企融资对接授信签约37.04亿元，为小微和“三农”主体降费让利1429.84万元。加大稳岗助企力度。发放稳岗返还资金3003万元，稳定职工5.48万人，降低养老、失业、工伤保险费9.25亿元，发放创业担保贷款

作者简介：朱莹莹，石嘴山市发展改革委国民经济综合和政策法规科科长。

3.35亿元，创业带动就业1.22万人次。市场主体发展向好。全市实有市场主体7.61万户，同比增长5.2%；新增市场主体9853户，同比增长3.3%，其中新增企业2302户，增长3.1%。

（二）坚持促转型提质效，生产供给持续加大

1. 科技创新纵深推进

实施科技创新“四大工程”，新获批国家高新技术企业22家，自治区科技型中小企业49家、技术创新中心22个、工程技术研究中心3个。争取自治区各类项目189项，获批资金2.4亿元。“军民两用高压钽电容器用钽粉的设计与开发”等2项科研成果获自治区科学技术奖二等奖，突破国外中高压钽粉出口限制，天地奔牛10米超大采高刮板输送装备达到国际领先水平。争取“宁科贷”“科技创新贷”2.43亿元，柔性引进各类高层次人才733名，同比增长99.7%。全社会R&D经费投入12.32亿元，投入强度1.78%，高于全区0.21个百分点。

2. 加速推进产业转型

争取出台《关于自治区支持石嘴山产业转型示范市高质量发展的实施方案》，加快推动产业转型升级。新增机器人机械臂85台、互联网平台和融合应用场景7个，获评数字化车间13家，认定“专精特新”中小企业15家，39项创新产品入选2023年自治区百项创新产品研制引导计划，嘉峰化工、天地奔牛2家企业获评全区重点产业链“链主”企业，高技术制造业、装备制造业分别同比增长131.6%和82.9%，“六新”产业产值占工业总产值40%以上。大武口区被纳入全国资源型地区转型发展中央预算内资金支持范围，惠农区在全国资源型地区转型发展暨采煤沉陷区综合治理现场会上做经验交流，资源枯竭城市转型发展、老工业城市制造业绿色化等典型经验被国家发展改革委推广，老工业基地调整改造和产业转型升级成效明显，连续三年获得国家通报表扬。

3. 服务业发展提质增效

首次开行中俄整车（棚车）运输和惠农—天津港—广东、福建闽宁、粤宁国内双循环铁海联运班列，“东部沿海—宁蒙地区（石嘴山）—中阿国家”示范工程被列为国家多式联运示范工程，富海物流等2家企业被商务部评为全国重点商贸物流联系企业。扎实推进北武当5A级旅游景区创建工作，《大风吹》等13个剧组来石拍摄，3条线路入选文化和旅游部主题精品线路，黄渠桥镇、龙泉村等4个村镇入选全国“四季村晚”示范展示点；举办腾讯音乐节、贺兰山汽车越野文化嘉年华等活动，全市接待游客、旅游收入分别同比增长56%、21%。惠农区连续两年入选中央财政支持普惠金融发展示范区，持续巩固工业企业主辅分离试点成果，圆满举办全区工业企业主辅分离观摩交流会，累计新成立服务业企业39家，入规上限15家。

4. 农业生产总体稳定

实施高标准农田建设项目12个，粮食播种面积稳定在106万亩，成功创建全国主要农作物生产全程机械化示范市。打造越夏番茄、沙漠瓜菜、脱水蔬菜、西甜瓜等优势特色产业，全市冷凉蔬菜种植面积达14.28万亩。加快推进河东现代奶业示范区建设，奶牛存栏、牛奶产量分别同比增长25.5%、10.8%。深入推进种业振兴行动，泰金种业被认定为国家农作物品种展示评价基地，优质粮食和“六特”产业产值占农业比重达到76%。惠农区获准创建国家级农村产业融合示范园，龙泉村等4个示范园获批自治区农村一二三产业融合发展示范园，召开全国耕地质量监测观摩会和全国菌草技术推广现场会。

（三）坚持扩内需强支撑，增长后劲不断积蓄

1. 项目投资拉动有力

锚定新一轮扩大有效投资“3122”目标任务，谋划实施各类项目463个，总投资2263亿元，年度计划投资399亿元，分别较上年增加155个、1358亿元和103亿元，其中产业项目投资占比达到87.8%。建立重大项目双周调度、双月协商、“晒比促”等机制，加强投资项目全流程管理，扎实开展项目“五比”活动，成功承办全区一季度重大项目集中开工仪式，295个实施类项目完成投资157.3亿元，金莱特绿色包装产业园、英力特电石技改、宁夏卫生健康职业技术学院等95个项目建成投运，“六新六特六优”产业重点项目投资完成率89%。

2. 积极促进消费恢复

全力推动消费市场提质扩容，扎实开展“消费需求促进年”系列活动，筹措各类资金 4500 万元，开展“惠聚石嘴山”等活动 220 余场次，发放消费券 80 余万张，拉动消费 9 亿元。举办腾讯音乐节、“遇见石嘴山爱上一座城”大一新生研游实践等系列文旅活动近百场次，深度培育夜间消费、假日消费、定制消费、品牌消费、绿色消费新增长点，红柱子街获评自治区夜间文旅消费集聚区。发展首店经济，持续提升商品供给能级和水平，引进朱光玉等知名品牌落户石嘴山市。

3. 重大项目加快布局

实施晶体新能源等 9 个 10 亿元以上的大项目，冠能高分子材料等 54 个投资过亿元的重点项目完成投资 143.7 亿元。包银高铁、乌玛高速等重大基础设施项目加快建设，3 座高铁站房基本建成。黄公铁路至惠农区铁路专用线前期工作取得突破性进展，全区首个煤层气气田项目进入探采阶段，光伏全产业链制造基地加快建设。沙湖 750 千伏主变扩建项目建成投运，南部 220 千伏网架优化等电网工程加快建设，有效保障重大项目用电需求。

（四）坚持优环境控能耗，绿色底蕴不断厚植

统筹山水林田湖草沙一体化保护和系统治理，组织开展石嘴山市首届“黄河流域生态保护主题宣传实践月”活动，完成营造林 8.72 万亩，湿地修复 2.28 万亩，草原修复 1.5 万亩。贺兰山生态修复在 2023 年世界地球日主场活动上作为中国山水工程案例进行经验交流，黄河出境断面平均水质保持Ⅱ类优。扎实开展工业深度治理，淘汰燃煤锅炉 113 台，中央生态环境保护督察反馈问题年度 12 项整改任务全部完成，煤炭集中区等重点区域面貌显著改善，优良天数比例达 79.2%。提前超额完成“十四五”氮氧化物、挥发性有机物减排目标。加强用水定额管理，收储闲置用水权指标 235 万立方米，全面推进贺兰山区域关停工业地下取水井专项治理行动，累计封停自备井 313 眼，成功创建自治区级节水型企业 9 家，连续 3 年规上工业用水重复利用率 95%以上，石嘴山市典型地区再生水利用配置试点中期评估获优秀等次。加快“无废城市”创建，坚决遏制“两高”项目盲目发展，新增国家级绿色工厂 5 家、自治区级绿色工厂 10 家，石嘴山经济技术开发区、平罗工业园区获批自治区“绿电园区”试点。

（五）坚持抓统筹促协调，城乡协同纵深发展

《石嘴山市国土空间总体规划（2021—2035年）》获批实施，科学划定“三区三线”，完成“多规合一”实用性村庄规划编制93个，基本实现村庄规划应编尽编全覆盖。改造老旧小区26万平方米、棚户区369套，整治背街小巷27条9.4公里，建成小微公园10座，打通建设街断头路，改造提升国（省）干道50公里，国道110线跨北武当大桥建成通车，新增停车位3194个。培育陶乐镇庙庙湖村沙漠瓜菜产业等11个专业村，谋划打造10个“中心村”，通伏乡新丰村、陶乐镇王家庄村等4个“大庄点”加快建设。新（改）建农村公路685公里，新建农村户用卫生厕所300座，新增农村集污管网40公里，农村卫生厕所普及率、生活垃圾和污水治理率分别达到93.2%、100%和29.1%。高标准推进5个重点小城镇和6个美丽宜居村庄建设，改造农村危房67户，银河村获评中国美丽休闲乡村，宝马村被评为全国“一村一品”示范村镇。

（六）坚持抓改革促开放，发展活力明显增强

加快融入和服务全国统一大市场建设，开展重点领域突出问题整治等“五项清理行动”。“放管服”改革纵深推进，在全区率先开展跨省远程异地评标，远程视频“云”勘验“云”评审等8项工作在全区推广，“法律服务+多元调解”打造工业园区版塞上枫桥法庭案例入选最高人民法院优化营商环境典型案例并在全国推广，推进企业登记注册便利化工作被国务院办公厅通报表扬。“六权”改革步伐不断加快，完成用水权交易量3700余万立方米，盘活闲置低效用地1万余亩，实现全区首笔跨地市排污权交易，在全国78个典型地区再生水利用配置试点城市中期评估中排名第9，获评优秀试点城市，林长制工作被国家林草局通报表扬。3例生态产品价值的实践探索入选自治区典型案例。积极推进高水平对外开放，拓展国际货运班列目的地，西向开通石嘴山—中亚、越南PVC班列，北向开通了俄罗斯—蒙古—石嘴山木材班列，东向常态化运行至天津港“一单制”“一箱到底”铁海多式联运班列，新培育出口企业22家，进口总额居全区第2位。

（七）坚持办实事惠民生，百姓福祉持续增进

深入实施“七项民生工程”，十件民生实事全部完成。历史遗留的6.4

万户群众不动产登记“办证难”问题全部化解，民生支出占一般公共预算支出的78.7%。深入开展“就业创业促进年”活动，培育创业实体3403个，实现城镇新增就业9800人，农村劳动力转移就业3.75万人，零就业家庭动态清零，城镇调查失业率控制在5.5%以内，保持全区最低。新建改（扩）建中小学校、幼儿园13所，新增幼儿托位数1635个，组建10个集团化办学共同体，宁夏卫生健康职业技术学院建成投入使用，宁夏闽江应用技术学院开工建设。顺利完成国家卫生城市第二轮复审评估，成功入选国家紧密型城市医疗集团建设试点城市、全国第三批安宁疗护试点城市，市中医医院创建为三级乙等中医医院，大武口区获评全国医养结合示范区。颐享养老中心、老年大学完成建设，居家和社区基本养老服务提升行动项目受到民政部通报表扬。荣军优抚医院交付使用，高校退役军人服务工作经验向全国推广。

（八）坚持保安全守底线，社会大局和谐稳定

统筹发展和安全，全面纵深推进安全风险隐患排查整治，狠抓自治区“四防”督查反馈问题整改，安全生产事故起数和死亡人数分别下降21.7%、18.2%。切实扛牢粮食安全政治责任，粮食产量稳定在50万吨，主要农作物良种覆盖率达到98%。牢牢守住不发生区域性系统性风险的底线，债务规模总体可控。加强能源领域风险防控，统调电厂电煤库存天数均保持在15天以上。

二、存在的问题

总体来看，2023年石嘴山市面临的困难、挑战、压力前所未有，成绩殊为不易。也要看到，石嘴山市经济社会发展还存在不少困难和挑战，发展不足、质量不高是当前矛盾的主要方面。一是经济下行压力依然较大。需求恢复动力不足，地区生产总值、规上工业增加值、社会消费品零售总额等主要经济指标距离目标任务尚有较大差距，经济恢复的基础仍不够牢固。二是产业转型动力不足。资源型产业特征明显，产业层次低、竞争力弱，传统产业改造提升任务艰巨，新动能接续不够，研发设计等制造服务业发展滞后，部分市场主体生产经营困难较多。三是民生短板仍然较多。

受企业效益下滑等因素影响，企业用工需求下降，就业难与招工难的结构性矛盾突出。城乡居民稳定就业增收压力大。教育、医疗等公共服务领域短板较多。四是保安全稳定压力较大。财政收支矛盾突出，基层“三保”和防范化解债务风险压力大，安全生产领域仍有不少风险隐患，本质安全水平还不高。一定高度重视这些问题，采取更加有力措施认真加以解决。

三、2024年工作建议

（一）突出创新支撑，提升产业发展动力

立足产业转型示范市建设任务，大力实施科技创新“四大工程”，加强关键核心技术攻关，实施100个科技创新项目。按照“六新六特六优”产业部署，重点围绕碳基材料、光伏材料等新材料领域方面，推进稀有金属特种材料国家重点实验室优化重组，支持中色东方打造自治区新材料重点实验室。支持平罗县打造自治区级国家创新县和自治区成果转移转化基地，进一步壮大科技型企业集群。发挥中南大学、西安交通大学技术转移中心等技术转移机构在科技成果转移转化中的作用，引导创新实力强的企业在中东部地区建立“飞地”研发中心。

（二）突出转型升级，夯实产业发展质量

一是着力稳工业。实施战略性新兴产业和高技术制造业总量倍增计划，重点建设光伏、锂电池、装备制造、稀有金属材料、氟材料、电子材料及元器件、氰胺化工、氯碱化工“8条产业链”，提高产业链供应链稳定性和竞争力。二是着力提三产。加快推进北武当5A级旅游景区创建，提升星海湖湿地公园、石炭井工业文旅影视小镇等景区景点品质。大力发展现代物流，推进网络货运平台建设，推动自治区现代服务业集聚区创建，持续巩固工业企业主辅分离试点成果。三是着力优农业。加快推进霖山奶牛养殖场等项目建设，鼓励规模养殖场改造升级、扩群增量，发展食品加工产业，促进农产品就地加工转化增值，推动优质瓜菜、制种、菌草等特色产业提质增效。

（三）突出有效需求，增强产业发展后劲

抓项目扩投资。全年谋划实施项目473个以上，总投资1660亿元，完

成年度计划投资 407 亿元以上。重点抓好 100 个重点项目建设，推动英力特低碳产业园等项目落地开工，产业投资占全部固定资产投资比重达 80% 以上。加快推进黄公铁路至惠农铁路专用线、烽燧 750 千伏输变电等重大基础设施项目前期工作；加快推进工贸职业技术学院产教融合实训基地民生项目开工建设；推动农村公路安全生命防护提升等交通项目加快建设。抓消费促升级。抓好重点领域消费，持续开展成品油进机关、进园区，特色农产品进加油站等活动，举办新能源汽车展、绿色智能家电展等活动，鼓励居民大宗消费。丰富和创新消费业态，制订石嘴山市推进城市一刻钟便民生活圈建设方案，摸清便民生活圈需求，有效布局便民消费场景。持续开展贺兰山汽车越野、腾讯音乐节、星海湖桨板大赛等文体活动，扩大文旅消费。加快商业综合体转型升级建设，加大农贸集市等县域商贸体建设，推动首店经济、夜间经济、假日经济健康发展。

（四）突出改革开放，增强城市发展活力

深入推进“六权”改革。探索排污权交易奖补机制，活跃排污权交易市场。积极探索开展用能权、碳排放权有偿使用和交易，争取全区碳排放权改革试点。深化“放管服”改革。持续扩大“审管执信”数据互通互认范围，拓展“免证办”“一件事一次办”范围，加快推进政务服务标准化、规范化、便利化。扩大对外开放力度。主动融入双循环、“一带一路”建设部署，推动惠农陆路口岸和石嘴山保税物流中心（B 型）高效运行，培育发展货物集散、保税加工等口岸经济，开通硅锰合金等矿产品出口专列，积极争取“以量换价”政策，扩大对外经贸合作。

（五）突出绿色低碳，改善生态环境质量

持续打好污染防治攻坚战，加快煤炭集中区整治提升，加强三排、五排等重点区域综合治理，持续巩固提升贺兰山、星海湖等重点生态区域修复治理成果。持续开展“清废行动”，推动重点行业“三废”“三余”循环利用，扎实推进全国“无废城市”建设。全面打好“双碳”“双控”硬仗，坚决遏制“两高”项目盲目发展，加快煤层气综合开发利用项目建设，积极发展光伏、工业尾气制燃料乙醇等清洁能源，推进生态园区、绿色工厂建设。扎实推进绿色低碳发展，用活用好“绿电园区”试点政策，加快推进光伏发电、分散式风电等新能源项目建设，指导多晶硅企业向下游延伸，引进实施新型储能项目。

（六）突出民生保障，增进人民生活福祉

全力抓好稳定就业。做好高校毕业生、农民工、困难群众等重点群体就业，确保零就业家庭动态清零，带动群众收入预期向好、势头不降。全力做好社会民生发展保障。加快市疾病预防控制中心、颐享养老中心等项目进度，提高“一老一小”等公共服务供给水平，扩大基本公共卫生服务覆盖面。全力兜牢基本民生底线，落实社会救助和保障标准与物价上涨挂钩联动机制，完善低保、特困、低收入家庭等特殊困难群体社会兜底保障机制，确保困难群众基本生活得到有效保障。全力推进城市更新。争取落实保障性安居工程等专项支持，持续开展老旧小区、棚户区、城区海绵化改造，完善城区防洪排涝系统。

（七）突出安全生产，稳定社会和谐大局

筑牢安全防线。紧盯城镇燃气、危险化学品、矿山、建筑、交通等重点领域，以及汛期、施工期等重点时段，持续加强安全隐患排查整治工作，坚决整改自治区“四防”督查反馈问题，有效防范重特大生产安全事故发生。夯实粮食安全根基。严守耕地保有量 167.19 万亩红线，持续开展盐碱地综合利用，在完成粮食播种面积 106 万亩、产量 50 万吨任务基础上，推广“一年两熟”技术模式，前茬稳粮，后茬增草、增菜、增效，全面提升粮食安全保障水平。筑牢能源安全屏障，加快推进北部网架补强、南部网架优化等电网工程建设，有效保障城燃企业合同内增量需求，稳妥有序推进煤炭减量替代，加快构建清洁低碳安全高效的能源体系。

2023年吴忠市经济发展报告

马学峰

2023年以来，吴忠市深入贯彻落实党的二十大精神和中央经济工作会议精神，全面落实自治区党委、政府经济工作部署，坚持稳中求进工作总基调，全力抓好稳增长、稳就业、稳物价工作，高效统筹发展与安全、发展与民生、发展与环保各项任务，全市供给需求有效改善、质量效益稳固提升、内生动力逐步增强、高质量发展稳步推进，经济发展向好势头不断巩固，经济运行保持总体平稳、稳中有进、进中向好的态势。前三季度，吴忠市实现地区生产总值624.25亿元，同比增长6.3%。

一、2023年吴忠市经济运行情况

（一）经济发展稳步推进，指标运行、政策落实、质量效益等整体情况全面向好

1. 主要指标稳定增长

前三季度，全市13项季度主要经济指标同比实现“12增1降”，其中第二产业增加值、一般公共预算支出、金融机构人民币存款余额3项指标增速居全区第1，农村居民人均可支配收入、一般公共预算收入、金融机构人民币贷款余额3项指标增速居全区第2，第一产业增加值、规上工业

作者简介：马学峰，吴忠市发展改革委干部。

增加值、固定资产投资、社会消费品零售总额4项指标增速居全区第3；环比上半年，地区生产总值、第二产业增加值、规上工业增加值、城镇居民人均可支配收入、农村居民人均可支配收入、一般公共预算收入、金融机构人民币存款余额、金融机构人民币贷款余额8项指标增速分别加快0.1（6.2%）、0.5（5.1%）、0.7（6.4%）、0.2（5.8%）、0.3（7.9%）、3.1（11%）、3.3（8.6%）和0.5（12.9%）个百分点。1—10月，全市6项月度主要经济指标同比全部实现增长，其中规上工业增加值增长7.8%，固定资产投资增长9.6%，一般公共预算收入增长15.8%、支出增长9.7%，金融机构人民币存款余额增长12%、贷款余额增长15.8%，分别位居全区第3、第2、第1、第2、第2、第1；环比前三季度，规上工业增加值、固定资产投资、一般公共预算收支、金融机构人民币存贷款余额分别加快0.7（7.1%）、1.3（8.3%）、1.7（14.1%）、0.7（9%）、0.1（11.9%）和2.4（13.4%）个百分点。

2. 基础指标支撑有力

前三季度，支撑GDP增长的13项季度基础指标同比实现“13增”，其中农林牧渔业总产值增长7.4%，规上工业增加值增长7.1%，建筑业总产值增长0.8%，建筑安装工程投资增长3.8%，公路客货运输周转量增长15.6%，批发业商品销售额增长0.3%，零售业商品销售额增长8.9%，住宿业营业额增长18.4%，餐饮业营业额增长14.8%，当期金融机构本外币存贷款余额增长11.3%，商品房销售面积增长7.5%，电信业务总量增长18.6%，非营利性服务业工资总额增长9.4%；环比上半年，农林牧渔业总产值、规上工业增加值、批发业商品销售额、住宿业营业额、当期金融机构本外币存贷款余额、非营利性服务业工资总额6项指标增速分别加快0.1（7.3%）、0.7（6.4%）、1.9（-1.6%）、1.8（16.6%）、0.2（11.1%）和1.7（7.7%）个百分点。1—10月，支撑GDP增长的6项月度基础指标，同比全部实现增长，其中，规上工业增加值增长7.8%，建筑安装工程投资增长10.1%，公路客货运输周转量增长16%，当期金融机构本外币存贷款余额增长11.6%，商品房销售面积增长20.5%，电信业务总量增长18.5%；环比前三季度，规上工业增加值、建筑安装工程投资、公路客货运输周转量、商品房销售面积、当期金融机构本外币存贷款余额5项指标分别加快0.7（7.1%）、

6.3（3.8%）、0.4（15.6%）、13（7.5%）和 0.3（11.3%）个百分点，电信业务总量下降 0.1（18.6%）个百分点。

3. 政策落实有力有效

全面落实中央、自治区一系列扩大内需、提振信心、防范风险的政策措施，先后制订出台消费需求促进年活动实施方案、“1+5+3”化债方案等一系列配套政策举措，累计完成减税免税退税 45.8 亿元，为 5523 家企业降费减负 5.4 亿元，全面完成清偿拖欠企业账款 1.31 亿元，有效缓解了企业经营压力。房地产市场总体呈现企稳态势，1—10 月，全市商品房销售面积增长 20.5%，销售额增长 23.7%；房地产业贷款余额增长 22.1%，个人购房按揭贷款增长 28.8%，带动购房需求有效释放。

4. 质量效益逐步提升

全市市场主体达 13.4 万户，累计新增 1.9 万户，同比增长 24%。培育新增自治区科技型中小企业 110 家、“专精特新”中小企业 12 家，国家高新技术企业突破 100 家。城乡就业分别完成全年目标任务的 113.3%和 113.5%。有效拓宽企业融资渠道，中长期贷款、涉农贷款、制造业贷款、民营企业贷款余额分别同比增长 20.6%、11.7%、18.3%和 11.2%。能耗强度持续下降，全市规上工业能源消费量、单位工业增加值能耗分别同比下降 1.4%、8.5%，较上年同期分别回落 15.7 和 14.1 个百分点，降幅均位居全区第 2。规模以上六大高耗能行业占规模以上工业能源消费量的比重比上年同期下降 1.9 个百分点。工业企业延续恢复态势，全市规上工业企业利润总额降幅较 1—9 月收窄 1.8 个百分点。

（二）三次产业协同发力，供给能力、综合实力、发展势头等积极因素持续增多

1. 农业生产平稳增长

落实种粮补贴等各类资金 3.04 亿元，预计粮食产量达 105 万吨，有望实现“二十连丰”。瓜菜产销稳定畅通，新（改）建设施农业 6403 亩，蔬菜产量达到 125 万吨，同比增长 5.4%。畜牧生产保持稳定，奶牛存栏 34.3 万头，同比增长 2.9%，生鲜乳产量 136 万吨，同比增长 18.3%；肉牛、滩羊出栏同比分别增长 12%、17.9%。新建、改造提升高标准农田 9.08 万亩，发展高效节水农业 8.83 万亩。

2. 工业经济恢复向好

1—10 月，全市规上工业增加值同比增长 7.8%，环比前三季度加快 0.7 个百分点，居全区第 3。其中，轻工业增加值增长 6.6%；重工业增加值增长 8%，环比前三季度加快 0.9 个百分点。重点行业稳定增长，规上工业涵盖的 32 个行业大类中半数实现增长，其中，食品制造业、烟草制品业、煤炭开采和洗选业同比分别增长 10.6%、6%、3.1%，石油煤炭及其他燃料加工业同比增长 30.3%，拉动规上工业增长 8 个百分点。重点企业支撑有力，10 户自治区工业龙头企业累计完成产值增长 4%，拉动规上工业产值增长 1.5 个百分点；19 家新入规企业累计完成产值增长 5.9 倍，拉动规上工业产值增长 1.3 个百分点。产销衔接改善向好，全市规上工业企业产品销售率为 97.8%，同比上升 0.9 个百分点，高于全国平均水平 1 个百分点，为 2023 年以来最高值。“三个 100”重点项目总体开工率达 97%，贺泰新能源等 23 个项目累计新增产值 5 亿元。

3. 第三产业加快发展

前三季度，全市服务业实现增加值 234 亿元，同比增长 6.9%，增速分别高于全国、全区 0.9 和 2 个百分点，位居全区第 1；批零住餐快速恢复，批发零售业、住宿餐饮业增加值分别同比增长 5.5%、14.4%，比上年同期分别加快 3.7 和 16.7 个百分点；交通运输、仓储和邮政业增势明显，全市货运周转量增长 15.9%，快递业务量增长 38.5%，邮政业务收入增长 16.8%，交通运输、仓储和邮政业增加值同比增长 12.4%，环比上半年加快 0.6 个百分点；金融支持稳固有力，金融业增加值同比增长 8.8%。其他服务业稳定增长，营利性、非营利性服务业增加值分别同比增长 9.9%、4.4%，分别比上年同期加快 6.3 和 1.1 个百分点。

（三）内需潜力稳步释放，项目建设、消费投资、招商引资等发展动能积蓄增强

1. 有效投资持续扩大

1—10 月，全市完成固定资产投资 398 亿元，同比增长 9.6%，环比前三季度加快 1.3 个百分点，高于全区平均水平 2.7 个百分点，位居全区第

2。重大项目提速建设，582个上半年确定实施项目已完工277个，完成投资377亿元，投资完成率85%；100个市级重点项目全部开工，完成投资187亿元，投资完成率78%；109个下半年计划开工项目开工104个，开工率95%，完成投资20.9亿元，投资完成率27%。重点领域快速增长，二产投资同比增长23.7%，三产投资同比增长4.1%，其中房地产投资增长15.8%，上拉全市投资增速3.1个百分点。争引工作成效明显，1297个上争项目落实资金139亿元，276个招商项目到位资金385.42亿元。项目谋划加快推进，谋划2024年建设项目825个，年度计划投资723亿元。

2. 消费市场稳步恢复

1—10月，全市限额以上零售业零售额降幅环比前三季度收窄3.8个百分点，其中餐饮零售额同比增长20.3%；限额以上饮料类、烟酒类、体育娱乐用品类、文化办公用品类、汽车类零售额分别增长9.1%、6.8%、27.6%、32.4%和4.7%。线上消费持续增长，全市网络交易额增长14.9%，实物商品网络零售额增长25.5%。文旅消费快速回升，策划举办138项文旅活动，冠名“黄河明珠 美丽吴忠”高铁专列，全市接待游客总量、旅游总收入分别增长76.9%、71.7%。

（四）民生福祉持续改善，财政支出、居民增收、社会保障等关键举措不断加强

1. 财政收支较快增长

1—10月，完成一般公共预算收入35.6亿元，同比增长15.8%，增速较上年同期加快14.1个百分点，高于全区6.7个百分点，位居全区第1。税收保持较快增长，完成税收收入26.5亿元，同比增长32.1%，占一般公共预算收入比重达到74.4%，较上年同期提高9.2个百分点，其中，烟草制品、电力供应、房地产行业税收分别同比增长33.8%、225%、35.3%。完成一般公共预算支出222.4亿元，同比增长9.7%，高于全区增速4.3个百分点，位居全区第2。兜牢兜实“三保”底线，全市“三保”及其他刚性支出完成111.3亿元，进度快于财政整体支出5个百分点。民生支出显著提升，民生领域支出194.9亿元，占财政支出比重达87%，同比增长10.4%，较前三季度加快1.4个百分点。

2. 城乡收入稳步提高

前三季度，城乡居民人均可支配收入分别同比增长 6%、8.2%。深入开展“就业创业促进年”活动，截至 11 月底，全市城镇新增就业 12461 人，农村劳动力转移就业 22.7 万人，实现工资性收入 35.5 亿元，就业困难人员实现再就业 1659 人，失业人员实现再就业 6312 人，均超额完成年度目标任务。统筹抓好重点群体就业，离校未就业毕业生帮扶就业率达 93%，位居全区第 1。创业带动效果明显，发放创业担保贷款 5.7 亿元，培育创业实体 4100 个，创业带动就业 13736 人。

3. 保障能力持续增强

10 项 25 件民生实事已完成 22 件。落实援企稳岗扩岗等就业政策，发放稳岗返还资金 1608.43 万元、一次性扩岗补助 125.6 万元。落实养老保险待遇调整政策，城乡居民基础养老金增至 235 元，人均达到 442 元；企业职工退休人员人均月增资 129.97 元，机关事业单位退休人员人均月增资 184.67 元，城乡居民养老保险参保率达到 92%以上。及时救助困难群众，累计发放各类社会救助补助资金 6.2 亿元，社会保障水平稳步提升。

二、吴忠市经济发展中存在的主要问题

总的来看，全市经济运行积极因素在累积增多，但外部不确定不稳定因素仍然较多，面临的困难问题、风险挑战依然存在，需求不足、风险增多、预期转弱等问题凸显，部分指标回升基础不牢、趋缓态势显现、下行压力加大，完成全年目标任务还需付出艰苦努力。

（一）工业经济承压明显

受市场有效需求不足、产品价格下跌、生产成本上升等因素影响，工业运行困难增多。部分行业增长乏力，有色金属冶炼及压延加工业同比下降 1.9%，非金属矿物制品（建材）业同比下降 2.3%，农副食品加工业同比下降 1.1%，煤炭开采和洗选业、石油和天然气开采业、化学原料和化学制品制造业保持低位数增长，分别低于全市平均水平 4.7、3.4 和 7.3 个百分点。企业生产经营活跃度和投资意愿减弱，减产停产企业较多，373 家规上工业企业中停产减产企业 198 户（停产减产面达 53.1%），累计减少产值

120.3 亿元，下拉全市规上工业企业产值增速 10.3 个百分点。企业运营成本上升。1—10 月，全市规上工业企业营业成本同比增长 4.8%，高于营业收入增速 1.5 个百分点；每百元营业收入成本 87.17 元，较上年同期增加 1.25 元，企业亏损面达 38.9%。

（二）投资增长压力加大

随着冬季土建工程陆续停工，设备安装、室内装修工程形成投资有限，璟赫包装、吴忠市中医医院等大项目新近入库，形成投资实物量不多。加之上年同期基数较高（11 月单月 49 亿元，12 月单月 31.7 亿元），目前在库项目投资余量不足，难以支撑后续投资高速增长。部分项目进展较慢，582 个上半年确定实施项目，仍有利通区牛首山板桥储能电站、同心县 10 万千瓦屋顶分布式光伏等 20 个投资项目完成率低于 40%，红寺堡区汽车资源循环再利用项目、盐池县国电投工业园区热电联产等 19 个项目因建设深度不足、入库资料不全等原因尚未入库。此外，全市投资结构不佳，第一产业投资增速仍然下降，第三产业投资增速较上年同期回落 18.6 个百分点，固定资产投资增长过度依赖高耗能产业投资，地方高耗能产业投资占地方投资比重达 37.7%，增速达到 31.5%，比固定资产投资增速高 21.9 个百分点。

（三）消费恢复不及预期

受城乡居民收入增长基础不稳、预防性储蓄增加等因素影响，居民消费意愿减弱，大宗商品消费拉动和支撑依然不足，1—10 月，全市限额以上石油及制品零售额同比下降 20.9%，限额以上天然气销售企业商品零售额较上年同期减少 5.1 亿元，下拉限额以上商品零售额增速 18 个百分点。部分重点商品零售额持续下降，监测的限额以上 19 类商品零售额中有 11 类下降，其中限额以上服装鞋帽针纺织品类零售额下降 91.9%，金银珠宝类下降 71.5%，化妆品类下降 43.7%，五金电料类下降 20.4%，家用电器和音响器材类下降 21.1%。消费外溢影响持续。1—10 月，全市异地快递业务量同比增长 63.54%，异地快递业务量占全部快递业务量比重达 81.8%。

（四）财政收支矛盾突出

收入方面，二季度开始，税收增速逐月下降，累计增幅从 4 月的50.9%下降至 10 月的 32.1%。行业税收贡献下降，其中工业税收在税收总额中的比重从4月的69.8%下降至10月的63.1%，1—10月建筑行业税收始终呈负增长。支出方面，刚性支出不断增强，特别是清欠企业账款、化解政府债务等方面资金需求突出，年度预算平衡难度加大。综合来看，收入不确定性持续扩大，各类增支需求累积攀升，统筹全年财政收支平衡压力加大。

三、促进吴忠市经济高质量发展的建议

吴忠市将严格执行党中央、国务院和自治区党委、政府决策部署，聚焦重点领域和关键环节精准发力，持续用力固优势、补短板、强弱项，力促经济高质量发展再上新台阶、再创新局面。

（一）实施内需规模扩大行动

把实施扩大内需战略作为应对外部冲击、稳定经济运行的有效途径，通过在投资需求和消费需求上“两头发力”，切实拉动全市经济增长。一方面，持续扩大有效投资。把扩大内需同供给侧结构性改革结合起来，加大新型基础设施投资，提升传统基础设施水平，加大战略性新兴产业投资，推动重大工程项目建设等，力争通过供给侧结构性改革改善投资质量、提升投资效率。抢抓增发国债政策机遇，聚焦重点防洪工程、灌区建设改造和重点水土流失治理、城市排水防涝能力提升、自然灾害综合防治体系建设、高标准农田建设等支持方向，谋实谋细谋准一批高质量项目，全力争取国债资金额度。另一方面，持续释放消费潜力。首先，缩小收入差距，全力推进共同富裕建设，提升居民整体消费倾向和释放消费潜力。其次，提升社会保障水平，增加保障性住房、教育、医疗等公共产品和服务供给，消除居民消费的后顾之忧。其三，优化消费环境，加强消费者权益保护，营造放心消费环境，改善消费预期。其四，提升产品供给质量，增加中高端商品供给，加强品牌建设，以高质量供给创造引领新需求，提升供给体系对群众需求的适配性。

（二）实施产业体系优化行动

深入推进产业结构优化和转型升级，加快建立传统产业质效提升、新兴产业占比扩大、数字赋能的现代化产业体系。一是改造升级传统产业。积极推广先进适用技术，推进重点领域节能降碳改造，提升产业技术水平、产出效率、经济效益，巩固多年积累形成的既有优势。加快补齐短板弱项，

深入实施制造业核心竞争力提升行动计划、产业基础再造工程和重大技术装备攻关工程，补强制造业重点产业链薄弱环节。二是培育壮大新兴产业。加强全产业链攻关、全要素支持、全生态发展，加快推进前沿技术研发和应用，推动战略性新兴产业融合集群发展，前瞻布局未来产业，丰富完善应用场景，构建新一代信息技术、人工智能、生物技术、新能源、新材料、高端装备、绿色环保等一批新的增长引擎，推动重大战略性产业发展。三是大力促进数字赋能。加快推进数字产业化，加强数字技术基础布局，培育壮大人工智能、物联网等新兴产业，打造具有竞争力的数字产业集群。稳妥推进产业数字化，加快制造业、建筑业、农业、服务业数字化改造升级，不断培育发展新产业新业态新模式。四是切实增强人才支撑。围绕产业链、供应链、创新链配置人才链，通过定向引进、柔性引进相结合的方式，引进一批急需紧缺的高层次领军人才，靶向引进一批“高精尖缺”创新人才和团队，提升引才精准度和产业适配度。构建集政策支持、平台支持、金融支持、创业支持、生活支持于一体的人才服务机制，优化人才干事创业环境，形成良好的人才培养、引进、使用生态。

（三）实施市场主体培育行动

做大做强市场主体是动能转换的重要途径，加快推进多层次、多模式、多渠道市场主体培育，促进市场主体规模扩大、结构优化、能力提升。一是推动市场主体增量提质。落实市场主体简易注册制度，加大宣传引导力度，促进各类市场主体增量。加大创业支持力度，鼓励引导和支持吴忠籍在外人员、大学毕业生、退伍军人等各类群体创业。鼓励中型以上企业积极推进主辅分离，积极扩大服务外包或设立专业化、独立性服务公司。二是推动市场主体扩规增效。建立健全动态更新的市场主体梯次培育库，支持成长性良好的个体工商户向独资企业、合伙企业、有限责任公司转型，引导龙头企业通过强强联合、上下游整合、外部引进、兼并收购等方式做大做强，优先支持“链主”企业加快成长并带动全链条企业联动发展，持续完善企业上市有关综合性扶持政策，支持引导更多企业在新三板、主板上市，构建“个转企”“小升规”“规上市”相互衔接的梯次培育体系。三是推动市场环境优化升级。加快融入和服务全国统一大市场建设，对小微企业与大中型企业、招引企业与本地企业、国有企业与民营企业实行无差别政策，促进各类企业加快成长，逐步成为填补本地市场空白、拓展区外市场的有生力量。全面落实促进民营经济发展壮大的举措，依法保护民营企业产权和企业家权益，着力营造有利于民营经济发展的市场环境、投资环境，充分激发民营经济生机活力。

（四）实施对外开放拓展行动

把高水平对外开放作为贯彻新发展理念、构建新发展格局、推动高质量发展的强大动力和重要支撑，通过参与国际国内市场竞争，增强吴忠市出口产品和服务竞争力，推动全市产业转型升级，力争在开放合作中实现经济质升量增。一是畅通对外开放通道。积极协调推进银昆高速公路建设。统筹推进大宗商品、城市物流、冷链设施升级改造，推动现代物流向标准化、数智化、绿色化发展。开通运营宁夏—连云港集装箱货运班列，打造全市进出口货物海铁联运物流园区。二是发展开放型经济。支持企业开拓国际市场、深度参与国际合作，开展境外投资、对外承包工程及承接国际技术服务外包业务，不断深化与“一带一路”共建国家和地区合作，培育更多实力强、外贸大的外向型企业。三是增强省际合作交流。加强与京津冀、长三角、粤港澳大湾区等地区的务实合作，完善对接机制，创新合作模式，促进产业承接、科技应用、商贸流通、人才交流、文旅开发等领域的互惠合作。鼓励各展示展销中心举办宁夏特色产品宣传推介活动，扩大区外消费市场，力争外贸增长逐步恢复。

（五）实施能源转型升级行动

把能源领域作为实现碳达峰碳中和的主战场，着力加快能源结构调整，构建清洁低碳安全高效的能源体系，努力实现能源产业低碳转型和高质量发展。一是着力打造绿色发展样板。坚持绿色发展理念，依托现有能源产业资源优势和发展规模，加快推进“两廊一核一基地”产业布局，加快推进绿能开发、绿氢生产、绿色发展，提高经济社会发展“含绿量”，当好绿色发展“排头兵”。二是着力打造能源安全样板。深挖资源潜力，提升煤炭、电力、油气等能源供给能力，保持金凤等 8 个煤矿稳定生产，加快永安等 3 个煤矿建设进度，推动马儿庄二井等 8 个煤矿开工建设，力促韦二北井等3个停建停产煤矿尽快复工复产，力争2025年煤炭产量达到2500万吨左右、原油产量达到170万吨以上、天然气产能提升至30亿立方米以上，建设全区能源综合保障新基地。三是着力打造融合发展样板。聚焦“六新”产业，以新能源、氨氢能源、天然气三大产业为重点，在太阳山开发区合理集中布局绿电制氢、绿氢合成氨、绿氢制甲醇、氢氨甲醇耦合煤油化工一体化产业等，围绕盐池千亿方气田开发，加快建设高沙窝天然气融合发展产业园，发展提氦、制氦、新材料的全产业链，促进天然气就地转化利用，打造天然气百亿级产业集群和全产业链示范基地。

（六）实施安全发展提升行动

全面落实自治区党委十三届四次、五次全会精神，统筹抓好发展和安全两件大事，筑牢安全“防火墙”、拧紧事故“安全阀”，以新安全格局保驾护航经济高质量发展。一是切实保障粮食安全。严格执行粮食安全、耕地保护和“米袋子”“菜篮子”责任制，坚决遏制耕地“非农化”、基本农田“非粮化”，全面落实国家新一轮千亿斤粮食产能提升行动，大力发展现代设施农业，实施高效节水农业工程，加快永久基本农田高标准建设，全面提高灾害防御能力，确保粮食稳产增收。二是切实保障运行安全。积极发展科技金融、绿色金融、普惠金融、养老金融、数字金融，加强对重大战略、重点领域和薄弱环节的优质金融服务。全面加强金融监管，推动金融机构加快不良资产处置，守住不发生系统性金融风险的底线。全面加强政府债务管理，坚决遏制增量、化解存量，保持总规模处于合理水平，债务风险等级持续下降。三是切实保障生产安全。全面贯彻安全生产“1+37+8”系列文件，强化煤矿、危化、燃气、交通、消防、校园、人员密集场所等重点领域风险隐患源头整治，坚决遏制重特大事故。优化防灾减灾救灾体制机制，强化气象、地质、地震等联动服务，提高森林草原火灾、水旱灾害、极端天气等重大灾害应对能力，为高质量发展提供安全保障。

2023年固原市经济发展报告

马　啸

2023年，固原市坚持以习近平新时代中国特色社会主义思想为指导，深入学习贯彻习近平总书记视察宁夏重要讲话和重要指示批示精神、党的二十大精神，围绕自治区党委和政府总体部署，抢抓建设宁夏副中心城市和生态文旅特色市的政策机遇，统筹稳增长、稳就业、稳物价与惠民生、促改革、防风险、保安全，经济持续稳定恢复，产业发展、生态环保、城乡建设、民生改善、社会治理、民族团结等各项工作都取得了新成绩，社会大局和谐稳定。

一、2023年固原市经济社会发展情况

（一）凝心聚力，经济运行稳中有进

固原市完整准确全面贯彻新发展理念，咬定实现全年目标任务不松劲，建立产业、项目等重点任务包抓和责任落实督导两个专班工作机制，千方百计稳生产、稳投资、稳预期，经济运行保持在合理区间，呈现总体平稳、稳中有进的态势。前三季度，实现地区生产总值308.42亿元，同比增长6.9%，其中一、二、三产增加值分别同比增长7.3%、12.6%、5%，三次产业结构由上年同期的14.6:22.2:63.2调整为14.7:22.7:62.6。固定资产投资同

作者简介：马啸，固原市发展改革委发展规划科副科长。

比增长 4.6%，规上工业增加值同比增长 4.3%，社会消费品零售总额增速同比持平。地方一般公共预算收入同比下降 2.9%，降幅较 1—8 月收窄 1.5 个百分点；地方一般公共预算支出同比增长 4.1%；城乡居民人均可支配收入分别同比增长 6.1%和 8.3%。

（二）稳产强链，产业体系加快构建

立足资源禀赋和产业基础，聚焦高端化、绿色化、智能化、融合化，全链条布局“五特五新五优”产业，积极培育现代化产业体系。“五特”提档升级，建设肉牛“出户入园”养殖园区 40 个，肉牛饲养量达到 91.7 万头，融侨丰霖 10 万头肉牛屠宰精深加工项目建成投产。冷凉蔬菜种植面积达到 51.6 万亩，打造蔬菜标准化种植基地 25 个（其中粤港澳大湾区供港蔬菜基地 5 个）。马铃薯种植面积达到 87.8 万亩，打造种薯繁育基地 20 个、标准化生产示范基地 10 个，马铃薯标准化贮藏能力达 80 万吨。西吉县、隆德县分别成功申报国家级现代农业产业园和自治区级现代农业产业园。原州区成功申报国家数字种植业创新应用基地建设项目。创建自治区级现代农业全产业链标准化示范基地 2 家。“五新”产业蓄势起航，渤泰新材料项目、佰辰环保建材、闽泰 10 万锭纺纱等 26 个项目建成投产。王洼二矿智能化改造、融侨丰霖屠宰加工溯源、宁南数字经济产业园二期项目建成。六盘山电厂 2×1000 MW 机组扩建工程，正在开展文物勘探、土地报批等工作；彭阳电厂 2×660 MW 机组工程完成可研编制；南湾煤矿完成资源勘探报告评审，炭山矿区总体规划环评已取得审查意见。前三季度，“一区四园”实现产值 90.21 亿元，占全市工业总产值的 82.1%。“五优”产业竞相发展，开展美食文化节、“村 BA”等各类活动 218 场次，发放各类惠民消费券带动消费 15.5 亿元。新建、改造提升特色餐饮街区 6 个，吸引 300 多家市内外餐饮企业、小吃店入驻，引进全国餐饮品牌店 28 个。实施现代物流产业项目 33 个，区域物流综合枢纽中心积极建设；区域医疗中心启动建设，二级以上综合医院全部设立老年医学科，创建全国老年友好型社区 4 个、老年友善医疗机构 62 个。开通客货邮商融合发展线路 16 条，“原洲源味”“云耕彭阳”等电商公用品牌日益壮大。创建全国乡村旅游重点村镇 15 个、自治区特色旅游村镇 29 个，前三季度接待游客、旅游收入分别达到 1164.47 万人次、51.4 亿元，分别增长 39.6%、49.7%。

（三）锲而不舍，生态本底持续夯实

认真践行绿水青山就是金山银山的理念，协同推进降碳、节水、减污、扩绿增长。持续推进国土绿化，启动六盘山国家公园和国家生态园林城市、森林城市创建工作，争取黄河流域六盘山生态功能区（宁夏段）山水林田湖草沙一体化保护和修复工程中央支持资金 20 亿元，植绿造林 42.52 万亩，保护修复治理面积 24 万亩。持续打好蓝天、碧水、净土保卫战，扩大“四尘同治”“五水共治”“六废联治”成果，空气优良天数比例为 89.7%，$PM_{2.5}$ 同比下降 8.7%，国控断面水质优良比例稳定在 87.5%，集中式饮用水源地水质达标比例 100%。坚决打好“四水四定”主动战，万元 GDP 用水量、工业增加值用水量低于自治区水平，农田灌溉水有效利用系数 0.749，规上工业能源消费量、单位工业增加值能耗分别同比下降 15.6%、19.1%。

（四）挖潜增效，全力扩大有效投资

充分发挥投资对经济社会发展的拉动作用。截至 10 月底，全市 406 个建设项目全部开工建设，累计完成投资 288.9 亿元，年度计划投资完成率 76.7%。58 个中央预算内项目总投资 21.8 亿元，2023 年下达中央预算内资金 8.37 亿元，已全部开工，累计完成投资 9.04 亿元，完成率 41.5%，中央预算内资金支付 5.05 亿元，中央预算内资金支付率 58.1%。25 个自治区统筹资金项目总投资 7.17 亿元，2023 年安排资金 1 亿元，已全部开工，累计完成投资 2.78 亿元，投资完成率 39%，项目个数、安排资金分别占全区的 14.1%、15.1%。招商引资到位资金 181.8 亿元，同比增长 0.2%。初步谋划储备 2024 年建设项目 416 个，总投资 1008.1 亿元，年度计划投资 365.3 亿元，涉及产业发展、生态环境、乡村振兴、城镇建设、基础设施、社会民生等 6 个领域，产业发展项目年度计划投资占比达 54%。

（五）固本强基，全面推进乡村振兴

整合涉农资金 28.92 亿元，实施涉农整合项目 315 个，到县中央衔接资金用于产业占比 65.7%，农业基础设施不断改善，新建高标准农田 35 万亩、高效节水灌溉 12.04 万亩。紧盯“五个高于”目标，落实“三项机制”，新纳入监测对象1021户4174人，累计纳入监测对象7871户31380人，风险消除率63.3%，前三季度脱贫人口人均纯收入增长16.5%。加快宜居宜业和美乡村建设，编制“多规合一”村庄规划783个，30个乡村振兴示范村、100个农村人居环境整治示范村建设全面铺开。持续激发内生动力，推进移风易俗、倡树文明新风，“一约四会”作用有效发挥，高额彩礼整治行动初见成效。

（六）提质扩面，稳步提升城市功能

城市公共服务不断优化。建成市第十八幼儿园、原州区第十三幼儿园等6所幼儿园，46所义务教育学校薄弱环节改善与能力提升项目有序推进，一中、师范学院附属中学校舍基础设施维修提升等7所普通高中办学条件改善项目全部开工，新建全民健身中心和多功能运动场4个，固原农林职业技术学院建设项目前期工作稳步推进。医疗水平进一步提升。开工建设省级区域医疗中心项目、固原市托育综合服务中心项目，每千人医疗机构床位数达到6张，基层就诊率为47.92%，县域内就诊率为90.43%，城乡居民住院费用实际报销比例达73.8%。机构护理型床位占比达到51.2%，入选民政部2023年第四批居家和社区养老服务试点地区，4个社区成功创建全国示范性老年友好型社区。扎实开展城市更新行动，老旧小区改造开复工2226户，297套保障性租赁住房全部建成，绿化提升、环境整治、“四类”管线等有序建设，城市精细化管理水平提升。

（七）稳岗托底，全力保障基本民生

深入实施“六大提升行动”，深入开展“就业创业促进年”活动，认真落实“七项机制”，突出抓好高校毕业生、农民工等重点群体就业，打好援企稳岗、助企扩岗、就业帮扶、技能提升等“组合拳”，城镇新增就业8862人，农村劳动力转移就业31.62万人，分别完成自治区任务的111%、105.4%。高校毕业生总体毕业去向落实率为91.7%，零就业家庭动态清零，城镇调查失业率5.1%。实施创业服务提升工程，2582家企业阶段性降低各项社会保险费1.6亿元，发放援企稳岗返还资金350万元。发放各类教育资助资金2.7亿元，惠及学生37.56万人次。分别发放强农惠农补贴、困难群众救助资金、低保资金、残疾人补贴、特困供养资金10.6亿元、6.89亿元、4.96 亿元、0.61 亿元、0.27 亿元。

（八）创新驱动，纵深推进重点改革

持续深化“六权”改革。用水权改革，完成 112.29 万亩农业灌溉耕地、272 家工业企业和 514 家规模化畜禽养殖业的水量复核、审核和确权，颁发用水权证 1053 本，确权水量 19524 万立方米。排污权改革，做好排污权交易与环评审批排污许可制度衔接，鼓励企业提标改造、清洁生产，调动企业降污减排的内生动力。土地权改革，土地二级交易平台上线运行，土地流转面积达到 82.3 万亩。山林权改革，完成林地界定面积 599.74 万亩，依申请颁发林权类不动产证书 534 本，登记面积 9.66 万亩。碳排放权改革，引导重点企业逐步有序扩大交易范围，积极做好与全国碳市场的融入接轨。用能权改革，完成调查研究、底数摸排、方案起草等前期工作。实施改革创新驱动计划，发放“宁科贷”资金 7220 万元，实施创新项目 279 个，引进转化成果 18 项，国家科技型中小企业、自治区“专精特新”企业总量达到 120 家。全面落实自治区民营经济高质量发展暨营商环境全方位提升推进大会精神，出台消费需求促进“13 条”、金融服务实体经济等政策措施，累计减税降费 3.9 亿元，新登记市场主体 1.5 万户，增长 35.4%。

二、存在的困难和问题

总体看，固原市经济社会发展取得一定成绩，但仍然面临不少困难和问题，主要表现在 3 个方面：一是经济增长的基础不稳，产业结构不优、链条不长的问题长期存在；二是城乡发展的差距较大，基础设施、公共服务短板突出，城乡一体化水平不高，公共资源配置还不合理；三是开放发展的水平不高，对外交流深度广度、利用外资能力水平、经济贸易规模速度、区域合作质量效益总体较差。

三、2024 年主要目标和建议

（一）坚定不移稳定经济运行

持续落实中央、自治区各项决策部署，统筹发展与安全、发展与环保、发展与民生，聚焦市场主体、就业增收、粮食安全、财政金融、投资消费、产业发展、民生福祉等重点领域，紧盯重点行业、企业、项目运行中的突出问题，强化综合研判分析，逐项查漏补缺、挖潜补欠。及时掌握国家政策动向，找准政策契合点，丰富产业、投资、消费等政策“工具箱”，进一步发挥存量政策和增量政策叠加效应，增强政策落实协同性，更好引导市场预期，确保经济社会平稳发展。

（二）坚定不移提升产业质效

坚持实施产业千亿倍增计划，聚焦高端化、绿色化、智能化、融合化，加快推动“五特五新五优”全产业链发展，积极培育现代化产业体系。加快特色农业提质增效。聚焦打造全国百万头高端肉牛生产加工基地、六盘山肉牛产业集群示范区，新建改造提升“出户入园”规模化养殖场 30 个，肉牛饲养量达到 115 万头。聚焦打造全国夏秋优质冷凉蔬菜生产供应基地，建设标准化种植基地 25 个 15 万亩，种植面积达到 52 万亩，“净菜入超”比例达到 25%。坚持“种薯繁育、鲜薯外销、淀粉加工、主食开发” 四业并举，建设种薯繁育基地 20 个、标准化生产示范基地 32 个。打造标准化中药材种植基地及中药材种子种苗基地 8 个，种植中药材 19 万亩。纵深推进林业碳汇试点市（县）建设，加强林草碳汇数据采集、项目储备库和计量监测体系的建立，加快融入国家碳汇交易序列。加快新型工业提速增量，加快王洼煤矿矿井水预处理系统扩容、雪川马铃薯产业绿色高质量综合开发二期、美臣纺织 13 锭高端纺纱等项目建设，力争明德中药材精深加工、王洼煤矿二矿智慧矿山、鑫卓年产 60 万立方米煤矸石蒸汽加压等项目建成投产。加快推进宁南新能源转型基地建设，加大六盘山电厂、彭阳电厂项目建设力度，有序开展“宁湘直流”配套固原 100 万 kW 风电项目、11.32 万 kW 分散式风电项目和 2 万 kW 彭阳县“绿电园区”配套风电项目前期工作，建设多能互补的能源体系。加快服务业提质扩容，打造以文化街和博物馆商圈为主轴、九龙国际和新天地商圈为次轴的城市商业构架，推动县域商业体系建设，促进展会型消费平台发展，持续扩大汽车、家电等大宗商品消费。加快培育新消费模式，打造预制菜特色品牌，大力发展“首店经济”，不断丰富高端商品供给。

（三）坚定不移推动生态建设

深入践行习近平生态文明思想，持续巩固国家生态文明示范市创建成果，大力实施生态优先战略，开展大规模国土绿化行动，实施百万亩水源涵养林建设、百万亩退耕还林低效林提质增效、百万亩生态移民迁出区生态修复“三个百万亩”生态工程，加快宁夏南部生态保护修复与水土流失综合治理固原市二期项目建设。坚持建管并重，实施山水林田湖草沙一体化保护和修复工程，推进天然林资源保护，加强生物多样性系统保护，构建以六盘山国家公园为主体的自然保护地体系，筑牢西北重要生态安全屏障。实行严格的生态保护制度，聚焦减污治污、精准治污、依法治污，抓好中央环保督察等反馈问题整改，持续深入打好蓝天、碧水、净土“三大保卫战”。严把项目准入关口，坚决遏制“两高一低”项目盲目发展。全地域全时段全过程推进“四尘防治”“五水共治”“六废联治”，推广清洁能源、集中供热替代，深化扬尘污染综合治理，加快推进清水河、葫芦河、渝河、泾河、茹河等水生态环境治理，加强水源地保护工程，开展入河排污口溯源排查整治，实施耕地土壤环境治理保护重大工程，提高垃圾资源化利用，地表水质量达到或优于Ⅲ类水体比例保持在87.5%以上。

（四）坚定不移增进民生福祉

加强创业就业服务，健全公共就业服务体系，推进高校毕业生、农村转移劳动力、就业困难人员、退役军人、零就业家庭等重点群体就业，建立企业稳岗扶持政策体系，完善失业风险预警机制，城镇调查失业率控制在5.5%以内。大力实施教育质量提升行动，着力打造“优学在固原”教育品牌，推动基础教育优质均衡，实施新时代中小学名师名校长培养计划，改善中小学和幼儿园办学条件，小学六年、初中三年巩固率保持在98%以上。倾力支持宁夏师范学院升大创博，推进固原农林职业技术学院建设，推动职业教育产教融合发展。加快建设健康固原，做强“康养在固原”品牌，实施医疗健康保障工程，完善区域公共卫生和重特大灾害医疗救援服务体系，建成固原市人民医院省级区域医疗中心、托育综合服务中心，完善三孩生育配套措施，争取入选全国儿童友好城市建设试点，县域内就诊率达到91%，每千常住人口执业（助理）医师数达到3.5人，人均预期寿命达到77.46岁。全面实施全民参保计划，推动基本养老保险、基本医疗保险扩面提标，实施全国2023年居家和社区基本养老服务提升行动项目，健全重大疾病医疗保险和救助制度，基本医疗保险参保率达到98%。

（五）坚定不移建设副中心城市

推动城市品质提升，深入实施新型城镇化战略，优化城镇发展格局，增强城市综合承载能力。实施宝中铁路中卫至平凉段复线改造工程，争取新材料产业园铁路专用线项目开工建设。加快推进G85银昆高速公路固原段、G312线苋麻至杨庄段二级公路、西吉县兴隆至什字三级公路、G566西吉县城至夏寨连接线一级公路项目。实施农村公路路况提升工程1823公里，所有乡（镇）通三级及以上公路、常住人口20户以上具备条件的自然村组通硬化路率达100%。完善城乡供水骨干网，实施农村人饮巩固提升工程3个、现代高效节水灌溉项目2个、水库除险加固工程4个，新建泾源县西贤水库—先进水库连通工程，推进城乡黑臭水体整治和节水型社会创建，普及“互联网+城乡供水”模式，安全饮水普及率达到100%，自来水入户率达到95%以上，供水保证率达到95%，重要河湖水域岸线监管率达到85%，水利工程安全监测覆盖率达85%。一体化推进城乡建设，全面启动城市更新行动，全力推动国家生态园林城市创建，实施市区建筑节能改造、清水河流域马饮河水环境综合治理、排水防涝设施建设、再生水利用、五中片区道路建设等项目。推进以县城为载体的城镇化建设，因地制宜补齐县城短板弱项，实施重点小城镇建设8个，实施高质量美丽宜居村庄建设15个。高质量建设宁夏副中心城市，打造辐射六盘山区宜居宜业中心。

（六）坚定不移推进乡村振兴

全面落实中央和自治区支持乡村振兴重点帮扶县政策措施，扎实做好防返贫常态化监测和精准帮扶，稳定消除监测对象返贫致贫风险，巩固“两不愁三保障”脱贫成果，坚决守牢不发生规模性返贫底线。完善“互联网+城乡供水”体系，健全农村饮水安全监测保障机制。扎实推进移民致富提升行动，实施搬迁群众务工就业推进计划，落实随迁子女义务教育入学政策，确保有劳动能力和就业意愿的家庭至少1人实现稳定就业。大力发展乡村富民产业，优先支持脱贫户和监测户发展到户产业，千方百计增加农村居民经营性收入，完成脱贫人口就业12万人，脱贫人口人均纯收入增长保持16%，实现“两高于”目标。新增监测对象数量在上年的基础上进一步下降，消除风险率稳定在60%以上。加大产业投入力度，中央巩固拓展脱贫攻坚成果同乡村振兴有效衔接资金用于产业占比达到60%以上，推动产业发展向规模化水平高、联农带户能力强的产业倾斜，建设高标准农田30万亩以上、高效节灌10万亩以上。健全完善联农带农机制，推广“龙头企业+合作社+生产基地+农户”集约化经营模式，完善利益联结机制，让农民更深嵌入产业链分享增值收益。

（七）坚定不移实施改革开放

持续深化“六权”改革，加快形成资源有价、使用有偿、交易有市、节约有效新机制，加快建立收储调控、用水权交易等机制，完善用水权确权交易平台；积极开展排污权抵（质）押融资贷款；持续推进集体经营性建设用地入市，开展“标准地”供地方式改革；健全山林资源政府回购机制，加快全国林业碳汇试点市建设；全面加强碳排放配额管理，建立碳排放权交易激励约束机制和配额清缴预警机制；加快建立用能权有偿使用和交易制度体系。开展生态系统生产总值（GEP）核算试点，拓展生态优势向发展优势转化路径。争创国家政务服务标准化试点，修改废除设置市场准入障碍等限制性规定，建立科技、财政、税收、投资、土地、政府采购等政策直达企业机制，持续打造“办事不求人、合规自然行”的营商环境。积极融入省际合作联席会议平台，开展产业发展、基础设施、生态环保、科技创新等领域合作。高质量建设闽宁产业园，推动福建优势产业入驻园区，建立名特优新产品长期稳定供销关系。举办“农文旅推介招商”“六盘山区域品牌农特产品中国行”等活动，将六盘山肉牛全产业链高质量发展高端论坛、冷凉蔬菜节等办成全国性节会，不断提升固原城市知名度、美誉度和影响力。

2023年中卫市经济发展报告

秦春辉

2023年，中卫市坚持以习近平新时代中国特色社会主义思想为指导，全面贯彻落实习近平总书记视察宁夏重要讲话和重要指示批示精神、党的二十大精神，深入贯彻落实中央经济工作会议、自治区第十三次党代会、市第五次党代会决策部署，围绕“谱写全面建设社会主义现代化美丽新宁夏中卫篇章”奋斗目标，坚持稳中求进，完整、准确、全面贯彻新发展理念，统筹发展和安全、发展和环保、发展和民生，扎实推进高质量发展，经济发展持续向好，社会大局和谐稳定。初步预计，2023年，全市实现地区生产总值600亿元，同比增长7%左右；规上工业增加值增长10%；社会消费品零售总额增长2%；一般公共预算收入增长5%；城乡居民人均可支配收入分别增长7%和10%。

一、2023年中卫市经济社会发展情况

（一）坚持发展优势产业，加快打造现代化产业体系

1. 工业转型步伐加快

协鑫5GW颗粒硅等25个重点项目建成投产，宁创30万吨再生铝等32个项目加快推进，新材料产业产值达到350亿元。紧盯国家实施“沙戈

作者简介：秦春辉，中卫市发展改革委规划与投资科科长。

荒”新能源开发机遇，沙漠光伏基地一期100万千瓦光伏复合项目建成，成为全国首批首个率先并网发电的新能源“沙戈荒”项目。全面推进“绿电园区”试点，明阳中宁喊叫水200MW、佳洋能源200MW光伏等项目加快建设，天都山、甘塘750KV等输变站项目全力推进。新能源装机容量达1000万千瓦，制造业、战略性新兴产业占规上工业增加值比重分别为57%、15.5%。严格落实国家、自治区淘汰落后和化解过剩产能政策，中冶美利云等3家企业7个项目列入淘汰落后和化解过剩产能政策补贴计划按期推进，文晶3GW单晶石英坩埚等11个技改项目建成投运。实施企业梯次培育行动，瑞泰安全生产智能管控一体化示范平台被评为自治区唯一国家工业互联网试点示范项目。

2. 农业质效稳步提升

特色农业产值比重达到90%。坚决遏制耕地“非农化”、防止“非粮化”，建设高标准农田18万亩，发展高效节水灌溉7.3万亩，粮食播种面积218.1万亩，产量同比增长0.3%。新建万亩硒砂瓜标准化种植示范基地4个、千亩冷凉蔬菜标准化种植示范基地3个。新植枸杞1万亩，杞福源等6个精深加工项目加快建设，“中宁枸杞”综合产值156亿元，品牌价值198亿元。推进牛奶产业三大体系建设，麦垛山20万头现代奶牛养殖基地等12个项目顺利推进，建成肉牛（羊）“出户入园”养殖园区14个，奶牛存栏达到15万头，肉牛、肉羊饲养量分别达到56万头、280万只。海原县三河镇获批创建国家农业产业强镇。

3. 现代服务业提质增效

服务业增加值同比增长6.5%。大力推进全域旅游创建，实施沙漠主题度假中心、钻石酒店等文旅项目28个，推出精品旅游线路11条，成功举办大漠黄河国际文化旅游节、沙坡头金蛙国际艺术节等节事活动44项，接待游客1500万人次，旅游总收入88亿元，游客人数首次突破千万人次。西北收个硅铁期货交割仓库落户中卫。海平高速建成通车，华夏特钢铁路专用线建成投用，开行西部陆海新通道国际班列750列，社会物流总额810亿元，进出口总额突破17亿元。

4. 信息产业加快发展

建设广电一期、联通三期等数据中心14个，标准机架达到6.7万个，实现数字信息产业产值100亿元，信息传输、软件和信息技术服务业增长10%。新建5G基站920座，实现市区千兆网络全覆盖，电信业务总量增长35%。搭建政务数据共享交换平台、“云天中卫”综合调度指挥中心等数字政府建设基础支撑平台，建成市、县、乡、村四级电子政务外网97条，覆盖行政事业单位113家，49个非涉密信息系统上云部署。

（二）坚持扩大内需战略，不断夯实发展动能

1. 主动对接谋划项目

围绕黄河流域生态保护和高质量发展先行区、国家新能源综合示范区、全国一体化算力网络国家枢纽节点建设等重大战略，紧盯产业发展、基础设施、生态环保、社会民生等重点领域，谋划储备2023年建设项目593个。把准申报政策和支持方向，强化项目包装，先后争取城市燃气管道等老化更新改造和保障性安居工程、宁夏水安全保障工程等项目资金234亿元，同比增长10%。

2. 重大项目进展顺利

深入开展项目“五比”和“扩大有效投资巩固提升年”活动，全面落实“五个一”项目协调推进机制，全年实施各类项目589个，完成投资270亿元。宁夏至湖南±800千伏特高压输变电、国能宁夏中卫电厂4×660MW机组扩建、沙漠光伏基地二期200万千瓦光伏复合3个总投资近百亿元的重大项目落地开工。严格落实重点招商引资项目行政审批代办制度，着力降低企业办事成本，确保项目尽快落地，实施招商引资项目270个，实际到位资金320亿元，同比增长23.1%。

3. 有力推动消费升级

围绕打造消费热点、提升供给质量、营造消费氛围，加大补贴力度，千方百计刺激消费、活跃市场。开展“浪宁夏 品味道”美食文化节、第二届房·车文化节等促消费活动122场次，投入2250.5万元发放政府消费券24.2万张，带动消费3.2亿元。提升改造城市商圈3个、特色街区3条，“大漠味集·向阳街”获评国家级休闲旅游街区。建设“数商兴农”超市30

家，建成首批自治区级电商直播示范基地3个、数字商务企业2个，网络零售额增长10%。

（三）坚持城乡统筹，稳步提升人居环境

1. 城市品质明显提升

全力创建全国文明城市。实施滨河北路雨污分流管网、居民小区庭院架空钢制燃气管网改造等基础设施项目36个，改造城市“四类管线”124.5公里、城镇老旧小区1729户、城镇棚户区住房600套，城市生活垃圾无害化处理率达到100%。新改扩建市政道路17条29.2公里，中沟路、迎湖路、富民路建成通车。沙坡头黄河大桥、黑山峡黄河大桥建设加快推进，下河沿黄河大桥建成投运。

2. 乡村建设不断加快

培育石空等重点小城镇3个、何滩等高质量美丽宜居村庄7个，完成清洁取暖改造3.1万户，改造危房97户，建设抗震宜居农房130户。新（改）建农村公路555.3公里，实施安全生命防护工程131公里。改造农村卫生厕所5761座，普及率达64%。高质量办理“一村一年一事”443件。沙坡头区荣获2023年全高质量发展乡村振兴十大示范县区。

3. 生态环境持续改善

全面落实自治区党委十三届五次全会和“1+4”系列文件精神，持续打好“三大保卫战”，城市空气质量优良天数比例76.2%，$PM_{2.5}$平均浓度下降6.9%，PM_{10}平均浓度上升1.6%，黄河出境断面水质保持Ⅱ类。坚决遏制“两高”项目盲目发展，实施碳达峰“十大行动”，12个在建“两高”项目整改完成并销号。全面打响黄河“几字弯”攻坚战，实施黄河上游风沙区历史遗留废弃矿山修复等项目16个，完成营造林32.6万亩，修复草原湿地9.5万亩，治理水土流失28.5万亩。

（四）坚持深化改革创新，不断激发市场活力

1. 重点改革不断深化

533项改革任务扎实推进。“六权”改革释放动能，完成首笔110万立方米工业水权指标收储，有偿用于4个新增工业项目。全面推行弹性年期、“标准地”供地模式，挂牌工业“标准地”769亩，采取弹性年期20

年出让土地227亩，降低企业前期一次性用地成本25%。增发林权类不动产权证登记164本5.4万亩，新增林权抵押贷款4364万元。开展排污权交易43笔152.9吨，4家企业被纳入全国碳排放权交易市场。全面深化改革经验在全区交流，中宁县被列为全国集体经营性建设用地入市改革试点县，海原县完成全区首笔排污权抵押贷款，“黄羊古落”保护性开发被列为全区土地权改革典型案例。

2. 创新水平不断提升

R&D经费投入强度1.44%，较上年提高0.37个百分点，增幅居五市第一。深化数字赋能行动，规划建设数字经济生态示范园，组建“东数西算”产业研究院和技术创新中心，创建自治区未来工厂2家，培育工业产业信息化试点示范项目2家、产业互联网平台5个，新增上云企业15家，构建涵盖云计算前端服务等硬件设施装备制造、后端数据清洗加工应用全产业链条。新增国家高新技术企业14家，自治区科技型中小企业69家、科技创新平台20个。宁夏枸杞生物制品工程技术研究中心被认定为自治区工程技术研究中心。全区企业科技创新现场会在中卫召开。

3. 营商环境不断优化

坚持党政一把手对营商环境建设重点工作、重要环节亲自谋划、亲自部署、亲自推动，建立开办企业、政务服务、融资服务等以分管市级领导为组长的专项领域工作组19个，形成“1+19”工作格局。审批时限平均压减6个工作日，材料减少30.5%，办理“一件事一次办”“一证（照）通办”“跨省通办”等9.75万件。全面落实纾困解难政策措施，不折不扣落实减税降费政策，退税减税降费9.8亿元，减缓社保费4.5亿元，清欠民营企业账款1137万元，发放普惠贷款13.8亿元，受益市场主体8.84万户次。

（五）坚持以人民为中心，持续增进社会福祉

1. 社会保障兜实兜牢

实施巩固拓展脱贫攻坚成果同乡村振兴有效衔接项目1466个，脱贫人口、监测对象人均纯收入分别增长15.6%、12%。民生支出占比80%。城镇新增就业1.2万人，调查失业率控制在5.5%以内。农村劳动力转移就业22万人，实现转移就业收入37亿元。新增城乡低保1.7万人、一般高龄津贴4225人。发放各类救助资金5.1亿元，惠及困难群众170万人次。实施沙坡头区养老机构安全性改造及护理能力提升、海原县中心敬老院等项目13个，新建乡镇未保工作站34个，建设市县未成年人保护中心2个、儿童之家452个。建成乡镇（街道）社会工作服务站40个，在全区率先实现全覆盖。

2. 社会事业稳步发展

实施基础设施补短板、薄弱学校改造提升等项目14个，新改扩建中小学幼儿园20所，新增学位6020个。建成中卫城区教育专网枢纽节点，打造自治区级“互联网+教育”标杆校17所，沙坡头区和中卫三中、四小等典型工作经验和应用成果在全区展示推广，“互联网+教育”示范区顺利通过教育部考核验收。落实落细“乙类乙管”防控措施。稳妥有序推进健康中卫建设，常态化开展爱国卫生运动。中央财政支持公立医院改革与高质量发展示范3类13项78个子项目加快推进。中卫市被确定为紧密型城市医疗集团建设全国试点城市，国家卫生城市通过复审。开展“文化大篷车”“广场文艺演出”等系列活动962场次。新改建市田径场、射击馆等场馆18个、健身步道8公里。自治区第十六届运动会、首届残特奥运动会圆满闭幕。

3. 安全底线持续守牢

构建纵向到底、横向到边的安全生产管理体系，全市生产安全事故起数、死亡人数分别下降33.3%、18.2%，亿元GDP生产安全事故死亡率0.0382。沙坡头区被确定为全国综合减灾示范县试点。全面落实自治区党委第十三届四次全会、市委第五届七次全会部署和“1+37+8”系列文件精神，聚焦矿山、工贸、危化、燃气等领域，建立健全属地排查、部门检查、企业自查、“四防”督查、专家帮查机制，排查（检查）企业、个体经营户、各类“九小”场所8万家次，排查整改问题隐患5.7万处。

二、2023年经济发展中存在的困难与问题

一是工业稳增长压力较大。停产减产比例仍然较高。1—10月，全市194家规上工业企业中停产减产企业118家，停产减产面达60.8%。企业经

营效益仍然偏低。1—9月，规上工业利润总额同比盈转亏27.4亿元，其中76家亏损企业亏损总额达52.8亿元。企业投资信心不足，制造业投资放缓，新投产企业减少，工业经济增长的支撑不足。

二是投资增速有所回落。2019年以来，中卫市固定资产投资连续4年保持高位增长，过高的投资基数导致增长乏力。由于效益下滑，企业投资信心不足，部分领域投资项目减少。1—10月，全市制造业投资下降13.4%，房地产投资下降18.8%。同时，部分重大项目投资进度缓慢，国能宁夏中卫电厂4×660MW机组扩建、宁夏至湖南±800千伏特高压直流输变电等一批重大项目前期工作周期较长，晚于计划时间开工，年内无法形成较多实物工作量。

三是消费恢复仍然不快。受居民收入增长缓慢、消费外溢等因素影响，全市消费市场活跃度仍然较低（132家限额以上批发零售企业中有60家销售额下降，78家限额以上住宿餐饮企业中13家营业额下降）。重点监测的15类限额以上商品零售额中有5类下降，其中，家用电器和音像器材类下降22.9%。占限上商品零售额43.9%的石油及制品类仅增长0.6%。

三、做好2024年工作的对策建议

2024年是全面贯彻落实党的二十大精神的关键之年，是实现“十四五”规划目标冲刺奋进的攻坚之年，是中华人民共和国成立75周年，也是中卫市撤县设市20周年，做好经济工作意义重大、责任重大。

2024年，中卫市经济社会发展主要预期目标是：地区生产总值增长17%左右，工业增加值增长8%，固定资产投资增长6%左右，地方一般公共预算收入增长3%，社会消费品零售总额增长5%，城乡居民人均可支配收入分别增长7%、9%左右，居民消费价格涨幅控制在3%以内，城市调查失业率控制在5.5%以内，粮食播种面积、粮食总产量、空气质量优良天数、主要污染物排放等指标完成自治区下达目标任务。

（一）聚力调结构与固优势并进，推动产业转型升级

坚持产业兴市，大力发展新能源、新材料、新基建、新业态“四新”产业，加快打造具有区域影响力和竞争力的现代化产业体系。

1.“筑链强群”壮大新材料

全力推进硅基、锰基、铝基、锂电池和高性能化工材料等产业发展，积极探索“基金+基地+招商”产业培育发展模式，围绕天元锰业、瑞泰、协鑫等“链主”企业，引进一批协作配套企业和项目，培育一批具有产业链控制力的生态主导型企业，提高上下游产业链配套水平，推动形成高效运转的供、产、销协作配套链，延长上下游、补齐前后端，促进产业链条式发展、集群式发展。加快万宁 100 万吨高纯硫酸锰、瑞泰 8 万吨尼龙 66、今飞轮毂 320 万件汽车轮毂、宁创科技 30 万吨再生铝、德佳科技 20GW 单晶硅、利安隆年产 5500 吨抗氧化剂等项目建设，推动新材料产业迈向中高端发展，力争新材料产业产值突破 400 亿元，增长 10%。

2.“积厚成势”发展新能源

抢抓国家新能源综合示范区建设机遇，依托全市优势资源和“宁电入湘”关键节点工程，推动新能源产业从发电向调峰、利用、制造、运维以及研发延伸，加快打造“风光水火储”多能互补和源网荷储一体化发展的清洁能源基地。加快推进宁夏至湖南±800 千伏特高压输变电、国能宁夏中卫电厂 4×660MW 机组扩建、沙漠光伏基地二期 200 万千瓦光伏复合等重点项目建设，力促国电投香山风电“以大代小”（增容）、明阳天桦 200MW 竞价光伏等项目建成投运，力争新能源装机总量突破 1350 万千瓦。紧盯“工业硅—单（多）晶硅—光伏组件—光伏发电”“风机制造—风力发电—风机运维”以及“电池材料–储能”等产业链条，鼓励隆基硅、协鑫等企业扩大产业规模，引导中车、华润等企业延伸产业链条，打造新能源产业发展集群。加快开展“绿电园区”试点，建设中卫云基地数据中心稳定电价项目，探索建立新能源与新基建优势互补、创新转型、抱团发展的新格局。

3.“夯基固本”培育新基建

围绕“双节点”城市定位，加快建设大数据产业“一集群”“双中心”“三基地”，打造千亿级数字经济产业链，力争数字信息产业产值达到 150 亿元以上。夯实算力保障基础，创建国家绿色数据中心集群示范，建成投运亚马逊二期、中国移动二期等数据中心 7 个，开工建设中交数据中心、中国联通四期等项目 7 个，力促中能建、天地通等企业储备项目落户中卫，标准机架达到15万个。提升跨区域网络架构，推动国家枢纽节点集群间网络直联，招引行业领军企业2家，培育创新创业企业10家，争取国家增值业务开放试点，建设“东数西算”城市算力网。深化数字赋能行动，规划建设数字经济生态示范园，组建“东数西算”产业研究院和技术创新中心，创建自治区未来工厂2家，培育工业产业信息化试点示范项目2家、产业互联网平台5个，新增上云企业15家，构建涵盖云计算前端服务等硬件设施装备制造、后端数据清洗加工应用全产业链条，规模以上软件和信息服务业增长20%以上。稳步推进“云天中卫”建设，建设新型智慧城市，推进智慧医疗、智慧教育、智慧交管、智慧乡村等平台建设，提升数字化治理和资源配置共享水平。办好云天大会，持续提升云天中卫城市品牌。

4.“培优补差”提升新业态

顺应新趋势、服务新智造、满足新消费，构建现代服务业新业态，规模以上服务业增加值增长5.5%以上。深化文化旅游产业提质增效行动，创新升级星空旅游、休闲度假等八大旅游业态，加快建设沙漠主题度假中心、沙漠沙泉空间酒店等项目16个，培育自驾游、乡村游等精品旅游线路10条，办好大漠黄河国际文化旅游节、“青春漠漠搭”沙漠文化旅游消费季等节事活动50项，持续打造大漠星空、沙坡鸣钟“宁夏二十一景”品牌，大力发展枸杞康养、沙疗沙浴，打造智慧旅游、沉浸式体验新空间，游客人数、旅游收入均增长15%以上。强化金融服务实体经济，加大对重点领域和薄弱环节信贷支持力度，积极引导银行机构提供高适配性产品和服务，新增信贷投放50亿元以上。深化物流业提质增效行动，完善贯通县、乡、村三级电子商务服务和寄递物流配送体系，培育A级以上物流企业2家，社会物流总额增长10%。

（二）聚力稳增长与扩内需并进，推动经济平稳发展

以“两大任务”为抓手，以优化服务为保障，持续扩大有效投资，加快释放内需活力，进一步增强投资对优化供给结构的关键作用。

1. 全力以赴扩投资

抢抓先行区、国家新能源综合示范区、“东数西算”工程建设等重大机遇，紧盯国家和自治区战略方向向、政策导向和投资走向，聚焦基础设施、新型城镇化、生态保护、社会治理等领域，谋划实施一批补短板、增后劲、惠民生项目，确保项目储备规模动态保持在450亿元左右，年内向上争取资金增长10%以上。全年计划实施重点项目243个，扎实推进晨光30万吨硅基及气凝胶等127个产业项目，加快建设中卫工业园区铁路专用线等83个基础设施项目，全力实施公立医院改革与高质量发展等15个民生项目，突出抓好宁夏南部生态保护和修复等18个生态环保项目，固定资产投资达到300亿元，产业类项目数量和投资占比均超过60%，新开工项目数量和竣工数量均超过50%。实施项目建设提速行动，落实好"五个一"重大项目协调推进机制，深化领导包抓、协调推进、督查考核等推进机制，实行重大项目批次开工，全力做好土地报批、项目资金争取、人员物资保障等协调服务，确保重点项目一季度全部开工，全年完成投资180亿元以上。

2. 精准发力抓招商

坚持以"四千"精神大抓招商引资，充分利用"8+4"专题招商小组，瞄准重点地区、重点企业，开展以商招商、以情招商、全民招商、节会招商，围绕大数据、新材料、新能源等重点产业，瞄准长三角、京津冀、粤港澳大湾区等地区，定向招引战略国企、实力民企、知名外企，引进链上配套企业项目，全年招引项目200个以上，到位资金突破400亿元。着重围绕"六新六特六优"产业引进链上配套企业，持续完善产业政策、龙头企业、配套企业、招商资源、重点项目"五个清单"，"四新"产业招商引资占比达到60%以上。推动政府和社会资本合作规范发展，积极鼓励民间资本参与市政交通、乡村振兴等领域建设，力争民间投资增长10%以上。

3. 提振市场促消费

持续加快推进县域商业体系建设行动，争取中宁县、沙坡头区入选全国县域商业"领跑县"。持续做好促消费行动，精心组织"浪漫中卫一见倾心""夜宁夏　潮生活"主题促销，在步行街、商业综合体、旅游景区举办啤酒节、音乐节、"36小时不打烊"等特色活动。加大消费券投放力度，改造城市特色商业街区2个，引进品牌首店10家以上，实现社会消费品零售总额135亿元、网络零售额75亿元。开展住房改善和房地产提效行动，支持开发企业提升建造品质，广泛宣传购房补贴政策，从供需两端精准发力，释放住房消费潜力。大力发展平台经济、电子商务、直播带货等消费新业态，新（改）建“数商兴农”超市50家，网络零售额增长10%以上。

（三）聚力谋创新与促改革并进，推动动能加速释放

坚持创新在现代化建设全局中的核心地位，以创新驱动为引领，以对外开放为导向，持续深化重要领域和关键环节改革，全面提升营商环境优化水平，为推进现代化建设提供有力支撑。

1. 施行更大力度的改革创新

扎实推进“六权”改革，紧盯确权、赋能、定价、交易、监管5个环节，充分发挥市场在资源配置中的决定性作用。深化土地二级市场、排污权交易，加快山林权“三权”分置、用能权指标核定，探索碳排放权有偿分配和碳汇林交易，建立完善用水权交易收益分配机制和监管机制，创新用水权抵（质）押金融产品，为重点产业发展增势赋能。巩固提升国企改革三年行动成果，建立完善现代企业制度，推动国有企业真正走向市场。坚持“四个面向”，实施“四大工程”。R&D经费增长10%以上，培育认定国家高新技术企业5家、“专精特新”企业5家、自治区创新示范企业1家。围绕云计算大数据、新型材料、装备制造、精细化工等产业，实施科技计划项目60个，转化科技成果55项，技术合同交易额2亿元以上。落实科技创新后补助政策，培育建设国家工程技术研究中心、自治区重点实验室等各类科技创新平台20个。

2. 推进更高水平的对外开放

积极融入“一带一路”、西部陆海新通道、甘青宁革命老区建设，聚焦黑山峡水利工程、腾格里沙漠新能源开发大格局，强化与川渝、陕甘蒙青区域协作，培育开放合作新优势。加快建设G338中孟公路黑山峡黄河大桥、S205中卫下河沿公路等16个项目，力促宁钢集团中卫热电铁路专用线等项目建成投运，常态化开行国际班列800列以上。实施民航产业提质增效行动。优化开辟中卫至杭州、昆明等空中快线，保持航线5条以上，通达城市达15个以上，游客吞吐量突破30万人次，航空货运吞吐量突破1000吨。深入实施“外资三年外贸五年倍增计划”，建设迎水桥海关监管作业场所，引进贝盛、郎利等外向型企业在卫报关出口，新增外贸型企业5家，进出口外贸总额增长10%以上。

3. 打造更具活力的营商环境

深化“放管服”改革，对标国际新测评办法，以简政放权、一网通办、完善监管、优化服务为重点，全面提升数字政府建设水平，加快推进政务服务数字化应用，推动政务服务标准化建设，健全完善线上线下一体化服务平台，优化“一网通办”“一窗受理”“一件事一次办”“跨省通办”和“五个零”代办服务，探索增值式政务服务，提升服务质量和效益。坚持“两个毫不动摇”，构建亲清新型政商关系，做到民企、国企、外企同等对待，本土、域外企业一视同仁，依法保护民营企业产权和企业家权益。提升线上线下政务服务水平落实减税降费、企业纾困、援企稳岗等政策措施，全力支持中小微企业发展。

（四）聚力提品质与强“三农”并进，推动城乡宜居宜业

加快建设以县城为主要载体的新型城镇化，推动产城融合、城乡互动、协调共生、成果共享。

1. 深化城市更新行动

实施城市设计品质提升、城市“疏堵提畅”、安全韧性城市建设等十大工程，建设宜居韧性智慧城市。抓牢国家“适度超前进行基础设施建设”政策机遇，紧盯老旧管线改造、老旧小区改造、城市排水防涝、城市路网畅通、村镇基础设施建设等重点领域，实施十里水街安全提升项目，新（改）建鼓楼街等市政路网14.9公里，改造老旧小区10个，新建公共充电桩200台以上。新建怀远路等雨污分流管网项目6个，治理内涝积水点39个，更新“四类管线”903.5公里，城镇公共供水管网漏损率控制在9.5以内。扎实开展全国文明城市建设，常态化开展市容市貌整治提升行动，大力推进生活垃圾分类，建设“完整社区”“未来社区”5个，构建城市“15分钟便民生活圈”。

2. 加快和美乡村建设

持续巩固拓展脱贫攻坚成果，严格落实“四个不摘”要求，紧盯“四项机制”，常态化开展“四查四补”，将符合条件群众及时纳入监测对象，做到早发现、早干预、早帮扶、早消除风险。动态掌握分析脱贫人口和监测对象收入情况，坚决守住不发生规模性返贫底线，移民人均可支配收入增长10%以上，工资性收入、经营性收入、转移性收入分别增长7.5%、7.8%、6.3%以上。全面落实乡村建设行动实施方案，扎实开展农村人居环境整治，打造重点小城镇2个、美丽宜居村庄8个、特色传统村落2个，改造农村卫生厕所2000座，完成清洁取暖改造4.7万户，建设“农村四好路”920公里。实施农村污水处理、垃圾收储等基础设施项目，农村生活污水治理率达到35%以上，生活垃圾治理村庄实现全覆盖。

3. 推动农业能级提升

坚决遏制耕地“非农化”“非粮化”，着力强化“米袋子”“菜篮子”负责制，建设高标准农田15万亩，粮食播种面积稳定在210万亩以上。实施农业倍增行动，聚焦枸杞、牛奶、肉牛、冷凉蔬菜等“六特”产业，培优品种、提升品质、打造品牌，瓜菜面积稳定在60万亩，奶牛存栏16万头，肉牛饲养量达到56万头。充分发挥“枸杞之乡”“马铃薯之乡”等“原字号”“老字号”特色农产品优势，新植枸杞500亩，建设千亩标准化枸杞种植示范基地2个、樱桃霜冻防御及丰产栽培技术示范园1个，集中力量打造枸杞、牛奶、肉牛（羊）、果蔬百亿级全产业链供应链产业集群4个，农业综合产值达到350亿元。延伸壮大农产品加工产业链条，实施海润肉牛、西部中椒辣椒等精深加工项目5个，改造提升农产品加工企业10家以上，培育自治区级以上农业产业化龙头企业10家、家庭农场30家。

（五）聚力保安全与优生态并进，推动大局和谐稳定

统筹发展和安全，聚焦发展和环保，全面落实自治区十三届四次、五次全会，市委五届七次、八次全会和“1+37+8”“1+4”系列文件精神，全面提高保障和应对风险能力，为经济社会高质量发展保驾护航。

1. 筑牢安全生产防线

严格落实安全生产责任制，常态化开展“打非治违”专项行动，深入开展安全生产专项整治，强化危险化学品、矿山、非煤矿山、工贸、“九小”场所等领域安全监管，坚决遏制重特大事故发生，切实做到“五个到位”，确保“六个逐年下降”，实现“三个不发生”。健全防灾救灾体系，实施森林火灾应急能力等项目6个，完善城市人口疏散和应急避难场所配套，提升本质安全水平。压实生产经营单位安全生产主体责任，加强企业安全生产基础管理，强化安全文化建设，夯实安全生产基层基础，推动安全生产治理模式向事前预防转型，守牢安全发展底线，确保安全生产形势持续平稳，以高水平安全保障高质量发展，切实维护人民群众生命财产安全。

2. 坚守生态保护红线

持续打好蓝天、碧水、净土保卫战，坚决完成中央、自治区环保督察反馈问题年度整改任务。持续强化“四尘”同治、“五水”共治、“六废”联治，城市空气质量优良天数比例达到83%，黄河中卫段水质稳定Ⅱ类进Ⅱ类出。坚决打好黄河“几字弯”攻坚战，实施腾格里沙漠东南缘固沙锁边、中卫工业园区废水综合毒性管控能力建设等项目19个，推进海原宋庄小流域等水土流失治理项目6个，完成营造林41.1万亩，修复草原湿地5.8万亩，治理水土流失面积24万亩。实施生物多样性保护工程，加快建设香山寺、西华山国家草原自然公园。严格“三线一单”管控，调整优化产业、能源、土地和交通运输结构。实施“碳达峰十大行动”，完善能耗“双控”激励约束机制，坚决遏制“两高”项目盲目发展，能耗“双控”、建设用地强度等指标完成自治区下达任务。扎实推进“四大改造”，实施紫光蛋氨酸关键工艺改造等技改项目15个，工业技改投资增长10%，重点行业达到标杆水平的产能比例超过20%，一般工业固废综合利用率达到51%。加强黄河保护治理，全面配合做好黑山峡水利枢纽工程前期工作。健全河湖“清四乱”长效机制，推进清水河河道治理，实施海原县苋麻河水库等4座病险水库除险加固，治理中宁县大佛寺沟等山洪沟道12条。全方位贯彻“四水四定”原则，扎实推进“互联网+城乡供水”建设，实施沙坡头区看透山调蓄水库等项目15个，实现万元GDP用水量下降27%、万元工业增加值用水量下降8%。

3. 守住社会稳定底线

深入实施市域社会治理提升行动，全面推进“1+6+1”市域社会治理政策文件落实，推动社会治理中心下移。深入贯彻落实信访工作条例，坚持和发展“枫桥经验”“浦江经验”，完善“网格化+综治中心+大数据”基层治理体系，加强公共法律服务供给。加强社会治安防控体系建设，常态化推进扫黑除恶，持续严厉打击养老保健欺诈、电信网络诈骗等违法犯罪活动。常态化开展金融风险大排查大整治，持续开展非法集资、网络借贷等非法金融问题专项整治，着力营造安全健康的金融生态。推动房地产行业转型，有序构建房地产业健康发展新模式。坚决遏制新增隐性债务，加快实施“八个一批”化债方案，依法开好举债融资的“前门”，严堵违法违规举债融资的“后门”，稳妥化解存量债务，牢牢守住不发生系统性风险底线。

2023年宁夏经济大事记

陈　蕾

一月

1日，新修订的《宁夏回族自治区土地管理条例》（以下简称《条例》）正式施行。《条例》主要聚焦国土空间规划、耕地保护、建设用地、土地征收、土地监管等五方面，以进一步规范全区土地保护开发利用活动，提升土地依法管理水平。

2日，自治区发展改革委印发《关于做好2023年电力中长期交易有关事项的通知》，对宁夏2023年电力中长期交易方案和有关事宜进行了明确，以更大力度、更深层次、更具创新的改革举措，推动全区加快电力中长期交易步伐。

9日，中环两大型光伏项目成功并网发电，项目年平均提供绿色电量3679.8万千瓦时，相当于节约标准煤约1.2万吨，减少二氧化碳排放量约2.91万吨。

10日，宁夏出让首宗煤层气探矿权，不仅标志着全区首宗煤层气探矿权成功出让，也为煤层气产业发展开启了全新“路径”。

10日，数字宁夏建设运营有限责任公司挂牌成立，将作为市场主体参与“数字宁夏”建设，聚焦数字政府建设运营，构建数字化、智能化的政

作者简介：陈蕾，宁夏社会科学院综合经济研究所研究实习员，研究方向为经济统计。

府运行新形态，充分发挥数字政府建设对数字经济的引领作用，促进经济社会高质量发展。

14日，国家水上（海上）国民休闲运动中心评审标准颁布新闻发布会宣布，宁夏沙湖景区获批首批国家水上（海上）国民休闲运动中心试点单位。

15日，宁夏国家葡萄及葡萄酒产业开放发展综合试验区建设推进座谈会上公布，2022年宁夏生产葡萄酒1.38亿瓶，占国产酒庄酒酿造总量的近40%，葡萄酒出口增长率稳定在30%左右。在全国葡萄酒行业整体下滑的情况下，宁夏葡萄酒产业发展逆势上扬。

20日，自治区人民政府办公厅印发《宁夏回族自治区消费需求促进年活动实施方案》，提出推动消费潜力释放、加快消费持续回暖的“10+3”行动计划，为提振消费信心、释放消费潜力、促进消费加快回补、推动宁夏消费提档升级提供实现途径和政策保障。

二月

9日，“东数西算”宁夏枢纽长三角“飞地园区”落地杭州，搭建起东西部数字产业协同发展的宁夏宣传窗口和招商平台，以加强与京津冀、长三角、粤港澳、成渝等区域务实合作。

14日，灵武市政府与中粮集团签订战略投资合作协议，携手打造现代养殖全产业链。

15日，银川经济技术开发区管委会与TCL中环新能源科技股份有限公司签订年产35GW高纯太阳能超薄单晶硅片智慧工厂项目合作协议。

18日，宁东能源化工基地管委会与新疆广汇实业投资（集团）有限责任公司签订投资合作协议，在宁东基地建设煤炭储运基地项目。

19日，宁夏贺兰山东麓葡萄酒产业投资发展集团有限公司挂牌成立，将通过打造宁夏国家葡萄及葡萄酒产业开放发展综合试验区开发建设主体、葡萄酒产业集群培育平台、产学研融合创新平台、综合金融服务平台和国有资本运营平台等，推动全区葡萄酒产业发展。

23日，自治区财政厅提前下达市县转移支付资金3.4亿元，用于落实企业研发费用财政后补助政策，支持“六新六特六优”产业领域重点研发计划，激发全区科技创新活力。

25日，自治区党委和政府召开全区民营经济高质量发展暨营商环境全方位提升推进大会。会上深入学习贯彻习近平总书记关于民营经济发展重要讲话精神和党的二十大精神，表明坚定落实“两个毫不动摇”的鲜明态度，亮明打造全国一流营商环境的信心决心，发出重视民营经济、支持民营企业、尊重民营企业家的时代强音。

三月

2日，银川市东部片区生态环境引领经济发展（EOD）项目通过生态环境部及相关金融机构审核，成功纳入中央生态环保金融支持项目储备库。

21日，《2023年全区深化“放管服”改革工作要点》印发，聚焦经营主体和群众关切，持续深化简政放权、放管结合、优化服务改革，大力实施营商环境提质升级行动，更大激发市场活力和社会创造力，为推动宁夏经济社会高质量发展提供有力支撑。

27—29日，全国政协副主席梁振英率香港经贸考察组来宁考察，聚焦贺兰山东麓葡萄酒产业园区打造“世界葡萄酒之都”的目标，就进一步加强香港与宁夏经贸往来、深化两地务实合作进行座谈。

30日，首趟“闽宁+粤宁”集装箱铁海联运班列发运，为石嘴山市化工产品运输开辟了新通道。

四月

1日，一季度全区1201户规上民营工业企业工业增加值同比增长12.7%，高于全区规上工业企业平均增速2.9个百分点，对规上工业经济贡献率高达68.5%，拉动工业经济增长6.7个百分点。全区新设外商直接投资企业5家，实际利用外资3770万美元，同比增长187.8%，增速位居全国第4。累计接待国内游客1290.05万人次，同比增长55.79%；实现旅游收入81.64亿元，同比增长55.42%。

10日，《关于推进国有企业盘活利用存量土地有关问题的政策措施》印发，鼓励国有企业以多种方式盘活利用存量土地，妥善处理各类涉地历史遗留问题，积极提升防风险能力，为国有企业充分发挥土地资产效益、实现增量价值夯实基础。

11 日，《支持民营经济高质量发展财政政策措施》印发，从 7 个方面出台 60 条“硬核”措施，为民营企业提供全面系统、简明扼要的财政政策指引，推动民营经济高质量发展。

12 日，第 108 届全国糖酒商品交易会在成都开幕，贺兰山东麓青铜峡葡萄酒产区揽下大单，累计签约逾 6 亿元。

19 日，《关于支持民营企业科技创新的若干措施》出台，从支持民营企业开展关键技术攻关、开展科技成果转化，培育科技型企业等 8 个方面制定具体措施，引导激励民营企业提升科技创新能力和水平。

26 日，全国首批首个“沙戈荒”新能源基地——国家能源集团宁夏腾格里沙漠新能源基地一期 1 吉瓦光伏项目并网发电，每年可提供清洁电能 18 亿千瓦时，为推动能源清洁低碳转型、实现碳达峰碳中和目标任务贡献力量。

29 日，浙江晶盛机电股份有限公司年产 10000 万千米金刚线项目正式落户银川经济技术开发区，将推进宁夏新材料产业高质量发展。

五月

1 日，前 4 月宁夏对中亚五国进出口总额为 1.11 亿元。其中，出口 0.83 亿元，进口 0.28 亿元，进口贸易额同比增长 39.6%。主要进口商品为亚麻籽，同比增长 126.2%；劳动密集型产品、机电产品出口占比超八成。

9 日，银川市印发《优化法治化营商环境若干措施任务分工清单》，明确 32 项具体措施和责任单位，进一步健全完善法治化营商环境建设长效机制。

10 日，自治区出台《关于开展碳排放权改革全面融入全国碳市场的实施意见》，结合宁夏实际，从建立健全法规体系、规范配额交易和履约、丰富配额分配方式、规范配额交易和履约、提升绿色低碳发展和增汇水平等 10 个方面明确了重点任务，有效推进碳排放权改革全面融入全国碳市场。

11 日，《宁夏轻工纺织产业高质量发展行动计划（2023—2027 年）》

印发，围绕乳制品、葡萄酒、枸杞制品、高端牛羊肉和现代纺织等 5 个产业设立发展目标及行动规划。

14 日，《关于促进村级产业高质量发展的指导意见》出台，明确了生产生活空间布局、完善现代农业产业体系、加强农业基础设施建设、强化农业科技支撑、壮大村集体经济等方面发展方向。

16 日，宁夏国有企业信用保障基金正式设立，基金总规模 30 亿元，首期 10 亿元，宁夏国有资产投资控股集团担任管理人，是全区首只以市场化方式设立的信用保障基金。

17 日，2023 中国品牌价值评价信息发布暨中国品牌建设高峰论坛在浙江举行，贺兰山东麓葡萄酒、中宁枸杞分别位列中国区域品牌（地理标志）百强榜第 8 位、第 11 位，盐池滩羊肉以 106.82 亿元的品牌价值，位列中国区域品牌百强榜第 31 位。

18 日，宁夏枸杞福建专场推介会在福建省福州市举行，签约超 1.2 亿元，进一步深化了闽宁产业协作。

19 日，宁夏 300 万吨/年 CCUS 示范项目在宁东能源化工基地开工建设，项目达产后每年将减排二氧化碳 300 万吨，对全区实现“双碳”目标和绿色高质量发展具有重要意义。

21 日，《关于开展用能权有偿使用和交易改革 提高能源要素配置效率的实施意见》出台，本次改革以优化能源资源配置为导向，严格能源消费强度和总量“双控”，建立用能权有偿使用和交易制度体系，培育和发展用能权交易市场。

29 日，宁夏至湖南±800 千伏直流输电工程获核准，工程顺利启动实施，是落实国家能源安全新战略、推进能源绿色转型、实现“双碳”目标的重要举措。

30 日，宁夏累计实现排污权交易 274 笔，成交二氧化硫、氮氧化物、化学需氧量、氨氮排污权指标量共计 889.47 吨，成交总额 1219 万元，完成排污权抵押贷款授信金额 1.11 亿元。

31 日，宁夏累计实现用水权交易 104 笔，成交量共计 9851.06 万立方米，成交金额达 9.07 亿元。

六月

9—11 日，第三届中国（宁夏）国际葡萄酒文化旅游博览会在银川举行。博览会期间，“云展览”平台访问量破 300 万人次。

12 日，《宁夏重大基础设施项目建设行动方案》出台，提出建立重大基础设施建设协调机制、加强重大基础设施建设融资需求保障、提升重大基础设施自主可控水平 3 项推进措施，加快构建现代化基础设施体系。

15 日，银川河东国际机场恢复货运口岸功能后首次实现出口，首单货物为鲜枸杞。为提升生鲜农产品通关效率，银川海关实施“24 小时预约通关”“5+2 预约查验”“农产品绿色通道”等便利化措施。

16 日，第三十二届哈尔滨国际经济贸易洽谈会经贸投资合作签约仪式在哈尔滨举行，宁夏共签订意向合同及协议 26 个，金额 2524 万元。

19—27 日，在福建、宁夏两地线上线下同时进行“闽宁特产线上行”活动。活动期间，累计销售额逾 8346 万元，推介活动打通线上线下营销渠道，拓展线上与线下广阔的贸易空间，宣传宁夏特色产业和产品新形象，推动“宁字号”产品销售。

24 日，第六届枸杞产业博览会在中宁县落幕，共签约 51 个项目，金额达 106.46 亿元。

27 日，中国广电 5G 网络服务宁夏启动仪式在银川市举行，标志着宁夏广电 5G 运营正式拉开了帷幕，宁夏信息化建设和产业数字化转型迈上了新台阶。

七月

1 日，上半年宁夏农业增加值 108.7 亿元，增长 8%，居全国第 1 位，继续保持在全国第一方阵。进出口总值 105.31 亿元，对东盟进出口 19.8 亿元，增长 87.4%，占全区外贸总值的 18.8%；对“一带一路”合作伙伴进出口 39.5 亿元，增长 25.8%。

3 日，银川—青岛港“一单制”铁海联运班列首发，这是宁夏第二条“一单制”铁海联运通道，进一步拓展了“一单制”模式应用范围，为全区进出口企业提供了更多出海选择。

7日，宁夏中宁枸杞产业集团有限公司、百瑞源枸杞股份有限公司、宁夏贺兰红酒业有限公司成功入选杭州第19届亚运会官方供应商，成为宁夏优质特色农产品从品质走向品牌、从中国走向世界的更高起点。

18日，《自治区营商环境提质升级行动方案》印发，围绕营商环境指标体系，突出强化关键领域改革、强化全生命周期服务、强化精准有效治理、强化组织支撑保障。

25日，《银川市葡萄酒产业空间布局规划（2022—2025年）》印发，并配套6个专项规划，以“一带二区三镇四个产业集群”为依托，从空间上统筹谋划、科学布局，有效解决银川产区防洪设施、污水、垃圾转运、网络通信、文旅配套等基础配套设施不完善的问题。

26—27日，自治区党委十三届四次全会在银川举行，审议通过了《深入学习贯彻习近平总书记重要指示精神、统筹发展和安全、提高安全生产工作水平、切实保障人民群众生命财产安全的意见》。

八月

9日，银川威力传动成功登陆深交所创业板。至此，宁夏在境内外上市企业增至18家。

12日，全区预制菜产业发展推进会暨首届宁夏重点预制菜推介展销会在宁夏农旅产业园（银川市贺兰县）顺利开幕。本次展会同期举办五市特色预制菜品推介、重点合作（项目）签约、首批100道预制菜菜品发布等活动，扩大宁夏农产品、预制菜品牌影响力和区域知名度。

18—19日，2023中国算力大会、第二届“西部数谷”算力产业大会在银川召开。

24日，2023年粤宁经贸交流合作暨第六届中阿博览会主题省活动推介会在广州举行。

28日，为缓解奶牛养殖企业资金压力，在自治区农业农村厅积极协调下，各大金融机构、伊利集团、蒙牛集团分别与宁夏养殖企业签订了贷款协议，各银行向奶产业支持贷款余额154亿元，伊利发放贷款10.31亿元，蒙牛集团各牧场提供20亿元青贮资金支持。

27—29 日，全国政协副主席梁振英率团来宁考察葡萄酒、文旅产业发展，就进一步加强香港与宁夏经贸往来、深化区域务实合作开展交流座谈。自治区政协主席陈雍参加考察，并与考察组一行交流座谈。

30 日，全区“六权”改革推进会在银川召开。推进会结合深化主题教育、深学细悟习近平新时代中国特色社会主义思想，特别是总书记关于全面深化改革的重要论述，全面盘点总结、部署推进“六权”改革工作。

九月

4 日，《自治区用能权市场交易规则（试行）》正式印发，为规范用能权交易行为、建立公开公平公正的用能权交易市场，维护交易秩序，提供了政策支撑。

17 日，《宁夏回族自治区支持民营企业职称评审十条倾斜措施》出台，进一步激发和释放民营企业专业技术人才活力，助力全区民营经济高质量发展。

21 日，第六届中国—阿拉伯国家博览会开幕大会暨“一带一路”贸易投资促进大会在银川举行。本届博览会主题为“携手新时代 抢抓新机遇 共享新未来”，聚焦特色产业、绿色低碳、医疗健康、数字经济等重点领域，为中阿双方打造对接交流、探讨合作的良好平台。

24 日，第六届中国—阿拉伯国家博览会闭幕。此次博览会形成合作成果 403 个，计划投资和贸易总额达 1709.7 亿元。其中，合作类项目 50 个，投资类项目 218 个，投资额 1571 亿元，贸易类项目 135 个，贸易额 138.7 亿元。

25—26 日，自治区党委十三届五次全会审议通过《关于深入学习贯彻习近平总书记重要讲话精神　全面推进新征程生态文明建设　加快建设美丽宁夏的意见》及环境整治、生态修复、绿色发展、组织保障 4 类专项文件。

十月

1 日，海关数据显示，2023 年 9 月自治区出口枸杞 375 吨，同比、环比分别增长 81.9%、150%；出口货值 2228 万元，同比、环比分别增长 128.6%、140.4%，出口重量、货值均居全国第 1。

6日，中秋、国庆双节假期，宁夏接待国内游客489.96万人次，实现旅游收入40.87亿元。

18日，银川海关所属兴庆海关为宁夏科通新材料科技有限公司出口的一批电极糊签发了RCEP原产地证书。前三季度，宁夏对《区域全面经济伙伴关系协定》（RCEP）其他成员国进出口总值达50.54亿元，同比增长4.92%，占全区进出口贸易总值的32.46%。其中，对东盟进出口27亿元，同比增长49.6%。

20日，中国大唐集团有限公司宁夏分公司建设的全国首套百兆瓦级全人工地下储气示范项目在中宁县开工。项目总投资8.6亿元，建成后可实现年发电量1.188亿千瓦时。

23日，自治区政协以“线上+线下”方式召开“借助港澳平台助推国家葡萄及葡萄酒产业开放发展综合试验区建设”专题协商会。协商会发挥港澳平台优势，借助港澳窗口作用，开展更广范围、更深层次的密切合作，助推宁夏葡萄酒等特色产品更好走出去，推动文旅产业蓬勃发展。

25日，全区首宗“先租后让”公开出让的工业用地在线上成交。这种工业用地配置方式改革的全新尝试可进一步破除土地要素供给瓶颈，完善工业用地市场化配置制度，促进土地节约集约利用，大幅降低企业用地成本。

26日，2023年宁夏精品中国行活动在福建省厦门市启幕。启幕仪式上，闽宁两省区相关代表现场签约，签约项目总计29个，意向签约金额10.83亿元。

十一月

4日，宁夏“文旅+”产业项目（上海）对接大会在沪成功举办。大会现场签订了12份战略合作协议书，对于宁夏进一步搭建销售平台，强化品牌建设，不断拓宽“六特”产品销售渠道，提高产品知名度，助力产业转型升级和经济社会高质量发展具有积极意义。

8日，《关于加快产业绿色转型升级的实施意见》出台。《实施意见》分别以2025年、2027年、2035年为节点提出产业绿色转型升级的总体定性目标，提出引导传统工业开展节能降碳和绿色化改造、完善农产品绿色标准体系、培育发展绿色新兴产业。

10 日，中国蔬菜协会发布中国西蓝花产业地图，全国西蓝花种植面积超过 3 万亩的主产区有 17 个，贺兰县位列其中，成为宁夏唯一上榜县区。

12 日，自治区出台《关于推进能源清洁低碳转型的实施意见》，围绕能源生产绿色转型、清洁能源制造产业、能源清洁高效利用、新型电力系统建设、能源转型制度保障等提出 22 条政策措施，全力推进能源清洁低碳转型工作。

13 日，第六届进博会期间，宁夏综合形象展吸引日均 8 万余人次观展，宁夏名优特色产品现场交易 83 万元，并与 42 家企业达成合作和代理协议。

14 日，自治区人民政府办公厅印发《宁夏回族自治区冷链物流高质量发展实施方案（2023—2027 年）》，聚焦进一步增强冷链物流服务黄河流域生态保护和高质量发展先行区建设能力，推动构建与宁夏特色优势产业结构发展相匹配、居民消费需求相适应的全流程冷链体系。

17 日，自治区党委和政府召开全区新型工业化推进大会。会议强调：要深入学习贯彻习近平总书记重要指示和全国新型工业化推进大会精神，聚焦高质量发展主题，更好统筹发展和安全、发展和环保、发展和民生，加快推进具有中国特色宁夏特点的新型工业化，为全面建设社会主义现代化美丽新宁夏构筑强大物质技术基础。

19 日，自治区地方金融监督管理局会同中国人民银行宁夏分行、国家金融监督管理总局宁夏监管局、宁夏证监局印发《关于推进绿色金融支持新征程生态文明建设的工作方案》。

20 日，宁夏青石峁气田日产天然气突破 50 万立方米，气田基本实现了就地转化，保障了青山工业园和长庆宁夏油区的用气，为宁夏提供稳定可靠的油气能源供应。

22 日，自治区出台《关于全方位优化营商环境促进民营经济发展壮大的实施方案》，提出了七方面 29 条政策措施，支持民营经济做大做强，切实解决民营企业实际困难。

十二月

1 日，宁夏电投青龙山共享储能项目成功并网。项目总投资 2.9 亿元，年平均消纳新能源电力5000万千瓦时，每年能够减少二氧化碳排放4.3万吨，助力低碳绿色转型发展。

3日，自治区出台《宁夏科技金融补助管理暂行办法》，对全区科技型企业和“专精特新”企业，在实施科技创新活动过程中使用的银行贷款（简称“科创贷”），给予利息、担保费或知识产权评估费补助。

13日，举行宁夏冷凉蔬菜冬季产销对接会。对接会上，宁夏冷凉蔬菜产业联合会等7家企业与上海、浙江、深圳、成都的6家企业签订了11项农产品产销合作协议，签约金额3.6亿元。

16日，由自治区科技厅主管，宁夏大学提供办公和科研场所，以自治区“六新六特六优”特色优势产业为研究场景，重点针对“东数西算”中的算力智能交付与数据安全的宁夏“东数西算”人工智能与信息安全重点实验室在宁夏大学举行成立揭牌仪式。

22日，《宁夏回族自治区碳排放权交易管理实施细则（试行）》正式实施。《细则》旨在规范和加强宁夏重点行业企业温室气体排放报告核查、全国碳排放权交易市场配额交易工作管理，提升碳排放数据质量和保障配额清缴履约，推动碳排放权改革重点任务落地见效。

25日，自治区党委十三届六次全会暨党委经济工作会议在银川举行。全会指出，明年经济工作要坚持稳中求进、以进促稳、先立后破，紧紧围绕高质量发展首要任务，坚持科技创新引领，着力构建经济高质量发展的产业体系，增强经济高质量发展的内生动力，拓展经济高质量发展的合作空间，守住经济高质量发展的红线底线，夯实经济高质量发展的重要基础，构筑经济高质量发展的良好格局，厚植经济高质量发展的绿色基底，实现经济高质量发展的成果共享。

28日，自治区自然资源厅创新出台葡萄酒产业用地确权登记政策，积极为辖区葡萄酒企业开展用地确权登记相关服务。全区不动产机构已为25家酒庄（企业）颁发72本国有农用地土地经营权不动产权证书，总面积约2.68万亩。其中，部分企业凭借不动产权证书先后办理11笔抵押登记，抵押金额为36322.3万元。